教科书的记忆 1978—2018

辉煌的历程 | 石鸥 著

湖南教育出版社

目 录

导 言   001

第一章 短暂恢复与初步发展阶段的教科书（1976—1986）   001

    第一节 拨乱反正过渡阶段的教科书（1977—1981）   003

    第二节 改革开放初期的教科书（1982—1986）   026

第二章 全面探索与制度化建设时期的教科书（1986—2000）   051

    第一节 教科书审定制的确立与发展   053

    第二节 制度意义的教科书多样化探索   059

    第三节 地方教科书的发展   084

第三章　21世纪课程改革教科书　095

第一节　课程改革的教科书制度发展　097

第二节　课程改革教科书的发展　102

第四章　改革开放40年教科书建设的成就、问题与发展趋势　145

第一节　改革开放以来教科书建设的主要成就　147

第二节　教科书发展的主要不足　156

第三节　未来教科书发展之展望　166

附录　2015—2017年教科书研究相关博硕士学位论文一览表　174

导　言

　　1949年后的教科书已经与这之前的迥然不同了。新中国伊始，万象革新，以前教科书的遗产和传统被束之高阁。国统区、根据地等各种背景的教科书被充满新思想和新话语的教科书取代。这一时期，新中国教科书出色地化解了社会急剧转变带给人们的震动、不安与茫然，同时更深刻地引导人们对新政权发自内心的拥护。20世纪50年代不主张柔情不主张小心求证，反对个体，呼唤群众运动，呼唤跃进、高昂、激情、美好、乐观，那个时代的教科书也有这些特点。在1949—1966年这17年里，教科书研制者们尽管经常面临各种困难与压力，但却给中国教科书建设带来了全新的主题、叙事方式、文本语言与编撰模式。"文革"十年，有了全新的、革命的教育和革命的教科书，红彤彤成为最亮眼的审美标志。"文革"结束，科学的春天、教育的春天都来了，教科书的春天还会远吗？

　　邓小平亲自抓教科书。"文革"结束后，教科书的发展生机勃勃，最初以为恢复"十七年时期"（1949—1966年）的做法就可以了。谁知道，十年的"革命"，学生基础，教师基础，都今非昔比，根本不能适应教育的发展，更不能适应国家现代化建设的发展。邓小平看到了问题的核心，他直接关心教科书建设，多次讲话涉及教科书发展。新的征程启动了。

　　改革开放以来，教科书的发展经历了复杂曲折的历程，既有生机勃勃的方面，如八套半教科书的改革，实验教科书、地方教科书和乡土教科书的迅猛发展等；又有相对单调的方面，如"教科书代表国家意志"的口号导致为教科书制度史留下特别值得可圈可点的贡献不多。整体上，20世纪特别是20世纪下半叶的教科书仍然具有鲜明的泛政治性。背记，无休止的背记，而背记是与灌输密切联系的——这时期的教科书从来不掩饰自己的意识形态倾向，尽管它最重视的是传播科学文化知识。

21世纪的课程改革，不仅以教科书的多样化在中国教科书发展史上拉开了有声有色的一幕，也以此展开了对中国百年教科书现代化历程的强有力的制度性升华——走上了一条回归多样化的否定之否定的发展之路。只有在清末民初黄金三十年期间，才激发这么多的机构参与到教科书的编撰与出版行列，才调动起社会如此庞大的能量加入教科书的建设之中，才让这么多教育界以外的人们如此微观如此细致地关注到课堂关注到学生。百年前教科书建设的一幕于不经意之间再次在百年后掀开。

我们注意到，时代气氛变了，教科书内容也在变。如果说20世纪50年代后的教科书曾经热衷于反抗传统、形塑思想、期盼理想，歌颂新的领袖与国家，建设新的社会与生活，对历史的继承与人性的尊重不甚关心（这到60—70年代达到极致），那么21世纪则对反抗传统、形塑思想、期盼理想之类的精神培养已经没有什么兴趣了，这个时代的教科书，要求最低限度的精神淬炼，鼓励最大限度的自我张扬，缺乏人心的敬畏和震撼，但充盈着对现实的人、现实的生活的观照——这在教科书史上似乎还是头一回。

值得注意的是，近年来从内容到编制，教科书都吸引了罕见的关注，这种关注从长远看到底意味着什么？我们只能拭目以待。

琅琅书声，世纪余音。在近半个世纪的教科书发展历程中，教科书内容与形式同政治经济、文化文明之间的互动是那么显而易见，以至于读改革开放的教科书就是在读一个历史的变迁，在读改革开放的演进史。40年的教科书大致与40年的社会变革相仿佛。它不仅是对激荡的20世纪后半叶的目击和记录，而且本身也是激荡的跨世纪历史的一部分。以历史教科书为例，据当时的编写者苏寿桐回忆："文革"课本是要批臭孔子、孔老二，批"孔子的反动思想","文革"刚结束,"第一版历史教科书,黑字标题'孔子',但是是'反动思想'。1978年3月第一版、6月第一次印刷的教材中,在'孔子的反动思想'标题下写道:'他提出了一套挽救正在崩溃的奴隶制的反动主张,创立了儒家学派……孔子的反动思想,后来被统治阶级改造和利用,成为维护封建制度和统治人民的精神工具。'而在仅仅9个月后,1978年12月第二版、1979年6月印刷的教材中,标题已变为'孔子的思想',不过表述并没有变化:'孔子的思想,后来被统治阶级改造和利用,成为维护封建制度和统治人民的精神工具。'"[1]再到后来对孔子的评价就是"思想家、教育家",关于这一转变我们可以从全日制十年制学校初中课本《中国历史》第一册[2]以及后来的多版历史教科书中确认。非常明显,教科书的演进史,就是我国的思想解放史、改革开放史,教科书的话语变迁与我国的改革开放特别是教育发展具有共变关系。

正因为这样,了解改革开放40年的教科书发展,拾起40年里教科书发展的一些片段,也许对于了解我国基础教育的改革发展,甚至了解整个社会的变革,具有独特的窗口价值。

---

[1] 徐百柯. 中学历史教科书的历史倒影[N]. 中国青年报,2004-12-22.
[2] 中小学通用教材历史编写组. 中国历史:第一册[M]. 北京:人民教育出版社,1979.

第一章

短暂恢复与初步发展阶段的教科书（1976—1986）

红彤彤的课本世界一夜之间突然消失，五彩缤纷的时代到来了。

送走"文革"，教科书建设事业和全国各行各业一样，开始热气腾腾地拨乱反正，迎来了自身发展的春天。经过短暂的调整与恢复，教科书迅速步入健康发展的轨道。在这十多年时间里，全国通用教科书一再修改完善，质量明显提升；教科书多样化开始起步，不同学制的教科书、不同层次的教科书、不同要求的教科书纷纷出现，特别是如火如荼的教育教学实验教科书，显示出我国基础教育及教科书建设正在进入一个新的黄金发展时期，一派生机盎然。

第一节
拨乱反正过渡阶段的教科书（1977—1981）

1976年10月，深秋似春天，一切都在变。教科书迎来了生机勃勃的春天：一是教科书走出了"文革"前各自为政的乱局，编写了全国通用的教科书；二是教科书的功能从完全的政治附庸，开始转移到服务现代化经济建设的轨道上来，从"文革体"课本转移到学科体的规范课本上来；三是教科书的内容从革命统率一切转变为开始关注学生个体，关注学生的知识习得与学生的能力发展。但此时的教科书毕竟刚从"文革"走来，仍然到处可见"文革"的影子和残余。这是一个短暂的过渡时期，教科书呈现出明显的过渡性。

一、恢复全国高考

送走"文革"，教育何去何从？

中国会记住一个人。

邓小平再次走上中国历史的舞台中央，他主持科学和教育工作后的一个重大举措，也是持久影响中国的一个举措，就是迅速恢复高考。没有什么举措比这一举措更能够撬动整个中国的变革了。

几乎与此同时，他那深邃的目光盯住了教科书。1977年8月8日，邓小平发表了《关于科学和教育工作的几点意见》的讲话，否定了"文革"对科技和教育工作的最重要的判断——"两个估计"①，他指出：新中国成立以后17年的教育工作，"主导方面是红线。应当肯定，十七年中，绝大多数知识分子，不管是科学工作者还是教育工作者，在毛泽东思想的光辉照耀下，在党的正确领导下，辛勤劳动，努力工作，取得了很大成绩。特别是教育工作者，他们的劳动更辛苦。现在差不多各条战线的骨干力量，大都是建国以后我们自己培养的，特别是前十几年培养出来的。如果对十七年不作这样的估计，就无法解释我们所取得的一切成就了"。邓小平的讲话是在"两个凡是"（即"凡是毛主席作出的决策，我们都坚决维护，凡是毛主席的指示，我们都始终不渝地遵循"）还没有破除之前发生的，需要足够的勇气，冒很大的风险（因为提出"两个估计"的《全国教育工作会议纪要》是经过毛泽东圈阅、当时的党中央批准的）。邓小平的讲话破除了"两个凡是"，推翻了"两个估计"，对教育战线的拨乱反正和全面改革起了重大的指引作用。

众所周知，在"文革"的动荡岁月里，高等学校招生制度被彻底否定，学校教育秩序混乱，国家出现了严重的人才断档。恢复和改革高校招生制度成为当时加快人才培养的迫切需要，也成为广大人民群众的强烈愿望。

其实早在1975年，邓小平领导全面整顿时，在多次谈话中对改变当时的大学招生方法和提高教学质量问题发表过意见。他说："大学究竟起什么作用？培养什么人？有些大学只是中等技术学校水平，何必办成大学？""一点外语知识、数理化知识也没有，还攀什么高峰？中峰也不行，低峰还有问题。""我们有个危机，可能发生在教育部门，把整个现代化水平拖住了。"② 他当时主张搞一些试点，通过考试直接从高中生中选拔一批优秀学生到大学深

---

① 1971年召开的全国教育工作会议，提出了所谓"两个估计"，即：解放后17年"毛主席的无产阶级教育路线基本上没有得到贯彻执行"，"资产阶级专了无产阶级的政"；大多数教师和解放后培养的大批学生的"世界观基本上是资产阶级的"。即"文革"前17年科技教育战线执行的是"修正主义路线"；知识分子的大多数"世界观基本上是资产阶级的"，是"资产阶级知识分子"。从这"两个估计"出发，会议确定和重申了一整套政策，包括"工宣队"长期领导学校；让大多数知识分子到工农兵中接受再教育；选拔工农兵上大学、管大学、改造大学；缩短大学学制，将多数高等院校交由地方领导；等等。
② 教育大国的崛起（一）：改变国家命运的战略抉择［N］. 中国教育报，2008-10-07.

造。遗憾的是，由于很快发生的"批邓、反击右倾翻案风"运动，邓小平的这些主张没能得到实施。

1977年8月，邓小平在科学和教育工作座谈会上发表了重要讲话。他大胆提出："今年就要下决心恢复从高中毕业生中直接招考学生，不要再搞群众推荐。从高中直接招生，我看可能是早出人才、早出成果的一个好办法。"[①]一个重大的决策由此发端。10月5日，中央政治局讨论并原则通过了教育部《关于1977年高等学校招生工作的意见》。10月12日，国务院批转了教育部《关于1977年高等学校招生工作的意见》，规定从1977年起，对高等学校招生制度进行改革，恢复统一考试制度。凡是工人、农民、"上山下乡"和回乡知识青年、复员军人、干部和应届毕业生，符合条件者均可报考。招生办法是自愿报名，统一考试，地（市）初选，学校录取。录取原则是德智体全面衡量，择优录取。

恢复高考宛如冬天里的一把火，顷刻间点燃了广大青年的读书热情，全国上下读书学习蔚然成风。图书馆、新华书店里人头攒动，成为最拥挤、最热闹的地方。蒙满了灰尘的旧课本，一时间洛阳纸贵，被人们到处寻找。在全国拨乱反正的大潮下，高考成为当时社会最大的关注点，被积压了10年的考生一齐拥进考场。这一年全国有570万人报考，当年全国高等学校录取新生27.3万人；半年后，1978年的夏天，610万人报考，录取了40.2万人。冬夏两季，全国共有约1180万名青年参加了考试，迄今为止，这是世界考试史上人数最多的考试，堪称一项"世界之最"。恢复高考是中国教育乃至新中国历史上一件翻天覆地的大事。它不仅为提升高等教育质量奠定了基础，也重新确立了选拔人才的公平、公正、择优的原则，使得"分数面前人人平等"成为一个划时代的新概念，最重要的是，它引导全社会迅速树立起重视知识、重视人才、尊师重教的优良风气。

[①] 邓小平. 邓小平文选：第二卷［M］. 北京：人民出版社，1994.

二、暂时的过渡性教科书

"文化大革命"后期,全国各地中小学实行的学制有多种。1977年教育部确定以十年制为基本学制,制订了教学计划。1978年1月颁发了《全日制十年制中小学教学计划(试行草案)》。该计划在学制上作了如下规定:全日制中小学学制为十年,中学五年,小学五年。中学按初中三年、高中两年分段。统一秋季始业。在课程设置上,规定小学阶段开设8门课程:政治、语文、数学(算术、几何、代数)、外语、自然常识、体育、音乐、美术。计划还对各年级政治课和文化课时间,学工、学农、学军等"兼学"的时间作了规定。

表1-1 《全日制十年制中小学教学计划(试行草案)》中相关课程课时数(1978)

周时数\年级\科目	小学					初中			高中		上课总时数
	一	二	三	四	五	六	七	八	九	十	
政治				2	2	2	2	2	2	2	448
语文	13	13	11	8	8	6	6	5	5/4	4	2749
数学	7	7	6	6	6	6	6	6	6	6	2072
外语			4	4	4	5	4	4	4	4	1080
物理							3	3	5	5	492
化学								3	4	4	306
自然常识				2	2						136
地理						3	2				160
历史						2	2		2/3		203
生物						2				2/	94
农基							1/2			/2	78
生理卫生							1	1/			48
体育	2	2	2	2	2	2	2	2	2	2	676
音乐	2	2	2	1	1	1					328
美术	2	2	1	1	1	1					290
并开科目	5	5	6	8	8	9	9	10/9	8	8	
每周总时数	26	26	26	26	26	28	28	28	29	29	9160

续表

周时数\年级\科目	小学					初中			高中		上课总时数
	一	二	三	四	五	六	七	八	九	十	
兼学				每年4周		每年6周			每年8周		上课总时数系除复习、考试外的实际上课总时数

为配合该十年制教学计划，教育部颁布了全国统一的教学大纲。1977年首先颁发了《全日制十年制学校小学自然常识教学大纲（试行草案）》，1978年2月颁布的教学大纲包括语文、数学、外语（英语和俄语）、体育等科，其他教学大纲也陆续颁布。1979年2月底至3月初，教育部召开9省（市）中小学音乐、美术教材会议，讨论并修订了全日制十年制学校中小学音乐、美术教学大纲草案。同年5月，教育部发出通知，试行《全日制十年制学校中小学音乐教学大纲（试行草案）》和《全日制十年制学校中小学美术教学大纲（试行草案）》。教学计划和教学大纲的颁布，为确立和稳定课程系统，维持教学秩序奠定了基础，为教科书建设提供了依据。

由于"文革"全盘否定了1949年以来教科书建设的成果，教科书的编审、出版机构和队伍均横遭摧残，以致很长一个时期来，学校教科书的出版、发行工作基本上处于混乱状态，各地教科书各自为政，泛政治化甚至极端政治化内容充斥教科书，给教育事业带来了重大损失。所以，否定了"文革"教育后，新的教学计划和教学大纲颁布后，迅速编撰新教科书就成为当务之急。

1977年8月8日，在科学和教育工作座谈会上，邓小平同志十分明确地指出："关键是教材，教材要反映出现代科学文化的先进水平，同时要符合我国的实际情况。"[①] 在此后不久同教育部主要负责人的谈话中，他又一次强调："教材非从中小学抓起不可，教书非教最先进的内容不可。"[②] 搞好教科书的建

---

① 邓小平. 邓小平文选：第二卷 [M]. 北京：人民出版社，2002.
② 邓小平. 邓小平文选：第二卷 [M]. 北京：人民出版社，2002.

设工作，是提高教学质量、培养又红又专建设人才、实现四个现代化的迫切需要，它直接关系到两亿多青少年儿童的成长发展。

为落实邓小平同志的指示，加快教科书建设的步伐，迅速改变"文革"期间阶级斗争式的教科书局面，1977年12月，在河北省涿县召开了全国教材出版发行工作会议。会议制订了1978年度各级学校教材出版计划，提出了今后一个时期教材建设的具体任务：1980年以前编出一整套质量较高的高等学校、中等专业学校和中小学教材以及相应的教学参考书、工具书；1985年以前编出几套适应各种办学形式和要求，具有不同风格和特色，反映国内外先进科学水平的新教材。教材出版发行工作，要围绕上述任务，切实保证做到"按时、足量"供应学校，实现"课前到书，人手一册"。中小学教材，今后由教育部负责统编，计划在三年内完成，其中1978年秋季中小学一年级和部分课程的统编教材共22种，由人民教育出版社出版并供应纸型，分省印制发行，在1978年秋季开学前完成。暂无统编教材的各课程，仍由地方组织力量，参照统编教材的编写大纲编写出版，乡土教材和补充教材，由各省自行编写出版。[1]

教科书建设的计划做出来了，但要在短暂时间里全面完成是不现实的。所以，在通用教科书正式出版前，许多学科课程都使用短暂过渡的教科书。整体上，1977年的春季学期和秋季学期、1978年的春季学期基本上都是使用过渡教科书，多数课程从1978年秋季学期开始使用新编的通用教科书。但全日制十年制音乐统编教科书于1980年秋季才开始在全国中小学试用，统编通用美术教科书到1981年才正式出版试用。

在通用教科书出版前使用的过渡性教科书，大部分都是各地自行编写的，有些甚至是"文革"教科书的修订本。这些过渡性教科书一方面力图去掉明显的极端政治色彩与"文革体"模式，另一方面仍然难免保留了一些"文革"特

---

[1] 国务院批转教育部、国家出版事业管理局关于全国教材出版发行工作会议的报告的通知［M］// 国务院法制局. 中华人民共和国现行法规汇编·教科文卫卷（1949—1985）. 北京：人民出版社，1987：25—29.

色，基本延续了"文革"时期的编写状况，有些内容甚至有比较显著的"文革"痕迹。主要原因是党的十一届三中全会还没有召开，党的发展方针还不明确。如许多教科书的封面一方面不断出现有学生学习的画面以及四个现代化的标志等，"文革"教材特征——封面、扉页的"毛主席语录""毛主席指示"大多消失了，正文部分穿插的"毛主席教导我们……"也基本删除了，但是多数教科书依然保留了毛主席关于教育的论述或其他"文革"痕迹。

英语教科书中的"文革"痕迹很能够反映各学科教科书的状况。如1977年版的浙江省中学试用课本《英语》第六册，内容共包括八个单元，分别是：(1) *Cai Yongxiang—A Communist Fighter*（《蔡永祥——一位共产主义战士》）；(2) *The Farmhand and the Snake*（《农夫和蛇》）；(3) *Sing the Three Revolutionary Songs*（《唱三首革命歌曲》）；(4) *The Nanjing Changjiang River Bridge*（《南京长江大桥》）；(5) *A Page from A Pupil's Diary*（《学生日记中的一页》）；(6) *Take the Road of Dazhai*（《走大寨之路》）；(7) *The Red Flags Canal*（《红旗渠》）；(8) *Quotations from Chairman Mao*（《毛主席语录》）。① "文革体"还没有完全消失。

语文的"文革"味道更为突出。陕西省的初中语文课本就是在"文革"课本的基础上简要修订而成的，虽然体现了对"文革"最基本的否定，但许多思想和提法仍然是"文革体"的。这可从该课本的编写意图中得到印证：

为了贯彻落实党的教育方针和毛主席关于"教材要彻底改革"，"文科要把整个社会作为自己的工厂"的指示，清除"四人帮"反党集团的影响和流毒，使中学语文教材坚持以阶级斗争为纲，坚持党的基本路线，坚持无产阶级专政下的继续革命，更好地为当前三大革命斗争服务；在无产阶级政治挂帅前提下，不断提高学生的读、说、写能力，为学生学习革命理论、文化科学知识、从事革命工作打好语文基础，我们将现行中学语文教材进行了改编，供一九七七年使用。

---

① 浙江省中小学教材编写组. 英语：第六册［M］. 杭州：浙江人民出版社，1977.

这套教材共分四本（初高中每年级一本），在选文上努力贯彻毛主席提出的"以政治标准放在第一位，以艺术标准放在第二位"，"革命的政治内容和尽可能完美的艺术形式的统一"和"古为今用"的原则。入选课文有马列和毛主席的诗文、鲁迅作品、现代文、古典作品以及少量的外国文学。文体力求多样，有政论文、记叙文、散文、诗歌、小说、戏剧等。单元的安排，以思想观念组编为主，适当按文体组编，并尽可能地把文章的思想内容和表现形式结合起来。……

这套教材的选文，坚持了"少而精"的原则，每册入选课文20课。以便各校自选配合政治形势的补充教材和乡土教材。学习课本的时间，约占教学总时数的三分之二，自选文章约占三分之一。自选文章要文体多样，体现语文课的特点，既重视文章的政治思想性，也重视文章的艺术性。

编写无产阶级新教材，是一项长期而艰巨的任务，由于我们对马列主义、毛泽东思想学习不够，教材中难免存在缺点和错误，殷切希望广大工农兵和革命师生提出宝贵意见，以便改进。①

图 1-1

陕西省初中试用课本《语文》（第二册）（陕西省中小学教材编写组编，陕西人民出版社，1970年12月第1版，1977年1月第7版）

显而易见，短暂过渡教科书最大的特点是未完全摆脱"文革"的阴影。好在它们的使用时间都非常短，有些就只用了一年甚至更短时间，一般使用时间是三个学期，当然也有使用到1978年秋季学期甚至1979年春季学期的，即四

---

① 陕西省中小学教材编辑组. 语文：第二册［M］. 西安：陕西人民出版社，1970.

到五个学期（不算 1976 年秋季学期）。

三、启用十年制统编教科书

"文革"结束后，面对相对混乱的教科书局面，高水平的统编教科书编写问题被迅速提到国家最高管理机构的议事日程。1977 年邓小平多次指出教科书的重要性。教育部迅速行动起来，采取了中小学课程教材工作的系列举措，包括：成立教材编审领导小组，领导教科书编写工作；重建人民教育出版社，组织"中小学教材编写工作会议"，负责编写中小学各科教科书；确定中小学十年制为基本学制，编写适应全日制十年制的中小学教科书；确定 1978 年秋，开始使用十年制新教科书。

图 1-2

第五套通用教科书概览（人民教育出版社，1978—1979 年）

为确保 1978 年秋季用上新教科书，经教育部党组批准成立了教材编审领导小组，教育部副部长任组长，戴伯韬、叶立群、张玺恩等人均为领导小组成员。与此同时，为确保和提高新编十年制教科书的质量，教育部聘请了 45 位著名专家分别担任各科教科书的顾问。他们中有苏步青、吴文俊、杨乐、周培源、褚圣麟、唐敖庆、童第周、贝时璋、周廷儒、于光远、王惠德、叶圣陶、吕叔湘、严文井、李何林、高士其、韩作黎、白寿彝、夏鼐、胡华、吴景荣、吕天石、陈嘉、李赋宁等。

教育部以人民教育出版社的中小学教材编辑人员为基本力量，向全国18个省、自治区、直辖市选借了一批大中小学教师和教材编辑人员，紧锣密鼓地启动了十年制教科书的编写工作。

1978年秋季，该套十年制的中小学各主要学科教科书的第一册和相应的教学参考书共41册同时在全国供应试用，后续各册教科书和教学参考书也逐渐出版，到1980年这套十年制教科书基本编写完毕并投入使用。

对于这套十年制通用教科书，人民教育出版社自己称为第五套全国通用中小学教科书。它包括课本22种106册，教学参考书27种。

图1-3

全日制十年制学校小学课本《自然常识》（第四册）（中小学通用教材自然常识编写组编，人民教育出版社，1979年2月第1版）

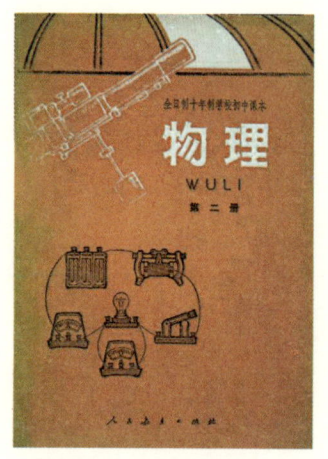

图1-4

全日制十年制学校初中课本《物理》（第二册）（中小学通用教材物理编写组编，人民教育出版社，1979年2月第1版）

这套教科书的主要外在特点是封面都有"全日制十年制学校……课本"的字样，如"全日制十年制学校小学课本""全日制十年制学校初中课本"，封底还有"试用本"字样；教科书署名均为"中小学通用教材……编写组编"；所有教科书都没有诸如前言、后记之类的说明。

这套十年制通用教科书，消除了"文革"时期教科书中的许多明显谬误，注重知识传授，有显著的进步意义，尤其在当时的背景下，有利于在全国范围内保证基本教育质量，稳定教学秩序。但也正因为快速走向统一和通用，加之时间紧，"文革"的残余影响还在，这套教科书也就不可避免地会存在这样那样的问题。

这套十年制统编教科书的主要问题是内容深、难度大、分量重，学校意见比较大。一般认为以下几个因素导致了内容的"深、难、重"：

首先也是主要的因素是学校师资力量薄弱，教师水平参差不齐。十年"文革"影响严重，师资水平严重滑坡，难以胜任新教科书的教学。

其次，从社会因素来看，学校设备无法满足新教科书的需要，物理、化学教科书中加大了实验的比重，但当时除重点中学和少数办学条件较好的学校外，大多数学校没有化学、物理实验室和相应的实验仪器设备，很多学校连教科书中的教师演示实验都做不了，更不要说学生自己动手做实验。这在很大程度上影响了教科书的使用和掌握。

再次，由于党很快就提出现代化建设的号召，教育要为"四个现代化"建设服务的思想日益明确，培养现代化建设人才成为教育的主要任务，而人才的培养需要丰富的科学知识，数理化教科书自然而然挑起了为现代化培养人才、传播科学知识的重担，这种情况导致了教科书的难度提升、容量加大。如初中生物就安排了原高中教科书中有关生物的遗传和进化的一部分内容。又如，把初中数学提高到讲完二次函数、二次不等式，把高中数学提高到微积分的程度，这在我国数学教育史上还是第一次。

又次，从学制来看，由于试行的是十年制，中学学习时间缩短为5年，初中3年，高中2年，教学时间明显不够。1978年教学计划中对数学、物理、化学课时的规定要明显少于1963年教学计划[①]（见表1-2）。

[①] 教育部1963年7月颁发全日制中小学教学计划草案及说明[M]// 课程教材研究所. 20世纪中国中小学课程标准·教学大纲汇编：课程（教学）计划卷. 北京：人民教育出版社，2001：296.

表 1-2　1963 年和 1978 年数理化课时数比较

	数学	物理	化学
1963 年教学计划	2865	616	406
1978 年教学计划	2072	492	306

同样，生物的课时也明显减少，按 1978 年制订的《全日制十年制学校中学生物教学大纲（试行草案）》规定，生物课是 20 世纪 50 年代以来教学时数最少的一次（不考虑"文革"的情况）。

这些因素确实都是导致教科书"深、难、重"的重要原因。除此以外，教科书内容"深、难、重"的关键还在于全国各地情况千差万别，而共用一套教科书，某些地区、某些学校以及某些老师必然会感到"深、难、重"，尽管当时教育部分别召开物理、化学、数学教科书座谈会，甚至不得不对部分内容进行重新调整或作进一步的澄清。[1] 但无论内容难度如何调整，一套或一本教科书不可能满足所有学校的需要，也不会符合所有地区的实际，更不可能符合所有教师、家长以及学生的价值期待。从这个意义上说，任何一个时期，只要是全国通用一套教科书，就必然要面临一个对某些人难度太高而对另外一些人却难度不够的深层困境，而这一困境是一套通用教科书本身永远无法解决的。所以，我们似乎可以依稀找到当时教科书变革的内在逻辑：面对教科书的"深、难、重"问题，教育部不断召开教材座谈会议，不断颁布相关文件来降低教科书内容难度，但问题总是解决不了，后来，解决这一问题的基本策略发生了转变，即编写不同层次、不同水平、满足不同需要的教科书。

如前所述，当十年制统编教科书投入使用不久，教育部就不得不面对如何减少教科书分量、降低教科书难度与深度的问题。1979 年 10 月，教育部召开了部分省（区、市）中小学数学教材改革座谈会。会上草拟了《关于试行中小学数学教学大纲的过渡办法》，对教学内容作了一些调整，决定将中学数学教学大纲中的"二次函数的极值""简单的对数方程""积化和差""反三角函数"

---

[1] 教育部. 全日制十年制学校《高中课本物理的使用说明》[J]. 安徽教育，1981（5）：7.

改为必学内容，"视图"和"逻辑代数简介"作为选学内容。对教材中的某些内容安排在哪个年级教学比较有利，各地可以根据情况进行适当调整。其他教科书也基本上按上述策略对待。

四、本阶段教科书若干特征

"文革"后，随着党的工作重点转移到社会主义现代化建设上来，人们开始重新认识教育的本质，即教育不仅具有阶级属性（"文革"时期的教育完全服从于政治、革命与阶级斗争的需要），更具有生产属性。于是，教科书的功能也由此发生了转变，即从"文革"时期纯粹的政治附庸转向于更多为社会主义现代化经济建设服务。

1. 教科书反映四个现代化建设的需要

1978年12月召开的具有划时代意义的党的十一届三中全会，作出了把党的工作重点转移到社会主义现代化建设上来的战略决策。邓小平同志强调："我们党在现阶段的政治路线，概括地说，就是一心一意地搞四个现代化。"十一届三中全会恢复和重新确立了正确的政治路线，"果断地停止使用'以阶级斗争为纲'这个不适用于社会主义社会的口号"，并明确了"四个现代化"作为全党的工作重心。这是中国共产党在政治路线上最根本的拨乱反正。

随着党的工作重心的转移，教育开始面向社会主义现代化建设，为经济发展服务。作为实现教育目标主要载体的教科书，其功能定位也逐渐地从"文革"期间的斗争工具转变成为社会主义现代化建设服务的主要媒介。为社会主义现代化建设服务成了教科书编写要解决的核心问题，贯彻执行党的路线、方针、政策，为实现四个现代化培养又红又专的人才打好基础成为教科书的主要任务。因此，在教科书中要彻底清除"四人帮"的流毒和影响，在编写工作中要做到正确体现政治与业务的关系、理论和实际的关系，加强和精选基础知识,重视基本技能的训练,注重智力培养的原则,等等。[①] 这一功能转变在当时各科教科书中均有明显体现。

我们仅从当时教科书封面上出现的各种体现四个现代化的标志,就可以看出这种倾向是非常明显的。那时许多教科书(包括文科教科书)的封面具有突出的时代特色,一看就会让人回想起20世纪70年代末80年代初,全国人民对四个现代化的向往,那时"工业现代化、农业现代化、国防现代化、科学技术现代化"成为鼓舞全国亿万人民团结奋斗的目标基础和精神动力。

图 1-5

江苏省中学课本《物理》(第五册)(江苏中小学教材编写组编,江苏人民出版社,1977年6月第1版第1次印刷)

图 1-6

广西壮族自治区中学试用课本《化学》(高中第一册)(广西壮族自治区中小学教材编写组编,广西人民出版社1978年3月第4版)

在数理化教科书内容中,我们会更明显地看到教科书与四个现代化的关联。比如数学教科书内容的安排,所依据的主要标准就是四个现代化建设的需要。教科书编撰者人民教育出版社是如此看待初中数学教科书的:

我们要实现社会主义的四个现代化,科技是关键,教育是基础。因此,必须努力提高教育质量,首先要提高中小学教育的质量。作为中小学教学内容的基础知识,不是一成不变的,而是随着社会的变化,生产科技的发展而不断更

[①] 课程教材研究所. 教材制度沿革篇: 上册 [M]. 北京: 人民教育出版社, 2004: 258—259.

新。我们要不断按照中小学生所能接受的程度,用先进的科学知识来充实中小学的教育内容。

中学数学是一门重要的基础课程。我国1966年以前的中学数学教材(简称1963年教材),虽然在编写上有其优点,但从内容上来说,局限于代数、几何、平面三角以至平面解析几何等所谓传统的中学数学教学内容。……随着生产与科学技术以及数学本身的迅速发展,特别是我国现代化建设对科技、教育提出了新的要求,这些传统的中学数学内容就不能完全适应需要了。要使我国当前的中学生,成为90年代四化建设的骨干,必须提高他们的数学基础知识水平,这就有必要对中学数学教材进行更新。据我们1977年调查,水电、邮电、农机、国防科委等部门,都提出了在中学增加微积分初步、概率、统计、向量、计算机初步知识等意见。[①]

又比如物理。1978年1月,教育部颁布《全日制十年制学校中学物理教学大纲(试行草案)》,基本精神是"要求中学物理教学适应实现四个现代化的需要,使学生扎扎实实地打好基础,为培养具有现代化科学技术知识的又红又专的人才作出贡献"。教学目的确定为:"中学物理教学必须使学生比较系统地掌握进一步学习现代科学技术需要的物理基础知识,了解这些知识的实际应用;培养学生的实验技能、思维能力和运用数学解决问题的能力;培养学生的辩证唯物主义观点;教育学生为革命而努力学习,为实现我国的四个现代化而努力奋斗。"[②] 根据大纲的要求,教科书在内容上紧紧围绕四个现代化来选择和设计。甚至形式上都看得出这一倾向,比如全日制十年制学校初中课本(试用本)《物理》第一册就把《即将发射的我国火箭》和《我国的氢弹试验》的彩色照片放在教科书的显要位置,每幅照片占整整一页。

---

① 人民教育出版社中小学数学编辑室. 积极稳妥地改革中学数学教材[J]. 人民教育, 1982(05): 48.
② 课程教材研究所. 20世纪中国中小学课程标准·教学大纲汇编:物理卷[G]. 北京:人民教育出版社, 1999: 241.

图 1-7

全日制十年制学校初中课本《物理》(试用本)(第一册)《即将发射的我国火箭》和《我国的氢弹试验》(中小学通用教材编写组编,人民教育出版社,1978 年 3 月第 1 版)

化学教科书也是这样。1978 年 1 月教育部颁布《全日制十年制学校中学化学教学大纲(试行草案)》进一步明确和突出了为现代化建设服务的理念。大纲把化学这门课程定义为"一门基础科学,它研究物质的组成、结构、性质、变化及合成等","中学化学教学要以先进的化学基础知识教育学生,以利于他们打好参加工农业生产劳动和进一步学习现代科学技术基础"。在教学目的中提出:培养分析和解决一些简单的化学实际问题的能力,使学生牢固地、系统地掌握化学基础知识和基本技能,初步了解它们在工农业生产中的应用;培养分析和解决一些简单的化学实际问题的能力;培养辩证唯物主义观点。在教学内容上其核心是要努力实现教学内容现代化:加强学生参加工农业生产劳动,加强学生进一步学习现代科学技术所必需的化学基础知识和基本技能的教学;在教材中要适当反映现代化学及其应用的新成就和发展趋势;适当选入一些应用新方法和内容先进的实验。同时要坚持理论联系实际的原则,认真做到精简教学内容。[①]

[①]《中国教育年鉴》编辑部. 中国教育年鉴(1949~1981)[M]. 北京:中国大百科全书出版社,1984:502.

化学教科书在具体内容的选择上，也特别以现代化建设需要为选择的主要依据，紧扣当时的工业发展实际。如全日制十年制学校高中化学课本就突出了转炉炼钢，简单叙述了石油化工，更新了石油炼制和塑料、合成橡胶、合成纤维等内容；还增加了一些反映现代科技新成就的内容，如适当联系了工业发展中的一些重要问题和新成就，第一章在讲硫酸生产时，从"接触法制硫酸的尾气中，还含有少量的二氧化硫等，如果排入大气，就会造成环境污染"，危害人体和作物，引出了初步的环境保护的概念，说明对工业"三废"的回收处理、综合利用的必要性。

根据《全日制十年制学校中学生物教学大纲（试行草案）》和《全日制十年制学校中学生理卫生教学大纲（试行草案）》的要求，人民教育出版社新成立的中学生物教材编写组编写了全国通用生物类教科书，即初中生物、高中生物和初中生理卫生课本，在1978年到1981年，作为试用本在全国普遍使用。这套教科书初步反映了现代科学成就，部分内容反映了分子水平和亚显微水平（我国的高中生物教科书，是从这个版本开始第一次跨入分子水平的），用现代遗传学理论解释孟德尔、摩尔根的遗传规律，生理卫生增加了免疫学知识。[①]这本高中生物课本与1949—1966年所谓"十七年时期"的生物课本的知识内容分属两个不同的体系。"十七年时期"的生物课本属于传统生物学体系，以形态、结构与功能为主，着重宏观，并解释生命现象，说明原理；而新编高中生物课本属于现代生物学体系，侧重微观世界，用分子水平阐述教学内容，增加现代生物科学的基础知识，集中讲述关于生命本质的基础知识。[②]全日制十年制学校初中课本（试用本）《生理卫生》（全一册，中小学通用教材生物编写组编，人民教育出版社，1978年3月第1版）与1964年教科书相比，反映了现代的科研成果，如免疫、内分泌等的研究进展方面的一些常识，该教科书的第八章内分泌系统，讲到胰岛时，就提到我国"1971年在测定猪胰岛素晶

---

① 我国中学生物学教学四十年的回顾[J]. 生物学通报，1992（07）：9—12.
② 黄金根. 浅析高中生物教材中的重点与难点[J]. 赣南师范学院学报，1982（S1）：65—70.

体结构的研究工作中,又取得了重要的结果",而在讲免疫问题时,就谈到了"免疫学的进展"。

图 1-8

全日制十年制学校初中课本(试用本)《生理卫生》(全一册)(中小学通用教材生物编写组编,人民教育出版社,1978 年 3 月第 1 版)

图 1-9

全日制十年制学校初中课本《生物》(全一册)(中小学通用教材生物编写组编,人民教育出版社,1978 年 3 月第 1 版)

2. 教科书突出基础知识、基本技能的训练

十年"文革"期间出版的教科书,体系比较紊乱,基础知识严重匮乏,大都牵强附会、"穿鞋戴帽",充塞其中的是同学科知识毫无关系的泛政治内容。文科教科书塞进了大量错误的或片面的内容,有些地方把"中国历史"改为"儒法斗争史"。数学教科书大多采用"典型产品带知识",数学教科书中会计、测量、视图的知识占很大比重;物理教科书通过"三机一泵"(拖拉机、柴油机、电动机、水泵)讲物理知识;化学教科书用大量篇幅讲土壤、化肥、农药;生物教科书主要讲"三大作物(稻、麦、棉)一头猪"。许多地方取消了物理、化学、生物课程,改设"工业生产知识"(工业基础知识)、"农业生产知识"(农业基础知识)课程。所有内容都是以革命、阶级斗争为统帅的。

随着"文化大革命"的结束,教育领域开始拨乱反正,教育包括教科书改革的核心就是要把教育从偏离的轨道拉回教育本身，完全以革命来统率教科书的局面扭转了，教科书开始关注知识、关注学生发展的基础。这在"文革"后第一套全日制十年制教科书中得到了较好的反映。该套教科书内容发生了明显变化，关注学生学习发展，突出基础知识、基本技能的训练。"为了加强基础，必须重视基本技能的训练；通过基础知识的学习、基本技能的训练，启迪学生的智力，培养学生的能力"，"使学生知道理论在实际中的应用，培养学生具有运用所学理论去解决一些实际问题的能力"。[1]

对学生基本认知能力的重视，成为教科书编写的重要考察维度。在理科教科书中，为了打好基础，培养学生的能力，大量地增加了学生实验（这也是导致教材实施困难的原因之一），这些实验内容的安排，有利于培养学生的实验能力、观察能力和运用所学知识分析解决现实问题的能力。其中化学共有学生实验43个，课堂实验118个。另外还增加了一些有定量要求的实验，增加了一些新实验。

初中物理教科书强调在使学生获得物理知识的同时，培养学生分析问题和解决问题的能力。在初中《物理》第一册的绪言中就怎样学物理的问题作了很好的说明：

首先，物理中的规律性的知识，都是从物理现象中抽象概括出来的，要获得物理知识，首先就要细心地观察物理现象，还要在实验室里研究物理现象。其次，物理学中的许多规律反映了物理现象的数理关系。因此数学知识是研究物理问题的重要工具，要学好数学并学会把它应用到物理问题上来。第三，物理现象是自然界中常见的现象。我们应该努力运用所学物理知识来解释这些现象，并解决一些简单的实际问题。[2]

初中物理教学主要是培养学生从观察和实验得出结论的能力，以及应用所

---

[1]《中国教育年鉴》编辑部. 中国教育年鉴（1949～1981年）[M]. 北京：中国大百科全书出版社，1984：485.
[2] 中小学通用教材物理编写组. 物理：第一册[M]. 北京：人民教育出版社，1978.

学知识解决简单实际问题的能力,因此这套教科书在叙述上从实际出发,经过分析比较,得出物理概念和规律,借以培养学生分析问题的能力。另外,还很重视运用数学知识解决物理问题,有意识地培养学生的推理能力。在讲述物理知识的实际应用时,教科书注意讲述物理知识是怎样应用于实际的,而不涉及实际问题的技术细节,目的是进一步培养学生的分析能力和应用所学知识解决简单问题的能力。如讲《测量》这一章时就安排了实验:用天平称物体的质量;"重量"的学习安排了实验:测定物质的比重;"力"的学习安排了实验:研究弹簧的伸长。还安排了一定的课外参观活动,如讲"气体的压强"就安排了参观离心式水泵等。

3. 教科书开始关注学生身心发展特点

首先,我们从教科书的封面和插图来看:五颜六色代替了单一的"文革体"的"政治红"。相对于"文革体"图片的政治色彩,本阶段教科书的图片更生活化,更人性化。尤其是低年级教科书,因为这一年龄阶段的学生主要以具体形象思维为主,所以教科书在设计上考虑用更加生动有趣的形式来呈现,内容都尽量从学生喜闻乐见的生活来切入,并以学生能接受的方式来编排。

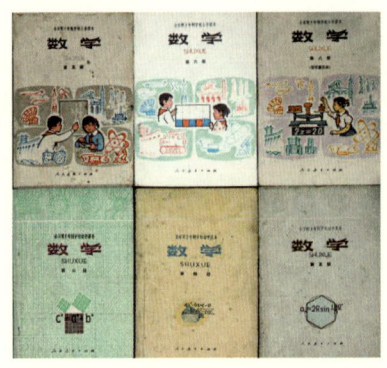

图 1-10

第五套通用教科书之数学部分,人民教育出版社,1978 年初版

其次,从教科书编排顺序来看,儿童心理发展的"序"代替了政治设计。学生先学什么再学什么,除了考虑学科知识本身的逻辑顺序,还要参照学生发展特点。如美术教科书内容具体包括绘画、工艺和欣赏三大类。在欣赏部分,根据不同年级学生的不同特点,内容就各有侧重,在小学一、二年级阶段根据

儿童的生理和心理特点，主要欣赏动画片、连环画，以及反映动物、儿童等题材的雕塑、绘画作品；三年级至六年级逐渐欣赏中外著名的雕塑作品、中外名画，以及年画、版画、剪纸、农民画、工艺美术品等民间美术；初中阶段主要让学生了解各种画种、雕塑、工艺美术、建筑等方面的特征，了解中国和外国美术发展的简单脉络。

再次，从教科书语言表述上看，生活词汇多了，"文革"词汇少了。"文革"词汇更多带有政治意蕴，而生活词汇更贴近学生个体实际。我们以"文革"期间和"文革"后两个不同时期的数学教科书中应用题的题干表述为例来分析这一转变。通常说来，意识形态在语文、历史、政治等学科中能得到很好的渗透，而要在物理、化学、数学等自然学科中渗透不是那么容易的事情，但"文革"时期，自然科学的学习与政治居然就被生硬地结合了起来。

以"文革"期间肇庆专区小学暂用课本《算术》为例（三年级第二学期，肇庆专区教材编写组编，1969年4月印制），本册课本共有三章内容，分别是整数乘法、整数除法和整数四则混合运算及应用题。

本册开篇的一个例题是：

例1：一九六八年十一月一日晚，全国军民举国欢腾，热烈欢呼党的八届十二中全会公报的发表。开封县城广大军民手捧红彤彤的宝书，从四面八方涌进会场，参加庆祝大会。会场上平均每排坐61人，52排有多少人？①

本册教材的其他例题、习题都反映了当时社会的热点政治问题，并且围绕这些热点问题展开叙述。如例题2：

反修人民公社广大革命群众热烈响应党的八届十二中全会发出的战斗号令，集会声讨叛徒、内奸、工贼刘少奇的滔天罪行。平均每个大队有96人参加，全公社有16个大队。参加这次大会的一共有多少人？②

又如习题：

---

① 肇庆专区教材编写组. 算术：第五册 [M]. 肇庆：肇庆专区教材编写组，1969：1.
② 肇庆专区教材编写组. 算术：第五册 [M]. 肇庆：肇庆专区教材编写组，1969：3.

1. 开封县革命委员会遵照毛主席"广大干部下放劳动"的教导,于十一月十日首批去"五七"干校的 255 人,组成 15 个班,高举《毛主席语录》牌,背着行李,意气风发,斗志昂扬,迈着整齐的步伐出发。平均每班有多少人?

2. 江西省分宜县革命委员会遵照毛主席"广大干部下放劳动"的教导,下放大批干部到农村安家落户,接受贫下中农的再教育,彻底改变旧思想。他们到农村后,积极协助贫下中农开展教育革命,在全县 13 个公社办起了 364 所中小学校。平均每个公社办起多少所?①

类似的题目和表达在当时的数学课本中可谓比比皆是。但在"文革"后的全日制十年制教科书中,这种浓厚的政治色彩、革命情怀已经明显淡化了。以前经常出现在题干中的《毛主席语录》被"文艺书""科技书""图书"等替代了。以下是本套教科书中的一些应用题普遍采用的表述方式:

1979 年版第六册第 119 页:

新华书店运进文艺书 2800 册,运进的科技书是文艺书的 2 倍,运进的连环画比文艺书和科技书的总数少 1200 册,运进的连环画是多少册?②

1979 年版第七册第 1 页例题:

例 1:少先队采集中草药。第一小队采集了 18.5 公斤,第二小队采集了 21.5 公斤,一共采集了多少公斤?

例 2:红星小学买图书用去 12.5 元,做教具用去的钱比买图书少 3.86 元,做教具用去多少钱?③

当然,当时的通用教科书一定程度上仍然受"文革"的影响。应该说,这一时期的教科书开始走出了"文革"期间的政治阴影,将如何服务于现代化建设的需要作为要解决的主要问题。政治的色彩似乎淡了许多,但毕竟刚从"文革"中走来,"文革"遗留现象还是比较明显。以政治教科书为例,无论是封

---

① 肇庆专区教材编写组. 算术:第五册[M]. 肇庆:肇庆专区教材编写组,1969:21.
② 肇庆专区教材编写组. 算术:第六册[M]. 肇庆:肇庆专区教材编写组,1979:119.
③ 肇庆专区教材编写组. 算术:第七册[M]. 肇庆:肇庆专区教材编写组,1979:1.

面的设计还是内容的选择都仍然带有一定的"文革"气息。

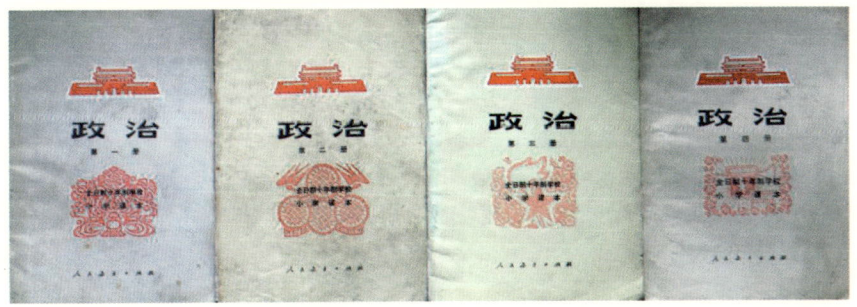

图 1-11

全日制十年制学校小学课本（试用本）《政治》（中小学通用教材政治编写组编，人民教育出版社，1978年第 1 版）

这套教科书采用单元式的内容组织方式，全套教科书共八个单元。每册两个单元。第一单元：旧社会劳动人民的苦难生活；第二单元：哪里有压迫，哪里就有反抗；第三单元：伟大的革命导师马克思和列宁；第四单元：共产党、毛主席领导人民求解放；第五单元：做共产主义接班人（一）；第六单元：做共产主义接班人（二）；第七单元：学点正确的思想方法；第八单元：建设伟大的祖国，树立崇高的理想。

在这里，思想教育的核心在于其鲜明的政治特色。从每个单元的名称分析，可以看出鲜明的政治功能。这套教科书的基本任务是对学生"进行初步的共产主义思想教育和必要的政治常识教育"，却没有基本的道德品质方面的教育。我们以第八单元为例，这是第四册的内容，主要有：第一课，社会主义祖国在前进；第二课，社会主义好；第三课，坚持无产阶级专政；第四课，没有共产党就没有新中国；第五课，马列主义、毛泽东思想是中国革命的胜利旗帜；第六课，为建设社会主义现代化祖国而奋斗；第七课，共产主义是我们的崇高理想；第八课，"英特纳雄耐尔就一定要实现"，最后附上了《国际歌》词曲。从每篇选文的内容来看，都是以灌输革命道理为主，过于生硬和贴标签，教科书并未彻底摆脱"文革"影响。

第二节
改革开放初期的教科书（1982—1986）

1978年教育部颁发的《全日制十年制中小学教学计划（草案）》，包括两段：小学5年，中学5年（其中初中3年，高中2年）。经过两年多的实践后发现，该教学计划在课程设置等方面不够合理，如中学5年较难完成教学任务，小学5年学生毕业后不能升学的，年龄太小不利于就业。因此1981年教育部在颁发了对原来的十年制教学计划的修订稿——《五年制中学教学计划修订草案》的同时，又研制颁发了十二年制的教学计划——先是《六年制重点中学教学计划试行草案》，到1984年，教育部又新制订了《六年制小学教学计划草案》。这样，中小学就形成了十年制和十二年制两种学制。1978年编写的统编通用十年制教科书显然已不能完全适应其发展需求。这种"不适应"至少体现在以下几个方面：首先一个显而易见的事实是，之前的教科书主要面向十年制，而现在除了有十年制，越来越多的学校实施十二年制了，对于十二年制的中小学来说，仅从每套教科书的册数来看，显然都是不够匹配的，更不用说，之前的教科书是用于10年学习之用，而现在学习的年限已经延长到12年，其内容的容量、难度、编排等都需做出相应调整；其次，"不适应"表现在之前编写的教科书在使用过程中普遍存在内容深、分量重、困难大等突出弊端，教科书的修订和调整也势在必行；最后，正如我们在前面所阐述的，为解决"文革"期间教科书的混乱，"文革"一结束，最需要的就是编写统一的教科书以确保基本教育质量，1978年编写的全日制十年制通用教科书虽然解决了混乱、实现了统一，但随之而来的弊端就是一本教科书不可能适应不同地域、不同水平、不同层次教育的不同需要，这意味着进入20世纪80年代后的教科书除了要追求具体内容上的完善，还必须在教科书多样化上寻求突破，在确保基本教育质量和寻求一定程度统一的同时，实现以不同的教科书满足不同的需要，即根据不同的需要编写不同的教科书。如果是全国各地通用一本教科书，即使该教科书编写得再好，也不可能满足所有人的需要。

所以，改革开放初期的教科书有以下发展和突破：一是在内容上不断修订和调整，二是开始多样化的尝试与探索，三是研究机构以及相关制度初见形制。另外，实验教科书开始蓬勃兴起并迅速发展，少数民族教科书、乡土教科书、各省自编的教科书等都竞相发展起来。

一、教科书的频繁修订与调整

1978年编写的全日制十年制通用教科书在很大程度上结束了"文革"期间教科书各自为政、整体混乱的局面，但其存在的弊端也是显而易见的。尤其是随着国家工作重心向现代化、经济建设、科学、教育的战略转移，随着"三个面向"的提出，教科书建设面临着新的挑战。因而，从1982年到1986年甚至到20世纪90年代末，教科书基本处于不断"修订"和"完善"之中——在全日制十年制教科书基础之上。

（一）教科书修订与调整的时代背景

十二大对教育的重视与强调。1982年党的十二大召开，把教育与科学确定为此后20年的战略重点，其中关于精神文明建设特别是教育改革发展的论述，为我国当时各项教育事业的建设提供了明确的指导方向。胡耀邦同志在十二大的报告《全面开创社会主义现代化建设的新局面》中，提出了现阶段社会主义建设的纲领，把教育提高到了经济发展战略重点的地位。他说：在今后20年内，一定要牢牢抓住农业、能源和交通、教育和科学这几个环节，把它们作为经济发展的战略重点。党对教育越重视，对教育改革的要求就越迫切。在这样的大背景下，中小学教科书的改革工作提上了重要议事日程。

邓小平教育"三个面向"的提出。邓小平同志自1977年以来，多次就中小学教育提出了发展思路，提出中央要以极大的努力抓教育，要从小学抓起，一直抓到中学、大学。正是在这样的历史背景下，作为由中宣部创办的一所旨在进行教改的实验校——景山学校，当时以全校师生名义就中小学整体改革应该按照什么方针来进行给小平同志写了一封信，并于 1983 年 9 月 7 日发出，信中就学校进行教改的成绩做了汇报，着重谈到学校在新时期面临教育指导方针的困惑，恳请小平同志为学校指明前进的方向。没想到，9 月 10 日，景山学校就惊喜地收到了从"邓办"送来的信。打开一看，是小平同志给景山学校的题词："教育要面向现代化，面向世界，面向未来。"

邓小平为北京景山学校所作的题词，为中国教育改革发展指明了前进的方向，成为推动我国教育改革和发展的基本指导方针。

"三个面向"内涵极为丰富，是辩证的统一，互相渗透，相辅相成。"面向现代化"，立足时代背景对教育发展的需要，强调了教育与经济发展和社会进步的关系，指明了教育要全面适应社会主义现代化建设的要求，培养造就符合时代需要的"现代人"；"面向世界"，是在空间维度上强调教育的改革和发展既要立足于国情，也要放眼世界，大胆吸收人类文明的一切先进成果，积极借鉴世界各国教育改革和发展的有益经验，为我所用，进而推动我国教育事业的进步；"面向未来"，是在时间维度上强调教育要面向我国经济发展的长远需要，要求教育工作者用系统工程的思想考虑当前，着眼长远，具有前瞻性，使教育走在社会、经济发展的前面。"三个面向"的提出为统一和更新教育观念、展开教育改革、创新教育实践指明了正确方向，它解决了我国基础教育发展以什么思想为指导、走什么路、朝什么目标前进的根本问题。[①]

自此，我国的一系列教育改革和发展的工作方针，基本都是以"三个面向"为指导思想的。1984 年教育部颁布的《关于全日制六年制小学教学计划的安排意见》，开门见山地指出要"遵照邓小平同志'教育要面向现代化，面

[①] 柳海民，娜仁高娃. 基础教育改革 30 年：理论创新与实践突破 [J]. 东北师大学报（哲学社会科学版），2008（5）.

向世界，面向未来'的指示精神"，同时特别强调了"为了适应新时期总任务的需要，迎接新的技术革命的挑战，我国初等教育必须以'三个面向'为指导思想，积极进行改革"。"三个面向"的提出也对这一时期教科书的建设指明了方向。

教育体制改革不断推进。1984年10月20日召开的十二届三中全会通过了《中共中央关于经济体制改革的决定》，确立了把是否有利于生产力发展作为检验改革成败的标准，把建立有计划的社会主义商品经济作为体制改革的目标，掀开了我国经济体制改革的序幕。随着我国经济体制改革的深入和社会的发展，教育也必须进行改革，以便和经济改革相适应，使经济、科技和教育的改革相互配合，相互促进。因此教育体制改革提上议程。在《中共中央关于经济体制改革的决定》的基础上，1985年5月《中共中央关于教育体制改革的决定》发布，把基础教育权下放给地方政府，实行中央、省、市三级办学的体制，这对于调动各级政府办学的积极性，处理好中央和地方政府与学校的关系，发挥中央和地方两个积极性，促进教育的改革发展起了重要的推动作用。

《中共中央关于教育体制改革的决定》提出了新时期第一个明确表述的教育工作方针，即后来被人们概括为"两个必须""三个面向"和"四有新人"的教育方针。[①]

"两个必须"是指教育必须为社会主义建设服务，社会主义建设必须依靠教育。"三个面向"是指社会主义现代化建设的宏伟任务，要求我们不但必须放手使用和努力提高现有的人才，而且必须极大地提高全党对教育工作的认识，面向现代化、面向世界和面向未来，为20世纪90年代以至21世纪初叶我国经济和社会的发展，大规模地造就能够坚持社会主义方向的各级各类合格人才。"四有新人"是指所有这些人，都应该有理想、有道德、有文化、有纪律，热爱社会主义祖国和社会主义事业，具有为国家富强和人民富裕而艰苦奋斗的献身精神，都应该不断追求新知，具有实事求是、独立思考和勇于创造的

---

① 苏渭昌，雷克啸，章炳良.中国教育制度通史：第8卷[M].济南：山东教育出版社，2000：76.

科学精神。

《中共中央关于教育体制改革的决定》所表述的教育方针结合了当时社会经济发展的形势，反映了社会发展的客观要求，遵循了教育发展的客观规律，对 20 世纪八九十年代我国教育的改革和发展，包括教科书的改革发展起了巨大的推动作用。

（二）教科书修订与调整的课程背景

这一时期因处于学制的调整和逐步完善期，所以教学计划的修订与执行颇显复杂，小学教学计划既有五年制的，也有六年制的，中学教学计划既有重点六年制中学的，也有一般六年制中学的，还有五年制中学的。而且 1984 年开始实行全日制六年制小学教学计划后，为考虑城市和农村的实际情况，又分别颁布了城市小学教学计划和农村小学教学计划。这一系列教学计划的公布和调整直接影响到了课程设置，也必然直接影响到教科书编撰，教科书的相应配套和跟进势在必行。

小学教学计划。1981 年 3 月，教育部颁布《全日制五年制小学教学计划（修订草案）》，[①] 对该计划相配套的教材作了以下要求："本教学计划于 1981 年秋季开学到 1982 年秋季开学分步试行。思想品德课于今年秋季开始，基本教材于 1982 年秋季发行；今年请各省、市、自治区自编临时讲授提纲或教材。地理、历史课试用教材及新编美术教材，今年秋季发行。新编的三、四、五年级自然课试用教材，将于 1982 年秋季发行。其他各科教材修订后的正式版本，也于 1982 年秋季发行，今年仍用原试用教材。"1984 年，遵照邓小平同志"教育要面向现代化，面向世界，面向未来"的指示精神，以全日制五年制小学教学计划为基础，在吸收部分小学教学改革经验的基础上，教育部又颁布了《全日制六年制城市小学教学计划（草案）》和《全日制六年制农村小学教学计划

---

① 课程教材研究所. 20 世纪中国中小学课程标准·教学大纲汇编：课程（教学）计划卷 [M]. 北京：人民教育出版社，2001：331.

（草案）》。① 这也对教科书建设提出了相应的要求。

中学教学计划。1981年4月，根据邓小平"要办重点小学、重点中学、重点大学"的指示精神，教育部颁布了《全日制六年制重点中学教学计划试行草案》和《全日制五年制中学教学计划试行草案的修订意见》。在教学计划颁布的同时，也对教科书的编写和使用做了具体要求："五年制中学各年级教材修订本1982年秋季开始陆续供应。六年制重点中学全国统编教材1983年开始陆续供应。1983年以前已改为六年制的学校，教材可以各地自编，也可以按人民教育出版社提出的过渡办法，使用五年制教材。"②

（三）适应变化的教科书修订与调整——第六套通用教科书

图 1-12

第六套通用教科书概览，人民教育出版社，1982—1986

时代在前进，教育在发展，课程在变化，教科书必须要变革。应该说，主要学科主要版本教科书的修订几乎没有消停过，但大规模、大范围、大幅度的修订和调整首次开始于1982年，这次大修订大调整后出版的教科书即是人民教育出版社通常所说的第六套全国通用教材。

1981年3月和4月，教育部相继颁发了五年制小学、六年制小学、五年制中学、六年制重点中学教学计划草案，针对中小学形成的十年制和十二年制

---

① 关于全日制六年制小学教学计划的安排意见［M］//课程教材研究所. 20世纪中国中小学课程标准·教学大纲汇编：课程（教学）计划卷. 北京：人民教育出版社，2001：344.
② 颁发《全日制六年制重点中学教学计划试行草案》、《全日制五年制中学教学计划试行草案的修订意见》的通知［M］//课程教材研究所. 20世纪中国中小学课程标准·教学大纲汇编：课程（教学）计划卷. 北京：人民教育出版社，2001：336.

两种学制，人民教育出版社除了修订五年制小学和五年制中学教科书（即原来的十年制教科书）以外，又编写了初中三年、高中三年的中学教科书。由于十年"文革"的破坏，中小学师资水平参差不齐，学生程度也不同，根据教育部的精神，1983年适当调整高中数学、物理、化学、生物和外语的教学内容，分为甲种本（较高要求）和乙种本（基本要求）两种高中教科书，于1984年供书。六年制小学教科书于1985年基本完成，这套十二年制中小学教科书于1986年9月起供全国选用。以上新编的十二年制和修订的十年制两套教科书组成全国通用的第六套教科书。[①] 第六套通用教科书在形式上的典型标志是，大多数课本封面都注明是"五年制小学课本""六年制小学课本"或"初级中学课本""高级中学课本"。

整体上看，1982年开始的教科书修订在其内容和体系上没有根本性的突破和变革，主要是针对全日制十年制教科书在试用过程中出现的问题，结合时代发展的需要和当时的条件，根据1978年后颁布的各科教学大纲和1981年后颁布的教学计划进行了相应的修订和调整。关于这一点，各学科教科书在编辑说明中说得很明确，如五年制小学课本《语文》第五册，就特别说明："是在全日制十年制学校小学语文课本（试用本）第五册的基础上改编而成的。试用本的原编者是中小学通用教材小学语文编写组。"

既然第六套教科书是对第五套教科书的修订，所以在整个内容的筛选和编排上与第五套教科书存在较大程度的相似性，如果以语文课本为例，我们可以从所选篇目中清晰地看到这一特点。以下以第五套的全日制十年制学校小学课本（试用本）《语文》第五册（1979年2月第1版）和第六套的五年制小学课本《语文》第五册（1982年10月第1版）的目录为例进行比较：第六套的五年制小学《语文》第五册共有38个篇目，但其中有33个篇目和第五套的全日制十年制学校课本第五册是完全相同的，只有《罗盛教》《做风车的故事》等有限的5个篇目有所不同。另外，有些小的变化是，在课本篇目的编排顺序上

---

① 韩绍祥. 十套教材见证新中国教育的改革与发展 [J]. 出版发行研究，2009（10）.

图 1-13

五年制小学课本《语文》(第五册)(人民教育出版社小学语文编辑室编,人民教育出版社,1982 年 10 月第 1 版)

图 1-14

五年制小学课本《数学》(第四册)(人民教育出版社中小学数学编辑室编,人民教育出版社,1982 年 6 月第 1 版)

有所变动,如第六套五年制课本中的《三味书屋》是放在第七课,但在第五套十年制课本中则放在第三课。

我们至少可以发现这样两个方面的特点,一是两套教科书在内容上的承接性和相似性,二是除了承袭前套教科书的基本内容和框架体系之外,第六套五年制教科书也有稍微的修订和调整,而这些修订的重点则是适当地降低了内容的难度。

中央 1980 年 84 号文件规定:"今后一段时期,小学学制可以五年制与六年制并存,城市小学可以先试行六年制,农村小学学制暂不动。"根据这一精神,北京、上海、天津等地先行试行六年制。所以,在五年制教科书的基础上人民教育出版社又编写了一套六年制教科书,于 1985 年基本完成,这套十二年制中小学教科书于 1986 年 9 月起供全国选用。如果把五年制(或十年制)与六年制(或十二年制)教科书做一个初步比较,也不难发现,六年制教科书也并未见有突破性进展,其重点主要是对五年制教科书的修订和完善,而且这种修订的方式大体可以概括为以下两种方式:一是删减了部分不太合理的内容;二是把剩下合理的内容从以前五年分布调整为六年分布。因为五年制教科书的最大弊端就是学生学习时间短,但学习内容过难过深,所以后期修订的主要侧重点在于把重点难点分散在六年中。六年制教科书在编辑说明中也特别说明了这一点,如六年制小学课本《数学》第十册(人民教育出版社数学室编,1985年4月第1版)"说明"中如此阐述:"这套六年制小学课本《数学》是在五年制小学课本《数学》的基础上改编而成。""这套数学课本的教学内容同五年制小学课本《数学》比较,在程度上基本相同,在编排体系上作了些必要的调整。"

初级中学的文科教科书修订幅度也不大,以历史科为例。第六套初级中学课本《中国历史》(全四册)是根据《全日制十年制学校中学历史教学大纲(试行草案)》,在第五套全日制十年制学校课本《中国历史》(1978年版)的基础上修订而成的。两者内容大致相同,第六套只有少许变化。

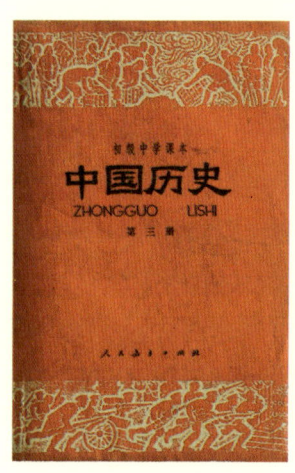

图 1-15

初级中学课本《中国历史》(第三册)(胡文彦编,苏寿桐审订,人民教育出版社,1981年11月第1版)

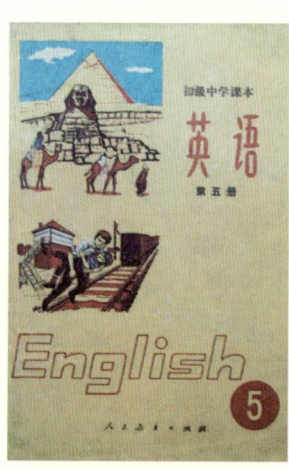

图 1-16

初级中学课本《英语》(第五册)(人民教育出版社外语室英语组编,人民教育出版社,1983年10月第1版,1991年4月第2次印刷)

第六套初级中学地理课本与1978年版第五套全日制十年制学校初中课本《中国地理》(试用本)相比,整个体系也未作大的变动。内容仍旧包括两大部分,第一部分地球和地图,第二部分中国地理。但适当删除了内容偏深、偏多的部分。比如在《中国地理》上册"地形"一章中,删除了内容偏难的"地形分布的成因"一节,对用地质力学原理解释地壳运动的主要形式和我国主要山脉走向的成因这些偏难的知识进行了精简,只讲解了地形的变化。

整体看，第六套的中学数学、物理、化学、外语等科目修订幅度要大一些，其修订的整体要求是降低难度，减轻分量。

以初中《英语》课本（修订本）为例，在修订时，考虑到第五套偏深偏难、分量偏重的问题，减少了课文和生词的分量。修订本第三、四册的课文从三个部分减为两个部分，生词量从六册总计1500多个减到1265个。每课的生词量，试用本平均为20.6个，修订本为17.3个；每课时所学生词量从3.6个降到2.5个；大量选取了常用词汇；加强了课文的趣味性和知识性。[①]

初中数学课本也有一定的调整。如第六套初级中学课本《代数》第四册，是在第五套全日制十年制学校初中数学课本（试用本）《代数》的基础上，吸收了各地在试用中的一些经验和意见编写而成的。此次修订在调整教科书内容、降低难度上作了诸多的尝试和探索。

可以说，这一时期，各科教科书修订几乎都把降低内容难度作为修订的重点，我们可以从当时刊登在《课程·教材·教法》上的系列文章中清晰地看到这一趋势：

唐钧:《调整内容　降低难度　减轻分量——初中英语课本修订情况》(《课程·教材·教法》，1985年第4期)；

李琳:《调整内容，降低难度，加强基础，提高能力——初中〈代数〉第四册修订说明》(《课程·教材·教法》，1985年第2期)；

鲍珑:《降低难度，突出重点，加强数学思想方法训练》(《课程·教材·教法》，1985年第2期)；

徐斌:《怎样编写好小学思想品德课教材》(《课程·教材·教法》，1985年第2期)；

……

显然，第六套教科书在降低内容难度、调整内容体系上做了一些工作，但这些都是有限的，是对第五套教科书的修补，并没有根本性的突破。

[①] 唐钧. 调整内容　降低难度　减轻分量——初中英语课本修订情况[J]. 课程·教材·教法，1985（4）.

二、教科书多样化的初步尝试

"文革"十年间，各类教育都遭到了严重破坏，各地教科书非常混乱，教育质量因此受到很大影响。1976年后，教育开始逐步走上正轨，在这种背景下，编写一套全国通用的教科书是非常必要的。但这套教科书在使用过程中存在的突出问题是深、难、重。这一弊端至少可以从两个方面来解释。一是内容确实比较难；二是因为这套教科书高度统一，而学校本身的条件和师资力量以及学生发展是参差不齐的，这套教科书更多地是以各方面条件相对比较好的学校为参照来编写的，其他学校感觉实施起来比较困难。第六套通用教科书也没有解决这个问题。

针对这些问题，这一时期教育部的教科书建设相应地采取了两个策略：一是直接降低学科内容的难度；二是在全国统一基础上开始探索编写不同的教科书，以满足不同地域、不同学校、不同学制对教科书的不同需求。因而，这一时期的教科书除了对内容有所调整和修订外，还就如何在全国统一的基础上实现多样化进行了有益的探索和尝试。在教育领域里，这是一个创造性迸发的时期，也是教科书发展历程中比较少有的探索时期。这个时期出现了诸如五年制的教科书和六年制的教科书，十年制教科书和十二年制教科书，出现了高中教科书甲种本和乙种本，出现了分别适应农村和城市的课程设置和配套的教科书，出现了大量的实验教科书和五彩缤纷的乡土教科书以及地方教科书。

1. 两种学制的教科书

1977年教育部确定以十年制为基本学制，制订了教学计划。1978年1月颁发了《全日制十年制中小学教学计划（试行草案）》。1980年12月，中共中央颁发《关于普及小学教育若干问题的决定》，决定中小学学制逐步从十年制改为十二年制，今后一段时期内小学学制可以五年制与六年制并存，中学也是。所以这一时期，既有五年制小学教科书，也有六年制小学教科书。

1981年3月13日，教育部就城市小学试行六年制问题发出通知，提出城市小学试行六年制的工作，必须量力而行。1985年以前，应集中力量搞好调整工作，打好基础，稳步提高。除北京、上海、天津等地可先行试点外，其他省区的城市是否试行六年制，要慎重研究。并规定试行六年制的小学教学程度，原则上和现行的五年制小学一样，不再提高。试行的六年制小学的教学计划、教学大纲和教材，由有关市教育部门参照五年制小学的教学计划、教学大纲和教材，自行拟定和编写。小学试行六年制以后，为满足教学需要，依据五年制小学教学计划和五年制小学语文、数学教学大纲，北京、上海、天津、浙江四省市在全国率先联合编写了六年制小学课本《语文》《数学》。该套教科书教学程度基本上和《全日制十年制小学语文教学大纲（试行草案）》《全日制十年制小学数学教学大纲（试行草案）》所规定的相同，教科书编排体例以统编教科书为基础。这套书当时在一定范围内广泛使用，1982年初版，以后多次再版发行。该套教科书的标志之一是，其中有的版本封面有一个明显的"6"的图案。除了四省市使用外，实际上该套教科书也被其他一些地方的六年制学校使用。

1984年，教育部公布了《关于全日制六年制小学教学计划的安排意见》后，六年制小学逐步普及。

图 1-17
五年制小学课本《语文》（第四册）（人民教育出版社小学语文编辑室编，人民教育出版社，1982年5月第1版）

图 1-18
六年制小学课本《数学》（第四册）（人民教育出版社小学数学室编，人民教育出版社，1984年4月第1版）

在第五套通用教科书即全日制十年制教科书的基础上，人民教育出版社根据修订的教学计划以及各地反映的意见作了修改，修改后的小学教科书改称"五年制小学课本"，属于第六套通用教科书，在1981—1984年陆续出版。而六年制小学教科书又是在五年制小学课本的基础上改编的（所以出版使用时间要晚于五年制课本），从教学内容、编排体系到具体内容的讲法，都与五年制小学课本基本相同，只是放慢了教材内容的进度，把原来五年完成的教学任务改为六年完成。这样比较适合条件一般地区的教学需要。

除了人教社的所谓第六套通用课本外，许多地方也编写了适应不同学制的教科书。

图1-19

全日制六年制小学课本《语文》（试用本）（第五册）（上海、浙江、北京、天津四省市小学语文教材联合编写组编，上海教育出版社，1982年6月第1版）

图1-20

全日制六年制小学课本《数学》（第七册）（北京、天津、上海、浙江四省市小学数学教材联合编写组编，北京出版社，1982年1月第1版）

2. 两类区域的教科书

前面提到，为了解决小学教育质量不高和学生课业负担过重等问题，教育部于1979年6月发出《关于中小学学制改革讨论的通知》，组织各地对学制改革问题展开讨论。1980年12月中共中央颁发的《关于普及小学教育若干问题的决定》规定城市小学可先试行六年制，农村小学学制暂不动。

根据中共中央的决定，教育部1984年公布了《关于全日制六年制小学教学计划的安排意见》，基于此，教育部又分别拟定和颁布了城市和农村两类地区的教学计划——《全日制六年制城市小学教学计划（草案）》和《全日制六年制农村小学教学计划（草案）》。城市和农村的教学计划里，课程设置有所区别，教科书也自然应该有差异。如城市小学语文就包括讲读、说话、作文、写字四个部分，而农村语文只涉及讲读、作文、写字三个部分，城市小学语文多了说话部分；农村开设了农业常识课，城市比农村增开了唱游课等。为适应两类地区教学计划的需要，相应的教科书也产生了。

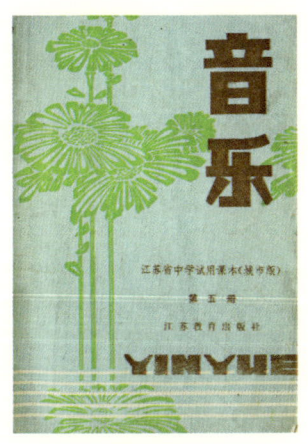

图 1-21

江苏省中学课本（城市版）《音乐》（第五册）（江苏省中小学教学研究室编，江苏教育出版社，1984年5月第1版第1次印刷）

图 1-22

江苏省中学课本（农村版）《音乐》（第三册）（江苏省中小学教学研究室编，江苏教育出版社，1984年5月第1版第1次印刷）

3. 两种要求的教科书

针对多科教科书在具体实施过程中普遍感觉内容深、难、重这一突出弊端，教育部于1983年发布了《关于颁发高中数学、物理、化学三科两种要求的教学纲要的通知》，通知指出：实施两种不同的教学要求是大面积地、扎扎实实地提高教育质量的积极措施，既可以使不同文化程度的学生都能在原有的基础上真正学有所得，逐步提高，也可以减轻学生过重的学习负担，注意发展学生智力，培养学生能力，使学生能够生动活泼主动地学习，更可以使中学教育全面地面向社会主义现代化建设，为学生就业和升学打下必要的基础。数学、物理、化学三个学科供应适合较高教学要求的甲种本和适合基本教学要求的乙种本。作为基本要求的乙种课本主要是减少分量，降低难度。至于学校采用哪种教学纲要，要从实际出发，根据学生基础和学校条件确定。一般地说，两年制高中，由于课时少，可按基本要求的教学纲要进行教学；首批办的重点中学，学生的学习基础、学校的条件较好，可按较高要求的教学纲要进行教学；其他三年制高中，可根据学校的实际情况自行确定。

1984年秋季，开始供应高中一年级数学、物理、化学两种不同教学要求的课本。基本要求的课本是新编本；较高要求的课本即此前通用的高中课本，内容基本不变。

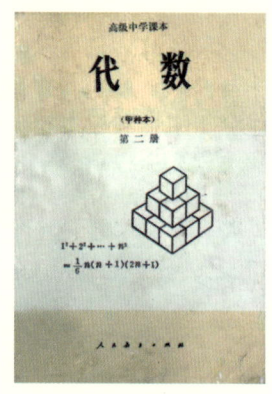

图1-23

高级中学课本《代数》（甲种本，全一册）（人民教育出版社，1984年9月第1版）

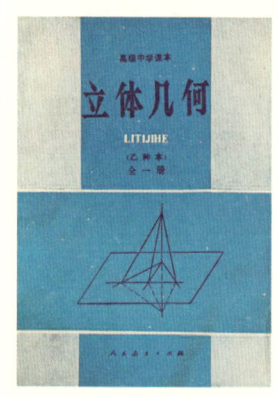

图1-24

高级中学课本《立体几何》（乙种本，第二册）（人民教育出版社，1983年12月第1版）

这种因学制和学生水平差异不同而编写教科书的尝试，一定程度上是为了满足不同学校不同学生的发展需要，是一种教科书多样化的初步努力。这种教科书编排形式上的突破，带来的好处是：一是从实际出发，区别要求，使不同文化程度的学生都能在原有基础上真正学有所得，逐步提高；二是减轻了学生过重的学习负担，注重发展学生智力，培养能力，使学生能够生动活泼主动地学习；三是使中学教育全面地面向社会主义现代化建设，为学生就业和升学打下必要的基础。①

高中物理教科书之甲种本分一、二、三册，供重点高中一至三年级使用，乙种本分上、下册，供二年制高中一、二年级使用，也可供普通三年制高中使用。甲种本是在全日制十年制学校高中《物理》（试用本）的基础上，按照高中物理教学纲要较高要求的内容编写的，基本保持高中物理试用本的水平，因此，内容、形式和特点基本无变化。根据教育部颁布的《高中物理教学纲要（草案）》基本要求内容编写的乙种本，跟全日制十年制学校高中《物理》（试用本）比起来，降低了教学要求。

1985年1月，教育部又发布了《关于颁发高中生物两种要求的教学纲要的通知》和《高中生物教学纲要（草案）》（以下简称《纲要》）。实行两种教学要求的科目增加至四科。一般来说，基本要求的教学内容，适用于一般的二年制高中和三年制高中。较高要求的教学内容，由有条件的学校（如重点高中）在保证学生学习基本要求的前提下选用。所以，生物教科书也有甲种本、乙种本，打破了原定只数理化三科各两种版本的计划。生物的这两种教科书都是在1982年由人民教育出版社生物编辑室编写的高中生物教科书的基础上编写的。根据《纲要》规定的"较高要求内容"和"基本要求内容"这两种不同的教学要求，甲种本与原教科书相比基本没有变化，乙种本则适当降低了要求。

应该说，为了照顾学生学习差异以及不同学生的发展需要而把教科书分编成甲、乙两种，是对全国一纲一本教科书制度的一次调整，其初衷是值得肯定的。这次教科书改革探索的经验，特别是经过调整的乙种本，是对当时大量存在的普通高中生设计的，能让他们学有所得，并减轻了他们过重的学习负担。这初步多样化的尝试是有益的，为后续的教科书多样化和繁荣奠定了基础。但在实践过程中，发生了目标的偏离，造成教科书功能异化。首先，这一措施出台后缺乏足够的解释、宣传和引导，在区别学生的层级差异上过于简单、草

---

① 教育部关于颁发高中数学、物理、化学三科两种要求的教学纲要的通知[M]//何东昌. 中华人民共和国重要教育文献. 海口：海南出版社，1998：2140.

率，考虑欠妥，人为制造了两个不同层级的学生，两种教科书被当成了筛选学生和贴"优"与"差"标签的工具，导致学校、学生和家长普遍不愿意学习乙种本，几乎所有学校都认为自己有能力使用甲种本，都不承认自己只适合学习乙种本。这导致决策者的预期目标偏离，这也决定了改革无法长久持续的最终命运。

另外，部分甲、乙种教科书在知识内容上并没有大的突破，基本以学科结构为中心选择和组织基础理论知识，强调学科知识的逻辑性和连贯性。比如高中化学教科书虽然分为甲、乙两种不同层次，但内容的编排都采取单元形式，每节、章之后都有相应的练习和内容提要，正文之后附有学生实验和附录。甲、乙两种教科书在这些方面没有多少差别，与十年制化学教科书也没有太大差别，只是这套课本的练习题明显增加了。以往内容提要之后是没有习题的，而这套教科书在内容提要之后有复习题（这种形式很像以后的单元复习题），在整册课本内容之后有总复习题。增加的习题主要是复习和巩固知识点，类型如计算、填空等，要求学生动手实践的偏少。也就是说，甲、乙本没有本质的、结构性的区别。

三、地方教科书百花齐放

除了成熟的、通用的教科书开始有不同学制、不同要求等多样化的探索外，这一时期其他非通用教科书也竞相涌现，开始崭露头角，发展得有声有色。尤其是地方教科书，进入了较好的发展阶段。某种意义上可以说，20世纪80年代的地方教科书融在整个教科书体系里，进入了一个发展的小高潮时期。

通用教科书强调全国的统一性，在一定程度上确保了国家整体的教育质量，但却容易忽略地方的个别差异。基于此实际情况，国家在组织编写通用教科书的同时，也考虑到了地方差异性。强调暂无统编教材的各课程，仍由地方组织力量，参照统编教材的编写大纲编写出版教材；乡土教材和补充教材，由各省自行编写出版。① 于是出现了不少地方自编教科书，丰富了教科书体系，补充了通用教科书的不足。

1. 各地自编音乐教科书

为使中小学音乐教科书能适合各地的文化特色和地方音乐传统，教育部决定自 1981 年以后取消全国使用统编音乐教科书，实行音乐教科书的"一纲多本"，即各省可依据教学大纲，根据本省的实际情况，自行编写中小学音乐教科书。这一时期，许多省市都组织了教材编写组，出版了一批具有本地区特色的中小学音乐教科书。譬如由上海市中小学教材编写组编写的《上海市中学课本·音乐》（共 6 册，分五线谱版和简谱版，上海文艺出版社，1981），新疆维吾尔自治区教育厅编写的《中学课本·音乐》（维吾尔文，新疆教育出版社，1980）、《中学课本·音乐》（哈萨克文，新疆教育出版社，1983），延边教材编写组编写的《小学课本·音乐》（朝鲜文，延边教育出版社，1984），广东省教育厅教材编审组编写的《广东省中学课本·音乐》（共 6 册，分简谱版和五线谱版两种，广东人民出版社，1981），北京教育学院与天津市教育研究室合编的《中学课本·音乐》（共 6 册，人民音乐出版社，1983），天津市教育研究室编的《中学课本·音乐》（共 6 册，五线谱版，天津教育出版社，1983），吉林教育学院音乐教材编写组编写的《吉林市中学试用课本·音乐》（共 6 册，五线谱版，吉林人民出版社，1983），四川省中小学教学研究室编写的《四川省中学试用课本·音乐》（共 6 册，1、2 册简谱，3 至 6 册五线谱，四川人民出版社，1983），福建省教育厅组织编写的《福建省中学课本·音乐》（共 6 册，分简谱版和五线谱版两种，福建教育出版社，1983）及音乐欣赏教学参考书和

---

① 国务院批转教育部、国家出版事业管理局关于全国教材出版发行工作会议的报告的通知 [M]// 国务院法制局. 中华人民共和国现行法规汇编·教科文卫卷(1949—1985). 北京：人民出版社，1987：25.

配套的音响资料,① 湖南省教育科学研究所、安徽省教育厅教材编审室、湖北省教育学院教学教材研究室合编的《全日制初级中学试用课本·音乐》(共6册,湖南教育出版社,1982),湖南省教育科学研究所编写的《全日制初级中学试用课本·音乐》(共6册,湖南教育出版社,1985),湖南省教育科学研究所编写的《全日制小学试用课本·音乐》(共12册,湖南教育出版社,1985),等等。这些丰富多彩的地方音乐教科书,大量运用地方音乐资源,较好地适应地方实际,体现了地方文化的多样性。

图 1-25

《音乐》第六册(湖南省教育科学研究所、安徽省教育厅教材编审室、湖北省教育学院教学教材研究室编,湖南教育出版社,1984年5月第1版第1次印刷)

图 1-26

云南省中学试用课本《音乐》(简谱)(云南省教育厅教研室编,云南人民出版社,1982年6月第1版,1985年5月第2版第4次印刷)

2. 各地自编体育教科书

1982年10月,教育部在福建省漳州市举行了全国中小学体育教材会议。会议的主要任务是总结全国中小学体育教材建设的经验,汇报交流全日制十年制体育教学大纲的实施情况,讨论制定编写十二年制体育教学大纲、教材方

---

① 马达. 20世纪中国学校音乐教育[M]. 上海:上海教育出版社,2002:187—188.

案。这次会议是新中国成立以来第一次由全国各地代表共同总结交流经验、讨论体育教材要点的大会。

这次会议一致认为,如果全国没有一套统一的大纲,过于分散,各行其是,体育教学质量就难以保证。但是,也要看到我国地域辽阔,发展又很不平衡,规定过死不行,编两三套大纲也不一定能完全适应所有的地区和学校。因此,大家认为,国家编一套大纲规定体育教学的目的任务,提出对体育教材的基本要求,制订体育课的成绩考核和评价标准,在这些统一性的基础上,各地结合实际情况,编写符合本地区使用的补充教材、乡土教材和参考资料。大纲应写明贯彻执行大纲的办法、完成大纲的步骤,以及如何采取必要的措施以解决全国学校体育水平高低不平衡的状况。会议对教材体系、编写原则、教材排列方法、考核办法,以及提高体育教学质量和体育课的科学化等问题,进行了热烈的讨论。

1983年以后,全国各省开始不同程度地编写和试行体育课本,体育教科书开始进入多样繁荣时期。有的省编、地区编,个别的市、县也编,而且小学、初中和高中都编有体育课本。

图1-27

全日制中学初三试用课本《体育》(第四册)(长沙市教育科学研究所、长沙市中学体育教研会编,1981年初版,1984年重印)

图1-28

全日制六年制小学课本《体育》第五册(试行本)(上海市中小学教材编写组审定,上海教育出版社,1985年6月第1版)

3. 各地自编小学思想品德教科书

值得关注的是,除了音乐、体育等教科书由地方自编外,一直被非常看重的思想品德类教科书也曾经允许地方编写。1982年教育部颁发了《全日制小学思想品德课教学大纲》(试行草案),1986年国家教委颁发《全日制小学思想品德课教学大纲》和《国家教育委员会关于颁发〈全日制小学思想品德课教学大纲〉的通知》,这些文件都有这样的精神:各地可自编教材或补充教材,以保证思想品德教学的顺利进行。因此,1982年到1988年间,各地均结合使用统编和自编教材。除统编教科书外,广东、湖南、四川、河南、北京、浙江、山西、河北、辽宁、上海、湖北、新疆、黑龙江、安徽、广西等大多数省(市、区)都自编了供本地使用的思想品德教科书。

图 1-29

广东省小学试用课本《思想品德》(第八册)(广东省教育厅教材编审组编,广东人民出版社,1983年6月第1版,1985年9月第3版)

图 1-30

《小学思想品德课》(暂用本)(第五册)(山西省教育科学研究所编,山西人民出版社,1983年6月第1版第1次印刷)

四、实验教科书此起彼伏

　　这个时期的教育,有一个值得特别关注的现象,那就是我国继20世纪二三十年代后的第二次教育实验高潮,而教育实验的高潮又带动了大批实验教科书的出现。北京师范大学王策三教授1988年撰文回忆前10年教学论发展的变化,其中第五个变化即为实验热潮。文中写道:这10年来,我国的教学实验蓬勃发展,数量越来越多,规模不断扩大,类型日益多样,水平逐渐提高。

有各门学科的实验，有专题的实验，有教学方法的实验，有课程教材的实验，有整体综合实验，有大型实验、中型实验、小型实验，还有所谓微型实验。各种实验遍布全国各省、市、地区的各级各类学校，大大改变了过去多年教学研究中停留于泛泛议论和仅仅描述经验的习气。教学实验之花结出科学之果。我们的许多理论原则的提出，对外国教学论成果的吸收和改造，都得力于教学实验，甚至主要来自实验。①

1978年9月22日，教育部颁布了《全日制中学暂行工作条例（试行草案）》及《全日制中小学暂行工作条例（试行草案）》，倡导"在保证教育质量的前提下，提倡教学改革"。1981年6月，在教育部的组织下，中央教育科学研究所召开了全国中小学教育实验工作座谈会，会议倡导各地要切实关心并落实教育实验。1986年，国家教委开始进行教材建设的重大改革，改统编为竞编，通用改选用，一纲一本改一纲多本。由于教育实验的带动和影响，实验教科书的涌现出现了契机。1988年8月，国家教委制订并颁布了《九年制义务教育教材编写规划方案》。强调"检验教材的优劣，必须通过教学试验，要科学地进行教学试验和教材质量的评估。要加强中小学教材试验的领导"。根据方案的数据，当时"全国有一百多种单科试验教材，这些教材推动了中小学教学思想、教学内容和教学方法的改革，为编写中小学教材提供了非常宝贵的经验。这些教材经全国中小学教材审定委员会通过的，可向全国推荐，供学校选用；经审定未通过的，要缩小试验规模。今后，即使全国有几套通用的教材，仍然鼓励支持编写单科试验教材，教学教材改革、试验。"②

实验教科书涉及面比较广，有学制实验、教学实验、教材实验等。从学科来看，大多集中在语文、数学等主要学科上。据不完全统计，到20世纪末，各地仅中小学语文教科书就出现过很多实验版本，包括以下各套：

江苏省教委教研室编著、江苏教育出版社出版的九年义务教育六年制小学

---

① 王策三. 教学论十年[J]. 教育研究，1988（11）.
② 欧少亨. 教育政策法规文件汇编[M]. 延吉：延边人民出版社，2001：895.

试用课本《语文》。

北京市教育局教学研究部编著、北京出版社出版的九年义务教育六年制小学试用课本《语文》。

黑龙江省教委实验小学领导小组编写、黑龙江教育出版社出版的九年义务教育五年制小学"注音识字，提前读写"实验课本《语文》。

国家教委基础教育司组织的实验教材编委会编写、黑龙江教育出版社出版的"注音识字、提前读写"实验课本《语文》。

12省"注·提"教材编写委员会编、语文出版社出版的小学"注音识字，提前读写"试用课本《语文》。

辽宁省教育学院编写、辽宁教育出版社出版的"集中识字"小学语文实验课本。

景山学校编写、人民教育出版社出版的五年制小学语文实验课本。

丁有宽主编的五、六年制小学语文"读写结合"实验教材。

广西教育学院教研部编、广西教育出版社出版的"拼音学话，注音识字，提前读写"小学语文实验教材。

北京市教委教研部、北京师范大学附属实验中学教材编写组编写，北京教育出版社、开明出版社出版的三年制初中试用课本《语文》。

江苏省泰州中学语文教研组编写（洪宗礼主编），江苏教育出版社出版的初中试用课本《语文》。

辽宁省鞍山市第十五中学欧阳代娜主编、辽宁教育出版社出版的初中试用课本《阅读》《写作》。

中央教育科学研究所立项、四川西昌地区教材编写组编写（颜振遥主编），四川人民出版社出版的初中试用课本《语文》。

张志公主编、北京大学出版社出版的初中语文实验课本。

广西教育学院教研部编写（耿法禹主编）、广西教育出版社出版的初中试验课本《语文》。

河北省教育科学研究所、唐山市教委教研室编写，教育科学出版社出版的初中语文试验课本。

北京景山学校、华东师大一附中主编,华东师大出版社出版的"分类集中分阶段进行语言训练"初中语文实验课本。

此外,还有广东省湛江市教研室李寰英主编的初中语文实验课本以及中央教科所、北京东城区教育研究中心、湖南师大附中、江西萍乡三中、西安六中等单位分别编写的初中语文实验课本,等等。

图 1-31

初中实验课本《语文》(第一册)(中央教育科学研究所教改实验小组编,教育科学出版社,1981 年 5 月第 1 版第 1 次印刷)

图 1-32

五年制小学试验课本《数学》(第二册)(北京师范大学教育系、北京景山学校编,北京师范大学出版社,1988 年 2 月出版)

随着实验教科书的不断丰富,教科书逐步向多样化方向发展,为我国基础教育的发展,为教科书编写质量的提升,以及为以后义务教育阶段教科书的编写都奠定了良好的发展基础。但也存在一些不容忽视的问题,主要是实验教科书大多配合各种教育教学和课程改革实验而编写,尽管这些实验都经过精心设计和组织,很多实验都有较长时间的摸索和经验积累,适应各地实际,面向不同需要,但编写的理论基础缺乏,经验色彩比较浓厚。我国的教育实验大多数是在教师个人经验的基础上发展起来的。这些教师开始进行教学改革研究的时候,往往并不是出于对抽象的教育科学理论问题的思考,而只是想寻找教学实践中出现的一些具体问题的解决方法。比如,在小学语文界有很大影响的识字教学的实验，开始的实验者是第一线的教师，他们在自己的教学实践中深深感到小学识字教学的速度太慢，效果太差。于是，从自己的实验中逐步归纳出"以歌带字""同音归类"，最后探索出"以基本字带字的集中识字法"。他们的经验是有效的，成绩是巨大的。但因为更多停留于经验，理论依据欠缺，推广受到一定影响。不过，必须肯定的是，这一时期的实验教科书为以后教科书的多样化奠定了坚实的基础，建立了良好的发展平台，从某种意义上说，它们和其他教科书一起共同拉开了中国教科书多样化的序幕。

刚从十年动乱中走出的中国，百废待兴。1978年开始编写的全日制十年制通用教科书结束了"文革"期间教科书各自为政的局面，为当时中国教育重新起航、确保中小学教育质量提供了最基本的保障，其意义之重大是显而易见的。尽管该套教科书在使用过程中出现了深、难、重等弊端，但这些弊端与该套教科书给当时中国所带来的积极意义相比是微不足道的。

进入20世纪80年代后，国家各方面工作开始走向正轨，教育的重要性也得到确认和强调，如何编写高质量的教科书开始成为人们思考的重点。于是，这一时期有了专门的课程教材研究机构，有了一支相对稳定的教科书编写队伍，成立了全国中小学教材审定委员会，一定程度上，这些标志着我国中小学教科书发展逐步迈向规范化和科学化。尤其值得肯定的是，教科书多样化的端倪开始显现，比如，教科书开始面向不同学制、不同水平、不同区域（城市与农村）的学生来编写，还比如，除了全国通用的教科书，还出现各种实验教科书、地方自编教科书。这些都让我们看到了教科书良性发展的曙光。

第二章

全面探索与制度化建设时期的教科书（1986—2000）

新中国成立后的很长一段时间，我国的中小学基本上实施统一的课程政策，使用的教科书也是在教育部统一颁布的教学计划和教学大纲的指导下，由人民教育出版社编写和出版的统编教科书。随着改革开放的推进，经济的迅速发展以及科技的进步，这种统编的教科书已不能满足人才培养的多样化个性化需求，也不能适应我国地域差异大的现实。1985年，《中共中央关于教育体制改革的决定》颁布后，我国中小学的教科书建设逐渐开始了一场重大的改革。此次改革，打破了统一的教科书体制，确立了"一纲多本"的教科书建设制度，力求在统一要求的前提之下实现教科书的制度性多样化，以此增强教科书对于我国人口众多，各地经济、文化水平发展极不平衡的实际情况的适应性。1986年以后，国家教育委员会颁发了一系列的相关文件，并于1988年制定了九年制义务教育教科书的编写规划方案。根据不同地区的需要着手进行义务教育教科书的编写，最后规划了"八套半"义务教育教科书。多套九年制义务教育教科书的探索，标志着我国中小学教科书建设正式进入"一纲多本"的阶段，开启了我国中小学教科书建设多样化的制度化新阶段，是我国中小学教科书建设"一纲多本"的初步实验，也构成了我们现阶段"一纲多本"甚至"多纲多本"教科书制度建设局面的基础。

第一节
教科书审定制的确立与发展

教科书审定制，是教科书制度的重要组成部分。所谓教科书制度，主要是指一个国家或地区在其教育体系内所规定的有关教科书的编撰、审查和选用的制度，其中以编、审制度为重点。目前世界范围内，教科书编、审制度主要有三类：

第一，教科书国定制度，俗称"国定制"或"一纲一本"，指由国家教育行政部门按照课程标准、教学大纲或其他上位文件精神，统一组织力量，编写、出版适用于全国各地学校的统一教科书，各地方教育行政机构和民间不得自行编辑、出版和使用其他教科书。

第二，教科书审定制度，俗称"一纲多本"，是指中小学教科书在国家统一基本要求的前提下实行多样化的一种制度。即允许并鼓励具有教材编写资质的机构和出版单位甚至个人编写出版教科书，经中央或地方教育行政部门根据所颁布的课程标准、教学大纲或其他上位文件精神审查合格，便可向全国或相应的省区推荐，供各地学校选用。认定、选定均属于此类制度。

第三，教科书自选制度，即由民间自行编辑出版和发行教科书，供各个学校自由选用，无须教育行政部门审查或认可，但事实上仍会受到课程标准或国家考试制度的制约。

三大制度各有利弊，目前多数国家和地区实行教科书审定制，也交叉使用多种教科书制度。

一、教科书审定制的确立与实施

随着我国社会经济的发展，计划经济体制开始向市场经济体制转轨，在此背景下，主体上统编通用的教科书国定制度作为我国计划经济体制的产物（说主体上的统编制，是指我国改革开放后并没有真正实行过完全的统编制或国定制），越来越不适应社会文化教育的发展，在实践中暴露出诸多弊端。比如：不符合我国地域辽阔、人口众多、经济文化发展不平衡的实际国情；一家独大、编审不分、缺乏竞争导致教科书质量难以突破。同时，多样化的教科书探索过程中，为确保质量，也呼唤严格的审定。这些都对我国教科书主体上的统编制或国定制以及阶段性的多样化探索提出了改革的要求。

统编制对多样化的呼唤，多样化对质量的要求，都需要建立一种灵活且严肃的教科书制度，这就是教科书审定制。

1986年4月，我国颁布《中华人民共和国义务教育法》，开始实行九年义务教育，要求必须在统一基本要求的前提下，逐步实现教科书的多样化，以适应各类地区、各类学校的需要，把竞争机制引入教科书建设，通过竞争促进教科书事业的繁荣和教科书质量的提高。为此，我国开始了中小学教科书统编制向审定制的重要转变。

1985年1月，教育部颁布的《全国中小学教材审定委员会工作条例（试行）》指出：今后中小学教材建设，把编写和审查分开，人民教育出版社负责编，省、自治区、直辖市教育部门可以编，有关学校、教师和专家也可以编，教育部成立全国中小学教材审定委员会负责审，审定后的教材，由教育部推荐各地选用。[1] 同年4月，教育部发出《关于选聘全国中小学教材审定委员会学科审查委员会委员的通知》，同时公布了第一批选聘人员名单。

1986年9月22日，全国中小学教材审定委员会在北京成立。全国中小学

---

[1] 石鸥. 我国基础教育课程教材政策发展50年[M]//课程教材研究所. 课程教材改革之路. 北京：人民教育出版社，2000：142.

教材审定委员会由顾问委员会、审定委员会和20个学科审查委员会组成，审定委员及顾问各20人，各学科审查委员共114人。[1] 1993年底增设了计算机学科审查委员会，1995年9月取消了顾问委员会。全国中小学教材审定委员会办公室与国家教委中小学教材办公室合署办公，负责联系并协调各学科教材审查委员会的工作，处理审查、审定中小学教学大纲和教材的日常事务。

全国中小学教材审定委员会成立大会的一项重要任务就是讨论中小学教材改革和建设的指导思想，统一思想认识，确定教材改革的实施步骤。当时的国家教委主任在成立大会上对教材改革的必要性，教材改革的指导思想以及关于教材建设的政策和措施都做了说明："首先，改革现行教材编审制度，把编、审分开，在统一基本要求，统一审定前提下，逐步实现教材的多种风格。统一的基本要求，是由国家教委根据社会主义现代化社会的公民所应有的素质（包括德、智、体、美、劳几个方面）提出的。这些基本要求，应是当前大多数地区和学校经过努力可以达到的。教材，则鼓励各个地方，以及高等学校、科研单位，还有有条件的专家、学者、教师个人按照党和国家的教育方针和统一的基本要求参加编写。允许在内容的选择和体系的安排上有不同风格，包括适宜不同特点的民族教材、乡土教材等。"[2]

1987年10月10日，国家教委正式发布了《全国中小学教材审定委员会工作章程》《中小学教材审定标准》《中小学教材送审办法》3个文件。工作章程中指出：为了在统一基本要求的前提下，有领导、有计划地实现教材的多样化，以适应不同地区的需要，建立权威的教材审定制度，促进中小学教材质量的提高，成立全国中小学教材审定委员会，其职责主要为：审定中小学各学科教学大纲；审定经省、自治区、直辖市教育部门，重点高等学校审查推荐的教材和人民教育出版社、中央级科研单位和全国学术团体编写的教材。该工作章程还规定：为适应本地区或本学校使用而编写的教材（乡土教材、选修教材、

---

① 曾天山，田慧生. 中小学课程教材改革与实验[M]. 成都：四川教育出版社，1997：163.
② 何东昌. 在全国中小学教材审定委员会成立大会上的讲话[J]. 课程·教材·教法，1986（11）：3.

补充教材等），由省、自治区、直辖市教育行政部门审查，报国家教育委员会备案。省、自治区、直辖市教育行政部门根据需要可建立相应的中小学教材审查机构。①

依据工作章程，中小学教材审定委员会由主任一人、副主任若干人组成。在审定委员会下设各学科教材审查委员会。各学科教材审查委员会设正、副主任各一人，委员 5～15 人。审定委员会实行聘任制，任期三年。

章程规定了审定委员会的职责。第一，审定全国中小学各科教学大纲和教材。第二，指导各学科教材审查委员会的工作；解决教学大纲和教材审查中提出的问题。第三，指导优秀中小学教材的评选工作。学科教材审查委员会的职责是：第一，审查本学科教学大纲和教材，向审定委员会提出审查报告；第二，研究本学科教学大纲和教材审查中发现的问题并提出处理意见；第三，对本学科教材建设进行调查研究，向国家教育委员会提出建议；第四，推荐优秀中小学教材。

以上政策的确定，使教科书在审定标准、审定组织、审定程序等方面有了细致的规定，为教科书建设提供了重要基础。我国的中小学教科书审定制也基本确定和成形。

随即，一批不同出版机构编写的教科书开始出现，特别是由国家教委规划的所谓八套半教科书，都是被审定通过使用的，这意味着教科书审定制自此正式实施。从这个意义上讲，我国中小学教科书审定制度开始有了制度化、规范化的定型和实际实施。

二、教科书审定制的发展与完善

20 世纪 80 年代中后期，我国的中小学教科书制度建设取得了显著的成绩，

---

① 全国中小学教材审定委员会工作章程［M］//《中国教育年鉴》编辑部. 中国教育年鉴（1988）. 北京：人民教育出版社，1989：457—459.

同时在改革的过程中也出现了一些新问题。1987年颁布的《全国中小学教材审定委员会工作章程》已经不能适应90年代新形势的要求，需要进一步修改和完善。为进一步加强中小学教材建设，规范中小学教材审定委员会的工作，在充分征求审定（审查）委员意见的基础上，国家教委于1996年重新修订了《工作章程》，使中小学教材建设和教材审定工作更加规范化。相比于原有的《工作章程》，修正后的《工作章程》对中小学教科书审定制度主要有以下几个方面的改善：①

第一，规范了审定人员的要求，增加了审定人员的职责。修正版的《工作章程》第二章规定审定、审查委员的条件是：①坚持党的基本路线，热爱社会主义祖国，具有良好的职业道德和改革意识，作风正派，能团结协作，秉公办事；②能全面理解教育方针，熟悉教学大纲，了解中小学教育及教育改革的现状和发展趋势；③具有高级专业技术职务，学术造诣较深，有坚实的理论基础和较丰富的教学实践经验，在本地区有一定的知名度，对中小学教材有一定的研究；④身体健康，能坚持参加教材审查工作，审定委员会委员年龄在70岁以下，学科教材审查委员会委员年龄在65岁以下。同时还要求各地在推荐审定、审查人选时，要坚持群众路线，充分听取各方面的意见。关于审定人员的职责则增加了一条，"对中小学课程教材改革进行调查研究，向国家教育委员会提出建议"。

第二，修改审定程序使之更加合理。首先，修正后的《工作章程》明确规定：送审的教材必须是经中央或省级教育行政部门批准编写，并经过一轮以上教学试验的中学或小学全套教材；其次，对送审教材需提供的送审报告和推荐报告做了进一步要求：其中试验报告应包括教材试验情况、效果和试验学校师生对教材的评价，推荐报告应包括推荐单位对教材的评价、初审结论等；再次，审定程序中一个重大变化是，将审定委员会的职责由"审定"变成了"审

---

① 全国中小学教材审定委员会工作章程［M］// 何东昌. 中华人民共和国重要教育文献. 海口：海南出版社，1998：4066—4068.

议"。① 其具体程序为：送审教材的审查先由有关学科审查委员和审定委员进行个人审阅，对各送审教材作出综合评价，指出其主要特点、优点和缺点，并提出修改意见，填写好审阅表；在个人审阅的基础上，召开审查会议，经过充分讨论，分别作出审查结论（包括审查通过、复审、重新送审、停止使用四类），填好审查报告表，对送审教材的特点、优点和缺点作出评价，并指出进一步修改、完善的方向，同时指出送审教材中的错误、不妥之处，提出修改意见，对其中重大政治性、科学性错误的意见必须全部写明；对需要复审或复核的送审教材，作好复审或复核有关人员和方式的安排。

第三，规范了审定（审查）委员的纪律要求。审定（审查）教材要严格按照审查程序和审定（审查）标准进行，客观公正，实事求是，既要严格把关，又要积极扶持，不得以个人或某一派的学术观点作为衡量教材的标准；审查中实行编审分开的原则，审查委员和审定委员一般不得兼任本学科教材的主编、编者或顾问；审查人员不得私下接触送审教材的编写和出版人员，不得将讨论情况和意见私下透露给编写、出版单位及其有关人员；不得将送审教材及其修改稿转送他人。

新世纪基础教育课程改革期间，对教科书制度进行了进一步改进和完善，包括教科书编写者的资格、申请立项制、审定制和教科书选用制等。在这一制度下，新世纪课程改革启动了新中国 60 年以来最大规模的"一纲多本"（"一标多本"）的教科书建设。

上述事实表明：我国的中小学教科书制度已经从国定制转到审定制，从编审合一到编审分开，从"一纲一本"到"一纲多本"。教科书建设在统一基本要求的前提下事实上开始走向制度意义上的多样化。

---

① 石鸥. 我国基础教育课程教材政策发展 50 年 [M]// 课程教材研究所. 课程教材改革之路. 北京：人民教育出版社，2000：142.

第二节
制度意义的教科书多样化探索

20世纪后半叶,国际形势发生了巨大变化,随着科学技术的迅猛发展,世界各国之间的经济竞争异常激烈,而竞争的核心在于人才的竞争,人才的培养又必须依赖教育,因此,教育的地位日益重要。为了应对21世纪的挑战,世界许多国家纷纷对本国教育进行改革,特别是对基础教育进行改革。

虽然经过了1978—1979年的整顿以及之后的教育与课程改革,我国的教育整体上得到了恢复和快速发展,但与经济体制改革和科技体制改革不相适应的情况也日益突出。为此,国务院在1985年召开了改革开放以后的第一次全国教育工作会议,5月27日,中共中央颁布了《中共中央关于教育体制改革的决定》,指出:"教育必须为社会主义建设服务,社会主义建设必须依靠教育。社会主义现代化建设的宏伟任务,要求我们不但必须放手使用和努力提高现有的人才,而且必须极大地提高全党对教育工作的认识,面向现代化、面向世界、面向未来,为九十年代以至下世纪初叶我国经济和社会的发展,大规模地准备新的能够坚持社会主义方向的各级各类合格人才。"要求从"提高民族素质、多出人才、出好人才"的根本目的出发,从教育体制入手改革与社会主义现代化建设不相适应的教育思想、教育内容、教育方法,"有步骤地实行九年制义务教育"。[1] 在这样的大背景下,国家大力启动了义务教育实施工程,推动了制度意义上的教科书多样化探索。

---

[1] 袁振国. 中国当代教育思潮 [M]. 上海:生活·读书·新知三联书店上海分店,1991:400.

一、《义务教育法》的颁布实施及教科书的修订调整

1986年4月12日第六届全国人民代表大会第四次会议通过了《中华人民共和国义务教育法》，1986年7月1日起施行。《义务教育法》规定："各省、自治区、直辖市根据本地区经济、文化发展状况，确定推行义务教育的步骤。""九年义务教育必须贯彻国家的教育方针，努力提高教育质量，使儿童、少年在品德、智力、体质等方面全面发展，为提高全民族的素质，培养有理想、有道德、有文化和有纪律的社会主义建设人才奠定基础。""义务教育事业在国务院领导下，实行地方负责，分级管理，国务院教育主管部门应当根据社会主义现代化建设的需要和儿童、少年身心发展的状况，确定义务教育的教学制度、教学内容、课程设置、审定教科书。"课程教材改革是教育改革的核心问题，教育思想、教育体制和学制的改革，最终必须通过教育内容即课程教材的改革才能落实。因此，《义务教育法》的颁布与九年义务教育的全面实施，必然推动课程与教科书的深入改革和发展。

1986年9月，国家教委主任《在全国中小学教材审定委员会成立大会上的讲话》中介绍了国家教委对教科书改革的构想："一九九〇年前，在对现行多数通用教材的基本内容和主要体系不作大的变动前提下，修订现行教学大纲。现行教学大纲是一九七八年制订的。近几年，已对部分课程的教学要求作了较大调整，最近又进行了修订。这次把它作为一个过渡性的大纲提出来，请同志们审定。大纲应体现出对课程的基本要求和一定的灵活性。审定通过后，即作为这一阶段教学的依据、考试的依据和对教学质量评估的依据，以及编写教材的依据。"[1]

1986年11月，全国中小学教材审定委员会审查并通过了修改后的18个学科的教学大纲，该套教学大纲是以1978年教育部颁布的《全日制十年制中小各科教学大纲（试行草案）》为基础进行修订的正式教学大纲。鉴于这套教

---

[1] 何东昌. 在全国中小学教材审定委员会成立大会上的讲话[J]. 课程·教材·教法，1986（11）.

学大纲是在多数教科书的主要内容和体系不作大的变动的前提下修订完成的，人民教育出版社的策略是：对教学内容和教学要求变动较大的教科书进行比较大的修订，于1988年秋季供全国各地使用，其他各科与教学大纲的教学内容和教学要求基本一致的教科书作小修改照原版供应。这些教科书构成人教社所说的第七套通用教科书。

图2-1　第七套通用教科书概览，人民教育出版社，1986—1988

第七套通用教科书中修改较多的主要有语文、数学、物理、化学等。

语文教科书。1986年颁布的《全日制小学语文教学大纲》指出：小学是学习语文的基础阶段，必须打好听说读写的基础，发展学生的观察能力和思维能力，使学生初步掌握语文这个最基本的工具。培养学生的识字、听话、说话、阅读和作文的能力以及良好的学习习惯，并在语言文字训练的过程中进行思想品德的教育。教材的编排原则：①要有利于完成小学语文教学的目的要求，正确反映语言文字训练和思想教育的辩证统一的关系；②要符合小学语文学习的规律，注意字词句篇之间的联系和听说读写之间的联系，入选课文的语言要合乎规范，体裁力求丰富多样；③要根据儿童的年龄特征和接受能力，做到由易到难，由浅入深，由具体到抽象，循序渐进，逐步提高。大纲还在识字写字教学、阅读教学、作文教学以及基础训练方面做了详细的规定和修改。

根据《全日制小学语文教学大纲》的要求,小学语文课本把原来认识汉字3000个左右,改为认识2500个左右,在重新制订的《小学语文常用汉字表》的基础上,调整了小学语文课本各册的生字,以及与变动的生字有关的课后作业、基础训练。

根据1986年的《全日制中学语文教学大纲》,初中阶段的语文应在小学的基础上,继续培养听说读写的良好习惯,扩大识字量和词汇量,进一步提高运用现代语文的能力,高中阶段在初中阶段的基础上,进一步提高现代语文的阅读能力、写作能力和说话能力,中学阶段要学习必要的读写知识、语法修辞知识、文学知识等语文基础知识。教材内容:①要选取文质兼美、适合教学的典范文章,要思想内容好、语言文字好,适合教学;②教材注释的深浅、详略要照顾到课文特点和年级特点;③课文的思考和练习要有启发性,形式多样,要求具体,深浅适度,讲求实效;④语文基础知识力求做到精要、好懂、有用。

根据《全日制中学语文教学大纲》的要求,中学语文课本在修订时,初中课本的基本篇目为110篇,新增选课文83篇,保留了没有列入基本篇目的课文47篇,共有240篇课文,分为讲读、课内自读和课外自读三类。每册书另附诗词16篇,供学生阅读和背诵。高中语文课文以大纲规定的80篇为基础,尽量采用1983年版课本中原有的课文,酌情调换部分课文,并增添了反映当时社会生活的新课文。三年分45个单元,约200篇课文。

图2-2
初级中学课本《语文》(第三册)(人民教育出版社语文一室编,人民教育出版社,1987年第2版)

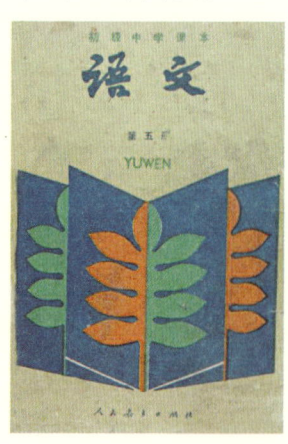

图2-3
初级中学课本《语文》(第五册)(人民教育出版社语文一室编,人民教育出版社,1987年第2版)

数学教科书。《全日制小学数学教学大纲》规定小学数学教科书的内容要精选传统的算术内容，适当增加代数、几何的部分内容，可以增加用字母表示数、简易方程和一些初步的几何知识。小学数学教科书在修订时，删去了正负数及其四则运算。对于教科书中的市制单位，除了"亩"以外可以不教。删去了"初步了解现代数学中的某些最简单的思想"的要求。

《全日制中学数学教学大纲》指出中学数学教科书的内容要精选传统的数学内容，从传统数学内容中精选参加工农业生产和学习现代科学技术所必需的基础知识，删减次要的和用处不大的内容；初级中学增加统计的初步知识，高级中学增加极限的简单应用和概率的初步知识作为选学内容；应适当渗透集合、对应等数学思想。教科书内容的安排要注意各部分内容的内在联系和互相联系，加强教材的系统性；注意由浅入深，由易到难，循序渐进，符合学生的接受能力，要照顾到初、高中的分段以及同物理、化学等学科的相互配合；按分科编排，初一设代数，初二、初三并设代数与几何，高中先设代数与立体几何，后并设代数与平面几何。高中代数课本在修订时，微积分初步、概率、行列式和线性方程组都改为选学内容，理论要求有所降低。

根据《全日制中学数学教学大纲》不再分两种教学要求的规定，将原来的数学乙种本作为正式本，甲种本仍照原版发行，供一些学校选用。

图 2-4
六年制小学课本《数学》（第十册）（人民教育出版社，1989年出版）

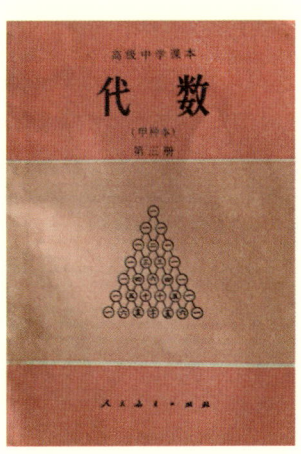

图 2-5
高级中学课本《代数》（甲种本）（第三册）（人民教育出版社数学室编，1985年9月第1版，1986年4月第1次印刷）

物理教科书。1986年颁布的《全日制中学物理教学大纲》，要求初中物理以观察、实验为基础，使学生掌握力学、热学、电学、光学的初步知识，并了解它们在实际中的应用，培养学生学习物理的兴趣和良好的学习习惯；高中物理要求学生掌握力学、分子物理学和热学、电学、光学的基础知识以及原子物理学的初步知识；在教学中要注意对学生进行抽象思维和推理论证的训练，进一步进行科学态度和科学方法的教育。物理教学的内容要适应社会主义现代化建设的需要，重视对学生进行思想教育，贯彻理论联系实际的原则，内容的深广度应符合多数学生的接受能力。

根据《全日制中学物理教学大纲》不再分两种教学要求的规定，高中物理乙种本作为正式本使用，而甲种本仍按原版发行，供一些学校选用。

化学教科书。《全日制中学化学教学大纲》指出中学化学教学要贯彻"教育要面向现代化、面向世界、面向未来"的精神，以现代的化学基础知识教育学生，培养学生基本技能和能力，以利于他们打好参加工农业等生产劳动和进一步学习现代科学技术的基础。通过中学化学教学应使学生比较系统地掌握化学基础知识和化学基本技能，初步了解它们在实际中的应用，培养和发展学生的能力，进行辩证唯物主义观点和爱国主义教育。

中学化学教学要求学生熟练地掌握常用的元素符号、分子式、化学方程式等化学用语，掌握一些有重要用途的元素、化合物知识和基本的化学概念、物质结构、元素周期律、化学平衡、电离等化学基础理论，掌握一些常用的化学实验技能和计算技能，逐步培养和发展学生的观察能力、思维能力、实验能力和自学能力等，重视科学态度和科学方法的教育，并注意培养学生的创新精神，激发学生的学习兴趣，初步了解化学在工农业生产、日常生活以及现代科学技术中的应用和化学科学的发展趋势，能用辩证唯物主义观点认识一些简单的化学问题。中学化学的教学内容要根据教学的目的和要求、教学的实际情况和学生的接受能力来确定。

高中化学也不再按两种要求教学，乙种本根据化学教学大纲的要求作为正式本，甲种本仍按照原版发行，供一些学校使用。

图 2-6

初级中学课本《化学》(全一册)（人民教育出版社化学室编，人民教育出版社出版，云南人民出版社重印，1987 年 3 月第 2 版，1993 年 2 月云南第 12 次印刷）

英语教科书。鉴于以前英语教科书分量偏多、内容偏难的不足，经过修改的《全日制中学英语教学大纲》从两方面降低了难度：一是减少了要求掌握的词汇量，二是提出了区别对待语法项目教学的要求。经过修订的大纲要求学生学会 1800～2000 个单词，同时附有一个 2000 词的词汇表，而且对 1800 词以外的 200 个词打上了"﹡"号，使教师和学生都心中有数，知道在教学中应着重掌握哪些词，而不必对教科书中出现的所有生词都平均使用力量。关于语法教学，大纲中提出"在教学中，对语法项目要区别对待，常用的要精讲多练，使学生能熟练运用，在口头上不常用而为提高阅读能力所需要了解的项目，只需作简要的讲解和少量的练习，而不要不加区别地进行繁琐的讲解"。经过修订的大纲突出了能力的培养，对听、说、读、写能力提出了比较具体明确的要求，指出了各年级的教学侧重点，如初中一年级要侧重培养学生学习英语的兴趣和良好的学习习惯，使他们乐于学，认真学，并打下良好的语音基础。这些新的要求都在英语教科书中得到了体现。

整体上看，第七套教科书是在前两套教科书建设的经验基础上，按照适当降低难度，减轻学生过重的学习负担，教学要求尽量明确具体的原则修订而成的。变动相对较大的小学语文、初中语文、高中语文、中学数学、中学物理、中学化学等学科教科书，的确是根据社会各方面的反映、意见进行修改的。理科教科书适当降低了难度，语文、英语等教科书的内容酌情增减，历史、地理教科书适当引入世界史与世界地理等内容，一定程度上保障了史地教材初中部分与高中部分内容与体系上的完整性与统一性。因此，这套教科书在教学实践中受到各方面的好评，是1949年以来相对比较成熟的一套通用教科书。但这套教科书没从根本上改变统编通用教科书的本质缺陷，无法适应全国各地经济、文化、教育发展不平衡的实际情况。

二、八套半义务教育教科书的实施与意义

《中华人民共和国义务教育法》的制定与施行标志着我国确立了普及义务教育制度，使我国基础教育（尤其是义务教育）的发展获得了法律保障，进入到依法治教的新阶段。

义务教育的实施，传统教育弊端的革除，改革开放的需求，标志着我国的中小学教育开始由应试教育向素质教育转变，这就对课程和教材提出了新的要求。教科书变革的时机基本成熟，新中国教科书建设史上有名的八套半义务教育实验教科书就在这样的背景下产生了。

（一）八套半义务教育教科书的推出

由于历史的原因，我国地方经济、文化、教育的发展差异很大，不同地区的学校很难在同一基础上实施课程改革、获得同一发展。为适应这一实际，更好地促进学生充分发展，根据《九年制义务教育教材编写规划方案》（1988）的要求，在国家教委的统筹安排下，决定由人民教育出版社编写面向全国的"六三"和"五四"两种学制的教科书各一套；北京师范大学编写一套"五四"学制的教科书；以广东省为主编写面向沿海地区的一套教科书；以四川省为主编写一套面向内地和西部地区的教科书；八家师范院校（北京师大、东北师大、西南师大、华中师大、陕西师大、广西师大、北京师院、华东师大）联合编写一套要求较高的"六三"制教科书；上海和浙江各编写一套适合本地区课

程改革的教科书（当时，国家教委试图在一定范围内进行"多纲多本"的尝试，同时为全国未来的课程教材改革积累经验，于是推动上海和浙江两地进行省级课程教材改革。上海市在当时实施了"一期课改"，从小学到高中，整个课程教材体系全部进行了改革。浙江省主要进行了义务教育阶段课程教材的改革，以综合课程与综合教材著称）；河北省编写一套农村小学复式班的教科书，这套教材因为没有初中部分，因此被称为"半套"。由此，产生了著名的义务教育的"八套半"教科书。

八套半义务教育实验教科书于1988年开始编写，1990年秋开始试验，1992年根据试验结果进行了修改。八套半教科书除八院校教科书因编写力量及编写经费等多方面的问题而没有完成外，上海编写的适应发达地区的教科书经上海中小学教材编审委员会审查通过试用，"浙江版"经浙江省中小学教材审定委员会审查通过试用，其他五套半教科书经过试验，都由全国中小学教材审定委员会于1992年4月至5月审查通过。通过审定后，五套半教科书于1993年秋同正式颁布的义务教育课程方案相配套，向全国推荐试用，在小学和初中起始年级全面选用。截至2000年，经审查通过供全国选用的义务教育教材有五套半全套教科书、75种单科教科书，共2500余册（套）。[①] 另外，各版本的各学科除课本外，同时编制了相应的配套用书和音像教材，包括学生用的练习册、实验册、地图册、自读课本和教师用书、教学挂图以及录音带、录像带等。

其中，人教版教科书有"五四"学制、"六三"学制两套，包括小学初中22个学科，共338种课本。[②] 其中小学8个学科：思想品德、语文、数学、自然、社会、音乐、体育、美术；初中14个学科：政治、语文、外国语（有英、俄、日三个语种）、数学、物理、化学、生物、历史、地理、音乐、体育、美术。这两套教科书构成了人教社的第八套教科书。

---

① 高凌飚，庄兆声. 基础教育课程改革研究 [M]. 广州：广东教育出版社，2002.
② 曾天山. 教材论 [M]. 南昌：江西教育出版社，1997.

图 2-7
第八套教科书概览

（二）八套半教科书的意义

八半套义务教育教科书，是我国中小学教科书在制度层面由"一纲一本"向"一纲多本"甚至"多纲多本"转变的尝试，是改革开放的产物，也与我国当时的国情相适应，在我国中小学教科书建设史上留下了绚丽的一页。

第一，多套义务教育教科书的出现，有利于更好地适应我国发展不平衡的现状。这使得我国的中小学教科书从一枝独秀向百花齐放转变，各地区各学校可以根据自己的实际情况选用不同风格和特色的教科书，改变了我国不同地区的中小学生使用同一套统编教科书的局面，有利于九年义务教育的普及，也有利于适应不同发展水平的地区、学校和学生的需要。

第二，教科书由制度意义上的国定制到审定制的转变，增强了教科书评价的客观性、公正性，有利于教科书优胜劣汰局面的出现，客观上会促使教科书编写和出版质量的整体提高。

第三，教科书的多样化，需要众多的专家、学者尤其是一线优秀的中小学教师参与编写，无形中壮大了教科书编写队伍，锻炼和培养了一大批教科书建设的专家。

总体上看，八套半教科书的推出，是我国中小学教科书实施"一纲多本"

乃至"多纲多本"的有益尝试，是主管部门有意为之的制度层面的积极探索，意义深远。

但是，必须看到，八套半教科书是我国教科书编写权力放开初期的产物，由于种种原因，八套半教科书中的一部分是昙花一现，由八所高校联合编写的一套教科书在编写时就近乎夭折，只有少量几种教科书面世，真正投入使用的只有七套半教科书。这七套半教科书有的经受住了多方面的考验得以生存并继续发展，有的则在使用的过程中逐渐退出了教科书的历史舞台。经过市场近10年的大浪淘沙之后，有人认为，这八套半教科书只剩下人教版、上海版、沿海版，其他五套半教科书全部夭折。[①] 此话虽然有些过激，因为浙江版、北师大版还在以不同形式存在和发展着，但确实点出了它们的最终结局。

导致八套半教科书如此结局的因素主要有：

一是学制的变化。九年义务教育最终基本上发展成压倒优势的"六三"制的义务教育，北师大版"五四"制的教科书自然只能逐步退出。

二是社会的进步。随着我国基础教育的迅速发展，复式教育日益减少，河北版的复式教科书也就基本上完成了自己的历史使命。

三是传统文化与认识以及教育考试现状的原因。传统认识上，很多地区由于长期使用人教版教科书，对统编教科书形成定势认同感，再加上应试教育的现状，使得人教版教科书更受欢迎（当然，这也与人教版教科书的质量有直接关系）。

四是缺乏完整的教科书多样化发展的制度保障。如缺乏对不同教科书在不同区域使用的适当保护；缺乏严格的审查审定，现实中因为八套半教科书是主管部门事先规划好的，审定也是为了完善或通过，出局的可能性太小，这影响了某些教科书的质量；教科书的选用制未能细化，选用权过于集中，教科书使用者没有选择权；如何规范教科书市场也没有引起有关部门的足够重视。

五是不同教科书各自的特色不够鲜明，发展不均衡；教科书整体质量仍然

---

① 杨爱玲. 基础教育课程改革存在缺憾的原因反思［J］. 教育学报，2007（01）.

不很高；有的教科书定位欠准确，针对性不强。"一纲多本"，本意是针对不同地区的实际，适应不同地区学生发展的要求。例如：内地版教科书，本来是面向欠发达地区的教科书，应该考虑学生发展的可能性，根据地区的要求，根据地区工农业发展、社会发展要求，其难度应该略低于其他地区的教科书，但实际上，"越是发达地区用的教材越简单，越是欠发达地区用的教材越难。尤其对农村的孩子来说，跳出农门的惟一途径就是上大学，升学的愿望比一些大城市还要强烈。在这种情况下，内地版的教材编得很难"。①

复杂的因素导致八套半教科书过早地结束了自己的使命。这是一场遗憾但意义深远的教科书多样化的破冰之举。

三、以必修选修为特征的高中教科书改革

20世纪80年代末以来，随着社会主义市场经济体制的建立，我国的改革开放和社会主义现代化事业进入了一个新的发展阶段。对教育事业来说，这既是难得的机遇，又是新的挑战。党的十四大报告中指出："必须把教育摆在优先发展的战略地位，努力提高全民族的思想道德和科学文化水平，这是实现我国现代化的根本大计。"1993年2月，中共中央、国务院颁布的《中国教育改革和发展纲要》强调：中小学教育要由"应试教育"向提高全体国民素质转轨，要面向全体学生，全面提高学生的思想道德、文化科学、劳动技能和身体心理素质，促进学生生动活泼地发展，办出各自的特色。《纲要》视基础教育为重中之重，就如何把教育放在优先发展的战略地位作了具体部署，从而确定了到20世纪末我国教育改革与发展的基本目标和任务。

（一）高中课程改革的推进

1995年5月，江泽民主席在全国科学技术大会上首次正式提出"科教兴

---

① 杨安民. 面临挑战的基础教育［J］. 群言，2002（09）：7.

国"战略，党的十五大重申科教兴国战略是跨世纪的国家发展战略。1999年，国务院批转了教育部制订的《面向21世纪教育振兴行动计划》，提出"实施'跨世纪素质教育工程'，整体推进素质教育，全面提高国民素质和民族创新能力。2000年初步形成现代化基础教育课程框架和标准，改革教学内容和教学方法，推行新的评价制度，开展教师培训，启动新课程的实验。争取经过10年左右的实验，在全国推行21世纪基础教育课程教材体系"。

1999年6月15日，时任国务院副总理李岚清在第三次全国教育工作会议上作了题为《深化教育改革，全面推进素质教育，为实现中华民族的伟大复兴而奋斗》的报告，报告指出：我们要按照时代发展的要求，遵循学生的身心特点和成长规律。大力改革课程和教材体系。特别要加快基础教育课程和教材体系的改革。要以邓小平同志的"三个面向"为指针，着眼于培养学生的创造思维和学习能力。使学生通过动手和实践获得实际经验，增强解决实际问题的能力，使学生适应当地不同的经济和社会发展的需要，保障每一个学生发展的时间和空间。不要单纯以课程和教材知识的难度、深度和考试的分数来衡量学生，而要科学全面地评价一个学生的综合素质。同时，也要给教师以时间和空间发挥教学改革的积极性。

这一报告为我国基础教育的课程与教学改革的进一步发展指明了方向。

相对而言，我国义务教育的改革与发展一直持续进行着，而高中的课程改革则比较稳重，因为涉及高考等复杂因素。在1990年前，我国使用的普通高中教学计划还是在改革开放初期的1981年颁发的，强调扎实打基础，特别要打好语文、数学、外语的基础，注意适应和发展学生的志趣、特长。该教学计划在整顿、建立正常教学秩序，提高教学质量等方面起了较好的作用。但是在贯彻执行过程中也出现了一些问题，主要表现在：当时的三年制普通高中教学计划原是为重点中学制订的，因为没有制订适用一般高中的计划，全国只好统一使用此计划。由于我国各地师资水平和办学条件相差悬殊，学生的基础也有很大差异，因此，不少学校和学生都不能适应这个主要面向重点高中的教学计划，影响了师生教与学的积极性。再加上高校招生分科考试的影响，在执行教学计划过程中缺乏督导检查，管理不够严格，因此许多学校侧重文科的班级少开或不开理科课程，理科课程无质量保证；侧重理科的班级少开或不开文科课程，文科课程无质量保证，使学生知识结构不完整，不利于全面提高学生素质。

正是在科教兴国的推动和对原有教学计划的反思的基础上，改革开放以来一次面向高中的重要的课程教材教学改革启动了。其主要举措有：

第一，调整教学计划，改革课程设置

1990年3月，国家教委印发了《现行普通高中教学计划调整意见》，对当时的普通高中教学计划进行了调整。①

调整后的课程设置主要有以下几个方面的特点：

（1）课程由学科课程和活动课程两部分组成。活动课程包括课外活动和社会实践活动。

（2）学科课程采取必修课和选修课两种形式。必修课程开设政治、语文、数学、外语、物理、化学、生物、历史、地理、体育和劳动技术共11科。选修课分两类，一种是单科性选修，在高一、高二年级开设；另一种是分科性选修（实际是相对综合的选修），分文科、理科、外语、艺术、体育、职业技术6类课程，在高中三年级开设。政治、语文、数学、体育、劳动技术5科在高中三个年级均为必修课。外语、物理、化学、生物、历史、地理等科在高一、高二年级为必修课。

（3）与当时的教学计划相比较，数学、外语、物理、化学等科的必修课时有所减少，历史、地理和生物的必修课时略有增加。历史课的教学大纲要增加中国近现代史的内容。其他必修课的教学大纲，依据适当调整教学内容、适当降低教学要求、适当控制深度的原则作必要的调整。调整后的教学大纲是必修课教学的依据、会考的依据、教学评估的依据和高考的依据，有些学科还要根据调整后的教学大纲重编教科书。

---

① 国家教委关于现行普通高中教学计划的调整意见[J]. 人民教育，1990（06）.

1990年4月，国家教育委员会颁发了经过调整后的11个学科的全日制中学教学大纲（修订本），其中外语、物理、化学、生物、历史、地理等6科教学大纲修订后将课程分为必修课和选修课两部分，而语文和数学两科均为必修课。根据以上的调整意见和教学大纲，人民教育出版社对当时的高中教科书进行了新编或修订，分为必修和选修，新编订的课本在1991年秋季开始供应。

第二，启动"两省一市高中课程改革"

1990年发布的《现行普通高中教学计划调整意见》及各学科教学大纲是对1981年颁发的普通高中教学计划的又一次推进。其颁布和实施推动了一些长期存在的问题的解决，也暴露出一些挥之不去的旧问题和新问题。我国社会主义市场经济的确立和融入世界步伐的加快，使得国内的教育改革领域的问题更加尖锐。主要表现在：

课程结构仍难以满足教育改革和发展的需求。调整后虽设有活动课程和学科课程，学科课程也分为了必修课程和选修课程，但活动课程和选修课程在教育实践中仍不被重视，被必修课程挤占，流于形式；选修课程范围有所限制，并不包含数学和语文等科目，课时比例也集中在时间紧张的高三。[1]我国由中央教育主管部门统一设定教学计划的模式，"留给各地管理课程的余地还不大"。[2]这种情况下的学校和教师多是被动的计划执行者，缺乏足够的创新和探索性开发新的教学内容的动力，而且在经验、能力上也有所欠缺。以选修课为例，正如1991年国家教委印发的《关于在普通高中开设选修课的意见》所说：长期以来，选修课是普通高中课程结构的一个薄弱环节，各地教育行政部门和学校对选修课的设置和管理都缺乏经验。

艺术课程等依旧不被重视，相关教材短缺。这次调整仍没有改变我国普通高中艺术课程缺失的局面，以美术教育为例，新中国成立以后，高中一直没

---

[1] 张心科. 语文课程论［M］. 福州：福建教育出版社，2014：267.
[2] 代建军. 我国课程运作机制研究［M］. 南京：南京大学出版社，2013：48.

有统一开设美术课程。① 此次调整，音乐、美术等只列在选修课中，作用甚微。在这种情况下，各中学的艺术课程仍处在可有可无的边缘位置，随着教育改革的推进，以及对美育的日益重视，这一短板所造成的问题越来越突出。

针对以上不足，1995年国家教委颁发了《关于大力办好普通高级中学的若干意见》，同时组织起草编写与义务教育相衔接的高中各科教学大纲。1996年，颁布与九年制义务教育教学计划相衔接的《全日制普通高级中学课程计划（试验）》，首次将普通高中作为一个独立学段提出培养目标，明确提出"普通高中课程结构由学科类课程和活动课课程组成"，"普通高中课程学科类课程分为必修、限定选修和任意选修三种方式"。选修课的种类和地位被进一步扩大和明确。该课程计划第一次将"课程管理"作为课程计划中的一部分独立出来，规定普通高中课程由中央、地方、学校三级管理。1996年，国家教委在普通高中试验课程计划颁布的同时印发了全日制普通高级中学12个学科供试验用的教学大纲。1997年9月，开始在江西、山西、天津进行试验，课程发展史上称此为"两省一市高中课程改革"，配套的高中教科书称为"试验本"。

"两省一市高中课程改革"的课程计划与历次计划相比有以下几个特点：

首次把高中作为独立学段制订课程计划，并明确提出普通高中的培养目标；

建立了以学科类课程为主、活动类课程为辅的课程结构，打破了多年来学科课程一统天下的局面，为学校办出特色、学生个性发展留有一定空间；

按照优化必修课、规范选修课、加强限定选修课的原则构建学科课程体系，学生有了一定的选择空间；

提出了国家、地方、学校三级课程管理的思想，增强了课程对地方和学校的适应性。

根据《全日制普通高级中学课程计划（试验）》和12个学科教学大纲，人民教育出版社开始编写高中新教科书，从1997年起，新高中教科书开始在天津、江西和山西进行试验。

---

① 胡知凡. 艺术课程与教学论［M］. 杭州：浙江教育出版社，2003：33.

1999年，教育部根据第三次全国教育工作会议和有关文件的精神，针对试验中反映出的问题，对"两省一市"的高中课程方案进行了修订和完善，于2000年印发了《全日制普通高级中学课程计划（试验修订稿）》，在"两省一市"的基础上，江苏、山东、河南、黑龙江、辽宁、安徽、青海等10个省市区试用。当然，根据2000年高中教学大纲的修订稿，高中教科书也进行了修订，修订后的教科书称为"试验修订本"。

为贯彻《国务院关于基础教育改革与发展的决定》，落实《基础教育课程改革纲要（试行）》，配合从2003年起高考时间提前一个月的改革举措，2002年，教育部在原试验修订稿的基础上，颁布正式的《全日制普通高级中学课程计划》和高中各科教学大纲，随后，出版了根据该计划和教学大纲而编写的高中教科书。

这项国家级课程改革试验，是与义务教育课程改革相衔接的，又是第一次把普通高中作为不同于义务教育的学段进行试验的。改革构建了学科类课程与活动类课程相结合、必修课程与选修课程相结合的整体优化的课程结构，确立了国家、地方和学校三级课程三级管理的体制。

"两省一市试验"的高中教科书在加强教材弹性、增加课程的多样性和选择性方面都有许多尝试，这和我国21世纪的高中新课改所提倡的加强课程的选择性一脉相承。比如数学课本就非常注重满足不同层次学生的需要。这表现在许多方面，如每册课本中都有必学内容和选学内容，必学内容是高中三年学生必须掌握的基本要求，而选学内容又包括了两部分，一类选学内容是理工类高考的数学命题范围，而另一类选学内容不论是文史类还是理工类都不作为高考的命题范围。除了必修课本中的选学内容外，这套教材还在高一、高二年级安排了单科性的选修教材，这类教材是对基本内容的加深与拓宽，适应不同学习者的需要。除此之外，在习题的设计与安排上也体现了适应不同层次学生学习需要这一特点，整套高中数学（必修）习题分为四类，分别是练习、习题、复习参考题以及总复习参考题。因此，这套高中数学课本在满足不同层次学生学习需要方面是值得称赞的，这为后来高中新课程改革中所提出的加强课程的选择性奠定了一定的基础。

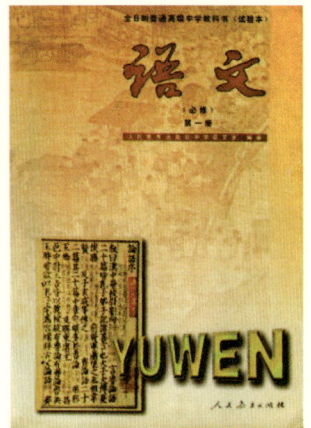

图 2-8

全日制普通高级中学教科书《语文》（第一册）（试验本 必修）（人民教育出版社中学语文室编，人民教育出版社，1997年4月第1版）

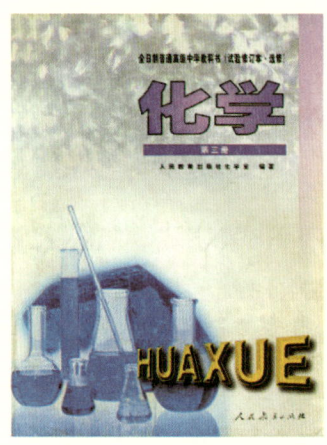

图 2-9

全日制普通高级中学教科书《化学》（第三册）（试验修订本 选修）（人民教育出版社，2001年12月第2版）

（二）高中教科书的主要特征

1. 教科书分必修和选修两种

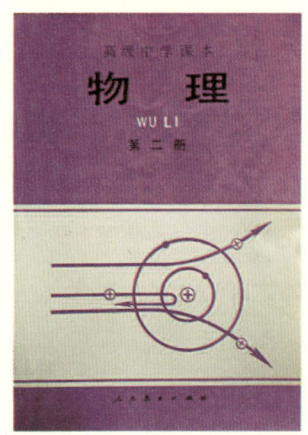

图 2-10

高级中学课本《物理》（第二册，必修）（人民教育出版社物理室编，人民教育出版社，1995年10月第2版）

图 2-11

高级中学课本《物理》（第三册，选修）（人民教育出版社物理室编，人民教育出版社，1997年12月第2版）

1990年，国家教委印发的《现行普通高中教学计划的调整意见》（教基〔1990〕004号文件，以下简称《调整意见》），将普通高中的课程分为必修课和选修课两部分，以解决普通高中存在的文理偏科，以及多数学校和学生不能适应教学计划（1981年为重点中学制订的教学计划），学生知识结构比例不尽合理、课业负担过重等问题。据此很多学科都编写了必修和选修教科书，必修课为高中会考内容，会考成绩是高中毕业的依据。

1991年，国家教委颁发了《关于在普通高中开设选修课的意见》，其中提出，根据《调整意见》，目前在普通高中可以有两种形式的选修课。

第一，高中一、二年级开设的选修课（亦即《调整意见》中的单科性选修课），从当前的需要和可能出发，可以分成以下三种类型：

（1）与必修课相关的选修课。这类选修课的内容是相对应的必修课内容的拓宽和加深，适合于对必修课学有余力的学生。

（2）与必修课不直接相关的知识类选修课。这类选修课的内容可以是介绍新的科学理论，扩大学生的眼界，提高政治理论水平，丰富学生的知识；也可以是适应学生兴趣、爱好、特长的需要，培养学生的文化艺术修养。

（3）技术类选修课。这类选修课根据学生的爱好和社会的需要而开设，是综合技术性的基础课程，其中有的带有初步职业培训的特点。

第二，高中三年级开设的选修课，主要分成两种类型：

（1）分科性选修课（这类选修课亦即《调整意见》中的分科性选修课），包括文科类（历史、地理）、理科类（物理、化学、生物）、外语类（英、俄、日）、艺术类和体育类。这类选修课均有全国统一的教学大纲（除艺术类、体育类），国家教委委托人民教育出版社依据大纲编写教材，供准备升学的学生选用。

（2）技术与职业类选修课。通过开设这类选修课，对学生进行职业预备教育，帮学生做好就业的技能、知识和心理准备。

此外，高中三年级还可继续开设发展学生兴趣、特长的选修课，供学生自由选择。每门选修课开设时间应从实际出发，可长可短，可以是一学年、一学期,也可以是若干学时。①

　　文件还说明,当前普通高中的选修课,对学生有两种不同形式的要求。一种选修课对某部分学生是必须选择学习的,称为"指定选修课"(即必选课),例如高中三年级为分流而开设的各类选修课。它们对某些学生来说具有必修课的性质。另一种选修课学生可在教师指导下,按照自己的兴趣、爱好决定选择与否,可称为"任意选修课"(即任选课)。

　　当然,1981年的高中教学计划也强调高中要开设选修课,但并没有编写与分科选修教学计划相配套的有关学科的教学大纲和教科书。1990年《调整意见》和1991年《关于在普通高中开设选修课的意见》颁发后,除了人教社主要学科均编写了相应的必修课本和选修课本外,一些省市区也组织了选修课教科书的编写。比如,1992年山西省教委组织编写了一套比较完整的高中选修教科书,包括一类选修课教材9本、二类选修课教材10本、三类选修课教材两本。②与此同时,原来较高要求的数学、物理、化学、生物等甲种本教材相继停止供应。

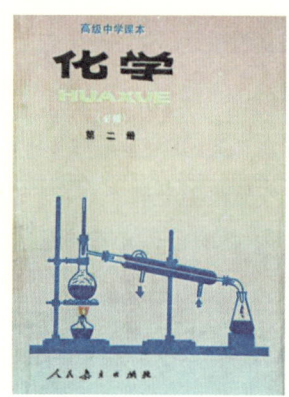

图2-12

高级中学课本《化学》(第二册)(必修)
(人民教育出版社化学室编,人民教育出版社,1990年10月第1版)

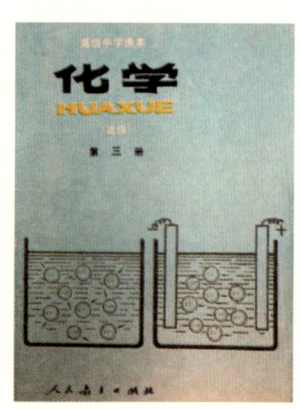

图2-13

高级中学课本《化学》(第三册)(选修)
(人民教育出版社化学室编,人民教育出版社,1995年10月第2版)

---

① 实施《现行普通高中教学计划的调整意见》和普通高中毕业会考制度的意见[M]//何明清.最新教育法百科全书:第2卷.长春:吉林电子出版社,2004:555.
② 山西教委教研室.化学:二年级上册[M].太原:山西教育出版社,1992:说明.

图 2-14　　　　　　　　　图 2-15

高中选修课教材《化学》（二年级上册）（山西省教委教研室编，山西教育出版社，1992 年 7 月出版）　　高中选修课教材《数学》（二年级上册）（山西省教委教研室编，山西教育出版社，1992 年 7 月第 1 版）

2. 音体美教科书体系完备

1994 年 7 月，国家教委下发了关于在普通高中开设"艺术欣赏"课的通知，规定自 1994 年秋季起，在普通高中开设"艺术欣赏"课。这标志着我国 40 余年高中不开设艺术课的历史就此结束。1995 年颁布的《普通高中艺术欣赏课教学大纲（初审稿）》又规定"艺术课程"为必修课。在这一背景下，各地开始大规模开发高中音乐和美术课程，并编写相应教材。

第一，高中音乐课程与教科书首次出现。1995 年，国家教委颁发了《普通高中艺术欣赏课教学大纲（初审稿）》，规定高中艺术课为必修课，课程名称为"艺术欣赏"，包括音乐欣赏和美术欣赏课，总计 68 学时，音乐与美术各半。音乐欣赏课、美术欣赏课原则上高一、高二分段进行。

大纲在音乐欣赏课的教学目的中提出了"以审美教育为核心"的观点，强调音乐课目的在于"培养学生健康的审美情趣和感受、体验、鉴赏音乐美的能力，树立正确的审美观念"，[①] 继而又提出寓思想品德于音乐教育之中，"在九

---

① 姚思源. 中国当代学校音乐教育文献［M］. 上海：上海教育出版社，1999：373.

年义务教育的基础上,进一步增强学生对音乐的兴趣与爱好"的目标追求。这样就比小学和初中的教学大纲更突出了音乐课的核心价值。大纲还列出了音乐欣赏的中外必选曲目。最后,大纲对教材做出了说明,"应根据本大纲的要求编写。大纲中规定的必选作品应全部编入教材;音乐欣赏课的参考作品可根据实际需要灵活掌握,并适当补充民族、民间作品。音乐欣赏课教材必须包括教科书、教师用书、音响资料"[①]。高中开设音乐课以后,相关的教科书也编辑出版。但音乐教科书没有国家统编通用版本,多由各地组织编撰出版。

图 2-16

中学课本《音乐》(第五册)(天津市教育教学研究室编,天津教育出版社,1985 年第 1 版,1995 年 5 月第 3 版)

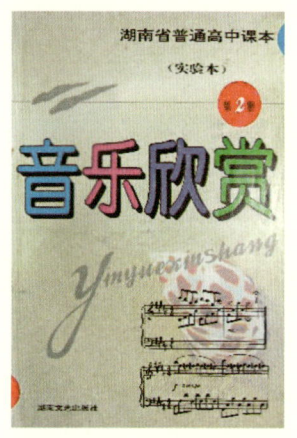

图 2-17

湖南省普通高中课本《音乐欣赏》(实验本)(第二册)(湖南文艺出版社,1996 年)

第二,高中美术课程与教科书。1994 年国家教委下发通知,艺术欣赏课正式进入高中。1995 年的《普通高中艺术欣赏课教学大纲(初审稿)》规定美术欣赏课的教学目的是:以审美教育为核心,培养学生健康的审美情趣和感受、体验、鉴赏艺术美的能力,树立正确的审美观念;突出艺术学科的特点,寓思想品德教育于美术教育之中,陶冶情操,提高修养;在九年义务教育的基础上,进一步增强学生对美术的兴趣与爱好,引导学生学习必要的美术知识,

---

① 姚思源. 中国当代学校音乐教育文献 [M]. 上海:上海教育出版社,1999:378.

掌握必要的美术欣赏方法，开阔视野，启迪智慧，促进学生身心全面健康地发展。①新中国成立以后，高中一直没有开设美术课程，这个大纲的颁布使美术课程正式进入普通高中课程体系，从而形成了我国基础教育美术课程相对完整的格局。在这一背景下，各地几乎都开发了高中美术教科书。

图 2-18

全日制中学试用课本《美术》（第三册）（辽宁教育学院，辽宁美术出版社，1991 年 12 月第 1 版，1994 年 3 月广西第 5 次印刷）

图 2-19

湖南省高级中学课本《美术欣赏》（实验本）（下册）（湖南省高中美术教材编委会编，湖南美术出版社，1996 年 5 月第 1 版）

第三，高中体育教科书。为了加强教科书管理，提高教科书质量，国家教委决定于 1990 年 8 月审查根据现行教学大纲编写的中小学音乐、美术及初、高中体育实验教科书。国家教委办公厅根据《全国中小学教材审定委员会工作章程》的规定，对送审教材的有关事宜，向各省、自治区、直辖市教委、教育厅（局）下达了《关于音乐、体育、美术教材送审的通知》。②《通知》规定：送审教材必须是小学、初中、高中一个学段的全套教材并至少经过一轮教学实验。小学体育课本不进行审查。国家教委决定，今后小学生不使用体育课本，只编写小学体育教师教学用书，作为教师教学的依据。这一规定直接影响到体

---

① 国家教委体育卫生与艺术教育司. 学校艺术教育工作文件选编 [M]. 北京：人民音乐出版社，1996.
② 北京市教育局. 教育工作文件选编（1990）[M]. 北京：北京市教育局，1991：1114.

育教科书的性质及其建设,但是高中体育教科书没有受影响。

图 2-20

云南省高级中学试用课本《体育》(二年级)(云南省高级中学体育课本编写组编,云南少年儿童出版社,1989 年 5 月第 1 版,1993 年 5 月第 5 次印刷)

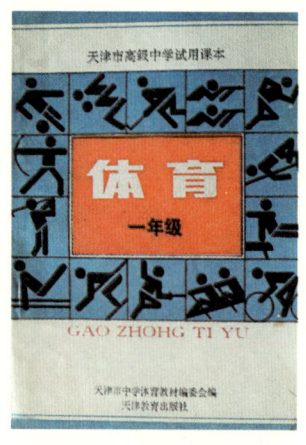

图 2-21

天津市高级中学试用课本《体育》(一年级)(天津市中学体育教材编委会编,天津教育出版社,1991 年 8 月第 1 版,1993 年 5 月第 5 次印刷)

1996 年国家教委体育卫生与艺术教育司颁发了《全日制普通高中体育教学大纲》,提出高中体育教学是初中体育课程基础上的高一层教育的重要内容,强调要增进学生的身心健康。

在总结新中国成立以来体育教科书编写经验的基础上,教育部普通高中教材试验领导小组规划并由人民教育出版社开发编写了普通高中第 1～3 册体育课本,并在江西、山西和天津进行试验(两省一市试验本)。课本是根据 1996 年《全日制普通高级中学体育教学大纲》编写出版的,主要供教师用,是教师用书。教材包括四个部分:概述、体育保健基本理论知识、运动实践、体育教学工作实践示例。

总的来说,90 年代以来的高中教科书在"继承、开拓、创新"的思想指导下,积极总结以前教科书建设的经验,无论在形式的呈现方面,还是在内容的编排方面,都有很大的进步。坚持重视思想品德教育,寓思想教育于学科教育之中;力求处理好知识的逻辑顺序和学生生理、心理发展顺序的关系,建立合理的教材结构；在重视基础知识传授的同时，重视发展学生的智力，培养学生的能力；注意教材内容难易适度，分量适当，富有弹性，使统一性与灵活性相结合，图文并茂，生动活泼，富有可读性、启发性、趣味性。但教科书质量仍然没有实质性突破，教科书的特征、风格都趋于同质化，教科书过于强调知识的系统性、完整性，容量和难度普遍偏大，对教师教学的指导性不强。

第三节
地方教科书的发展

20世纪80年代以后，在邓小平"教育要面向现代化、面向世界、面向未来"的思想指引下，随着《中共中央关于教育体制改革的决定》《中华人民共和国义务教育法》《中国教育改革与发展纲要》等文件、法规的相继出台，全国各地全方位多层次地启动了中小学课程教材改革与试验，逐步形成了自编中小学教科书的热潮。

严格讲，中国改革开放40年从来没有实施过全方位的、真正的教科书统编制或国定制，总体上地方教育主管部门一直拥有一定的教科书建设权，编撰出版过部分学科的教科书，为教科书建设做出过自己的贡献。1988年后，除由国家教委统一规划的八套半教科书外，中央主管部门的举措也带动了地方教育部门教科书建设的积极性，由地区教育部门、出版单位、社会团体组织编写的各种中小学教科书开始大量出现。这些教科书多以单科形式编写，而且品种、数量增长较快。据不完全统计，1987年这类教科书仅有十几种百余册，编写单位只有若干个；到1997年这类教科书已增至70多种2000余册，编写单位也增至数十个。这类教科书的出现，对促进我国教科书建设的繁荣，推动教科书竞争机制的形成，提高教科书编写的质量，起到了一定的积极作用。[①]地方教科书涉及面广，几乎覆盖所有学科，其中部分学科（如音乐、美术、体育等）的地方教科书在前面已经有所介绍，这里主要介绍地方教科书中之乡土教科书和劳技类教科书。

---

① 王岳. 我国中小学教材建设的现状、问题和改革建议[J]. 国家高级教育行政学院学报, 2001（02）.

一、乡土教科书的兴盛

乡土教科书是地方组织编写的教科书的一种,是地方教科书重要的、特殊的组成部分。乡土教科书是以学生所在地区的地理、历史、生物、音乐、体育等多种文化传统与地方知识为内容的补充教材。它旨在培养和激发学生的乡土情怀和爱国情感,弥补通用教科书的不足。

1987年6月国家教委在浙江建德召开全国乡土教材工作会议,1988年8月,制订并颁布了《九年制义务教育教材编写规划方案》。几年时间,全国乡土教材就达2000余种,江苏63%的县开展了乡土教育,云南省编写了带有民族地区特色的10个学科104种乡土教材。[1] 进入20世纪90年代,乡土教科书快速发展,各地乡土教科书建设广泛开展起来。

图2-22

黑龙江省九年义务教育初级中学乡土知识读本《生物》(试用本)(乡土知识读本编委会编写,黑龙江少年儿童出版社,1999年6月第1版)

图2-23

小学试用课本《乡土语文》(吉林市小学乡土语文编写组,吉林市光华印刷厂印制,1989年4月15日)

因为学科本身的特点,乡土教科书主要集中在地理和历史等科目上,但也出版过其他一些学科的乡土教科书,包括乡土语文、乡土生物、乡土自然、乡土体育等,还有综合性的乡土教材,如西藏自治区林芝地区的第一本乡土教材《尼洋河畔的绿色明珠——工布林芝》就是一本综合性乡土教材。

---

[1] 田慧生,曾天山. 中小学课程教材改革与实验[M]. 成都:四川教育出版社,1997:180.

图 2-24

林芝地区第一本乡土教材《尼洋河畔的绿色明珠——工布林芝》(林芝县"爱生学校"项目乡土教材编委会编著,林芝县教育〔体育〕局出版,2011 年 7 月第 1 版)

乡土教科书中,乡土地理和乡土历史是最主要的组成部分。乡土地理是中国地理教学内容的重要组成部分,重点介绍各地的建制、地形地貌、气候特点、资源分布、资源的开发和利用情况、当地人在开发和利用资源的过程中取得的成就和积累的经验、发展前景等内容,旨在让学生对家乡的自然地理和人文地理获得基本认识,在此基础上产生热爱家乡的情感、掌握建设家乡的知识。学习乡土地理,可以使学生进一步认识自然,了解改造自然的规律,乐意直接间接地为改变家乡的面貌贡献自己的力量。

1978 年 1 月,教育部颁发了《全日制十年制学校中学地理教学大纲(试行草案)》,规定"乡土地理是中国地理教学内容的重要组成部分,一般可包括本省(直辖市、自治区)地理和本县地理"。乡土地理教材由各地教育部门组织人力编写和审查。

1988 年 11 月,全国地理教学研究会在厦门召开"地理教育为乡土建设服务研讨会",对进一步加强乡土地理教科书建设进行了研讨。1990 年 5 月,国家教委在南京师大召开全国乡土教材建设经验交流会和优秀乡土教材的评比会议。全国地理教学研究会承担了这次会议的筹备工作,参加评比的优秀乡土教材有 200 多册,其中乡土地理教材约占 50%。

我国的地理乡土教科书自清末新学制以来一直比较丰富。乡土地理在中学地理教学中虽然不是独立的一门课程,但却是地理学科必不可少的组成部分。

乡土地理在中学地理教学中通常以三种方式存在：其一是以分散方式，把地理教学中的实践部分归为乡土地理；其二是集中授课—实践方式，在中国地理的最后部分专门独立进行教学；其三是专题课外活动形式，依乡土地理专题开展专门教学活动。

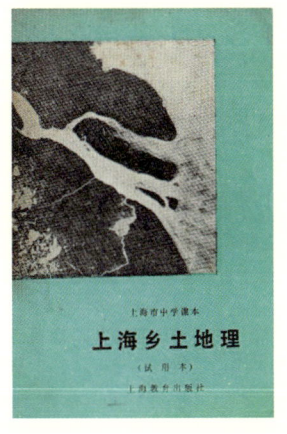

图 2-25

上海市中学课本《上海乡土地理》（试用本）（上海市中小学教材编写组编，上海教育出版社，1979 年 4 月第 1 版）

图 2-26

四川省初中乡土教材《四川地理》（四川省教育局教材教研室编，四川人民出版社，1979 年 10 月第 1 版）

图 2-27

内蒙古全日制十年制学校初中课本《内蒙古地理》（内蒙古教育出版社，1996 年 6 月第 1 版）

　　乡土历史是乡土教科书中的主力军，自清末以来就一直比较活跃。乡土历史教科书重点介绍本地区的历史沿革、重大历史事件及其意义、著名历史人物的事迹和贡献、名胜古迹、特色文化等，并注重对民间谚语、民间传说等富有哲理和智慧的文化遗产进行搜集整理，让学生亲近历史，了解历史上本地区的发展历程和代代相传的地域文化，并从中汲取营养，培养起乡土情怀和爱国情感。1987 年 6 月，国家教委在浙江省召开了全国乡土教材工作会议，并于 8 月转发了《全国乡土教材工作会议纪要》。我国出现了乡土教材的另一个高峰，多种乡土历史教科书竞相争艳。这个时期的乡土历史教材特点主要有：第一，编写单位和出版机构众多；第二，结构多样化，有的配有参考资料，有的配有图册；第三，内容日渐丰富，由相对单一的起义、革命等内容过渡到多种内容的融合；第四，形式日益活泼多样，教材元素逐步丰富；第五，修订较频繁，有利于该类教材的质量不断提升。

图 2-28

浙江省中学乡土历史教材《浙江历史》（浙江省教委教研室编，浙江教育出版社，1986年11月第2版，1990年11月第8次印刷）

图 2-29

《甘肃乡土历史》（张霞光主编，甘肃教育出版社，1986年8月第1版）

图 2-30

初级中学中国历史《广西乡土历史》（广西乡土历史编写组编，广西教育出版社，1988年5月第2版）

图 2-31

《南京乡土史》（南京市教学研究室、中共南京市委党史办公室编，江苏教育出版社，1987年9月第1版）

多年来，乡土教科书遍地开花，取得了显著的成就，但乡土教科书的性质、名目、种类繁多，在开发与实施中尚存在许多实际困难和需完善之处。比如编写成员素质差异大，编写目的不清晰，方式简单，内容选择随意性大，经典性不够，缺乏相关理论依据和指导，而且大部分乡土教科书内容的收集与整理都是通过志愿者的努力或学校、任课教师自费或义务性的一次性开发，后续开发比较困难，等等。要解决这些问题，需要真正给予乡土教科书足够的重视，这就需要从政策、资金和理论研究等方面给予相应的支持。

二、种类繁多的劳技类教科书

在新中国教科书发展史上，一般语数外理化生等主科教科书，往往强调统一，强调通用，国家重视甚至直接组织编写，而对于那些所谓的非主科课程，如劳动、体育、艺术等课程的教科书，则长期实行多本多样的政策，地方自主权比较大，国家只提出基本要求，不过多干涉。20世纪80年代后期开始，这类地方教科书快速发展起来。

1988年8月，国家教委制订并颁布了《九年制义务教育教材编写规划方案》。该方案要求各地组织编写乡土教材、小学劳动课教材、中学劳技课教材以及供本地区使用的补充教材，并由省级中小学教材审查委员会审查通过。据此，各地陆续组织编写、审查和试用了基本符合地方需要的许多这一类教科书。

1987年，国家教委制订《全日制小学劳动课教学大纲（试行草案）》；[①]1988年9月，国家教委颁发经全国中小学教材审定委员会劳动技术课教材审查委员会审查通过的《全日制初级中学劳动技术课教学大纲（初审稿）》，该稿经过试验、审定，于1992年修订为《九年义务教育全日制初级中学劳动技术课教学大纲（试用）》，1995年为适应新工时制的执行进行了相应修订；[②]1996年颁布

[①]《中国百科年鉴》编辑部．中国百科年鉴（1988）[M]．北京：中国大百科全书出版社，1988：481．
[②] 课程教材研究所．课程教材改革之路[M]．北京：人民教育出版社，2000：75．

《九年义务教育活动课程指导纲要(实验区试行)》。[①] 在这些文件中，都强调了劳动课(小学)、劳动技术课(中学)和科技活动教育的重要性。但相关部门没有组织编写全国通用的教科书。1988年9月18日，国家教委在吉林省通化市召开了全国小学劳动课、中学劳动技术课(以下简称劳动课、劳技课)教材编写工作会议。会议讨论了劳动课和劳技课教材编写的基本原则、编写队伍、教材审查以及出版等有关问题；会议布置，各小学开设劳动课，中学开设劳技课，各省两年内要编出劳动课和劳技课教材。会议总结了编写小学劳动课、中学劳技课教材必须注意的几个原则问题：安排教学内容应从本地区实际出发，因地制宜，做到统一性、灵活性相结合；教材要重视培养提高学生基本劳动素养，教给学生基本的劳动知识和技能；教材要突出动手操作能力的培养；教材要注意向学生介绍些先进生产知识和技术，以开阔学生眼界；教材应注意与小学、中学相关学科的衔接与配合；教材要符合儿童、青少年的年龄特征和身心发展规律；等等。[②]

在此背景下，全国各地都纷纷自己组织队伍，编写出版了相应的教科书。当时各地劳动课和劳技课教材主要有两类编写模式：

一是综合性编写，把各种相关内容都综合在一本或一套教科书中，均冠名《劳动》或《劳动技术》。如河北省1988年编写出版了中学《劳动技术》，并于1991年修订出版，共12册(初、高中各6册)，该套教科书分城市用和农村用两种版本，基本的劳动技术内容都包含在其中。又如内蒙古于1990年编写出版了一套专门供农、林、牧区初级中学使用的《劳动技术》，共3册，每个年级一册；1993年修订出版第二版，增加了"草原鼠虫病害防治"等适合地方实际的内容。

[①] 陈纲. 中学活动课程教育文萃[M]. 北京：北京工业大学出版社，1996.
[②]《中国教育年鉴》编辑部. 中国教育年鉴(1989)[M]. 北京：人民教育出版社，1990：279.

图 2-32

天津市义务教育小学教科书（试用本）《劳动》三年级上册（天津教育局编，天津教育出版社，1994年6月第2版）

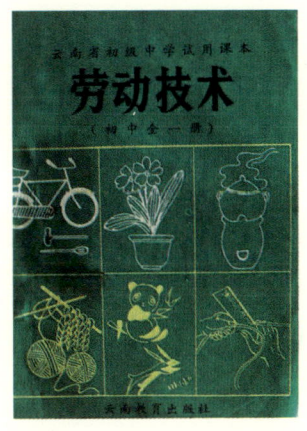

图 2-33

云南省初级中学试用课本《劳动技术》（初中全一册）（云南省教育厅教研室主编，云南教育出版社，1987年11月第1版）

一是主题性编写，每本教科书基本上围绕一个主题编写，一套书选择若干主题。如河南省早在1983年就编写出版了劳技课教材（河南人民出版社），该套教科书是围绕主题编写的。1987年，又编写出版了主题式劳动技术教科书，包括《庭院植物栽培》《家庭养殖》《缝纫机、钟表、自行车维修》《刺绣与服装剪裁》《普通泥瓦工常识》和《家用电器维修常识》等6册，供初高中学生使用。1989年浙江省组织编写了一套主题式的劳技课教材（浙江科学技术出版社），共6册，包括《照明电路》《缝纫与剪裁》《食品加工》《水产养殖》《农作物良种繁育》等。

图 2-34

广西中学劳动技术课本《农副产品加工》（暂用本）（广西壮族自治区中学劳动技术课教材编写组，广西教育出版社，1988年6月第1版第1次印刷）

图 2-35

四川省中学劳动技术课试用教材《会计常识》（四川省中小学教材教研室数学组，四川人民出版社，1982年5月第1版第1次印刷）

1987年，国家教委颁布《全日制小学劳动课教学大纲（试行草案）》，其中"教学应注意的几个问题"中提出了劳动课要从实际出发，因地制宜。我国幅员广大，各地情况差别很大，劳动课教学要从各地实际情况出发，对于不适合当地实践的项目，可以适当变更；城市学校和农村学校可以安排不同的内容；根据男女学生的不同特点，可以安排不同的劳动项目。在班级人数较多、安排场地有困难时，可以实行分组教学。不管采取哪种做法，教学时间必须保证，不得挪作他用。[①]1988年，国家教委颁布《九年制义务教育全日制初级中学劳动技术课教学大纲（初审稿）》，其中"确定教学内容的原则"提出了要因地制宜地实施劳动技术课，并给城市和农村中学在教学内容的选择上指出了方向：要从实际出发，根据当地的条件和经济发展的需要，选择适应面较广的最基本的劳动技术项目。注意因地、因校制宜，做到统一性和灵活性相结合。城市初中高年级和农村初中的劳动技术课可与职业教育相结合。[②]

于是，一些地方的劳动教材出现了专为城市学生编写的城市版和专为农村学生编写的农村版之分。

《九年义务教育活动课程指导纲要》（1996年1月）规定：活动课程内容主要包括四个方面：社会教育活动、科学技术活动、文学艺术活动和体育卫生活动。其中"科学技术活动通过发明、创造、论文、制作、种植饲养、科学实验、环境保护、计算机操作、科学技术信息传播等科技方面的活动，使学生了解人类科技发展的过程及对生产生活和社会发展的巨大影响，了解我国历史上的科技成果，现代科学技术发展状况和发展趋势；培养学生具有初步科学创造意识，学科学、爱科学、用科学的精神和运用科学方法，解决生活、学习中实际问题的能力"。[③]这就使得教科书编撰范围有所扩大。

[①] 吴履平. 20世纪中国中小学课程标准·教学大纲汇编：音乐·美术·劳技卷[M]. 北京：人民教育出版社，2001：44—45.
[②] 吴履平. 20世纪中国中小学课程标准·教学大纲汇编：音乐·美术·劳技卷[M]. 北京：人民教育出版社，2001：451.
[③] 陈纲. 中学活动课程教育文萃[M]. 北京：北京工业大学出版社，1996.

纲要颁发后,一些地方积极组织编写了相应的教科书。1996年,湖南省编写了一套九年义务教育小学课本(实验本)《科技活动》。全套课本8册,供小学3~6年级使用。教科书分为实验探究、科技制作、科技应用、专题研究4个栏目。从不同的角度引导学生初步了解科学研究、科技发明以及制作科技作品的方法,了解科技知识在工农业及生活中的应用,了解我国历史上的科技成果和现代科学发展状况与发展趋势。

图2-36

湖南省九年义务教育小学课本《科技活动》(实验本,四年一期)(上海科技教育出版社,1996年6月第1版第1次印刷)

随着改革开放的深入,我国中小学教科书由主体上的"国定制"走向"审定制","一纲多本"甚至"多纲多本"开始出现。这一阶段是中小学教科书建设空前繁荣和活跃的时期。其中国家教委规划的八套半教科书最有影响。

这一时期不少教科书已经逐步摆脱过于阐述学科系统知识和原理的传统框架,在内容的选择上,注意强调从社会发展需要以及培养合格公民的需要出发,注重密切联系实际,紧随时代的步伐,力求对学生现在的生活和学习有用,对他们的终身学习发展有用。这个时期逐步形成了教科书的编撰从知识罗列到注重实践运用的基本特点。另外,教科书内容的呈现与组织方式开始更多考虑适应学生的年龄特点。如低年级学生的教科书以图为主,而且多是彩图,可以有效地吸引学生的注意力,激发学生的学习兴趣;中高年级学生的教科书则夹叙夹议地摆事实讲道理,通俗易懂,还配有大量的插图、练习、说明、阅读材料等,以帮助学生更好地理解和掌握课本知识。

当然，这一时期的教科书也存在一些需要改进之处，如整体上内容的选择偏重认知，注重知识和技能的传授，而对学生情感、能力等的培养相对欠缺，另外内容分量仍然偏重。

第三章

21世纪课程改革教科书

在实施科教兴国战略和迎接21世纪挑战的新形势下，我国新一轮基础教育课程改革在世纪之交开始启动。这是一场意义重大、影响深远的改革。基础教育课程改革对教科书改革提出了明确要求："完善基础教育教材管理制度，实现教材的高质量与多样化。实行国家基本要求指导下的教材多样化政策，鼓励有关机构、出版部门等依据国家课程标准组织编写中小学教材。"[①] 伴随着新一轮课程改革的蓬勃开展，我国中小学教科书的发展也进入一个繁荣兴盛的发展时期。

---

① 中华人民共和国教育部．基础教育课程改革纲要（试行）[Z]．教基〔2001〕17号．

第一节
课程改革的教科书制度发展

教科书制度是伴随现代学校教育制度的建立而形成的,是公共教育制度的组成部分,它涉及教科书的编写、审查、出版发行以及供应、选择、使用等各个环节和方面。《基础教育课程改革纲要(试行)》对新课改背景下的教科书制度建设提出了总体要求。2001年6月教育部颁布的《中小学教科书编写审定管理暂行办法》更是对我国中小学教科书的发展做出了明确的规定与要求,该办法共七章三十五条。第一章总则,第二章教材编写的资格和条件,第三章教材编写的立项和核准,第四章教材的初审与试验,第五章教材的审定,第六章表彰与惩处,第七章附则。这些内容从教科书编写的资格和条件、立项和核准、初审与试验、教科书审定等方面做出了详细的规定。从审定制度来说,实行两级审定,即国家课程教科书由全国中小学教科书审定委员会审定,地方课程教科书由省级中小学教科书审定委员会审定。教科书实行多样化政策,一个学科允许经过审定的多套教科书存在,供地方与学校选用。从供应与使用角度来看,试行教科书免费供应和循环使用制度,教科书选用权完全交给地方。

一、实行教科书两级审定制度

世界范围内对教科书的管理大体可分为国定制、审定制、认定制、选定制和自由制等几类。一般而言,中央集权政体的国家的价值观念取向偏重国家和集体,多采用国定制;少数政治上分权、市场经济,价值观念取向偏重自治及个人主义的国家和地区多采用自由制、选定制和认定制的方式;采用审定制的国家和地区则二者兼而有之,在世界范围内,实施这一制度的占大多数。根据审查主体的不同，又可以分为国家审定、地方审定。

所谓国家审定，是指由国家作为主体来实施教科书审查工作。国家审定的特点是由国家担任教科书审查的主体，能够最直接、最完整地在教科书中贯彻国家利益和国家意志，落实主流意识形态；能够最大限度地调动各种优质资源投入教科书审查工作中，进而对于保证审查的政治方向、质量水平等都有重要作用。地方审查是指由地方政府或地方一级的教育管理部门作为主体来实施教科书审查工作。其主要优点是能够充分考虑到地区社会经济实际和教育教学实际，能够更加因地制宜地对教科书的质量进行审查，能够调动地方在教科书建设上的积极性，有利于国家教育管理体制的权力下放。

我国目前推行的是教科书两级审定制度，这在《中小学教材编写审定管理暂行办法》中有明确规定：教材的编写、管理与审定将实行国家和省级教育行政部门两级管理。教育部负责国家课程教材的编写管理和审定，地方课程教材的编写管理和审定由省级教育行政部门负责。教育部成立全国中小学教材审定委员会，负责国家课程教材的初审、审定及跨省（自治区、直辖市）使用的地方课程教材的审定。各省、自治区、直辖市教育行政部门成立省级中小学教材审定委员会，负责地方课程教材的初审和审定。全国和省级中小教材审定委员会将建立委员信息库，负责审定教材的委员将按随机抽取的原则，从信息库中选定。[①] 两级审定制度有利于改变过去教科书审定权力过于集中的弊端，权力的适当下放有利于充分调动地方的积极性、发挥地方优势，因此可以说教科书审定制度的革新是我国教科书管理制度领域的进步。

---

① 中小学教材编写审定管理暂行办法［M］//国务院法制办公室. 中华人民共和国教育法典：第 2 版. 北京：中国法制出版社，2014：155.

二、试行教科书免费供应与循环使用制度

自 2001 年秋起,国家对部分地区的农村家庭经济困难的中小学生免费提供教科书,免费供应的教科书由政府以招投标形式采购。2005 年 11 月,教育部发布了《中国全民教育国家报告》,提出了免费教科书政策 2010 年在全国农村全面实施,2015 年在全国全面实施。2008 年 1 月 7 日,教育部在京召开"落实农村中小学免费教科书工作会议",宣布从 2008 年春季开始,全国 1.5 亿名农村义务教育阶段的学生用的教科书全部免费。实施进度提前了两年。中央财政将国家课程免费教科书的补助标准,由过去的农村小学每生每年 70 元、农村初中每生每年 140 元,分别提高到 90 元和 180 元,并建立部分科目免费教科书的循环使用制度。随着国家免费提供教科书政策的实施,供给对象从部分贫困地区农村中小学生逐步覆盖到义务教育阶段所有学生,义务教育阶段教科书也由私人物品转变为公共产品,这为教科书循环使用由提倡、自愿逐步过渡到强制执行创造了条件。

早在 2002 年,宁波市中山东路小学就向全校学生发出"共享课本,传递爱心"的倡议,按照自愿原则,开始有限度地在部分学生中推行教科书循环使用的改革。同年,我国在上海、辽宁、云南、甘肃等地试点推行课本循环使用。2004 年,财政部、教育部共同制定的《对农村义务教育阶段家庭经济困难学生免费提供教科书工作暂行管理办法》中就明确提出"国家鼓励循环使用教科书"。2006 年发布修订了的《中华人民共和国义务教育法》第四十一条明确规定,国家鼓励教科书循环使用。2007 年 9 月 20 日教育部发出开展"节能减排学校行动"的通知,要求结合农村义务教育试行免费教科书制度,开展教科书的循环使用试点工作。国务委员陈至立 2007 年 11 月 29 日在出席完善义务教育经费保障机制工作会议时指出,要健全保障机制,完善家庭经济困难寄宿生生活费补助承担机制,建立免费教科书循环使用制度。2007 年 12 月 25 日,教育部和财政部又下发《教育部、财政部关于全面实施农村义务教育教科书免费提供和做好部分教科书循环使用工作的意见》(教基〔2007〕23 号),

其中第 5 条明确指出，"从 2008 年春季学期开始，建立部分课程教科书循环使用制度，中央财政于 2008 年配齐循环使用的教科书，并从 2008 年春季学期起实行循环使用"。纳入循环使用的教科书包括：小学《科学》、《音乐》、《美术》（或《艺术》）、《信息技术》；初中《音乐》、《美术》(或《艺术》)、《体育与健康》、《信息技术》。循环使用的课程可根据需要进行调整。由此可见，教科书循环使用已上升为国家行为。

教科书循环使用的益处是显而易见的，无论是从经济效益来看，还是从环保角度来看，或是从培养孩子的节约资源意识、责任意识以及社会公德意识等方面来看，推行教科书的循环使用都是非常必要的，而且这也是世界上一些国家的成功做法。但我国的中小学因为一直以来都是开学前人手一册新书，用后还要保留，甚至有翻看老课本、温习已经学过的知识的习惯，要改变多年沿袭下来的已经习以为常的做法，并不是一件容易的事情。重要的是，教科书循环使用制度的推行需要一些基础性条件来保障。首先，很多国家教科书循环使用的前提是师生对教科书的依赖性不强。循环使用教科书的这些国家比较普遍的情况是，无论是学校教学还是各种考试，无论是学校、教师还是家长和学生，对教科书的依赖性都不强，教科书只是学生学习、教师教学的基本材料和重要参考。但在我国，教师教教科书，学生学教科书，考试也考教科书，教师以及教师的教，学生以及学生的学很大程度上完全依赖教科书，这会极大地影响到教科书的循环使用。其次，学校的配套设施没有及时跟进。2008 年春，根据教育部、财政部的部署，农村义务教育共有《科学》《音乐》《美术》等 8 门教材推行循环使用制度。按照要求，循环使用的教科书由学校集中管理，学生免费使用；各学校要提供适宜的保管、贮存场所；各地要自行制订教科书的登记、发放、回收、统计、消毒、保管、更新等措施和具体办法。然而不少地区学校设施相对落后，管理复杂，卫生安全保障不了。重要的还有文化问题，我国有重教科书的传统，往往把课本与知识联系起来，上了学，书都没有了，这怎么叫读书啊，家长们也接受不了。由此，在推行教科书循环使用过程中，家长们多表现出反对的态度。家长反对的主要理由既有文化上心理上的原因，也有卫生上健康上的原因，他们宁愿自费购买也不愿用别人用过的书，这也是教科书循环使用推行不理想的主要原因。也许，今天中国基础教育的重点是建设高质量的教科书，而不是教科书循环使用，尽管教科书的循环使用确实是非常重要的。

第二节
课程改革教科书的发展

作为新世纪基础教育课程改革的重要载体，教科书集中体现了新课程改革的理念。在课程改革纲要的指导下，配合各科新课程标准的颁布，全国性的开发实验教科书的热潮掀起来了，我国教科书建设迎来了繁荣兴盛的新时代。

一、课程改革教科书发展概述

1999年6月颁布的《中共中央国务院关于深化教育改革全面推进素质教育的决定》提出，要"调整和改革课程体系、结构、内容，建立新的基础教育课程体系"。其后召开的第三次全国教育工作会议和国务院批转的教育部《面向21世纪教育振兴行动计划》，都提出了改革现有基础教育课程体系、研制和构建面向21世纪的基础教育课程教材体系的任务。2001年7月，国务院通过《基础教育课程改革纲要（试行）》，明确指出："完善基础教育教材管理制度，实现教材的高质量与多样化。""实行国家基本要求指导下的教材多样化政策，鼓励有关机构、出版部门等依据国家课程标准组织编写中小学教材。"随着《基础教育课程改革纲要》的实施及《义务教育课程标准（实验稿）》的相继颁布，教育部决定教科书实行立项申请制，通过立项申请的都可以参与教科书开发。人民教育出版社、北京师范大学出版社、江苏凤凰出版集团、广东出版集团、湖南出版集团等一批出版机构，相继通过申请，投标参与中小学教科书开发，基础教育各学科教科书开发群雄逐鹿的时代来临。

2001年9月，经过第一阶段的教科书立项审批，20个学科（小学7科、中学13科）49种被立项的中小学新课程标准实验教科书通过国家审定，后在全国38个国家级实验区试用。2005年秋季，全国中小学阶段各起始年级几乎都启用了课程标准实验教科书，也称新课程教科书、课程改革教科书。

2003年3月，教育部颁布了《普通高中课程方案（实验）》，并于2004年正式进入实验阶段。课程方案规定，高中设置语文、数学、外语（英语、日语、俄语等）、思想政治、历史、地理、物理、化学、生物、艺术（或音乐、美术）、体育与健康、信息技术和通用技术等科目。其中信息技术、通用技术、艺术是新增设的科目，艺术与音乐、美术并行设置，供学校选择。鼓励有条件的学校开设两种或多种外语。每一科目由若干模块组成，模块之间既相互独立，又反映学科内容的逻辑联系。每一模块都有明确的教育目标，并围绕某一特定内容，整合学生经验和相关内容，构成相对完整的学习单元；每一模块都对教师教学行为和学生学习方式提出要求与建议。每个模块通常为2学分，36学时（其中艺术、体育与健康领域内的每个模块为1学分）。模块由必修和选修两部分构成。根据课程方案，各科高中课程标准（实验）颁布。2004年广东、海南等四省（自治区）率先启动高中课程改革，执行高中课程标准，使用高中课程标准新教科书。

按照基础教育课程改革的总体部署，2004年秋季，《普通高中课程方案（实验）》和高中语文等15个学科课程标准（实验）及其教科书，首先在广东、山东、宁夏和海南四省（自治区）普通高中起始年级开始实验。参加实验的学生达127万人，约占全国普通高中当年招生人数的15.5%。

为顺利推进新课程实验，2003年6月，教育部基础教育教材审定工作办公室分别受理了普通高中15个学科的课程标准实验教科书立项申请材料168套。根据专家的评审意见和编写者的资质审核情况，高中15个学科有67套教科书申请获得立项。[1]2004年教育部审查通过了全国各出版机构提交的14个学科274册教科书供实验区学校选用。[2]

---

[1]《中国教育年鉴》编辑部. 中国教育年鉴（2004）[M]. 北京：人民教育出版社，2004：155.
[2]《中国教育年鉴》编辑部. 中国教育年鉴（2005）[M]. 北京：人民教育出版社，2005：168.

截至 2009 年春，共有 84 家出版社开发的新课标教科书通过教育部审定，其中包括：六三学制小学 10 个学科 115 套、初中 19 个学科 116 套，五四学制小学 7 个学科 10 套、初中 11 个学科 20 套，普通高中 18 个学科 72 套。[①] 与义务教育阶段教科书品种的极大丰富相比，普通高中新课标教科书版本相对较少，大部分学科只拥有 4～5 个版本。

这批中小学教科书的最大外在标志是封面有"义务教育课程标准实验教科书"或"高中课程标准实验教科书"字样。

2011 年 12 月，教育部在对义务教育各学科课程标准进行了修订完善之后，正式印发了义务教育各个学科课程标准（2011 年版），包括语文、英语、日语、俄语、品德与生活、品德与社会、思想品德、数学、物理、化学、生物、初中科学、历史、地理、历史与社会、艺术、音乐、美术、体育与健康等 19 门课程（唯小学科学的课程标准仍然使用 2001 年的实验稿），新修订的课程标准于 2012 年秋季开始执行，根据新修订课程标准编写的义务教育阶段教科书陆续出版发行。而修订完善的高中课程方案和高中课程标准 2017 年才颁布，截至 2018 年，相应的教科书还没有投入使用。此阶段的最重要的变化是（义务教育阶段）或即将是（高中阶段），语文、历史、思想品德三科教科书全部由教育部组织编写，号称"部编本"，并逐渐进入学校，取代原来该三科的多种版本。

1. 语文与书法教科书

新一轮课程改革中的《全日制义务教育语文课程标准》（实验稿）于 2001 年 7 月正式出版发行，它追求一种新的语文教育价值观，反映了面向 21 世纪世界基础教育课程改革的基本理念，体现了当代教育以"学会认知、学会做事、学会合作、学会生存"为特征的时代精神。

根据课程标准，义务教育阶段的语文课程目标采取义务教育九年一贯整体

[①] 石鸥. 中国基础教育 60 年（1949—2009）[M]. 长沙：湖南师范大学出版社，2009：419.

设计,在总目标之下,按 1~2 年级、3~4 年级、5~6 年级、7~9 年级这四个学段,分别提出"阶段目标"。小学语文为前三个阶段,阶段目标从"识字与写字""阅读""写作"和"口语交际"四个方面提出要求。这一阶段的小学语文教科书一共有 12 套通过教育部组织的国家审定,分别由人民教育出版社、北京师范大学出版社、教育科学出版社、河北教育出版社、语文出版社、湖南教育出版社、江苏教育出版社、西南师范大学出版社、中华书局、湖北教育出版社、长春出版社等机构出版发行。

图 3-1

义务教育课程标准试验教科书《语文》(一年级下册)(湖南教育出版社,2003 年 12 月第 1 版,2005 年 12 月第 1 次印刷)

图 3-2

义务教育课程标准实验教科书《语文》(一年级上册)(湖北教育出版社,2003 年 7 月第 1 版,2007 年 7 月第 5 次印刷)

初中课程标准语文教科书较为流行的主要有 7 套,分别由人民教育出版社、江苏教育出版社、北京师范大学出版社、语文出版社、河北大学出版社、中华书局、湖北教育出版社组织编写。

人民教育出版社的初中《语文》共六册,由顾振彪任主编,于 2001 年 12 月陆续出版,该教材主要按照"人与自我""人与自然""人与社会"三大板块组织单元。课文中图片少而且是简笔画。内容上,每册课文分为六个单元。附录中有各种书法欣赏,如八年级上册的附录中是王羲之的书法欣赏。课文多是一些著名作家如冰心等的作品。近代作家的选文增多,和鲁迅同时代的作家的文章增多了，如叶圣陶、丰子恺等，这使学生对近代的作家有了更全面的了解。

一般来说，这些语文教科书比较注意体现时代精神、重视思想品德的熏陶和人文精神的培养，注意引进现实生活中的语文教育资源，把语文学习和实践延伸到课外、家庭和社会。小学语文教科书彩页印刷，色彩丰富，图片多，有全页插图、半页插图，还有镶嵌在文中的插图、作为文字背景的插图等（但有些插图显得凌乱，有些甚至有连环画之嫌，为插图而插图，不是教学非要不可的，分散了学生学习的注意力）。在初中教科书中，插图明显减少，而且课文都采用了黑白排版，以迎合学生成长的期待。在初中课文的选材上，重视中国传统文化，中国经典的专题单元增多，有专门的诗歌单元、古文单元，还有一些古典名著的选段、近代大师的文章，如四大名著的选段，老舍的戏剧、小说，叶圣陶的散文。但似乎更关注如何有利于教师教，而对如何有利于学生学关注不够，且选文典范性、时代性、实用性的结合，仍然有待提高。另外，教材配套工作还需要改进。

高中语文由5个必修模块和若干选修模块构成，每个模块2学分36课时，每一个模块相应配套出版一本教科书，容量是36课时教学内容。目前高中语文主要有六套教科书，分别由人民教育出版社、北京师范大学出版社、广东教育出版社、山东人民出版社、江苏教育出版社、语文出版社出版发行。

图 3-3

普通高中课程标准实验教科书《语文1》（必修）（人民教育出版社课程教材研究所、中学语文课程教材研究开发中心、北京大学中文系语文教育研究所编著，人民教育出版社，2007年3月第2版，2008年4月第1次印刷）

图 3-4

普通高中课程标准实验教科书《语文》（必修）（第三册）（山东省教学研究室编著，山东人民出版社，2004年8月第1版，2006年7月第4次印刷）

人民教育出版社的高中《语文》由北京大学袁行霈教授主编，这套课本适应新课标的要求，包括5门必修课和系列选修课教科书，选修课教科书包括《古代诗歌散文欣赏》《文章写作与修改》《中国文化经典研读》《新闻阅读与实践》《外国小说欣赏》。

高中课本在课文的选择上更加注重开阔学生的视野，增强学生的修养。古今中外的文学作品都有所涉及，中外兼顾，古今兼容，特别重视传统文化与当代生活相结合。形式更加灵活，编排更加人性化，尤其是在插图上，有不少新而受欢迎的东西，这些大大丰富了语文课本，使之在形式上更加具有吸引力。

在语文课程改革的推进过程中，出现了一个小插曲。书法一直是美术教育、语文教育所关注的，但有了式微的迹象。2011年8月，教育部下发《关于中小学开展书法教育的意见》。为贯彻《国家中长期教育改革和发展规划纲要（2010—2020年）》精神，全面实施素质教育，继承与弘扬中华民族优秀文化，教育部决定对中小学开展书法教育。书法教育是传承中华民族优秀文化，培养爱国情怀的重要途径；是提高学生汉字书写能力，培养审美情趣，陶冶情操，提高文化修养，促进全面发展的重要举措。

《意见》提出了对中小学书法教育的总体要求。在义务教育阶段语文课程中，要按照课程标准要求开展书法教育，其中三至六年级的语文课程中，每周安排一课时的书法课。在义务教育阶段美术、艺术等课程中，要结合学科特点开展形式多样的书法教育。普通高中在语文等相应课程中设置与书法有关的选修课程。中小学校还可在综合实践活动、地方课程、校本课程中开展书法教育。①

2013年1月，教育部印发《中小学书法教育指导纲要》。《纲要》要求加强书法教育工作的指导和管理，加强书法教师队伍建设，为书法教育提供必需的保障；各级教研部门要把书法教育纳入教学研究工作的范围，加强督导评估。《纲要》规定了书法教育的目标与内容，实施建议与要求，附录中包含汉

---

① 教育部关于中小学开展书法教育的意见［EB/OL］.（2011-08-02）［2018-08-16］. http://www.moe.gov.cn/srcsite/A26/moe_714/201108/t20110802_167341.html.

字笔画名称、汉字笔顺基本规则、临摹范本推荐及欣赏作品推荐。[①]

在此背景下，11套书法教科书通过审定，并于2015年秋季学期进入学校，具体如下表所示。

学科	主编	编写、出版单位	书名	册次	使用年级	备注
语文·书法练习指导	秦永龙	北京师范大学中国书法研究中心 北京师范大学出版社	义务教育三至六年级·书法练习指导（实验）	三年级上册至六年级下册	三年级至六年级	均有配套教师用书
	曹宝麟	广东教育出版社课程资源研发中心 广东教育出版社	义务教育三至六年级·书法练习指导（实验）	三年级上册至六年级下册	三年级至六年级	
	于茂阳	河北美术出版社	义务教育三至六年级·书法练习指导（实验）	三年级上册至六年级下册	三年级至六年级	
	沃兴华 贾 锋	湖南美术出版社 现代美术教育研究所 湖南美术出版社	义务教育三至六年级·书法练习指导（实验）	三年级上册至六年级下册	三年级至六年级	
	欧阳中石	中国出版集团教材中心 华文出版社	义务教育三至六年级·书法练习指导（实验）	三年级上册至六年级下册	三年级至六年级	
	尉天池	南京凤凰母语教育科学研究所 江苏少年儿童出版社	义务教育三至六年级·书法练习指导（实验）	三年级上册至六年级下册	三年级至六年级	
	刘绍刚	青岛出版社	义务教育三至六年级·书法练习指导（含五·四学制）	三年级上册至六年级下册（三年级上册至五年级下册）	三年级至六年级（三年级至五年级）	
	沈 鹏	北京教育科学研究院	义务教育三至六年级·书法练习指导（实验）	三年级上册至六年级下册	三年级至六年级	

[①] 教育部关于印发《中小学书法教育指导纲要》的通知［EB/OL］.（2013-01-25）［2018-08-16］. http://www.moe.gov.cn/srcsite/A26/s8001/201301/t20130125_147389.html.

续表

学科	主编	编写、出版单位	书名	册次	使用年级	备注
语文·书法练习指导	赵长青	山西人民出版社	义务教育三至六年级·书法练习指导（实验）	三年级上册至六年级下册	三年级至六年级	均有配套教师用书
	张 信	上海科技教育出版社	义务教育三至六年级·书法练习指导（实验）	三年级上册至六年级下册	三年级至六年级	
	刘 江	西泠印社出版社	义务教育三至六年级·书法练习指导（实验）	三年级上册至六年级下册	三年级至六年级	

2. 数学教科书

2001年7月，《全日制义务教育数学课程标准（实验稿）》正式颁布。该标准把"数学思考""解决问题""情感与态度"和"知识技能"列为四大目标，体现了对学生学习过程中的情感发展和思维能力发展的重视，反映出时代精神。该标准对义务教育阶段的数学教学内容要求做了统整和规划。根据儿童发展的生理和心理特征，将9年的学习时间具体划分为3个学段：第一学段（1~3年级）、第二学段（4~6年级）、第三学段（7~9年级）。同时，将数学学习内容分为"数与代数""空间与图形""统计与概率""实践与综合应用"4个领域，目的是培养学生的数感、符号感、空间观念、统计观念、应用意识与推理能力。

小学数学教科书一共6套通过国家审定而发行使用，分别由人民教育出版社、北京师范大学出版社、江苏教育出版社、西南师范大学出版社、河北教育出版社、青岛出版社出版发行。

图 3-5　　　　　　　　　　图 3-6

义务教育国家课程标准实验教科书《数学》（五年级上册）（人民教育出版社，2002年12月第1版）　　义务教育课程标准实验教科书《数学》（一年级下册）（江苏教育出版社，2005年12月第4版）

目前，初中课程标准数学教科书较为流行的主要有9套，分别由人民教育出版、上海科学技术出版社、北京师范大学出版社、湖南教育出版社、华东师范大学出版社、江苏科技出版社、河北教育出版社、青岛出版社、浙江教育出版社编写出版。

人民教育出版社的初中《数学》由中国科学院林群院士担任主编，于2004年6月开始陆续出版。北师大版《数学》由马复教授主编，注重数学与自然、人类社会的联系。华东师大版的初中《数学》由王建磐教授担任主编，2003年7月出版，课本选材贴近学生实际。

湖南教育出版社的初中课程标准《数学》实验教科书由严士健等主编，该套教科书设置的许多栏目新颖有创意，知识脉络清晰、连贯，教材编排较为合理，学生能比较容易地建构自己的知识体系，教师也能比较容易把握教学要求。2010年，这套教科书被引入台湾，成为供台湾师生购买、使用的教学参考书。这也是大陆中学数学教科书首次被引入台湾。台湾九章出版社创始人孙文先先生表示，湘教版教材吸引他们的主要原因是编辑队伍、教材内容等。他说："我们非常看好这套教材，希望能让台湾师生对大陆的中学数学基础教育有一个更为直观的了解。这对两岸文化交流与合作必将起到推动作用。"①

根据高中课程方案,高中数学由5个必修模块和若干选修模块组成,一个模块往往就编写一册课本。高中数学教科书有6套,由人民教育出版社、北京师范大学出版社、江苏教育出版社、湖北教育出版社、湖南教育出版社等机构组织编写。

图 3-7

普通高中课程标准实验教科书《数学》(下B)(人民教育出版社中学数学室编著,人民教育出版社,2004年9月第1版)

图 3-8

普通高中课程标准实验教科书《数学》(必修)(苏教版高中数学教材编写组编著,江苏教育出版社,2012年6月第4版)

人教社按照2003年颁布的《普通高中数学课程标准(实验稿)》要求,于2004年出版了普通高中课程标准实验教科书,这套教科书分为A、B两个版本。两个版本都分为必修和选修,必修课程由5个模块组成,共5本书;选修课程有4个系列,其中系列1、系列2由若干个模块组成,系列3、系列4由若干专题组成。A版和B版适应不同地区的需要,A版教科书内容有所精简,时代感增强,突出数学与生活的联系;B版的内容相对多于A版,增加了一些推论、方法等,偏难一点。

---

① 大陆中学数学教科书首次被引入台湾 [EB/OL]. http://news.xinhuanet.com/edu/2010-03/13/content_13165573.html.

整体上数学教科书比较注重问题情境设置，强调提升学生学习的兴趣，一些教材突出解决问题的策略的多样性，重视思维的开放性、探索性。但部分教科书对内容重视而对练习题不够重视，练习题质量不高，一些教科书的容量和难度还是比较大。小学数学教科书的最明显的特点是学习内容密切联系学生实际，注重问题情境的创设和数学思想方法的渗透，努力为学生提供与他们的生活背景有关的丰富素材，使学生从生活经验和客观事实出发，在研究现实问题的基础上学习数学、理解数学和获得发展。

3. 英语教科书

小学英语教材一共30套，是教科书种类最多的一个学科，由人民教育出版社、广东人民出版社、外语教学与研究出版社、上海教育出版社、山东教育出版社、湖南教育出版社、北京师范大学出版社、教育科学出版社等机构组织出版发行。仅人民教育出版社出版的新课标小学英语教科书通过国家审定的就有4套，分别是PEP版、灵通版、新版和《新起点英语》。

图3-9

义务教育课程标准实验教科书《英语（新版）》（供三年级起始用）（六年级上册）（课程教材研究所、英语课程教材研究开发中心、SNP泛太平洋出版有限公司合编，人民教育出版社，2004年6月第1版）

图3-10

义务教育课程标准实验教科书《英语》（供一年级起始用）（学生用书）（六年级上册）（北京师范大学出版社，2010年9月出版）

初中阶段的课程标准英语教科书一共有 7 套，主要由人民教育出版社、上海外语出版社、外语教学与研究出版社、译林出版社、河北教育出版社、湖南教育出版社、上海教育出版社出版发行。

人民教育出版社的初中《英语》（新目标）由课程教材研究所英语课程教材研究开发中心龚亚夫等主编，该套英语教科书是按照教育部颁布的《英语课程标准》实验稿的要求，在美国汤姆森学习出版集团的 *GO FOR IT* 的基础上改编而成的学生用书，2002 年开始出版发行。该套教科书起点比较高，因为是由美国汤姆森学习集团与中方合编，因此内容取材基本来自国外的生活情境，保持了原汁原味的英语习惯。但是学生如果对这些背景知识不熟悉，就会觉得学习难度较大，滋生出畏难情绪。

《英语》（新标准）是外语教学与研究出版社和著名教育出版机构——英国麦克米伦出版公司，共同推出的中小学"一条龙"英语教材——《英语》（新标准）的初中部分，供在小学学习过 4 年或 4 年以上英语的初中学生使用。教科书中方主编是北京外国语大学的陈琳教授，副主编是华中师范大学的鲁子问。英方主编 Simon Greenall 先生是世界知名的教材编写专家，国际英语教师协会前任主席。教科书继续遵循"题材—功能—结构—任务"的编写原则，博采众家之长，探索适合中国学生英语学习的途径和方法。该教科书结构清晰，课型明确，有利于教师的教学。

整体上初中英语教科书多采用任务型语言教学模式，融话题、交际功能和语言结构为一体，让学生在完成各项任务的过程中学习语言、实践语言。教科书注意听说读写的全面训练，注重学生情感态度价值观教育。各版本的小学《英语》都比较重视培养学习英语的兴趣，在教材编排、游戏内容及配套音像材料等方面表现突出。教科书着重培养学生运用英语进行交流的能力，小学阶段的英语力求体现语言的交际性，在情景中让学生学习英语和学会运用简单的对话。但部分教材语言点多，词汇量偏大却复现率较低，有些单元内容过于零散，组织教学相对困难。部分课文内容时代感不强，对科技材料选用偏少。教科书选材的多样性还不够，一些教科书对中国文化关注不充分。

高中课程标准英语也由 5 个必修模块和若干选修模块（其中 6 个顺序选修模块）组成。主要有 7 套教科书，分别由人民教育出版社、外语教学与研究出版社、北京师范大学出版社、河北教育出版社、重庆大学出版社、教育科学出版社、译林出版社出版。

图 3-11

普通高中课程标准实验教科书《英语》（必修）（人民教育出版社英语室编著，人民教育出版社，2001 年 6 月第 1 版）

图 3-12

普通高中课程标准实验教科书《英语 6》（选修模块）（北京师范大学出版社，2009 年 3 月第 3 版）

外语教学与研究出版社的高中《英语》，是《英语》（新标准）的高中部分。该套教科书一共 11 册，其中 5 册为必修。针对不同层面和处于不同教学环境的教师，教科书编写人员特别编写了信息量大且实用的教师用书，不仅包括详细的授课流程引导（全英文），还有针对每个模块的教学目标、内容分析、教学过程建议、教学评价建议和教学资源库等。

北京师范大学出版社出版的高中课程标准实验教科书《英语》从 2004 年进入实验区以来，获得了积极的评价和反馈。在几个省的教科书评选中，被称为是"一套最有后劲的教材"。教科书封面采取世界上很美的一些风景照片，面对这样的风景，简直是一种享受，让人陶醉。

高中俄语和日语教科书各一套，均由人民教育出版社出版。

4. 思想品德教科书

根据2001年教育部"义务教育课程方案",小学1～3年级设置"品德与生活"课,4～6年级设置"品德与社会"课,初中设置"思想品德"课。至2008年底,共审定出版15套小学思想品德教科书,主要由人民教育出版社、山东人民出版社、广东教育出版社、浙江教育出版社、广西师范大学出版社和星球地图出版社、未来出版社和二十一世纪出版社、北京师范大学出版社、辽宁师范大学出版社、辽海出版社、江苏教育出版社和中国地图出版社、泰山出版社、教育科学出版社、河北人民出版社、湖北教育出版社等机构出版发行。为了保证课程教学的完整性,出版社一般都在编写了《品德与生活》后接着编写《品德与社会》,而且主编往往相同。

初中课程标准思想品德教科书共有9套,分别由人民出版社、人民教育出版社、广东教育出版社、北京师范大学出版社、江苏人民出版社、山东人民出版社、湖南师范大学出版社、教育科学出版社、陕西人民出版社出版发行。

图 3-13

义务教育课程标准实验教科书《品德与生活》(二年级下册)(未来出版社,2005年12月第1版)

图 3-14

义务教育课程标准实验教科书《品德与社会》(五年级下册)(浙江教育出版社,2005年11月第2版)

关于小学思想品德教科书,人教社在书中给家长的一段话,可以说明它的性质和编写意图:

翻开这本教科书，您会发现，这是一门全新的课程。它是伴随我国新一轮基础教育课程改革而开设的一门活动型综合课程，其目的是通过游戏和各种儿童喜欢的主题活动，对学生进行深入浅出的道德的、科学的、生活的启蒙教育，为他们形成积极的生活态度、良好的道德品质和实际的生存能力打下初步的基础。①

确实，游戏、活动成了这些教科书很普遍的特征。在体系结构上，这些教科书普遍打破了传统的按知识逻辑进行编排的模式，根据生活的逻辑并结合儿童的心理特点按主题进行整合。

初中思想品德教科书整体上形式活泼，色彩鲜艳，富有趣味性，能够贴近生活，力求走进学生文化，体现时代特征，比较注重将过程与方法，情感、态度、价值观的教育融入教材内容之中。但从教科书的整体结构上看，一些内容存在与小学、与其他学科重复的现象，部分内容在安排上不完全适合中学生的生理、心理发展状况，有些内容与社会现实有一定距离，社会上出现的不少新情况、新理论、新问题在教科书中没有很恰当地反映出来。教科书如何把握德育与生活之间的合适尺度，德育如何真正体现以学生为本，德育内容如何从简单的外在灌输向学生思想的深层体验转变，这些都是值得特别注意的。

2004年3月，教育部公布了普通高中思想政治课课程标准。高中课程标准思想政治包括4个必修模块和6个选修模块。必修模块具体为经济生活、政治生活、文化生活、生活与哲学。选修模块具体为科学社会主义常识、经济常识、国家和国际组织常识、科学思维常识、生活中的法律常识、公民道德与伦理常识。

按照新课标编写教科书的工作也正式启动。全国有9家出版社各自编写了4门必修课的教科书，提交了9套教科书共36本送审。教育部教材主管部门组织专家审查以后，从中评选出每门课一本，共4本，作为初稿，编写全国统编教科书，统一由人民教育出版社出版。随着高中课改的发展，逐步推广使

---

① 品德与生活：一年级上册 [M]. 北京：人民教育出版社，2002，"给家长的话"。

用。教育部成立了"普通高中思想政治课课程标准实验教材编写指导委员会"负责这套教科书的编写工作。编写指导委员会组织了4个编写组，在各出版社送审初稿的基础上，分别负责这4本必修教科书（4个必修模块的教科书）的编写。4本必修教科书于2004年秋至2005年上半年完成并投入实验。而6本选修教科书的编选工作也按同样的程序和组织形式展开，于2005年至2006年陆续出版并投入实验。

图3-15

普通高中课程标准实验教科书《思想政治》（必修2 政治生活）（教育部普通高中思想政治课、课程标准实验教材编写组编著，人民教育出版社，2008年3月第3版）

图3-16

普通高中课程标准实验教科书《思想政治》（选修3 国家和国际组织常识）（教育部普通高中思想政治课、课程标准实验教材编写组编著，人民教育出版社，2009年4月第3版）

5. 小学科学教科书

根据2001年《全日制义务教育课程方案》，小学3~6年级开设科学课程，以培养学生科学素养为宗旨。教科书根据《全日制义务教育科学（3~6年级）课程标准（实验稿）》编写。到2009年小学科学一共有8套教科书通过国家审定，分别由湖南少年儿童出版社（后湖南少年儿童出版社退出，完全由湖南科技出版社出版）、江苏教育出版社、广东教育出版社和广东科技出版社、教育科学出版社、大象出版社、湖北教育出版社、河北人民出版社、青岛出版社出版发行。

图 3-17

义务教育课程标准实验教科书《科学》（四年级上册）（义务教育小学科学教材编写组、河北人民出版社、DC加拿大国际交流中心合作编写，河北人民出版社，2003 年 6 月第 1 版）

图 3-18

义务教育课程标准实验教科书《科学》（三年级上册）（石鸥等主编，湖南科学技术出版社，2016 年 7 月第 1 版）

湖南科技出版社的小学《科学》，比较明显的特点是将科学知识、科学探究和科学态度有机融入各个领域的课程内容之中，以实现三者的有机统一，而且高度关注通过科技史材料引入，进行我国优秀传统文化教育，从而发展和提高学生的科学素养。多数小学科学教科书注重课内外相结合，教学内容和活动设计注意开放性，不仅重视在课内开展探究性的教与学活动，同时也重视课外活动对课内教学的延伸，使学生在课外探究性学习中，丰富经验，开阔视野，活用知识，提高实践能力和合作能力。但几乎所有科学教科书设计的出发点都是面向全国的小学生，无法满足不同地区不同学生的学习兴趣和需要，与地方特色的结合不足，特别是与地方的科学生活与工农业生产结合很少。

2017 年实施的《小学科学课程标准》，由原来的三年级开课，调整为一年级开课。各家出版社在原来三年级起始的基础上，编撰一年级起始的科学教科书，并于 2017 年秋季陆续进入学校。

6. 物理教科书

2001年7月教育部正式颁布了《全日制义务教育物理课程标准（实验稿）》，明确了"在义务教育阶段，物理课程不仅应该注重科学知识的传授和技能的训练，注重将物理科学的新成就及其对人类文明的影响等纳入课程，而且还应重视对学生终身学习愿望、科学探究能力、创新意识以及科学精神的培养。因此物理课程的构建应注重让学生经历从自然到物理、从生活到物理的认识过程，经历基本的科学探究实践，注重物理学科与其他学科的融合，使学生得到全面发展"。

义务教育课程标准实验教科书初级中学《物理》主要有6套，分别由人民教育出版社、北京师范大学出版社、上海科学技术出版社、广东教育出版社、江苏科学技术出版社、教育科学出版社出版发行。

图 3-19

义务教育课程标准实验教科书《物理》（九年级）（课程教材研究所物理课程教材研究开发中心编著，人民教育出版社，2001年12月第1版）

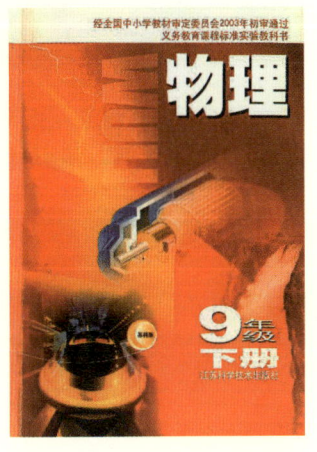

图 3-20

义务教育课程标准实验教科书《物理》（9年级下册）（江苏科学技术出版社，2004年11月第1版）

人教社的初中物理教科书从激发学生兴趣和方便探究活动出发安排教学内容，将学生最感兴趣的声、光放在最前面，将最易进行探究活动的电放到第一学期末。该套教科书在物理知识在生活中的应用方面有待进一步加强。

整体上讲，初中物理教科书更关注社会，更贴近学生的生活，并且内容设计形式多样；教科书中增加了实验，利于培养学生能力；教材插图较多，增强了教材内容的直观性。但一些探究活动设置多，却指导不够，效果一般。在对物理实验的指导方法方面还有待提高。

《普通高中物理课程标准（实验）》将高中物理课程按模块设计，共由 12 个模块构成，其中物理 1 和物理 2 为共同必修模块，其余皆为选修模块。学生完成共同必修模块的学习后，可获 4 学分，接着必须至少再选择学习一个模块，以便完成 6 个必修学分的学习任务。在获得 6 个必修学分后，学生还可以根据自己的兴趣、发展潜力以及今后的职业需求等继续学习若干选修模块。

高中物理主要有 5 套教科书，由人民教育出版社、山东科学技术出版社、广东教育出版社、教育科学出版社、上海科技教育出版社等机构组织出版发行。

图 3-21

普通高中课程标准实验教科书《物理》（选修 1-1）（广东基础教育课程资源研究开发中心物理教材编写组编著，广东教育出版社，2004 年 7 月第 1 版）

根据《普通高中物理课程标准（实验）》，人教社组织编写了包括 12 个模块的全套教科书。该教科书继承了中学物理教材的传统，注重基础知识的选取，重视基本概念和基本规律。山东科学技术出版社 2005 年出版的高中课程标准教科书《物理》，由西南大学廖伯琴教授主编，其最大的特色是设置了丰富多彩的栏目，强调从自然、生活走进物理，从物理走向社会。该套教科书课后习题设置难度较大，跨度大，缺乏层次性。

高中物理教科书内容整体上注意表现科学技术与社会的互动关系，联系社会、生活的实际，突出科学技术与社会的相互联系和影响。

7. 化学教科书

2001年教育部颁布了《全日制义务教育化学课程标准（实验稿）》，要求从学生已有经验和心理发展水平出发，反映化学学科内容特点，重视科学技术与社会的联系。标准确定了"科学探究""身边的化学物质""物质构成的奥秘""物质的化学变化""化学与社会发展"5个内容主题，即一级主题，每个一级主题由若干个二级主题（单元）构成，并规定了课程内容标准。

初级中学课程标准化学教科书主要有5套，分别由人民教育出版社、山东教育出版社、上海教育出版社、湖南教育出版社、科学出版社和广东教育出版社发行。

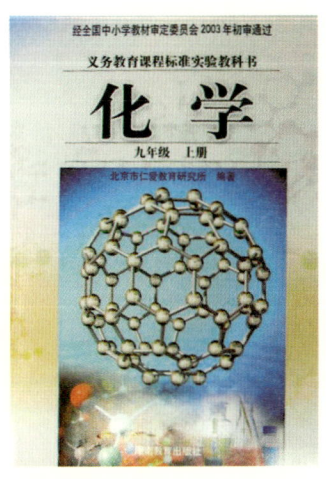

图 3-22

义务教育课程标准实验教科书《化学》（九年级上册）（湖南教育出版社，2004年6月第1版）

图 3-23

义务教育课程标准实验教科书《化学》（九年级下册）（山东教育出版社，2004年6月第1版）

《普通高中化学课程标准（实验）》（2003）规定，高中化学课程分为必修、选修两类。其中，必修包括2个模块；选修包括6个模块，是必修课程的进一步拓展和延伸。学生必须修满3个模块，获得6个学分才能达到最低的毕业标准。高中化学有3套教科书，分别由人民教育出版社、山东科技出版社、江苏教育出版社出版发行。这3套教科书主要的共同特点是：以模块设计为基本形式，体现多种水平层次，适应不同学生的发展需要；每个模块教材又具有不同的风格和独特的功能，以实现高中化学新课程的多种教学目的。

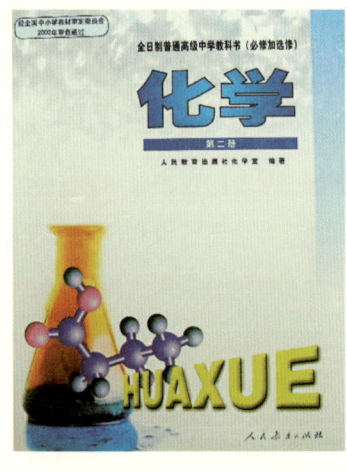

图 3-24

普通高中课程标准实验教科书《化学》（必修加选修）（人民教育出版社化学室编著，人民教育出版社，2003年6月第1版）

人民教育出版社按照《普通高中化学课程标准（实验）》，于2004年始陆续编写出版的化学教科书，经全国中小学教材审定委员会审查通过。必修包括必修1和必修2两个模块的课本；选修包括"化学与生活""化学与技术""物质结构与性质""化学反应原理""有机化学基础"和"实验化学"6个模块的课本。

一般而言，化学教科书注重科学与生活的有机整合，加强课程内容和学生生活以及社会和科技发展的联系；注重对学生学习方法的指导，改变学生的学习方式，加强探究的力度，课文中彩色插图多，直观性得以提高。但有些教科书容量过大，加之活动的增加，导致师生负担加重。

8. 生物教科书

2001年教育部颁布了《全日制义务教育生物课程标准（实验稿）》，明确提出了以"人与生物圈"为主线的课程设计思路，而且综合考虑了初中学生发展的需要、社会需求和生物科学发展3个方面，选取了科学探究、生物体的结构层次、生物与环境、生物圈中的绿色植物、动物的运动和行为、生物的生殖发育与遗传、生物的多样性、生物技术、健康地生活等 10 个内容主题。

　　初中课程标准生物教科书主要有 6 套，由人民教育出版社、北京师范大学出版社、江苏科技出版社、江苏教育出版社、河北少年儿童出版社、济南出版社等机构组织出版发行。

图 3-25
义务教育课程标准实验教科书《生物学》（八年级下册）（山东省教学研究室编著，济南出版社，2005 年 11 月第 1 版）

图 3-26
义务教育课程标准实验教科书《生物学》（七年级下册）（课程教材研究所生物课程教材研究开发中心编著，人民教育出版社，2001 年 12 月第 1 版）

　　人教社的《生物学》力求摆脱以往"以学科为中心"和"以知识为中心"的课程观念，突破传统的学科体系，构建突出人与生物圈的知识体系，但有些内容难度偏大。北京师范大学出版社于 2002 年编写出版的义务教育课程标准实验教科书《生物学》，共 4 册，刘恩山教授任主编。该教科书以人与生物圈的关系为主线，关注学生在知识、能力、情感态度价值观等方面的综合发展。但教材弹性不大，没有充分考虑地域的差异，部分内容偏难。

　　《普通高中生物课程标准（实验）》于 2003 年 3 月颁布，规定高中生物课程分为必修和选修两个部分。必修部分包括"分子与细胞""遗传与进化""稳态与环境"3 个模块；选修部分有"生物技术实践""生物科学与社会"和"现代生物科技专题"3 个模块。高中毕业至少要学完 3 个模块，获得 6 个学分。

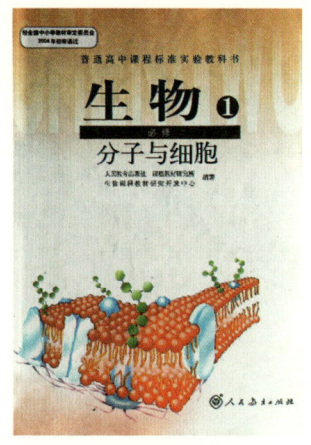 

图 3-27　　　　　　　　　　　　图 3-28

普通高中课程标准实验教科书《生物》（必修 1　分子与细胞）（人民教育出版社，2007 年 2 月第 2 版）　　普通高中课程标准实验教科书《生物》（必修 3　稳态与环境）（江苏教育出版社，2014 年 6 月第 8 版）

高中生物目前主要有 5 套教科书，分别由人民教育出版社、中国地图出版社、河北少年儿童出版社、江苏教育出版社、浙江科学技术出版社出版。这 5 套教科书的共同特点是注重选取提高学生的生物科学素养所需要的知识内容，力求反映生物科学发展的特点和趋势，关注学生的生活经验，体现科学、技术和社会的相互影响，而且图文并茂，印制精良。

总体上，生物教科书比较突出探究性学习活动和实践能力的培养，注重启发学生兴趣，加强了与学生生活、社会发展之间的联系，体现了生物学科与其他学科间的综合。但某些教科书容量过大，一些教科书的探究实验没有很好地把握学生的认知水平，加大了学生的压力。

根据义务教育课程方案初中段的安排，初中实行两套方案：分科与综合。实施综合方案的学校，初中综合理科称为"科学"，取代物理、化学与生物。初中科学主要有 4 套教材，由浙江教育出版社、上海教育出版社、武汉出版社、华东师范大学出版社组织编写。这些教科书使用量都不大，因为全国实行综合课程方案的地区很少。

9. 地理教科书

《全日制义务教育地理课程标准（实验稿）》（2001）在"学习对生活有用的地理""学习对终身发展有用的地理""改变地理学习方式""构建开放式地理课程""构建基于现代信息技术的地理课程""建立学习结果与学习过程并重的评价机制"的基本理念指导下，规定在7~9年级设置地理课程，内容分为四大部分，地球与地图、世界地理、中国地理、乡土地理。以区域地理学习为主，原则上不涉及较深层次的成因问题。

初中地理教科书主要有7套，分别由人民教育出版社、湖南教育出版社、广东人民出版社、中国地图出版社、商务印书馆和星球地图出版社、山西教育出版社、大象出版社组织编写。

图 3-29

义务教育课程标准实验教科书《地理》（七年级上册）（山西教育出版社，2005年5月第1版）

图 3-30

义务教育课程标准实验教科书《地理》（七年级上册）（广东省教育厅教研室编著，广东人民出版社，2004年7月第1版，2008年6月第5次印刷）

湖南教育出版社的《地理》教科书比较好地贯彻了《国家基础教育改革指导纲要》精神。内容选择上关注对学生终身发展有用的内容，人文地理略大于自然地理，并增加了国际合作相关内容，利于学生形成正确的环境观和全球观；内容编排上，栏目、图片与正文文字分量相当（其中图片有180多幅），共同构成教科书主体，使学生一目了然。教科书体现了现代信息技术的应用，较适合城市中学。

中国地图出版社的《地理》是由北京师范大学国家基础教育课程标准实验教科书总编委会组织编写，由数家出版社联合出版发行的，属于"新世纪"系列教科书之一。教科书注重结合学生实际，按由近及远、先中国后世界的顺序展开内容。

高中阶段设置地理共同必修课程和选修课程，其中高中地理共同必修课程共6学分，由"地理Ⅰ""地理Ⅱ""地理Ⅲ"3个模块组成，涵盖了现代地理学的基本内容，体现了自然地理、人文地理和区域地理的联系与融合。选修课程由"宇宙与地球"等7个模块组成。选修模块涉及地理学的理论、应用、技术各个层面，关注人们生产生活与地理密切相关的领域，突现地理学的学科特点与应用价值，以利于开阔学生的视野，进一步提高学生的科学精神与人文素养。

高中地理目前主要有4套教科书，分别由人民教育出版社、湖南教育出版社、中国地图出版社、山东教育出版社出版。

图3-31

普通高中地理课程标准实验教科书《地理》（湖南教育出版社，2004年6月第1版）

湖南教育出版社的高中《地理》由朱翔等主编，课本从学生熟悉的地理事例、学生在生活中遇到的地理问题出发，选材注重时代性。这套地理教科书对课程标准规定的内容进行优化组合，加强必修模块之间的相互联系，使之构成一个有机的整体，同时注重选修模块的相对独立性。

高中地理教科书普遍而言比较强调必修课的连续性和相互联系，使之构成一个有机的整体，同时强调保持选修课的相对独立性。必修教科书围绕人地关系逐步展开，选修教科书则注重突出各自的特色。重视教科书的系列化建设，基本都配套开发了教师教学用书、地理图册、地理教学挂图、地理课外读物、多媒体资源库等教学资源。

地理教科书普遍增强了教材的探究性和实践性，注重学生独立思考和创新意识的培养。教材内容贴近生活，有经历、有体验，易于学生学习掌握。教科书内容的呈现形式多姿多彩，直观、生动、有趣，符合学生的年龄特征。版面生动活泼。但就能力培养来说，教科书的针对性不够明显，随意性比较大。另外，如何最大限度地发挥图像的功能尚需注意。

10. 历史教科书

2001年的《全日制义务教育历史课程标准（实验稿）》首先明确了义务教育阶段历史课程是国民素质教育的一门基础课程，这决定了历史课程具有普及性、基础性和发展性等特点。课程标准把历史内容分为中国古代史、中国近代史、中国现代史、世界古代史、世界近代史、世界现代史6个学习板块，每个学习板块又分为若干学习主题。学习主题的设置，注意了历史的时序性和学习内容的结合，学生学习兴趣与素质培养的结合，也注意了学生的认知水平。

义务教育课程标准实验教科书初中《历史》一共有8套，分别由人民教育出版社、岳麓书社、中华书局、北京师范大学出版社、华东师范大学出版社、河北人民出版社、中国地图出版社、四川教育出版社出版发行。

图 3-32

义务教育课程标准实验教科书《历史与社会》（八年级上册）（人民教育出版社，2005 年 6 月第 2 版）

图 3-33

义务教育课程标准实验教科书《中国历史》（八年级下册）（刘宗绪主编，岳麓书社，2005 年 11 月第 1 版）

人民教育出版社的课程标准实验教科书《中国历史》和《世界历史》共 6 册，李伟科、陈其主编，既有成本较低的黑白本，也有装帧考究、印制精美的彩色本，扩大了不同区域、不同层次师生的选择余地。岳麓书社的初中《历史》由刘宗绪教授主编，于 2003 年 5 月出版，这套教科书分为中国古代史、中国近代史、中国现代史、世界古代史、世界近代史、世界现代史 6 个部分，中国史 4 册，世界史 2 册。该套教科书不刻意追求知识的系统性，注重主题知识，采用单元内容分课编写体例，每个单元分为知识课和活动课两种课型，活动设计涉及面广，具有创新性和突出的实践性，遗憾的是该套教科书的版式设计不是很美观，比如封面就显得太满且色彩偏于暗淡。

历史教科书在教学内容的选择方面有了比较明显的变化，由"精选"取代"全面"，不刻意追求学科体系的完整性，关注学生的学习兴趣和经验，注意与学生个人经验、社会生活实际相联系。但课文内容死记硬背的偏多，难易度也不太符合学生的年龄特征。

普通高中课程标准历史必修课分为历史（Ⅰ）、历史（Ⅱ）、历史（Ⅲ）3 个学习模块；历史选修课分为历史上重大改革回眸、近代社会的民主思想与实践、20世纪的战争与和平、中外历史人物评说、探索历史的奥秘、世界文化遗产荟萃等6个模块。为此,出版社根据《普通高中历史课程标准(实验)》编写了历史教科书。目前教科书主要有4套,分别由人民教育出版社、人民出版社、岳麓书社、大象出版社出版发行。这4套教科书每套都有9册(3册必修、6册选修)。

图 3-34

普通高中课程标准实验教科书《探索历史的奥秘》(岳麓书社,2004年8月第1版)

图 3-35

普通高中课程标准实验教科书《历史 2》(人民教育出版社课程教材研究所历史课程教材研究开发中心编著,人民教育出版社,2007年1月第3版)

  岳麓书社的高中《历史》由曹大为和赵世瑜教授任主编,2004年出版,该套教科书创新编写体例,构建了"以时间为经,空间为纬,人类社会发展进程为主轴"的结构体系,对中外历史的编写顺序做了一定的调整处理,采取了中外混编、中外对应的编写原则,将中外历史放在同一特定时空背景下去体现、发掘、把握,这是一种新的尝试和探索。

  义务教育课程方案设置了综合课程方案,开设历史与社会的学校不再开设历史与地理。根据历史与社会课程标准,人民教育出版社、上海教育出版社和地质出版社各编写出版教科书6册(人教社5册,九年级只有1册)。但这些教科书的影响都不大,主要是实行综合课程方案的地区很少。

11. 美术教科书

根据小学美术课程标准，美术学习活动分成4个学习领域，即造型·表现、设计·应用、欣赏·评述、综合·探索。九年义务教育阶段的美术学习分成四个学段，即第一学段：1～2年级；第二学段：3～4年级；第三学段：5～6年级；第四学段：7～9年级。

截至2008年底，教育部中小学教材审定委员会一共审定通过了11套课程标准的小学美术教科书，分别由湖南美术出版社、人民教育出版社、人民美术出版社、岭南美术出版社、广西美术出版社、上海教育出版社、辽海出版社、江西美术出版社、江苏少年儿童出版社、河北美术出版社、浙江人民美术出版社出版发行。

初中课程标准美术也有11套教科书，仍然由上述小学美术教科书的编撰出版机构组织出版发行，体现了义务教育阶段课程设置和教科书编写的一体化思想。

图3-36

义务教育课程标准实验教科书《美术》（四年级第8册）（人民美术出版社，2004年11月第1版）

图3-37

义务教育课程标准实验教科书《美术》（一年级上册）（人民教育出版社，2008年3月第2版）

人民美术出版社的小学《美术》由首都师范大学常锐伦教授主编，这套课本特别注重美术学科所蕴含的人文内涵，内容经典，版面设计精美，但内容过于纷繁丰富，色彩过于艳丽跳跃，有脱离学生生活经验的状况，使学生的学习缺少实践带来的经验与情感体验。人民教育出版社的小学《美术》由清华大学美术学院杨永善教授主编，注重创作媒体的多样性以及表现方法的拓展性，以适应不同地区、不同学校、不同学生的美术学习，但这套教科书的容量比较大，知识种类繁多，大量应用新的美术材料和美术工具，给施教者和受教者双方都增添了难度。湖南版的小学《美术》由清华大学美术学院教授李绵璐主编，2001年7月出版，这套教科书注重与其他学科的联系，巧妙设计与学生学习和生活相联系的、富有特色的美术学习内容。浙江版的小学《美术》比较注重选择传统文化的内容。

初中美术教科书重视学习过程和学习方法，强调学生综合素质和综合能力的培养，教学内容注重贴近学生生活，注重与其他学科的交叉，强调课程的综合性。但教科书容量偏大，一些教科书的教学目标偏高，教师自主发挥的空间小，设计制作需要的配用材料多，不易备齐。

改革开放以来，我国普通高中艺术课程的开设是从1994年起步的，于1997年进行了两省一市的高中课程实验（仅限于艺术欣赏）。但是艺术欣赏教科书对当代艺术多元化之形态、观念和当今美术发展的方向等诸多方面体现不足。2004年秋季起，我国开始实验的普通高中音乐和美术新课程，改变了过去艺术欣赏课教学大纲的思路，给予普通高中艺术教科书以广阔的空间和灵活的方式。

高中艺术之美术课程设计和音乐课程设计依据的是同一原则——模块化设计。美术课程的模块主要包括美术鉴赏、绘画、雕塑、现代媒体艺术等，学生可以自由选择，但至少必须获得3个学分。按照课程标准的统一要求，教科书涵盖5个系列，分别是美术鉴赏、绘画·雕塑、设计·工艺、书法·篆刻和现代媒体艺术。通过审定的美术教科书主要有5套，分别由人民美术出版社、湖南美术出版社、广东教育出版社、人民教育出版社、山东美术出版社出版发行。

图 3-38

普通高中课程标准实验教科书《美术·篆刻》(选修)(湖南美术出版社现代美术教育研究所编著,湖南美术出版社,2005 年 7 月第 1 版)

图 3-39

普通高中课程标准实验教科书《美术·绘画》(选修)(人民教育出版社,2007 年 4 月第 2 版)

湖南美术出版社的高中美术教科书在体系上与九年义务教育体系衔接,不仅以美术的创作、欣赏、历史和价值为学科本体的价值追求,而且在单元主题的设计上体现了明显的人文精神内涵,紧密结合学生的生活实际、兴趣、情感和艺术能力发展情况,促进学生个体的情感、认知、创造和审美发展,实现了美术学科价值与教育价值的综合。人民教育出版社的高中美术教科书分为欣赏、绘画、雕塑、工艺、设计、书法、篆刻、电脑绘画/电脑设计、摄影/摄像 9 个模块,共 9 册,定性为文化修养课程。

12. 音乐教科书

2001 年义务教育音乐课程标准的颁布,可以说是音乐教育的一项标志性成果,新的音乐课程标准无论是在文本呈现上还是内容观念上,都较传统的教学大纲有重大突破,并在一定程度上借鉴了其他国家和地区的最新研究成果,反映了国际音乐教育的发展趋向。音乐新课程标准以审美为核心价值贯穿始终,在此基础上对音乐课程的性质与价值、基本理念、基本目标、内容标准等做出了规定,并提出了教学和评价建议。

课程标准小学音乐教材共有 11 套，分别由人民音乐出版社、人民教育出版社、上海教育出版社、花城出版社和广东教育出版社、辽海出版社、江苏少年儿童出版社、湖南文艺出版社、西南师范大学出版社、河北少年儿童出版社、接力出版社、湖北科学技术出版社出版发行。

初中课程标准音乐教科书也有 11 套，分别由人民音乐出版社、广西教育出版社、人民教育出版社、湖南文艺出版社、上海教育出版社、辽海出版社、江苏少年儿童出版社、西南师范大学出版社、河北少年儿童出版社、湖北科学技术出版社、广东教育出版社和花城出版社组织编写。

图 3-40

义务教育课程标准实验教科书《音乐——走进音乐世界》（简谱版，一年级下册）（雷雨声主编，花城出版社、广东教育出版社，2003 年 12 月第 1 版）

图 3-41

义务教育课程标准实验教科书《音乐》（三年级上册）（张前、刘清华主编，湖南文艺出版社，2003 年 4 月第 1 版）

花城出版社和广东教育出版社联合出版的义务教育课程标准音乐实验教科书《音乐——走进音乐世界》由雷雨声主编。该套教科书有着明显的地域文化特点，内容比较贴近广东实际，选编了许多广东本土的歌曲供学唱和欣赏，带有浓郁的地方风情，显然是让学生感悟乡音之美。比如七年级下册第一单元就是"岭南早春"，内容是与岭南地区的历史、文化和民族相关的音乐。该套教科书的起点也较高，相对而言更适合经济发达的地区。

整体上，初中音乐教科书普遍表现出内容丰富、图文并茂、音像齐备、视听结合的特点，内容与日常生活相吻合，注重审美体验。但部分教科书内容过多过满，学校和地方自主安排教材内容的空间较小。

《普通高中音乐课程标准（实验）》（2003）规定，高中音乐课程内容按模块设置，由6个模块组成：音乐鉴赏、歌唱、演奏、创作、音乐与舞蹈、音乐与戏剧表演。模块由学生选择学习。每个模块按18课时1个学分设置。学生必须修得3个学分才能毕业，可以多学。2004年以来，通过教育部审批的高中音乐课标实验教科书共3套，分别由人民音乐出版社、湖南文艺出版社、花城出版社出版发行。在设计上，各模块教科书独立成册，教学内容相对独立，同时，各模块之间还渗透着联系，呈现出同一版本的统一性。教科书2004年进入高中课程改革的实验区，并逐年扩大。

图 3-42

普通高中课程标准实验教科书·音乐《音乐鉴赏》（人民音乐出版社、北京教育科学研究院合编，人民音乐出版社，2004年7月北京第1版）

图 3-43

普通高中课程标准实验教科书·音乐《音乐与戏剧表演》（张前、刘清华主编，湖南文艺出版社，2004年7月第1版）

根据教育部义务教育课程方案，义务教育阶段实行分科和综合两套艺术教育方案，设置音乐和美术的学校，不再设置艺术，开设艺术的学校，不再设置音乐和美术。目前艺术教材主要有3套，分别由教育科学出版社、长江文艺出版社、北方妇女儿童出版社出版发行。同样地，高中艺术与高中音乐、美术课程并列设置,开设艺术课的学校不再开设音乐、美术。普通高中课程标准实验教科书《艺术》主要有两套,分别由广东教育出版社和陕西人民出版社出版。但这些教科书使用面均很窄,有些相当于自然退出。

13. 体育与健康教科书

新世纪的课程改革,小学阶段的体育与健康课没有编写学生用书,只编写了教师用书。教师用书共4套,分别由人民教育出版社、河北教育出版社、华东师范大学出版社、未来出版社和二十一世纪出版社出版发行。后增加了一套由科学出版社出版。

小学段的教师用书,突出健康第一,注重课程资源的配套,强调教学上的指导,有案例,有游戏,有富地域特色的体育内容,力求好教易学。

初中课程标准体育与健康教科书主要有7套,分别由人民教育出版社、华中师范大学出版社、华东师范大学出版社、地质出版社、河北教育出版社、教育科学出版社、未来出版社和二十一世纪出版社出版发行。

图3-44
义务教育课程标准实验教科书《体育与健康》(水平四)(华东师范大学出版社,2006年6月第2版)

图3-45
义务教育课程标准实验教科书《体育与健康》(黑白版)(下册),毛振明主编,教育科学出版社,2004年6月第1版)

初中体育与健康教科书总体上比较注重培养学生的体育文化素养,增加了运动文化知识,关注身体锻炼的实效性,许多教科书中技术方法明确,易于与实践结合。但教科书内容以田径、体操和球类为主,选择性比较小,内容存在一定的低水平重复,有些教科书从教材内容体系完整性出发,对学生需要关注不够，在体育卫生保健知识与体育实践结合方面还有待提高。

体育与健康是高中的必修课程，由若干模块组成，要求学生获得 11 个学分，其中健康教育专题和田径类项目必修各 1 学分。高中体育与健康主要有 6 套教科书，分别由人民教育出版社、教育科学出版社、广西师范大学出版社、河北教育出版社、华东师范大学出版社、广东教育出版社出版发行。

图 3-46

普通高中课程标准实验教科书《体育与健康》（必修全一册）（广东教育出版社，2004 年 7 月第 1 版）

图 3-47

普通高中课程标准实验教科书《体育与健康》（水平五）（华东师范大学出版社，2007 年 5 月第 2 版）

14. 高级中学通用技术和信息技术教科书

教育部普通高中课程方案规定，高中要开设通用技术和信息技术课。学生至少需要修得 4 个学分（各两个学分）。通用技术由两个必修模块和若干选修模块组成，信息技术由一个必修模块和若干选修模块组成。

通用技术有 4 套教科书，分别由广东科技出版社、江苏教育出版社、地质出版社、河南科学技术出版社出版发行。高中信息技术有 5 套教科书，分别由广东教育出版社、上海科技教育出版社、中国地图出版社、浙江教育出版社、教育科学出版社等机构出版发行。

图 3-48　普通高中课程标准实验教科书《技术与设计 1》（江苏教育出版社，2005 年 6 月第 2 版）

图 3-49　普通高中课程标准实验教科书《多媒体技术应用》（陶增乐主编，浙江教育出版社，2004 年 7 月第 1 版）

另外，部分地方仍然实行五四学制，五四学制小学也有 7 个学科 10 套教科书通过审查。

二、课程标准实验教科书的主要特点

课程改革中教科书建设的成就是显而易见的。第一，由于教科书编写的开放性，社会力量参与国家基础教育课程教材建设的积极性空前高涨。教科书多样化使得许多出版机构投身于教材资源建设和教师培训，开创了新中国成立以来出版部门最大规模参与课程改革与教材建设的新局面，为社会资源进入基础教育探寻到了一条重要的可行的途径；许多教科书出版机构组织了多种教研活动，开发了教材教学的研讨网站，一个由教科书出版机构引发的、辅佐于传统教研机构的新型教研活动正在全国兴起。

第二，课程改革中的绝大多数教科书较好地契合了基础教育课程的基本精神。大多数教科书都注重以课程标准的基本要求为依据，在使学生获得学科基础知识和基本技能上、在重视教材内容与学生已有知识和生活经验相结合上、在培养学生思维上均获得教师比较充分的肯定。

第三，新课程教科书比较好地关注了新的教育理念。以人为本的理念、素质教育的精神、终身学习的挑战等等，在大多数实验版教科书中得到了一定的体现：实验版教科书普遍反映了课程改革的基本理念，体现了以学生发展为本、培养学生创新精神和实践能力的价值追求；教科书普遍关注学生的知识、情感和能力发展，突出与学生生活的联系，注重活动与探究，强调主动学习与动手操作，不过分追求知识的系统性，避免死记硬背的知识；等等。①

同时，教科书的外观和装帧质量也得到了明显提高。

尽管在新一轮课程改革推动下，我国的教科书制度在不断发展和完善，但也存在一些不容忽视的问题，主要表现在以下几个方面：

一是教科书选用的法规建设不健全，教科书市场缺乏完善的规范。相对于发达国家成熟的教科书市场机制，我国教科书建设的主要问题表现为教科书市场法规不完善，督察力度不够，个别地方腐败现象和地方保护主义问题比较突出。目前我们急需建立一个运行有效的教科书市场，加强教科书市场的法律法规建设，这样才能有效地防止和制止教科书选用过程中的一些不良行为，保证公开、公正和透明，使教科书选用走上自主、规范的道路，推动教科书选用工作的有序进行。

二是教科书的多样化建设还处于初级水平，教科书的特色不鲜明，同质化现象严重。教科书多样化在本质上就是教科书的特色化。特色化是追求教科书本质属性实现的过程，而不是追求教科书表面形式差异的过程。目前一定程度上存在以教科书"多本化"来理解教科书"多样化"的倾向。应该承认，教科书多样化固然需要不同种类教科书的存在，没有一定数量的教科书，就谈不上教科书多样化，但多样化不等于多本化，不是教科书的种类和数量越多越好。因此，如何进一步发展和完善教科书的多样化，打造真正有特色的多样化教科

---

① 石鸥，刘学利. 课程标准实验教材的成就、问题与发展对策［J］. 中国教育学刊，2014（2）.

书，仍然是摆在我们面前的一道难题。事实上也正是教科书市场的不发达和教科书多样化的不够，导致了否定教科书多样化的声音和理由。

三是教科书的理论研究明显滞后。尽管这些年教科书理论研究大幅度加强，但明显还跟不上形势的需要。目前我们对教科书的研究整体上存在着严重的理论缺失。由于缺乏先进的科学理论和系统的科学方法，教科书建设流于表面化、肤浅化和经验化。没有强大的理论研究，教科书的健康发展是难以为继的。

总体上，近 20 年课程改革教科书体现了如下主要特征：

第一，力求体现以学生为本的理念。

可以说，新课程标准教科书的最大特点是学生为本的理念开始凸显。此次课程改革的核心理念之一是"为了每位学生的发展"，在此理念指导下，教科书编写的取向突出了以学生为本，摆脱了以往或者太强调为政治服务，或者简单地把学生作为改造对象来设计内容的局面，学生成为真正意义上的"人"，成为有主体性、个性差异的独立个体。学生是"人"而非"物"，亦非改造"对象"，逐渐成为教科书编写者的共识。

从政治教科书中我们可以非常清晰地看到，学生作为主体逐渐被教科书发现的过程：1978 年"文化大革命"刚刚结束，人民教育出版社出版了小学《政治》，其中第一单元为"旧社会劳动人民的苦难生活"，这一单元包含四课，即"万恶的地主庄园""血泪斑斑的三条石""江东六十四屯大惨案""'黑奴'和华工"。这些都是具有强烈阶级性、政治性的主题。此时的教科书显然不见人，只见"政治"，只有"革命"。1988 年出版了第一套小学《思想品德》，其中第一、二、三、四课依次为：我要做个好学生、按时上课、遵守课堂纪律、课间游戏守秩序。突出对学生进行规训、修剪的主题，人似乎开始出现在教科书中，但此时的人是没有主体性，没有独立性，也没有个性的，是需要外界不断改造的对象物，教科书中似有人实无人。到 2001 年后新课程的小学《品德与生活》《品德与社会》，发生了明显的转变。快乐、健康、参与、关爱等成为出现频率最高的主题。这些教科书以学生朋友的身份共同分享学生的快乐，引导学生参与现代社会生活、关爱自然、环境、社会与他人；与学生共同成长，而不是以家长式的身份规训、教训学生，此时才有了真正意义上的人。而一旦教科书真正突出以学生为本，把学生当作独立的个体，那么，如何促进人的各项潜能的充分发展与张扬，如何更好地培养学生的积极情感和体验，也就理所当然地成为教科书编写时要考虑的重点。

首先，从内容上看，由于基本树立了学生为本的教育理念，所以这一时期的教科书内容强调学生能力的培养，注意与学生现实生活的融合，加强了对学生积极情感的培养和丰富。

其次，从形式上看，新课标教科书从装帧设计到选纸、印刷，从排版到封页、插图，质量优于以前的大纲本教科书。整体上看，新课改教科书在形式上具有三个方面的特点：一是生动活泼的封面与插图，二是亲切民主的语言表述，三是风格各异的编排设计。通过丰富多彩的栏目设计、优美生动的语言文字，力求激发学生的学习兴趣。

第二，日益立体化、电子化。

课程标准教科书进入课堂之日，恰是现代网络技术普及之时。新课改教科书在立体化、电子化的方向上向前迈进了一大步，逐步克服了"唯（纸质）书本"的倾向。

新课标教科书比过去更注重配套资源的开发。既有六三学制的，也有五四学制的，还有向某地区专供的（如专供天津的初中《语文》和《数学》）；既有黑白版的，也有彩色版的和双色版的；除学生用书外，还有配套的教师教学用书、挂图、投影片、学生练习册、录音带、录像带、学具、卡片、VCD、DVD、CD-ROM和其他多媒体教学软件、电子书、网络教材等，形成一个可供不同地区和学校根据自身条件选择的立体化、电子化、网络化的教材体系。

特别值得关注的是数字教科书或据自身条件选择的多样化、系列化、立体化和现代化的教材体系。电子课本（E-Textbook）是一种供人们阅读的数字化出版物，区别于以纸张为载体的传统出版物。它通过对教科书内容进行深度挖掘和加工，以科学直观的视、音、图、文等实现了教科书内容的数字化和交互功能的智能化，多角度、多维度地呈现教科书内容，为传统教科书向网络化教材转变提供了良好范式。与纸质教科书相比，其优点是非常明显的：首先，可以扭转学生书包过重的状况；其次，电子课本强大的交互功能可以有效提高学生的学习兴趣，增加学生学习的自主性和积极性；最后，电子课本可以通过问题提示、图文介绍、动画演示、真人实景示范等多种方式帮助学生更好地理解问题，提高学习效率。事实上，当前世界上不少国家和地区也已经将课本电子化列入发展计划之中。上海市教委从 2010 年就已经把开展电子书的研究和实践列为该市基础教育一项试验性工作，预计在近年向中小学推广。

可以肯定地说，随着科学技术的发展，数字教科书有着广阔的发展空间。

第三，编制有所创新。

这在高中教科书中表现比较明显。高中课程标准实验教科书的主要特点表现在两方面，一是模块式设计，一是分必修选修。

21 世纪基础教育课程改革的高中课程，一个重要变化就是模块的设置。整个课程由学习领域、学科和模块 3 个层次构成。8 个学习领域是高中新课程结构的第一层级，它们所涵盖的 17 个科目是高中新课程结构的第二层级，模块则是组成科目的基本单位，属于第三层级。虽然模块是最低层级，却是最为重要的一个组成部分。它以学科内容为基础，遵循学科逻辑，结合学生经验和社会现实，构成的相对完整的学习单元。模块的设计有利于解决学科不断分化与学校科目设置相对稳定的矛盾，有利于学校灵活安排课程、学生自主选择课程，形成个性化的课程修习计划，有利于学生在同一时段内减少并学科目，相对集中有效地学习。

因为模块构成了高中新课程的一个基本单位。相应地，高中教科书无论必修还是选修，主要都以模块为单位进行设计和编写。如普通高中历史课程由必修课和选修课构成。其中必修课分为《历史（Ⅰ）》（政治史）、《历史（Ⅱ）》（经济史）、《历史（Ⅲ）》（思想与文化史）3 个必修学习模块，是全体高中学生必须学习的基本内容。选修课分为"历史上重大改革回眸""近代社会的民主思想与实践""20 世纪的战争与和平""中外历史人物评说""探索历史的奥秘""世界文化遗产荟萃"等6个选修模块。所以实际上，高中历史教科书以模块来编写，就有9本教科书。每个模块理论上是2学分，36课时，这样每本教科书都按36课时来设计。模块化的影响之一是，高中教科书都试图打破以往那种完全以知识为序来组织教材的一贯做法。以高中历史教科书为例，历套教科书基本都是以历史时间为线索来展开的，这种通史型教材由章节内容、注释、思考题、大事年表和目录等几个部分组成，结构严谨，便于划分历史时代，脉络清晰，能容纳各类史事。但是这也使教科书过于严肃，可读性较差，不利于调动学生学习的积极性。新课改背景下的历史教科书的9个模块或9本教科书显然区别于之前的中国（和世界）古代史、近代史、现代史的简单划分，而更多是以专题形式铺展开来，即由通史型转变为专题式（或主题式）。采用专题史体例便于从一个特定的视角对历史事件、现象、人物进行更加深入的探究和了解。

此次高中课程改革的特征之一是重视课程的选择性，大量设置了必修和选修课。这样，高中教科书既有必修的教科书，也有选修的教科书。必修、选修，加之模块化处理，导致教科书册数偏多。

伴随着新世纪课程改革的蓬勃开展，教科书的编写、审定、出版、发行及使用等都开始制度化，我国教科书制度逐步健全和完善起来，进一步促使中小学教科书的发展进入一个繁荣兴盛的全新时期。教科书繁荣兴盛首先体现在建立教科书两级审定制度、推行教科书选用制度、试行教科书免费供应与循环使用制度等制度建设方面。其次，还体现在课程标准教科书的建设上。一方面，课程标准义务教育教科书内容中"人"被发现，突出能力的彰显，注意与生活的融合，兼顾情感的培养；另一方面，课程标准义务教育教科书形式活泼、亲切、多样，封面设计精美，采用亲切民主的语言以及丰富多彩的设计。最后，课程标准教科书载体系列化、网络化、电子化趋势明显。当然，这个时期的教科书建设问题还不少，特别是如何实现教科书的特色，如何确保不同特色的教科书被有不同需要的学生选用等问题，都有待于进一步研究解决。

三、2011版课程标准教科书的发展概况

2011年,教育部对义务教育阶段的各学科课程标准进行修订完善后正式印发。课程标准包括语文、英语、日语、俄语、品德与生活、品德与社会、思想品德、数学、物理、化学、生物、初中科学、历史、地理、历史与社会、艺术、音乐、美术、体育与健康等19门课程的新课程标准(唯小学科学课程标准延到2017年才颁行)。此课程标准于2012年秋季开始执行,据此编写的义务教育阶段的教科书也通过审定陆续出版发行。这之中有若干变化值得关注:

第一,语文、历史和思想品德教科书未参与审定,由教育部组织编写部编本教科书,并逐渐完成投入使用。亦即这三科发生了重要变化,由多套本转变为统编本。2017年,高中课程方案和课程标准修订完成并颁布实施,据此编撰的教科书预计在2019年投入使用。但语文、历史、思想品德三科教科书由教育部组织编撰,称为部编本或统编本。

图 3-50

义务教育教科书《语文》(二年级下册)(教育部组织编写,温儒敏主编,人民教育出版社,2017年12月第1版第1次印刷)

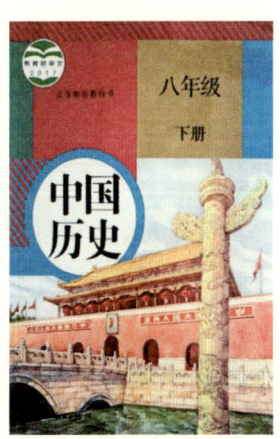

图 3-51

义务教育教科书《中国历史》(八年级下册)(教育部组织编写,齐世荣主编,人民教育出版社,2017年12月第1版,2018年2月第1次印刷)

图 3-52

义务教育教科书《道德与法治》(七年级上册)(教育部组织编写,朱小蔓主编,人民教育出版社,2016年7月第1版,2017年6月第3次印刷)

第二，小学科学的课程标准仍然使用2001年的实验稿，直到2017年才使用新的修订版，教科书改三年级起始为一年级起始。

第三，2016年，教育部办公厅发布了《关于2016年中小学教学用书有关事项的通知》，明确从2016年起，将义务教育小学和初中起始年级"品德与生活""品德与社会""思想品德"教材名称统一更改为"道德与法治"。

第四，2015年起，小学三年级开始使用书法教科书，开设书法教育课程。

根据修订的课程标准，相应的教科书都得到翻新，但并不是全面更新，而是在原来基础上的修改完善，在全面征求意见、总结课程标准实施10年来的经验的基础上，改进不足，发扬优势。这次修订的教科书主要力求体现如下特征：

更加贴近学生的生活实际，加强中华优秀传统文化、革命文化教育，注重思想道德教育。

力求减轻课业负担，降低难度。例如英语教科书减少了单元数量，控制了单元词汇量，删除超过课标要求的词汇与语法项目，加大了词汇复现率和语言的练习量。

2011年版教科书陆续推出之际，由于多方面的原因，出于意识形态安全的考虑，教科书的政治重要性迅速升温，最突出的表现是建立了最高层级的教材领导机构——国家教材委员会，教育部也成立了直接管理全国大中小学教材的最高行政机构教材局和课程教材研究所。与此同时，教科书在意识形态方面的审查加强了，语文、历史和道德与法治教科书由原来的审定制带来的多本化，改为国定制下的统编本或部编本，而内容上则更加强调意识形态要求，中国优秀传统文化、革命文化、社会主义文化内容大幅度增加，其他作品特别是外国作品的减少，都是政治重要性提升的具体体现。如何处理好教科书的意识形态宣传功能和科学知识传授功能的关系，将是未来一段时期里教科书建设的重要任务。

另外，教科书研制的基本程序也没有得到很好的遵循。比如，道德与法治教科书已经正式使用，但课程标准还没有修改完成，造成教师使用教科书时，没有课程标准可以参照。

第四章

改革开放 40 年教科书建设的成就、问题与发展趋势

琅琅书声,余音不绝。40 年教科书的发展同改革开放之间的互动是那么显而易见,以至于读这一时期的教科书就是在读这一段历史的变迁,在读改革开放史。40 年教科书不仅是对激荡的改革开放的见证和记录,而且它本身也是激荡的改革开放历史的一部分,其成就与不足,以及未来发展趋势,都值得深入挖掘。

第一节
改革开放以来教科书建设的主要成就

改革开放 40 年来,党和政府对教科书建设一直给予高度重视。早在 1977 年,邓小平在刚恢复工作时就敏锐地指出:"关键是教材。教材要反映出现代科学文化的先进水平,同时要符合我国的实际要求。"[1] 并强调,"教材非从中小学抓起不可,教书非教最先进的内容不可……"。[2] 结束了"文革"的混乱,我国中小学教科书建设迅速进入发展、改革和繁荣时期,40 年来成绩斐然,为普及与发展基础教育、培养千百万改革开放建设者奠定了坚实的基础。从最初的全国通用一套教科书,到今天覆盖不同学段、年级和科目的多版本教科书,40 年教科书发展取得了可圈可点的成就。

一、中国特色教材管理体制基本形成

教材管理体制是指主管部门对教材的各个运行环节(研制、实验、审定、出版、发行、选用、供应等)所采取的总体规划、指导、决策、监督、协调等措施系统。改革开放 40 年教科书的成就首先表现在制度建设上。经过 40 年的努力,我国逐步建立起适应国家发展和人才培养的中国特色教科书管理体制。在组织领导上,成立国家教材委员会和教育部教材局,统整、协调和管理全国教材建设。这是新中国成立以来的第一次,具有重要意义,体现了对教科书前所未有的重视。其他诸如实行教科书免费供应制度、实行三级课程及教材管理

---

[1] 邓小平. 邓小平文选:第二卷[M]. 北京:人民出版社,1994.
[2] 邓小平. 邓小平文选:第二卷[M]. 北京:人民出版社,1994.

制度、推行教科书选用制度、尝试教科书循环使用制度等，特别是构建以两级审定为特色的教科书审定制，都是卓有成效的措施。

建立最高层级的教科书领导机构。教科书管理体制建设中最有中国特色的是在国务院层面成立国家教材委员会，委员会下再设立专家委员会，教育部成立了直接管理全国大中小学教材的最高行政机构教材局，体现了国家对大中小学教材前所未有的重视，为教材建设与发展提供了最重要的制度和组织保障。

实行国家、省（自治区、直辖市）两级教科书审定制度。1985年教育部颁布《全国中小学教材审定委员会工作条例》，规定教科书"编审分开"，且扩大编写主体。同年，全国中小学教材审定委员会成立，要求"改革现行的教材编审制度，把编、审分开"。1987年10月，国家教委发布《全国中小学教材审定委员会工作章程》和《中小学教材审定标准》，推进了教材审定工作。2001年国务院在《关于基础教育改革与发展决定》中明确指出："教材编写核准、教材审查实行国务院教育行政部门和省级教育行政部门两级管理，实行国家基本要求指导下的教材多样化。国务院教育行政部门负责核准国家课程的教材编写，审定国家课程的教材及跨省（自治区、直辖市）使用的地方课程的教材；省级教育行政部门负责地方课程教材编写的核准和教材的审定。经国务院教育行政部门授权，省级教育行政部门可审定部分国家课程的教材。"同年教育部颁布的《中小学教材编写审定管理暂行办法》，对"教材的审定"的机构设置、教材审定原则、送交审定的教材须具备的条件、审查结论、对通过审定的教材的选用与评价等做了详细的规定。这是新中国教科书建设史上的重大举措，标志着教科书审定制度的初步完善。两级审定制度有利于改变过去教科书审定权力过于集中的弊端，有利于充分调动地方的积极性、发挥地方优势。

建立了统一与灵活结合的教科书选用制度。通过国家审定的教科书出版发行后，理论上都可以进入任何学校的相应年级，但现实中为了避免不必要的混乱，国家逐步建立了统一与灵活结合的教科书选用机制。国家颁布审定通过的各种教科书目录，省一级教育主管部门结合地方实际，在国家颁布的教科书目录中指定若干种教科书为本地拟使用教科书，然后把最终的选择权进一步下放，由基层教育部门决定。教科书选用后，必然引发教科书出版发行的垄断和单一局面被打破。2001年10月，新闻出版总署、教育部、国家计委联合颁发《中小学教材出版招标投标试点实施办法》和《中小学教材发行招标投标试点实施办法》，标志着教科书发行改革拉开序幕。招投标办法的试行，打破了教科书发行渠道单一的传统体制，强化了基层教育部门的主导作用。

实行教科书免费供应制度。长期以来，我国实行教科书家长购买制，加重了部分学生家庭的经济负担。改革开放以后，尤其是进入21世纪以来，国家加大了对义务教育的投入力度。中央财政从2001年秋开始对部分贫困地区的农村家庭经济困难的中小学生免费提供教科书，并逐步扩大实施范围。免费供应的中小学教科书由政府以招投标形式采购。2005年11月，教育部发布的《中国全民教育国家报告》中提出了免费教科书实施进度时间表，2007年在中西部农村贫困地区实施，2010年在全国农村全面实施，2015在全国全面实施。2008年1月7日，教育部在京召开落实农村中小学免费教科书工作会议，宣布从2008年春季开始，全国1.5亿名农村义务教育阶段的学生用教科书全部免费，2017年春季开始，城乡义务教育阶段的学生用教科书全部免费。教科书免费体现了党和国家对教育、对学生的关心，体现了改革开放的巨大优势。

二、教科书多样化格局和立体化的教科书体系初见成效

新中国教科书的建设，很长一段时间基本实行"编审合一、一纲一本、统编通用"的全国集中统一制度，这种"千校一面，万人一书"的状况与我国人口众多，幅员广大，经济、文化、社会发展不平衡的国情不很适应。改革开放40年来，教科书的多样化、立体化探索一直"在路上"，从未止步。经过不断努力，目前我国已经基本确立了在国家统一的基本要求指导下教科书的多样化发展格局。

在这一点上，从教育部到各级教育主管部门都积极作为，功不可没。1986

年《义务教育法》以法律的形式规定，在统一基本要求的前提下，推进教科书的多样化。1993年，中共中央、国务院印发《中国教育改革和发展纲要》，明确提出："中小学教材要在统一基本要求的前提下实行多样化"，我国中小学教材编写和使用开始呈现"一纲多本""多纲多本"的局面。1999年6月颁布的《中共中央国务院关于深化教育改革全面推进素质教育的决定》提出，要"调整和改革课程体系、结构、内容，建立新的基础教育课程体系"。2001年的《基础教育课程改革纲要（试行）》又进一步具体化了党中央、国务院的要求："实行国家基本要求指导下的教材多样化政策，鼓励有关机构、出版部门等依据国家课程标准组织编写中小学教材。"统一基本要求下的教科书多样化，是鼓励按照党和国家的教育方针和课程标准的基本要求，编写适应、满足不同地区、不同层次学校的各种教科书，允许教科书在内容的选择和体系的安排上有不同风格。教科书多样化的进程以20世纪80—90年代的八套半教科书的启动为重要标志，逐渐建设起包括具有不同特点的国家教科书、地方教科书、校本教材、少数民族教科书、乡土教科书、实验教科书，以及不同水平（甲乙本）、不同地域（沿海、内地教材）、不同学制（五四制、六三制）的多样化教科书体系。特别值得一提的是在80—90年代出现了大量实验教科书。据国家教委《九年制义务教育教材编写规划方案》（1988年8月），当时"全国有一百多种单科试验教材，这些教材推动了中小学教学思想、教学内容和教学方法的改革，为编写中小学教材提供了非常宝贵的经验"，教育部对实验教材持鼓励态度，"今后，即使有几套通用的教材，仍然鼓励支持编写单科试验教材，教学教材改革试验"①。乡土教科书也进入一个兴盛期。新世纪课程改革更是使教科书的多样化进入新的制度化阶段，国家教科书、地方教科书以及校本教材多种多样、丰富多彩。

教科书的多样化，能够有效地调动各方面的积极性，促进教科书编写、出版质量的提高，是适应不同地区不同学生发展需要的根本举措。多样化是催生

---

① 欧少亨. 教育政策法规文件汇编［G］. 延吉：延边人民出版社，2001.

优质教科书和优质服务最重要的催化剂。当然，教科书的多样化并不排除特殊时期个别特殊科目的教科书一定程度的统一，不能因此而否定教科书多样化的整体格局和成就。

改革开放40年来，传统纸介质教科书一统天下的局面已经打破，基于现代信息技术的立体化教材系统蓬勃发展。目前，中小学教材已经包括学生用书、教师用书、电子教科书、网络教材、挂图和图片、地图或图册、多媒体教学辅助软件等系列教学资源，一个可供不同地区和学校根据自身条件选择的系列化、立体化教科书体系正在形成。立体化教科书还包括国家教材、地方教材和校本教材的有机结合，包括主流的汉语言文字教科书和少数民族文字教科书的有机结合。立体化教科书体系的建立和日益完善，为培养适应信息化社会学习、生活和工作需要的高素质人才奠定了坚实的基础。

三、教材观明显转变

改革开放40年，教育观念和实践领域经历了深刻的变革，教材观也正经历着由"圣经"向"教学资源"的转变。所谓圣经式的教材观，是一种将教材神圣化，强调教师和学生对其绝对服从的倾向。这种观点有意无意地认为，教科书是真理的载体，是人类文明的精华，是学生们未来发展离不开的最重要的东西，教科书的价值在于让学生去执行去掌握甚至去背记就可以了，不主张教师作为教学资源的设计者、组织者与开发者，可以并应该主动地去选择、修改教科书内容。教学即以教科书所负载的知识和技能的传授与掌握为宗旨。[①] 既然教科书是真理的化身，于是学生的主要任务就只能是背记教科书，教师的评价考试也把重点放在学生对教科书的掌握上，这从本质上否定了质疑教科书的可能性。这种教材观从历史上看是专制文化的体现。我国古代长期实行科举

---

① 杨启亮. 教材的功能：一个超越知识观的解释[J]. 课程·教材·教法，2002（12）.

制,考试内容是统治阶级的经典,只能背记,不得质疑,更不得批判。这种对待教科书内容的方式逐渐成为传统,人们对课本基本上不会质疑与反思。

这种教材观割断了课程与丰富的社会现实之间的联系,限制了教师的创造性和教学的个性化,容易导致师生对教科书乃至所有书本的盲目崇拜,[1]不同程度地约束了师生的存疑、求异乃至创新的精神。

随着课程改革的推进,圣经式的教材观逐渐被教师们抛弃,越来越多的教师接受和认同从"教教材"到"用教材教"转变的必要性,越来越多的教师开始把教科书看作教学材料、教学资源。教学中不盲目崇拜课本知识,教师可以依据人才培养目标与学生发展规律,调整编排顺序、重组教学单元、整合教学内容、开发新的资源。教师应该是教学资源的开发者,而不仅仅是一个执行者。越来越多的师生视教科书为教学使用的材料,不否认教科书所负载的知识的科学性,但不盲目崇拜教科书知识。

四、教科书质量稳步提高,综合化探索初步推进

这主要表现在教材更加关注学生主体,突出学生素养的培养。改革开放以来,教科书总体上由一味关注知识传授逐步转向关注学生发展,关心学生学习方式,注重联系儿童经验和现实生活。以人为本的理念、素质教育的精神、终身学习的挑战等等,在大多数教科书中越来越多地得到了体现。基于核心素养的教科书的设计也逐渐成为研发者的重要追求。[2]作为教材的教科书慢慢发生转变,越来越往作为学材的教科书发展,特别是新世纪课程改革以后,教科书在一定程度上经历了一场从"教材"到"学材"的稳步转型。学生、学材、学习已经构成教科书的中心话语。作为"学材"的教科书关注学习的主体——学

---

[1] 郭晓明. 重新审视教材的功能 [N]. 中国教育报, 2002-5-17(3).
[2] 石鸥, 张文. 学生核心素养培养呼唤基于核心素养的教科书 [J]. 课程·教材·教法, 2016(09).

生，以学生个性发展和能力提高为基本目标，注重学生的兴趣、需要，考虑到了知识的开放性、生成性。新的教科书在重视内容与学生已有知识和生活经验的结合上，在培养学生思维上，在体现社会主义核心价值观上均进行了认真的探索，获得了大多数教师的肯定。① 教科书研制者开始有意识地关注性别、城乡、阶层、民族等刻板印象在教科书中的有意无意的体现。教科书编写和设计力求生动活泼、美观大方。可以说，中小学教科书已经进入到一个质量稳定提升的良好时期，一些教科书甚至被翻译输出到发达国家，受到国外师生的好评，如上海数学教科书就被翻译引进到英国。② 也有一些教科书被台湾引进，如湖南教育出版社的初中课程标准实验教科书《数学》2010年被引入台湾，这也是大陆中学数学教科书首次被引入台湾。

教科书质量提高的一个重要表现是教科书综合化探索稳步推进。改革开放以来，随着课程的综合化尝试，教科书也在综合化上进行了有益的探索。课程教材的综合化改革试验以浙江省为典型。作为全国课程整体改革试点之一，20世纪90年代开始，浙江省对九年义务教育课程设置作了较大的改革，开启课程的综合化试验，在初中阶段开设自然、社会等科目，编撰相应的教科书，改变以物理、化学、生物以及历史、地理等课程进行分科教学的传统。另外，小学一、二年级的语文和思想品德合科为"语文·思想品德"。浙江的试验为我国综合课程改革与相应教材编写积累了宝贵的经验。

新世纪课程改革更加倡导综合课程与教材，在国家层面上，更多的综合教科书涌现出来。如小学《科学》、小学《品德与生活》《品德与社会》、中小学的《体育与健康》、中小学《艺术》（与《音乐》《美术》互选）、初中《科学》（与《物理》《化学》《生物》互选）、初中《历史与社会》（与《历史》《地理》互选）等。但整体而言，我国课程与教材综合化程度还非常低，综合化之路还漫长而艰辛。

---

① 石鸥，刘学利. 课程标准实验教材的成就、问题与发展对策［J］. 中国教育学刊，2014（2）.
② 破天荒头一回！中国数学课本进英国［N］. 参考消息，2017-3-27（6）.

五、教科书开发和研究队伍日益壮大

自清末以来，一代又一代专兼职结合的教科书编写专家在实践中成长起来，一直延续到中华人民共和国成立初期。这以后，教科书编撰日益集中到一家出版社，全国范围的教科书编撰力量很弱。经过改革开放40年来的努力，这一不足得到了比较明显的改进。现在既有编写力量雄厚具有"航母"性质的人民教育出版社，又有众多特色鲜明的其他编写力量，更多的学科专家、教育专家以及一线教师开始参与教材编撰，一些知名学者也开始关注课本，投身到中小学教科书事业中来。

很长一段时间里，我国教科书研究队伍薄弱，研究者奇缺。有限的一些研究，基本上围绕教学、备课进行，谈不上真正意义的研究。改革开放后，教科书这一文本越来越受到关注。特别是21世纪以来，我国教科书研究终于走出低谷，全面升温，渐渐发展成为一个重要的、多学科视角的学术领域。教科书研究队伍逐步壮大，相关的专著、文章数量大幅度提升。2018年，国家教材委员会之专家委员会成立，教育部课程教材研究所成立，首都师范大学基础教育教材研究院成立，标志着我国教科书研究平台的建立。五年一次的全国教育科学研究成果奖一等奖、吴玉章人文社科奖里均出现了教科书研究成果，首都师范大学连续五年举办了海峡两岸及港澳地区教科书研究高峰论坛，大陆地区出现了专门的教科书研究集刊《教科书评论》，重量级杂志《课程·教材·教法》明显增加了教科书研究的成果刊发……可以说，我国迎来了教科书研究的一次小高潮。① 这个小高潮可以从近年教科书研究的论文数量得到印证。

文献年载量可以在一定程度上反映特定领域的研究水平和发展趋势。1999年以来，教科书研究相关文献的数量呈明显的上升趋势，如图4-1所示。②

---

① 教科书研究的硕博士论文大幅度增加（可参阅《教科书评论-2015》《教科书评论-2016》《教科书评论-2017》）。
② 张文，陈文新. 新世纪以来的教科书研究：现状、热点与展望——基于文献和高频词的分析［J］. 首都师范大学学报（社会科学版），2017（06）.

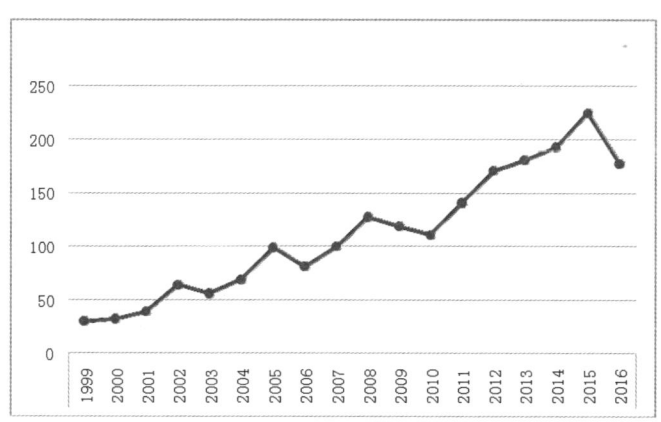

图 4-1 1999—2016 年的教科书研究文献数量（单位：篇）

从图 4-1 可以看出，教科书研究的相关文献的发表数量总体上呈明显的上升趋势。虽然检索的时候，中国知网文献总库尚未完成 2016 年度的全部文献收录工作，但可以肯定，2016 年度的教科书研究文献并不会和 2015 年相差太多。从 1999 年的 30 篇到 2015 年的 225 篇，尽管在某些具体年份上数量有所起伏，但整体的上升趋势是毋庸置疑的。可以说，教科书研究日渐成为教育领域的一个研究热点。

第二节
教科书发展的主要不足

教科书是最不该被忽视的文本。古往今来，教科书的每一次"出格"都会引来高度的焦虑与躁动。改革开放以来国内中小学教科书引发的焦虑乃至风波此起彼伏，社会反响强烈。教科书问题无小事，牵一发而动全身，哪怕一个小的错误，经网络的聚焦，也能酝酿成"现象级"的风波。教科书建设尽管成绩斐然，但当前存在的潜而未发的问题也不少，这些问题集中在两方面：一方面体现在教科书管理政策上，部分教科书的管理政策不清晰，这类问题如不及时解决，极有可能酿成风险；第二方面体现在教科书本身的研制上，理论研究跟不上，实际操作有不足，教科书整体质量上不去。

在教科书管理与相关政策上，应该承认改革开放以来已经取得了长足的发展，但仍然存在一些不足与缺陷。尤其值得高度警觉的是：[①]

一、数字教科书开发如井喷，管理与研究滞后

信息技术的发展，学校的海量市场，显而易见的优势，使得数字教科书的研发如井喷般增长。数字教科书极大地拓宽了知识传播的渠道，使得学习可以无处不在，无时不在。但数字教科书无限的扩展性，使得学生发展的预期性、可控性大幅度下降。这是一个充满机遇也充满危机的时代，一个行动与灾难赛跑的时代。如果我们不行动，数字技术和市场诱惑将替代我们行动，那将是一

---

① 可参考石鸥，张学鹏. 改革开放40年教科书建设再论[J]. 教育学报，2018（02）；石鸥，张文. 改革开放40年我国中小学教材建设的成就、问题与应对[J]. 课程·教材·教法，2018（02）.

个充满未知数的结局。教育主管部门和理论界都需要有所作为,尽早解决数字教科书的出版标准和出版审查问题,指导数字教科书的开发与使用,建立数字教科书的准入机制。但目前看来,形势不容乐观。

首先,数字教科书缺乏必要的监管、评价与指导。数字教科书诞生至今,相关的管理体制和标准研制工作都严重滞后,尤其缺乏中小学数字教科书的内容审定、质量检测的评价标准以及出版发行和进入学校的法律依据。也就是说,目前中小学使用的数字教科书大多是在缺乏严格监管情况下进入学校课堂和学生书包的,其风险可想而知。这样的教科书科学性如何?教育性如何?是否充分反映主流意识形态、体现核心价值观?会对学生身心健康带来什么影响?这些未知数随时有可能带来教育问题,引起社会风波。

其次,数字教科书的理论研究急需深入。数字教科书首先是教科书,其教科书的特质要先于其电子产品的特质。但目前数字教科书的理论研究远远跟不上实践的步伐,甚至"数字教科书"这个概念还没有统一清晰的界定,数字教科书、数字教材、数字课本、电子教科书、电子教材、电子课本、电子书包等概念含混不清。究竟是教科书还是教材,是冠以"电子"还是"数字"?至于数字教科书的本质、内涵、基本特征、作用意义等等,更缺乏清晰认识。现在关于数字教科书的研究,基本上围绕产品研发展开。虽然相关研究将数字教材定位于"教科书",[1]但大众更多的是将数字教材视作一种电子商品。研发的重要动力是海量的需求。失去理论的引领,没有全面检测的质量门槛,市场占有是唯一的标准,进入课堂的数字教科书,以炫目的技术淹没了真正的教育追求。

二、教科书多样化发展任重道远

教科书多样化可以适应不同地区、不同学校的特色化发展,可以更好地为

---

[1] 钟岑岑. 国内数字教材研究现状文献综述[J]. 数字教育,2016(05).

学生提供适合的教育。教科书多样化取得了显著的成绩，但也暴露了许多问题，如多样化逐渐异化为多本化。虽然没有多本化就没有多样化，但是多本化只是多样化的一个阶段而已，绝不是最后的结果。教科书多样化的发展已走向纵深，确保多样化的本质是特色化，仍然任重道远。

21世纪初，我国基础教育拉开了新一轮课程改革。课程改革以"一切为了每一位学生的发展"为核心理念，强调重视学生个体的发展。在《普通高中课程方案（实验）》中明确提出高中课程内容设置"在保证每个学生达到共同基础的前提下，各学科分类别、分层次设计多样的、可供不同发展潜能学生选择的课程内容，以满足学生对课程的不同需求"。在逐步推进新课程改革深化的过程中，《国家中长期教育改革和发展规划纲要（2010—2020）》提出"优先发展、育人为本、改革创新、促进公平、提高质量"的工作方针。其中，"育人为本"突出强调"关心每个学生，促进每个学生主动地、生动活泼地发展，尊重教育规律和学生身心发展规律，为每个学生提供适合的教育"。教育部《中学教师专业标准》也强调中学生要"全面而有个性地发展"，指出要"尊重教育规律和中学生身心发展规律，为每一个中学生提供适合的教育"。《小学教师专业标准（试行）》提出："遵循小学生身心发展特点和教育教学规律，提供适合的教育，促进小学生生动活泼学习、健康快乐成长。"《义务教育学校校长专业标准》要求"树立正确的人才观和科学的质量观，全面实施素质教育，为每个学生提供适合的教育，促进学生生动活泼地发展"。

从以上文件可以看出，为每个学生提供适合的教育是改革的核心。为此，各个学校不断改革课程结构，给予学生更多选择的权力。然而，教科书作为学校教育最重要的载体和课程改革的具体体现，却基本上没有任何改变。没有适合的教科书，适合的教育要如何深入发展呢？而适合的教科书必然只能是多样化的教科书。

改革开放40年来，尽管成就巨大，但统一基本要求基础上的教科书多样化发展仍然不够。尤其是具有探索性质和本土特色的教科书越来越少，比如实验教科书、乡土教科书等，这与信息技术时代人的个性化多元化发展趋势格格不入。

首先，实验教科书日益衰微。

20世纪80年代，我国出现了继20世纪二三十年代后的第二次教育教学实验的高潮，为实验教科书的涌现创造了契机。

实验教科书是为了配合各种教育教学实验和课程改革实验而编写的教科书，是指为了达到特定教育、教学或者课程建设的目的，采用不同于传统教材的新的原则、方法、内容、体例，并实际验证使用效果的教科书。实验教科书是教育教学或者课程改革的理念的物化，任何教育理论、理念、理想，唯有落实到教科书层面，才有可能在教育实践中真实发生。实验教科书在使用过程中，可以收集非常有价值的信息，如教育目标定位是否合理，改革水平是否适宜学生发展，何种方式方法更有利于学生成绩的提升，等等。这些信息促使教育者对改革理论与实践做出反馈和调适。

实验教科书是新的教育教学思想的试验田和具体化。一方面，新的教育教学理念并非靠一种理念、一个口号就可以实施于课堂，教科书这个重要的媒介能够将新思想和新理念具体呈现出来。缺少这个媒介，不管新教育思想如何先进科学，都只能停留在口号中。另一方面，通过小规模的实验教科书可以避免大规模出错的风险，实验教科书本着探索精神，探究改革理想和方法，为的是打破旧教育旧教学旧课程的范式和桎梏，寻找新的、更为科学合理的、更具适应性的路径。教科书特别需要实验精神为其注入不断更新和发展的动力。实验教科书"试水者"和"探路者"的角色，是改革迈出的实质性第一步，有助于人们深入认识新思想新理念，有助于人们在实践中考察其利弊得失，为后续教育改革和教材建设积累宝贵的经验。

遗憾的是，90年代后期以后，由于多种原因，实验教科书迅速减少，几乎销声匿迹。我们看不到九年一贯制、十二年一贯制的实验教科书，看不到核心素养的实验教科书，看不到传统文化的实验教科书，看不到弥补纸质教科书不足的数字实验教科书，看不到选课背景、走班背景下的实验教科书，看不到真正学材意义的实验教科书……某种意义上，这是近年教科书建设的严重缺失。

其次，少数民族教科书建设缺乏清晰规划。

少数民族教科书是增进民族地区的学生民族认同、国家认同的重要手段与工具。少数民族学生不仅要学习现代知识体系，还要达成精神世界的一系列认同，认同伟大祖国、中华民族、中华文化、中国共产党、中国特色社会主义。少数民族学生通过对不同教科书的学习，一边建构本民族身份认同，一边突破本民族文化的局限，与主流价值观念取得一致。少数民族教科书对于民族教育工作乃至整个国家的民族团结事业的重要性由此可见一斑。可是，少数民族教科书的建设程度却与其重要性相去甚远。

少数民族教科书政策针对性不强。目前的少数民族教科书政策面对的是所有少数民族群体，而我国少数民族群体情况复杂，人口数量、地域分布、语言使用差异大，针对性差的政策导致的必然是实践指导性的消减。一些重要的少数民族教科书政策基本上是汉文教科书的重复，如教育部《中小学少数民族文字教材编写审定管理暂行办法》（2004），除了在个别地方加入"民族"外，与《关于中小学教材编写审定管理暂行办法》基本相同，其中具有重要意义的"审查原则"，更是一字不差，少数民族教科书的特殊性毫无体现。

少数民族教科书建设方向不很明确。少数民族教科书究竟应该往哪个方向发展？少数民族教科书应该包含哪些教材？怎样在保证国家认同和中华民族认同的大前提下，通过教科书传承少数民族的优秀文化？少数民族教科书和汉语教科书如何共存而又相互促进？少数民族教科书是一以贯之，从幼儿园到高中，还是逐渐采用汉语言文字教科书？目前除了民族语文、汉语文教科书外，大部分少数民族地区使用的教科书都译自汉文教科书，这样做合适吗？应该如何解决这一问题？少数民族教科书和汉语教科书应该各处于什么样的位置？不同学段对民族语言教科书有没有不同要求？等等。这些都是摆在少数民族教科书研究者面前急需解决的问题。

最后，少数民族教科书研究者极度缺乏。这也是现阶段的少数民族教科书在政策制定和理论研究上都存在严重不足的重要原因。很少有学者专门对少数民族教科书进行持续、系统而深入的研究。①

三、教科书整体质量不高

尽管经过40年的发展，教科书质量有了明显提升，关注教学、关注学生、关注社会与生活、关注能力与素养已经成为教科书的共识与普遍追求，但整体上教科书质量仍然不高，与人才培养的差距还很大。质量不高的主要表现甚至是原因，在于没有处理好以下影响教科书质量提升的几种关系：

第一，传承与创新的关系。教科书应该成为传承优秀传统文化的重要载体，但教科书又应该及时引进优秀的异域文化，为文化创新提供平台。不少教科书容易在二者之间摇摆，有的教科书被批评为缺乏足够的中华优秀传统文化，为西方文化唱赞歌，有的教科书则被批评为忽视现代文化、现代社会，忽视现代科学技术的应用。一个阶段，教科书可能更偏于文化的创新，另一个阶段，教科书可能更偏于文化的传承。

第二，本土与全球的关系。教科书既应该立足本土文化，取材民族文明精华，关注我国社会实际，也应该有全球视野，兼顾世界优秀文化，培养关注人类命运共同体的一代新人。现实中，不少教科书在处理二者的关系时往往难以平衡，或过于本土化，以本土的名义，掩盖狭隘的地域与民族的偏见；或过于全球化，全球视野成为主体内容和价值追求，以多元的名义压抑民族主流文化。

第三，传统与现代的关系。教科书从内容到形式，既要关注传统，又要及时引入现代技术。在信息技术背景下，在纸质教科书和数字教科书之间要取得适度平衡。但目前这方面处理得并不好，纸质教科书和数字教科书没有深度融合，传统的精髓在教科书中没有充分体现，现代的真正趋势在教科书中也反映

---

① 崔珂琰. 少数民族教科书研究现状及价值考量［J］. 西藏大学学报（社会科学版），2016，31（03）.

不够。

　　第四，教与学的关系。教科书是教课之书，教学之书，教师的从教之书，遵循教的逻辑、有利于教师的教是当然之义，但教科书更是学习之书，是为了学生、服务学生、培养学生、促进学生发展的书，遵循学的逻辑、有利于学生的学是最重要的追求。以往的教科书更多地遵循一种教的逻辑，而不是学的逻辑，基本立场有意无意是教师本位、教的本位，基本特点也主要是有利于教师的把握和教学。在过去，这是可以理解和接受的，因为传统教科书是知识的重要源泉，担负着提供知识的重任，今天教科书的功能已发生了变化，主要是为了培养学生主动学习和自己寻求知识资源的能力，所以教科书必须更关注如何有利于学生的学。

　　第五，国家、学科与学生发展的关系。教科书是国家意志的集中体现，教科书是科学知识的重要载体，教科书更是学生发展的主要手段，长远来看，这三者本质上也许是能够融合的、兼顾的，但在特定时期三者可能有冲突，满足了国家意识形态的要求，可能对学科发展关注不够，注重学科知识的系统性逻辑性完整性，就有可能加重学生的负担，不利于学生全面和谐地发展，如何处理好三者之间的关系，是对提升教科书质量的重要考验。

　　教科书整体质量不高还表现在大中小学教科书缺乏整合。不同的教科书内容之间存在雷同现象、重复现象、倒置现象，缺乏必要衔接。所谓雷同，就是同一阶段同一学科的教科书相互模仿甚至照抄照搬；所谓重复，是指某些内容在大中小学不同教科书中重复出现、交叉重叠；所谓倒置，是指教科书内容与学生身心发展特征相违背，如在小学阶段，过于强调学生爱党爱国教育，而到中学阶段，则变为重视学生日常行为规范，到大学阶段，则强调考试不作弊。教材一体化建设和管理在国内尚处于起步阶段，如何实现大中小学教材的横向融合、纵向衔接，如何创新大中小学教材一体化建设的管理机制等问题，都亟待积极探索和正面解答。

四、教科书研究与管理水平都有待提升

改革开放40年来,我国中小学教科书总体质量大幅度提升,为千百万的人才培养做出了重要贡献。但毋庸置疑的是,教科书质量与人们的要求,与社会发展的要求,还有相当大的距离。教科书还存在一系列必须重视、急需解决的问题。

(一)教科书理论研究亟待提高

整体上教科书理论研究,不论是从研究队伍还是从研究成果看,都存在严重滞后的现象,不能很好地适应教科书实践发展的需要。回望我国40年的教科书研究,成果丰硕,在很多领域有了一定的突破。然而,从事教科书研究的人中,偶一为之者多,持之以恒者少,稳定而高水平的研究团队更是少之又少。因此,如何壮大教科书研究队伍,是一个迫切需要解决的问题。

需要尽快构建科学有效的教科书理论体系。教科书研究是为教科书编辑和课堂教学服务的,如果不站在一定的理论高度,就很难体现专业性,也很难为教科书编制提供有力支撑。教科书问题频频引起社会关注,说明教科书越来越受到人们的重视,人们越来越认识到教科书形塑儿童功能之强大。这其实更迫切地要求教育理论工作者投身于教科书研究,对教科书问题,以学术的视野进行辨析和澄清,从思想性、学术性和科学性、操作性等方面提出合理的建议。其实,教科书研究的很多方面无法及时发挥理论上的引领作用,其进展往往是被实践倒逼着的,例如数字教科书和少数民族教科书研究。

教科书研究方法比较传统和单调。目前的教科书研究,主要运用的是内容分析法、比较研究法,较少运用调查法、访谈法和其他质性研究方法。因此,我们需要尝试借鉴、使用多种研究方法,需要从更加广泛的视角去看待教科书,历史学、教育学、社会学、文化学等等,都是我们审视和研究教科书的良好角度。除此之外,后现代主义、结构主义、社会建构主义(social constructionism)、政策社会学(policy sociology)、社会行动政治学(politics of the social movement）也都是颇具启发性的理论，值得借鉴。① 同样的教科书问题，转换研究角度，会让我们有不同的发现，得出对教科书更加全面的认知，为教科书研究注入新鲜血液。

（二）教科书管理的科学性不强

首先，教科书的审查缺乏足够的科学性、操作性和持续性。改革开放40年以来，教科书质量有了明显提升，但整体上特色不鲜明，质量仍然有待进一步提高。而质量不高一定程度上与教科书审定标准的导向性不强有关。目前教科书审定没有具体和明确的标准，审定专家只能依据教育部《中小学教材编写审定管理暂行办法》第24条"审定原则"以及个人经验。很显然，审定原则过于笼统，不能代替具体标准。且审定者基本上只是学科专家，心理学、教育学特别是教科书研究等方面的专家很少，导致一方面审定者完全凭自己的主观认识和实践经验进行审定，另一方面过于偏重学科知识，而忽视心理、教育和意识形态层面的因素。所以，近年来出现问题、引起风波的教科书一则都是经过审定的，二则多是非学科层面的问题。

其次，教科书审定后缺乏有效监控。教科书一旦审定结束，就万事大吉，完成了所有质量监控，没有从制度上搭建一张持续的、跟踪的监控之网，缺乏教科书审定结束后以及进入学校使用后的监控。结果是教科书有准入门槛，没有过程监控，没有淘汰和退出机制，潜在的风险无法消灭在未发之时。为此，需要建立第三方评价机构。这类机构主要负责评价、评析和监控通过了主管部门审查并进入学校的教科书，确保教科书通过审查后也在监管范围；对审定通过的教科书长期跟踪，并予以评价评析，及时发现问题，公之于众，迫使问题严重者退出教科书使用领域。

再次，三级教材质量极不均衡。国家教材有足够的质量保证和比较完善的管理体系，地方教材则相对薄弱，校本教材更处于初级阶段，质量悬殊，管理

---

① 张芬芬. 台湾教科书研究：背景、概况与趋势 [J]. 湖南师范大学教育科学学报，2015（2）.

几近空白。应该承认，校本教材的开发，一定程度上改变了我国一直以来"校校同课程、师师同教案、生生同书本"的局面，适应了我国各地经济文化发展不平衡的特点，有利于调动学校和教师的积极性，使教材更贴近学生的需要。但课程改革强调的是校本课程，实施中校本课程几乎都把重心转向校本教材。何谓校本教材？它与国家教材、地方教材的关系是什么？如何让校本教材成为促进教师专业成长的路径而非负担？这些基本问题都缺乏充分研究，导致校本教材严重偏离预期目标，碎片化严重，一些学校纯粹以数量为荣，教材导向不清晰，有些教材甚至还有明显的错误。

最后，个别合作办学的国际学校与国际班的教科书使用状况没有得到有效监管。国际学校有自己的办学特殊性，其教科书涉及众多相关利益者，对它的监管相对复杂，既要保证教科书的国际化特色，又要规避因管理空白而带来的潜在风险。因此，急需健全中外合作办学机构的课程与教材的监管机制，切实做到中小学教科书无监管死角。均衡各方面利益，促进国际学校教科书管理的规范化、制度化，关乎国际学校的健康发展和我国教育目的的实现，也是社会安定团结的需要。

第三节
未来教科书发展之展望

改革开放 40 年的教科书建设是一个不断奋进的历程,取得的成果来之不易。它既要破除一些体制机制的障碍,同时也需要矫正一些旧的思想观念。特别是进入新世纪以来,教科书的一些深层次矛盾逐渐突出,统一和多样的关系、政府和市场的关系、主流和多元的关系、稳定与发展的关系、政治性与科学性的关系等等错综复杂,有些甚至超出了教育的范围,稍有不慎就会引起社会风波,拖慢中国教育改革的前进步伐。尤其是信息技术时代的到来,对教科书提出了日益严峻的挑战。未来教科书的变革将明显体现三大趋势,其一是教科书形式的革新。这与科技的革新密切相关,特别表现为互联网的出现。在传统纸质教科书的基础上,开始出现电子教科书,并正在进入学生书包——电子书包。其二是教科书性质的变化。未来社会,教科书的政治色彩与学术追求将会不断冲突并逐渐走向融合,教科书发展将会越来越由强意识形态话语体系向强科学话语体系转变,纯知识的传播价值也弱化了,非知识的比如创造力、情感态度价值观等素养的培育将在教科书中日益突显。其三是教科书意义的变化。互联网时代,教科书传播甚至垄断知识的作用下降。互联网极大地拓宽了知识传播的渠道,学生可以非常方便地获得传统教科书的内容,获得教科书的解答,获得教科书内容的链接与扩展。此时,教科书和非教科书的边界模糊,二者走向了微妙的交往空间。教科书无处不在,教科书唾手可得。以往学生主要依赖教科书获得知识的传统被打破了,以往教科书生产者不太看重使用者的传统被打破了。使用者会让生产者高度紧张,如履薄冰。改革是未来教科书发展的唯一出路。具体而言,未来中小学教科书建设将可能呈现出如下特征:

一、教科书将极大地关注学生发展核心素养

2016年中国学生发展核心素养研究成果正式公布,核心素养由此成为引领课程教材改革和课堂教学实践的指南针。2017年颁布的高中课程标准更是以培养学生学科核心素养为一大亮点。作为课程的物化形态和具体化文本,教科书必将成为落实核心素养的重要媒介和工具。核心素养的提出,对教科书研制提出了新挑战,引发了教科书发展的新态势。

从"知识本位"时代走向"核心素养"时代,无疑对教科书的内容选择提出了新要求。教科书内容必须同时具备双重价值:既要依据学科价值,又要依据学生核心素养价值。[①]教科书研制者必须从发展学生核心素养的新视角,聚焦学科知识在核心素养培养中的贡献,增加发展学生核心素养的过程性内容。

为了更好地培养学生核心素养,教科书必将逐渐由"教材式"文本走向"学材式"文本。教科书关乎学生的成长和发展,是沟通教师教和学生学的重要媒介。学生是教科书的主要使用者和受益者,教科书的设计将从学生的角度和视野出发,以学生的发展需要为导向,依据学生的身心发展特征和认知水平发展规律,真正做到"教科书心理学化",成为学生健康成长和获得精神食粮的高品质学习材料。

为学习而设计的教科书需要关注学科活动。教科书要努力为学生提供结构化的学习情境,要积极通过内容呈现、活动编排、学业评价等方式,激发学生学习的主动性和探究性,为学生的学习、为发展学生的核心素养提供丰富的互动机会和拓展空间。教科书不应该是结论的再现者,而应该成为学生探究问题、建构知识、获得结论的引导者。比如,我们确定了低碳生活的若干原理、意义与基本准则为教科书内容,目标之一必然涉及要让学生懂得这些原理、意义和准则。但显然这不是全部目标,更重要的目标是核心素养的培养。而核心素养的培养不仅是教学生知道这些基本知识,重要的是让学生通过自主探

[①] 石鸥,张文. 学生核心素养培养呼唤基于核心素养的教科书[J]. 课程·教材·教法,2016(09).

究、跨学科学习，自觉、自主、自发地把这些原理、准则应用于自己的生活之中，并影响身边的人。很显然，要达到这一素养上的目标，光靠知识传授是不行的，需要设计一系列围绕目标的学科活动。在这里，我们所说的学科活动是指与学科学习紧密相关，源于学科、超越学科的学习活动，它以探究、综合、自主（往往还需要跨学科的）行动为基本特征，需要创设新的情境，能够促使学生运用所学的原理处理新的相关问题。而这正是核心素养发展的重要途径。它要求减少演绎性质的活动，改变按照演绎方法来安排和组织学习的教科书研制传统，增加学生探究性学习的机会。这实际意味着更多地采用归纳方法来学习。在引导学生主动探究问题、建构知识、获得结论，为学生提供质疑与研究性学习的机会方面，归纳方法总体上较演绎方法更有积极意义。这对教科书的研制者来说，压力更大，因为教科书不仅要倚重学科体系，还要倚重素养发展的逻辑，而后者远没有前者清晰。

为学习而设计的教科书需要重视教科书支架体系，提升教科书作业系统的质量。支架是教科书编写者为读者设计的、以便读者可以最快捷最方便地使用教科书的手段与工具，也叫作助读系统。它包括技术性支架和教学性支架。[①] 技术性支架就是帮助目标人群自如有效地使用教科书的手段，是对使用教科书的帮助，包括前言、目录、索引、使用说明等等。教学性支架就是帮助目标人群教、学教科书的手段，是对学习教科书的帮助，包括前言、目录、小结、作者简介、教学步骤、教学提示等等。有些支架既是技术性的，又是教学性的，如附录、前言、词汇表、页末的注释和参考文献等。如一个普通的读者和研究者，要研究中国主流观点对岳飞的定性，可能会查高中历史教科书，看到底如何评价岳飞，此时他会使用技术性支架，迅速找到这方面的内容。但如果读者要知道如何解读与教学鲁迅的《祥林嫂》，就可能更需要借助教学性支架。严格说，支架系统不仅可以帮助学生阅读和学习，而且它本身就是引领者，就发

[①] 弗朗索瓦-玛丽.热拉尔，易克萨维耶·罗日叶. 为了学习的教科书：编写、评估、使用 [M]. 汪凌，周振华，译. 上海：华东师范大学出版社，2009：233.

声,就是研制者的喉舌,就是学生需要认真对待的内容主题,具有不可替代的重要价值。

关注学科素养的教科书的习题设计需要更多地关注学生学习的自主性、学习内容的现实性和学习方式的多样性。[①] 研制基于核心素养的教科书,要适当增加发散性、跨学科性的活动作业,这是没有预设明确结果或答案的、需要运用多学科知识的作业;要重视练习活动的质量,避免目前课堂实践中比较普遍的泛泛抛出问题的做法。对于发展学生核心素养的学习来说,在教科书设计策略上,恰当的要求比泛泛的问题更重要。观察表明,当教师遇到教科书中泛泛提出的系列问题时,他更趋向于让学生集体回答,而受益者往往是成绩好的那些学生。如果是学习要求,则更能够保证活动参与的普遍性,引导每个学生都积极地去探究。比如,抗日战争的内容,如果设计系列问题:抗战时期卢沟桥事变发生在哪个地区?是什么时间?胜负如何?此类问题既有标准答案,又倾向于学生集体回答。如果改为学习要求,比如,收集卢沟桥事变的资料,分析其发生的起因、过程与结局及其对整个抗日战争的意义等等。这类学习要求更倾向于由个体探究完成,且结论往往具有开放性。

基于核心素养的教科书设计,一定是开放的,[②] 关注文本逻辑与学生生活逻辑的统整,为最大限度地实现培养的目标奠定基础。

二、数字教科书迅猛发展

传统教科书终结的阶段到来了,新教科书的时代正蹒跚而坚定地向我们走来。市场利益的诱惑,互联网+、云计算、大数据等的快速发展和普及,教育

[①] 范连众,孔凡哲. 从关注学科知识转向关注核心素养的教科书的习题设计——基于对我国九个新版本初中数学教科书的调查[J]. 中小学教师培训, 2017(10).
[②] 石鸥,张文. 学生核心素养培养呼唤基于核心素养的教科书[J]. 课程·教材·教法, 2016(09).

理念的变革，教师教与学生学的需要，为数字教科书提供了生存的空间和技术的支撑，使其能够作为一种数字产品得以快速的研发和生产。不可否认，数字化的时代已经来临，教科书也面临着数字化转型，这种形式必然会对传统的纸质教科书产生巨大的冲击。信息化时代给教育带来了巨大变化，从关注知识和能力到强调核心素养，从教育环境以往的相对封闭到现在开放共享，从课程教材的纸质载体到网络多媒体的全方位呈现。数字教科书的最大的特点是富媒体性。富媒体性是指电子教材不同于传统纸质教材仅能够呈现文字和图片，它具备了丰富的呈现方式，能够实现声音、图像、动画、视频等媒体素材的组合编制，直观、明确且富有启发性地呈现所学内容。富媒体性是电子教材的第一大优势，它使知识呈现变得丰富多样，变得直观简捷且富有趣味，可以极大地加速学生的学习进程。

数字教科书的另一个突出特点是关联性。关联性是指数字化教材辅助下的学习和教学，能够打破学科知识的界限，帮助学生发现和挖掘不同学科间以及同一学科不同知识点之间的联系，建立知识点之间的链接和迁移，更加整体地理解知识体系。当今人们对知识灌输颇有微词，其实知识并没有错，是"知识本位"错了。"知识本位"将知识划分为各个相互独立的学科和知识点，只见知识不见人，看不到人才是学习和应用知识的主体，而知识的学习和应用正是立足于发现或创造知识间的关联。关联性是数字时代学习的本质要求，电子教材的关联性将打破知识体系的学科界限，教育对学生跨学科性质的核心素养的培养将成为现实。

数字教科书的第三个特点是开放性。开放性指电子教材不局限于教材本身承载的知识内容，它可以与网络资源建立链接，实现知识和信息的开放与共享。相对于传统纸本教材的固定和封闭，电子教材更能够充分依托互联网资源，比如容量巨大的云端课程。开放性的电子教材也有助于学生形成对事物相对完整的认知，更加理性和批判性地思考问题，从而打破原有的认知偏见和知识局限。

数字教科书的第四个特点是交互性。交互性是指电子教材在富媒体和智能化的基础上,可以实现教与学过程中人与教材、人与人间的互动的特性。比如个性化学习方案的制订、反馈和评价,在线发布作业与解答,共建小组学习记录、在线讨论等。交互性体现了以学生为主体的理念,满足了个性化学习的需要。随着技术的进步,电子教材的交互性特点必将越来越明显,从学习进度的安排到评价,从学习情境的创设到团体学习的共享,电子教材会更好地满足学生个性化的需要,更好地培养学生自主学习的能力。[①]正因为这一系列的特点,可以预言,数字教科书在不久的未来,必将迅猛发展,强烈冲击纸质教科书一统天下的局面,但如何确保数字教科书的质量将是一大挑战。

三、教科书系统更加丰富与立体

教科书是一个大家族,有庞大的谱系,未来社会,教科书多样化发展会有质的提升,教科书家族会进一步丰富与完善,覆盖面会更广,更立体化。从学前到中小学到大学到职后,从普通教育到职业教育,从分科到综合,从学科到活动,从纸质到数字,教科书会日益丰富,实验教科书、乡土教科书、地方教科书、学校教科书等等都会有自己的发展空间,共同构成丰富立体的教科书家族。

教科书多样化本身不是目的,目的是适应我国地区经济文化教育发展不均衡的现状,适应不同天赋、不同资质、不同发展倾向、不同能力与成绩水平的学生的发展需要。如果只有一本教科书,不论编著者们如何努力,要想适应所有学生,几乎是不可能的。它永远只能摇摆不定。永远没有最好的教科书,只有最适合的教科书。

---

① 参考赵志明. 重新定义教科书——数字教科书研究 [D]. 长沙:湖南师范大学,2014;牛瑞雪. 我国数字教科书的研究现状、不足与展望 [J]. 课程·教材·教法,2014(08);牛瑞雪. 基于教学适用性的数字教科书编制 [J]. 课程·教材·教法,2016(08).

当然，多样化不等于毫无特色的、简单雷同的多本化。但多样化一定要有多本这个量化属性。没有多本化，压根就谈不上多样化。同样，多样化不等于地方化，但适应不同地域特征需要的教科书却是多样化教科书建设的应有之义。

未来将是教科书更加个性化的时代。我们不要指望一套教科书就能够承担所有任务。我们与其精疲力竭地打造一套高质量的教科书，不如全力以赴地打造高水平的教科书制度。适合的教育需要适合的教科书，个性化的教育需要个性化的教科书，特别是互联网个人定制时代的到来，必然呼唤个性化的教科书。

四、教科书研究会日益强化

中国是世界上教育历史最为悠久的国家之一，自古以来中国的教材，从《三字经》《百家姓》到四书五经，到科学教材的引入，再到今天的新课程教科书，影响了一代又一代的中国人，也涌现了大量珍贵的、文物级的教科书，一批各级各类教科书资源中心、教科书研究机构或基地会陆续产生，教科书的抢救、收藏、保护、整理与研究等各项工作都会有序进行。

未来教科书研究会进一步加强。确实，"过去的教材是学生的世界"这一现象不会再延续下去了，学生面对一个复杂多变的世界。但我们也不同意"今天世界就是学生的教材"的说法。未来是个知识泛化的时代，我们决不能让"世界"自发地成为"学生的教材"。教科书需要精选内容，需要在泛化的知识世界里为学生树立起主流价值。教科书的权威性确实有所削弱，但反过来给我们的压力更大。互联网时代，更需要让学生用最宝贵的时间学习最重要的内容，学习能让他们终生向善、内心充实、贡献社会的内容。这是教科书的永恒追求，也是研究者和教师的永恒追求。

大数据时代的教科书研究范式将会逐渐形成。将会进一步加强中小学教科书数据基础建设，推进数据密集型教科书研究的方法创新和工具研发，拓展教科书研究的理论基础与学科新方向。①教科书理论会日益体系化、学科化。教科书研究队伍会明显壮大。

互联网时代，教科书的变革有很多未知数。教科书的标准性和权威性很有可能会被大幅度瓦解，将越来越频繁地受到挑战和质疑甚至批判，教科书不再只是作者、专家、教师的"言语"，而是可以在公共语境中被任意阐释的"语言"。谁也无法让教科书神圣化了。谁也垄断不了教科书了。互联网时代，是一个由现代向后现代转变的历史——所谓平等、对话、生成、用教科书教、教师是资源的开发者等都是后现代思想对现代传统及教科书权威主义、教师中心、课本中心的反叛；是一个由中心走向边缘的历史——教科书的神圣地位逐渐被打破，人们对教科书的反思、批判加强。以前教科书是圣经，只有被记忆的可能，没有被反思批判的空间，它的唯一功能就是教诲，而今天这一点已经瓦解。②教科书的教者和学者、教科书的生产者和使用者的界限都打破了，使用者可以成为生产者，学者可以成为教者。

新的教科书时代正向我们走来，这是变革的时代。

---

① 王攀峰. 大数据时代教科书研究范式的变革 [J]. 课程·教材·教法，2018（01）.
② 石鸥. 百年中国教科书论 [M]. 长沙：湖南师范大学出版社，2013：19—20.

附录 2015—2017年教科书研究相关博硕士学位论文一览表

作者	论文题目	学位授予单位	学位	年份
吕玉英	小高学生阅读理解同侪解法的模式与效益	华东师范大学	博士	2016
曾家延	活动理论视角下学生使用教科书研究	华东师范大学	博士	2016
李光华	朝鲜时代汉语教科书《象院题语》研究	延边大学	博士	2016
张绪忠	民国历史教科书研究	华东师范大学	博士	2017
肖振南	台湾社会科教科书"国家认同"教育变迁研究	华东师范大学	博士	2017
李春红	日据时期朝鲜半岛汉语会话教科书语言研究	吉林大学	博士	2017
林琳	新课标背景下中小学音乐教科书分析研究	哈尔滨师范大学	博士	2015
崔珂琰	中国百年少数民族教科书政策研究	湖南师范大学	博士	2015
刘冰楠	中国中学三角学教科书发展史研究（1902—1949）	内蒙古师范大学	博士	2015
柯劲松	二战后日本人的中国观——基于日本初中历史教科书的实证研究	东北师范大学	博士	2015
张雨薇	MPCK及其教学设计案例研究——以"椭圆的标准方程及几何性质"为例	辽宁师范大学	硕士	2015
刘倩茹	人教版高中生物教材"思考与讨论"的教学研究分析	辽宁师范大学	硕士	2015
高春雪	不同语文教材中古代散文选编的比较研究——以人教版与语文版高中语文教材（必修）为例	辽宁师范大学	硕士	2015
杨超越	高中文言文教材中的传统文化研究	辽宁师范大学	硕士	2015
孙凤丹	中美初中数学教科书信息技术应用的比较研究	辽宁师范大学	硕士	2015
张飒	《世界第一种国语读本》字频统计研究——兼论民国教科书编纂及教育思想的体现	辽宁师范大学	硕士	2015
王莹	中英小学母语作文教学对比研究	辽宁师范大学	硕士	2015
梁翠芬	初级对外汉语教材与小学语文教材的对比研究——以拼音、汉字的处理为例	黑龙江大学	硕士	2015

续表

作者	论文题目	学位授予单位	学位	年份
陈慧	南京国民政府时期（1927—1949年）边疆教科书问题研究	西北师范大学	硕士	2015
刘哲	初中语文课后练习比较研究——以人教版、语文版、苏教版和北师大版《愚公移山》课后练习为例	西北师范大学	硕士	2015
代琦	中美初中数学教科书图形与几何的比较研究	西北师范大学	硕士	2015
李英	人教社2007版高中历史教科书中关于日本形象描述的话语分析	西北师范大学	硕士	2015
张芸	多元文化教育视野下高中历史教科书中文化类型及内容研究——以2007年人教版必修教科书为例	西北师范大学	硕士	2015
杨玉璇	中、新、美三国初中数学教科书中有关信息技术内容的比较研究——以"人教版""Marshall Cavendish版"和"Glencoe版"教科书为例	西北师范大学	硕士	2015
张国玺	高中历史教材中科技史内容教学研究——以人教版教材必修3为例	西北师范大学	硕士	2015
章蕾	苏教版高中化学教材实验绿色化改进研究	华中师范大学	硕士	2015
李端慧	高中历史人物教学设计研究——以人教版《中外历史人物评说》中"美国国父华盛顿"一课为例	华中师范大学	硕士	2015
黄洋	初中历史课堂教学中的公民教育研究——以人教版初中历史教科书为例	华中师范大学	硕士	2015
陈静	历史教学加强高中生儒家文化教育研究	华中师范大学	硕士	2015
严科	论自贡地区的乡土史资源及在中学历史教学中的运用	华中师范大学	硕士	2015
姜文杰	中澳高中数学教材微积分的比较研究	华中师范大学	硕士	2015
侯文君	高中历史教科书的比较研究——以人教版和岳麓版必修教科书为例	华中师范大学	硕士	2015
杨立	初中和高中历史史料教学比较研究	华中师范大学	硕士	2015

续表

作者	论文题目	学位授予单位	学位	年份
胡宝丹	人教版初中化学教科书与日韩初中科学教科书中化学内容的比较研究	华中师范大学	硕士	2015
宋枫林	中英高中物理教材比较研究	华中师范大学	硕士	2015
陈静	人教A版高中数学与英国CIE9709数学向量比较研究	华中师范大学	硕士	2015
赵娟	中学历史课程资源的开发与利用	华中师范大学	硕士	2015
陈亮红	比较研究初中音乐教材的利弊及思考——以人教版和湘版为研究对象	华中师范大学	硕士	2015
马英	从历史思维能力培养看中美历史教科书编写之异同——以"明治维新"一课为例	华中师范大学	硕士	2015
陈玲	人教版与岳麓版中学历史教材课文辅助系统比较研究	华中师范大学	硕士	2015
罗烨	课堂教学中学生生命意识培养研究——以小学语文为例	华中师范大学	硕士	2015
刘诗	《开明国语课本》研究	华中师范大学	硕士	2015
张尊南	小学语文作业系统研究——以人教版教材为例	华中师范大学	硕士	2015
桑帆	小学数学教材呈现方式的比较研究——以"人教版"与"北师大版"教材为例	华中师范大学	硕士	2015
贾雨欣	小学语文教科书中儿童文学选文的合理性研究——以北师大版为例	华中师范大学	硕士	2015
王琴	高中英语教材"二次开发"的研究	华中师范大学	硕士	2015
要翡翡	高中英语教材中阅读练习的评估与设计	华中师范大学	硕士	2015
朱冰林	民国教科书中的学术与政治——以《现代初中教科书·本国史》为中心	华中师范大学	硕士	2015
王娟	小学语文教材意识形态嵌入方式探究	华中师范大学	硕士	2015
周肖磊	新中国成立以来人教版初中地理教材中中东内容变化的研究	鲁东大学	硕士	2015
王凤娟	高中历史教科书的个性化作业探讨	扬州大学	硕士	2015

续表

作者	论文题目	学位授予单位	学位	年份
郝佩林	建国以来中小学历史教科书变迁的课程观因素	扬州大学	硕士	2015
刘丽平	台湾康轩版与大陆苏教版小学语文教科书比较研究	扬州大学	硕士	2015
金莲姬	韩国小学汉字教学现状调查与分析——以大邱仙元初等学校为例	扬州大学	硕士	2015
马冰	日语精读教科书的分析和使用建议——以《新编日语》和《新大学日本语》的比较为例	渤海大学	硕士	2015
巩凤梅	从《实用汉语课本》与《实用汉语教科书》看国别化汉语教材编撰	西南交通大学	硕士	2015
张瑞超	三种版本《化学反应原理》选修教材的对比研究	河南大学	硕士	2015
陈恺	高中语文教师教材使用的个案研究	广西师范大学	硕士	2015
张丽华	初中历史教科书中历史人物研究——以七年级《中国历史》为例	湖南师范大学	硕士	2015
邓思辰	小学乡土美术校本课程的开发与实践——以桃江县灰山港镇中心小学为例	湖南师范大学	硕士	2015
周盈辛	两岸高中历史教科书之"辛亥革命"比较研究	湖南师范大学	硕士	2015
查斯特	蒙古文教科书字体研究	内蒙古农业大学	硕士	2015
胡吉亚	蒙古国现代文学在中国（1980—1990）	内蒙古大学	硕士	2015
王苏新	新课改下人教版初中历史教科书课后习题研究	扬州大学	硕士	2015
张兢兢	顾颉刚与中学历史教育	扬州大学	硕士	2015
张玲玲	历史教科书封面研究——以2007年"人教版"高中历史教科书为例	扬州大学	硕士	2015
史雅雯	论建国初期的中小学历史教育改造（1949—1956）	扬州大学	硕士	2015
黄思宜	苏教版初中语文教科书助读系统研究	扬州大学	硕士	2015

续表

作者	论文题目	学位授予单位	学位	年份
孙晶晶	高中数学教学中教材与学案的使用现状及策略研究	扬州大学	硕士	2015
吴也东	晚清中小学历史教科书与近代国家观念的塑造	扬州大学	硕士	2015
鲁雅婕	人教版与湘教版小学美术教科书比较研究	宁夏大学	硕士	2015
李晓春	日本战前普通小学历史教育——以国定教科书为中心	东北师范大学	硕士	2015
孟浩	小学数学教科书与课程标准的一致性研究——基于课程内容难度层面	东北师范大学	硕士	2015
黄开月	人教版初高中历史教科书内容研究——基于国家意识教育内容的研讨	上海师范大学	硕士	2015
韩一舟	人教版高中语文中的生命教育研究	上海师范大学	硕士	2015
魏超	沪台高中英语教科书特色解读——以上海新世纪版与台湾龙腾版为例	上海师范大学	硕士	2015
刘晓荣	台湾地区高中历史教科书编撰研究——基于四个版本中国史教科书《历史2》之探讨	上海师范大学	硕士	2015
吴晓雯	基于社会文化背景的初中科学教科书话语分析研究	上海师范大学	硕士	2015
向娟	中美高中物理教科书例习题设置的比较研究	西南大学	硕士	2015
谢冬梅	两版高中数学教科书三角学内容的比较研究	西南大学	硕士	2015
罗丽珍	新加坡小学数学教科书"Home Maths"栏目研究及其启示	西南大学	硕士	2015
邓江永	小学新课程音乐教科书（湖南版）中戏曲音乐内容研究——基于重庆江津区小学使用调研	西南大学	硕士	2015
李慧	台湾康轩版小学国语教科书插图研究	西南大学	硕士	2015
李媛媛	初中语文综合性学习教学研究	渤海大学	硕士	2015
马美兰	苏教版小学语文教材中儿童文学选文教学研究	云南师范大学	硕士	2015

续表

作者	论文题目	学位授予单位	学位	年份
张婷	小学音乐教科书的比较研究——以人民音乐出版社与人民教育出版社《义务教育课程标准教科书·音乐》为例	沈阳音乐学院	硕士	2015
汲海娣	朝鲜时代后期汉语教科书词汇研究	浙江师范大学	硕士	2015
张芳华	对俄汉语教材中的俄语注释研究——以中俄两部教材为例	浙江大学	硕士	2015
柴佳茵	中韩科学教科书（化学部分）学习难度比较研究	延边大学	硕士	2015
金仙香	中韩高中化学教科书中 STSE 内容的比较	延边大学	硕士	2015
张国静	基于初中化学新旧教科书学习难度比较的教学研究——以人教版"我们周围的空气"为例	延边大学	硕士	2015
贾泽众	试论韩国新右派历史教科书问题初探	延边大学	硕士	2015
马季	小学语文教科书能力训练体系研究——以人教版与苏教版为例	聊城大学	硕士	2015
王立梅	小学语文教科书插图的教育功能研究——以鲁教版为例	聊城大学	硕士	2015
白洋	80 年代以来中国小学语文教科书的知识伦理研究	陕西师范大学	硕士	2015
周霄嫄	小学德育教科书中公民知识的分析与反思——基于对三个版本五、六年级《品德与社会》教材的分析	陕西师范大学	硕士	2015
秦敏	基于大概念的小学科学教育知识横向整合研究——以"苏教版"小学三年级科学教科书为例	陕西师范大学	硕士	2015
黄蓉	小学语文教科书中体现的国家观念研究	陕西师范大学	硕士	2015
刘青花	解放区高级小学历史教科书研究	福建师范大学	硕士	2015
武梦	小学语文教科书中儿童形象选编研究——以人教版、北师大版、苏教版教科书为例	福建师范大学	硕士	2015
余海燕	中日小学语文教科书道德教育要素比较分析	浙江师范大学	硕士	2015

续表

作者	论文题目	学位授予单位	学位	年份
张盐亚	苏教版小学语文教科书习作系统研究	苏州大学	硕士	2015
吴丹	小学高段教科书中作文资源的开发与整合运用研究——以北师大2003版小学教科书为例	四川师范大学	硕士	2015
刘壹霖	北师大版小语教科书练习系统的知识体系研究	四川师范大学	硕士	2015
唐宇	基于初中美术教材的模块整合与单元化教学研究	四川师范大学	硕士	2015
郑莎莎	北师大版小学语文教科书选文中的生命教育	四川师范大学	硕士	2015
张甜甜	高中化学教师处理教科书中科学素养内容的方法研究	四川师范大学	硕士	2015
白璐	"人教版"与"北京版"高中语文教材微写作练习比较研究	四川师范大学	硕士	2015
廖韵乔	初中语文教科书阅读策略性知识内容分析——以人教版新课标语文教科书为例	四川师范大学	硕士	2015
李佳琴	高中历史教科书中国近现代史历史人物选择比较研究——以人教社的教学大纲版和课程标准版教材为例	四川师范大学	硕士	2015
李红	新时期乐山市市中区初中体育教科书的适应性研究	四川师范大学	硕士	2015
刘春悦	高中化学教科书中科学素养内容评价指标体系的构建与应用	四川师范大学	硕士	2015
杨雪漓	朝鲜后期汉语教科书中介词研究	四川师范大学	硕士	2015
王婷	高中历史《世界文化遗产荟萃》内容分析与思考	四川师范大学	硕士	2015
徐培	人教版初中语文单元教学设计研究	四川师范大学	硕士	2015
喻梦雅	吉尔吉斯斯坦现行历史教科书中国形象研究——十九世纪至二十世纪	新疆师范大学	硕士	2015
孔凡今	吉尔吉斯斯坦现行历史教科书中中国古代形象研究	新疆师范大学	硕士	2015

续表

作者	论文题目	学位授予单位	学位	年份
於佳君	海峡两岸小学"社会课"教科书的比较研究——以人教版和康轩版为例	上海师范大学	硕士	2016
王琦	小学语文教科书价值嵌入方式研究——以沪教版为例	上海师范大学	硕士	2016
张妍	清末初等小学国文教科书儿童文学选文研究	上海师范大学	硕士	2016
陈笑茹	两岸高中化学教科书中模型的对比研究——上科版和南一版教科书	上海师范大学	硕士	2016
吴媛媛	吕思勉本国史教科书编撰研究	上海师范大学	硕士	2016
连佳静	台湾普通高级中学历史教科书论析——以三民版为例	上海师范大学	硕士	2016
马天宝	美国社会科教科书探究——以 Mcgraw-Hill 2013 版《世界历史和地理》教科书为例	上海师范大学	硕士	2016
艾远超	我国台湾地区中小学教科书审定制度研究	上海师范大学	硕士	2016
吕扬帆	语文教科书中生物知识指瑕与探究	上海师范大学	硕士	2016
高探	小学数学教科书"图形与几何"内容的比较研究——以沪教版与苏教版为例	上海师范大学	硕士	2016
张雪	沪台小学语文教科书道德教育内容比较研究——以沪教版和翰林版为例	上海师范大学	硕士	2016
彭楠	台湾龙腾版高中英语教科书和大陆人教版高中英语教科书对比分析	上海师范大学	硕士	2016
郭妙灵	沪教版初中数学教科书插图的特征与应用现状研究	上海师范大学	硕士	2016
陈爽	小学语文教科书中的学习活动设计研究	上海师范大学	硕士	2016
陈颖萍	高中化学教科书中"化学平衡"编排顺序的研究	上海师范大学	硕士	2016
任晓玲	民国初期女子国文教科书女性形象研究	上海师范大学	硕士	2016
张凌蓉	基于 TIMSS2015 测评框架的小学数学教科书练习系统研究	上海师范大学	硕士	2016

续表

作者	论文题目	学位授予单位	学位	年份
赵志尧	三版初中化学教科书想象思维培养设计分析与比较研究	山西师范大学	硕士	2016
张晓菊	三版本初中化学教科书习题中"宏—微—符"思维内容的比较研究	山西师范大学	硕士	2016
郝欣宇	外研版高中英语教科书中文化内容设计的分析研究	山西师范大学	硕士	2016
白丽莎	人教版初中语文教科书文言文助读系统使用现状的调查研究	山西师范大学	硕士	2016
张瑜	高中生语文教科书使用研究	山西师范大学	硕士	2016
赵玲	中韩初中英语教科书中文化导向的对比分析——以阅读材料为例	山西师范大学	硕士	2016
崔洋	初中英语教师教科书使用水平的调查研究	山西师范大学	硕士	2016
陈阳春	人教版初中语文教科书道德教育内容研究	四川师范大学	硕士	2016
特日格勒	新版初中地理教科书中环境教育内容分析	内蒙古师范大学	硕士	2016
翟晓霞	人教版初中数学教科书中"实验与探究"栏目的教学现状调查研究——以察右中旗二中为例	内蒙古师范大学	硕士	2016
乔金梅	三套高中化学教科书（必修）中习题的比较研究	内蒙古师范大学	硕士	2016
郝佳慧	科教版初中化学教科书中探究性实验的教学设计研究	内蒙古师范大学	硕士	2016
付瑞今	人教版新教科书中化学计算知识呈现的衔接性研究	内蒙古师范大学	硕士	2016
谦登娜	蒙英文小学《语文》教科书比较研究——以中国内蒙古及美国加州小学《语文》教科书为例	内蒙古师范大学	硕士	2016
王雅筠	八年级人教版数学教科书"阅读与思考"的教学研究	内蒙古师范大学	硕士	2016
阿拉坦高娃	高中蒙古语文教科书中的蒙古国小说教学研究	内蒙古师范大学	硕士	2016

续表

作者	论文题目	学位授予单位	学位	年份
赵明锋	七年级地理教科书中地理思想和地理方法的体现研究——以人教版地理教科书为例	内蒙古师范大学	硕士	2016
武蓉蓉	初中语文教科书助读系统探究——以人教版和苏教版初中《语文》为例	湖南师范大学	硕士	2016
王嘉	1912—1927年中学历史教科书中的"辛亥革命"编写研究	湖南师范大学	硕士	2016
唐一鸣	新世纪人教社两版初中英语教科书的比较研究	湖南师范大学	硕士	2016
郭珊	四种版本初中历史教科书"北伐战争"内容比较研究	湖南师范大学	硕士	2016
潘燕敏	四版本高中历史教科书近代中国对外条约内容研究	湖南师范大学	硕士	2016
陈红宇	商务版《共和国教科书新国文》编写研究	贵州师范大学	硕士	2016
代丽芳	物理文化在不同版本教材中的呈现对比研究——以人教版、沪科版初中物理为例	贵州师范大学	硕士	2016
胡李盈	中、美初中数学教材三角形内容的比较——以浙教版和Oxford University Press为例	贵州师范大学	硕士	2016
王飞	高中生物"ATP的主要来源——细胞呼吸"一节迷思概念调查及转变策略研究	贵州师范大学	硕士	2016
符强如	疏附二中双语学生初高中数学教学衔接问题的调查与研究	新疆师范大学	硕士	2016
李雪	清末民初女子国文教科书中的异国女性形象	山东大学	硕士	2016
王丽娜	初中语文教科书助读系统研究	苏州大学	硕士	2016
王燕娜	大陆与台湾小学语文教科书选文的价值取向比较研究——以大陆人教版和台湾翰林版小学语文教科书为例	苏州大学	硕士	2016
顾君	高中数学教师教科书使用情况的调查研究——以必修1函数部分为例	苏州大学	硕士	2016

续表

作者	论文题目	学位授予单位	学位	年份
赵倡	大陆和香港小学数学教科书的比较研究——以北师版和廿一世纪现代数学版小学三年级为例	渤海大学	硕士	2016
任乙佳	中国人教版和美国加州版小学数学教科书插图的比较研究——以小学一年级为例	渤海大学	硕士	2016
詹兰兰	公民意识教育视角下人教版初中语文教科书内容分析	杭州师范大学	硕士	2016
赵海容	初中现当代散文单元主题的教学设计研究——以人教版语文教科书为例	杭州师范大学	硕士	2016
余慧阳	小学高段数学教材中"阅读材料"使用情况的调查研究	杭州师范大学	硕士	2016
黄佳佳	人教版小学低段语文课文插图研究——以1987，1993，2001三个版本为例	杭州师范大学	硕士	2016
孙晨	人教版初中英语教科书插图及其使用情况研究	杭州师范大学	硕士	2016
严青	英语文学原著作为高中英语教学泛读补充材料的实证研究	杭州师范大学	硕士	2016
吴允秀	小学语文教科书中的儿童形象研究——以人教版为例	杭州师范大学	硕士	2016
蒋梦雯	小学阅读教学单元主题设计研究	杭州师范大学	硕士	2016
姚玉乐	美国初中语文教科书的文化取向研究——以普兰蒂斯·霍尔公司的《文学》教科书为例	华东师范大学	硕士	2016
杨楠	1929—1937年国语教材儿童文学化——以《开明国语课本》为中心	华东师范大学	硕士	2016
李俊	明治时期西洋史教科书及清末对其的译介	华东师范大学	硕士	2016
李玲	数学史融入数列教学的行动研究	华东师范大学	硕士	2016
周伟	七—九年级语文教材中的鲁迅作品及其教学	河北师范大学	硕士	2016
李晓梅	冀教版初中语文教科书作业设计探究	河北师范大学	硕士	2016
田雪颖	初中小说教学内容研究	河北师范大学	硕士	2016

续表

作者	论文题目	学位授予单位	学位	年份
巩德芳	高中历史教科书习题探究	河北师范大学	硕士	2016
李文静	高中历史教科书课文辅助系统研究——以人民版历史教科书为例	河北师范大学	硕士	2016
董海森	高中历史教学逻辑构建研究——以岳麓版《内忧外患与中华民族的奋起》教学为例	河北师范大学	硕士	2016
刘文	大陆、台湾高中历史教科书"抗日战争"一课比较研究——以大陆人民版与台湾康熙版教科书为例	河北师范大学	硕士	2016
朱鹏	高中历史教科书中史料的运用研究	河北师范大学	硕士	2016
李亚敏	高中历史"古代中国的政治制度"专题教学研究	河北师范大学	硕士	2016
卢蕊	爱国主义在百年中小学历史教科书中的变迁研究	河北师范大学	硕士	2016
马月	高中必修课程英国史内容研究——以人民版教科书为例	河北师范大学	硕士	2016
桑玉涛	高中化学教学中融入化学史教育的研究	河北师范大学	硕士	2016
刘爽	基于手持技术实验研究的《实验化学》模块教学案例开发——以"食物中铁元素含量测定"为例	河北师范大学	硕士	2016
于新莹	高中古代诗歌选篇和教育功能的关系研究	新疆师范大学	硕士	2016
李彩旗	人教版高中语文古诗文选文比较研究	洛阳师范学院	硕士	2016
黄妍妍	合作学习在人教版初中英语教材中的体现	重庆师范大学	硕士	2016
马骏	基于语料库方法的《新视野大学读写教程》词汇评估	沈阳师范大学	硕士	2016
张博	日本明治时期汉语教科书《官话急就篇》研究	吉林大学	硕士	2016
宫美玉	类比推理在初中生物学教学中的实践研究——以鲁科版《生物学》为例	鲁东大学	硕士	2016
高冉	初中生物学实验的改进研究——以济南版《生物学》教科书为例	鲁东大学	硕士	2016

续表

作者	论文题目	学位授予单位	学位	年份
曹姝	韩国非常教育和中国鲁教版初中英语教材比较研究	鲁东大学	硕士	2016
金鹏	思想政治教科书辅助文设计与使用研究	哈尔滨师范大学	硕士	2016
杨丹	高中物理教材插图的探究	哈尔滨师范大学	硕士	2016
高宏	2012版初中生物（七年级）三种教材的比较研究	哈尔滨师范大学	硕士	2016
郑阿琳	韩国高中汉语教材《中国语1》分析	哈尔滨师范大学	硕士	2016
向兵	中美典型高中物理教材比较——以现代物理知识为例	华中师范大学	硕士	2016
宁宇涵	学习苏联《政治经济学教科书》与中国社会主义建设道路的新思考	安徽大学	硕士	2017
唐彩云	小学语文教科书写作编写研究	安庆师范大学	硕士	2017
卫清静	中日高中语文教科书中的道德教育对比研究	北方工业大学	硕士	2017
张晓婷	高一数学教科书的性别差异调查研究	北京师范大学	硕士	2017
PARK SUNHA（朴宣是）	现行五种韩国高中汉语教科书《汉语Ⅰ》文化板块研究	北京外国语大学	硕士	2017
张秉文	高中英语教科书的意识形态研究	东北师范大学	硕士	2017
谢雪苗	函数思想在小学数学教科书中的渗透研究	东北师范大学	硕士	2017
孙静	高中历史教科书中妇女史的缺失与建构	东北师范大学	硕士	2017
刘江莉	初中英语教科书文本可读性公式初探	东北师范大学	硕士	2017
刘凯利	人教版与长春版小学语文教科书儿童形象比较研究	东北师范大学	硕士	2017
张雅琼	从教科书中发现历史——大陆人教版中学历史教科书中的蒋介石形象	东华大学	硕士	2017
徐美荣	高中数学教科书插图研究	广西师范大学	硕士	2017
陈家宁	数学文化融入初中数学教学实践及课例分析	广西师范大学	硕士	2017
张黎	基于课标修订的初中数学教科书比较研究	广西师范大学	硕士	2017

续表

作者	论文题目	学位授予单位	学位	年份
马芳	我国初中数学三种教科书的比较研究	广西师范大学	硕士	2017
刘月荣	人教版和加州版数学教科书中分数内容的比较	广州大学	硕士	2017
李燕兴	基于科学本质视角的化学教科书中科学史的比较研究	广州大学	硕士	2017
李大莉	基于生物学实验的中美教科书的对比分析与探讨	贵州师范大学	硕士	2017
崔晓红	《共和国教科书·新国文》带给现代教育的启示	贵州师范大学	硕士	2017
张兴彬	人教版初中语文教科书附录系统的使用研究	贵州师范大学	硕士	2017
樊宇航	高中语文先秦散文教学研究	海南师范大学	硕士	2017
朱艳婷	"一标多本"教材观下的初中语文教科书助读系统比较研究	合肥师范学院	硕士	2017
韩永红	清末民国小学语文教科书中的人物形象研究（1904—1937）	河北大学	硕士	2017
吴鸽	不同版本的高中历史教科书中国古代经济史专题内容的比较研究	河北师范大学	硕士	2017
杨楠	中澳初中历史教科书内容多样性的比较研究	河北师范大学	硕士	2017
荣芳芳	中美高中历史教科书中的和平观念比较研究	河北师范大学	硕士	2017
张颖	人教社1979年版与2006年版初中历史教科书对比研究	河北师范大学	硕士	2017
刘小霞	中美初中阶段化学教科书中科学探究活动的比较研究	河北师范大学	硕士	2017
高蕊芬	高中化学教科书中化学史习题分析及案例开发	河北师范大学	硕士	2017
杜沙沙	中美高中历史教科书有关"二战"的叙述方式比较研究	河北师范大学	硕士	2017
杨菲菲	高一学生使用物理教科书预习的现状调查研究	河南师范大学	硕士	2017

续表

作者	论文题目	学位授予单位	学位	年份
赵亮	中美高中物理教科书中表征模型的比较研究	河南师范大学	硕士	2017
李鹏举	民国初中历史教科书三皇五帝书写探析	河南师范大学	硕士	2017
朱菲菲	高师院校与高中历史教科书衔接问题研究	河南师范大学	硕士	2017
王晓宇	高中历史教科书"古代中国的政治制度"比较研究	河南师范大学	硕士	2017
孙鹏飞	高中历史战争问题教学研究	河南师范大学	硕士	2017
张会会	人教版初中历史教科书编写体例探析	河南师范大学	硕士	2017
蒋壮	高中历史教科书实现"三维目标"的差异性研究	河南师范大学	硕士	2017
黄宇兰	百年中学历史教科书中的法国大革命	华东师范大学	硕士	2017
田润	中美化学教科书情境特征的比较研究	华东师范大学	硕士	2017
王烁	清末民初教科书插图中的儿童形象及其演变	华东师范大学	硕士	2017
高博	中日小学语文教科书结构比较研究	华东师范大学	硕士	2017
叶希蓓	越南战争在中、法、美、越四国高中历史教科书中的书写对比	华东师范大学	硕士	2017
陈佳	新中国成立以来中学历史教科书中的少数民族研究	华东师范大学	硕士	2017
许雪伟	英语教科书中的大众文化研究	华东师范大学	硕士	2017
黄慎娥	教科书内容的城市偏向分析：从文化资本理论的视角	华东师范大学	硕士	2017
徐亚垚	沪教版初中语文教科书课后习题研究	华东师范大学	硕士	2017
候凤英	1922年以来中学历史教科书中的五四新文化运动	华东师范大学	硕士	2017
李旼贞	大众传媒与学校道德课程的价值观比较	华东师范大学	硕士	2017
龚士琦	初中英语教科书的意识形态分析	华中师范大学	硕士	2017
李晔	清末民初修身教科书中的国民教育研究	华中师范大学	硕士	2017
伍娜	两岸小学语文教科书价值取向比较研究	华中师范大学	硕士	2017

续表

作者	论文题目	学位授予单位	学位	年份
梅翠莲	《新式国文教科书》研究	华中师范大学	硕士	2017
夏溢	英国中学历史教科书史料选编研究	华中师范大学	硕士	2017
王丽君	吕思勉《复兴高级中学教科书本国史》研究	华中师范大学	硕士	2017
卢笔雅	初中科学教科书教学史内容呈现分析	华中师范大学	硕士	2017
戴敏	中美初中物理教科书中HPS内容比较研究	华中师范大学	硕士	2017
刘程菲	我国高中生物学必修教科书中科学方法的呈现分析	华中师范大学	硕士	2017
邢浦	小学英语教科书多模态语篇对比研究	吉林大学	硕士	2017
赵嘉惠	两岸高中化学教科书的比较研究	江西师范大学	硕士	2017
谭操	两岸高中化学教科书内容难度比较研究	江西师范大学	硕士	2017
王新迪	小学德育教科书中传统道德故事的配置研究	辽宁师范大学	硕士	2017
惠翠	社会化视野下我国人教版初中政治教科书诚信教育主题设计的演进	聊城大学	硕士	2017
赵燕	义务教育阶段语文教科书写作版块编制研究	聊城大学	硕士	2017
胡赛男	初中语文教科书选文系统比较研究	聊城大学	硕士	2017
逯田田	初中历史教科书"课前导读"使用状况及优化策略研究	聊城大学	硕士	2017
路笃光	基于学生核心素养发展的数学教科书比较分析	聊城大学	硕士	2017
王文静	基于学生核心素养发展的人教版小学语文教科书分析	聊城大学	硕士	2017
周迪	小学语文实验教科书单元练习编制研究	聊城大学	硕士	2017
王淑云	苏教版小学语文教科书单元练习"读读背背"板块研究	聊城大学	硕士	2017
苏彤	小学语文教科书口语交际编写研究	聊城大学	硕士	2017
吴天力	人教版与苏教版初中语文教科书选文价值取向的比较研究	聊城大学	硕士	2017

续表

作者	论文题目	学位授予单位	学位	年份
高展	语文知识、能力要求在初中语文教科书中的体现	聊城大学	硕士	2017
何亭蓉	英国语文教科书选文价值取向研究	聊城大学	硕士	2017
丁旺	高中历史教科书课文辅助系统应用研究	鲁东大学	硕士	2017
张玉晶	中日小学语文教科书对比研究	鲁东大学	硕士	2017
于淑兰	初中数学教师教科书使用水平研究	鲁东大学	硕士	2017
张楚	多元文化教育视域下林语堂《开明英文读本》教科书研究	洛阳师范学院	硕士	2017
张弯	台湾康轩版小学《国语》教科书练习系统研究	闽南师范大学	硕士	2017
高敏敏	初中教科书现当代散文编选比较研究	闽南师范大学	硕士	2017
张晓	初中语文教科书中古诗文选编的对比研究	闽南师范大学	硕士	2017
黄晶晶	两岸三地高中历史教科书"鸦片战争"课文内容编写研究	闽南师范大学	硕士	2017
钟思咏	人民版、岳麓版高中历史教科书内容设置比较研究	闽南师范大学	硕士	2017
彭媛媛	现行高中三套《有机化学基础》教科书中插图的比较研究	牡丹江师范学院	硕士	2017
贝娜	空间转向视阈下的苏教版高中语文教科书选文解读	南京师范大学	硕士	2017
夏新雯	中学语文教科书中文言词语的细读研究	南京师范大学	硕士	2017
韦静	中日初中英语教科书中文化内容及呈现方式的比较研究	南京师范大学	硕士	2017
牟颐	我的成长印记——小学语文初任教师教科书文本理解力的叙事研究	南京师范大学	硕士	2017
程晨	基于女性主义课程观的初中地理教科书研究	南京师范大学	硕士	2017
谢婷	中美物理教科书中的概念比较	南京师范大学	硕士	2017
廖张艳	小学数学教科书"统计与概率"领域的比较研究	南京师范大学	硕士	2017

续表

作者	论文题目	学位授予单位	学位	年份
刘娇	小学德育教科书价值取向的比较研究	南京师范大学	硕士	2017
申文	高中教科书中历史活动课文的设计探讨	南京师范大学	硕士	2017
卢雯	教育目标分类学视域下的教科书练习系统研究	南京师范大学	硕士	2017
艾雁	中美小学语文教科书中的国际理解教育内容比较研究	南京师范大学	硕士	2017
程志彦	以科学本质视角对中美高中化学教科书中化学史的比较研究	南京师范大学	硕士	2017
周加中	人教版高中教科书"平面解析几何"部分演变研究（1949—2016）	南京师范大学	硕士	2017
侯昆	影视资源在初中历史教学中的运用思考	内蒙古师范大学	硕士	2017
李丽君	吕思勉《新式高等小学国文教科书》初探	内蒙古师范大学	硕士	2017
孟醒	人教版初中语文教科书课后习题阅读能力训练功能研究	内蒙古师范大学	硕士	2017
曹成琳	岳麓版高中历史教科书灾害史内容研究	内蒙古师范大学	硕士	2017
吴琼	三版高中历史教科书"中国古代艺术"专题比较研究	内蒙古师范大学	硕士	2017
武洪波	人教版新、旧初中历史教科书（七年级上册）之比较	内蒙古师范大学	硕士	2017
苗琼	中日高中数学教科书中概率与统计内容的比较研究	内蒙古师范大学	硕士	2017
张冬莉	人教版中学数学教科书中勾股定理内容设置演变之研究	内蒙古师范大学	硕士	2017
刘爽	初中三个版本历史教科书中社会生活史内容比较	内蒙古师范大学	硕士	2017
肖智艳	中俄两国高中地理教科书中人口地理比较研究	内蒙古师范大学	硕士	2017
张慧媛	三种版本高中化学教科书必修1中相近实验的比较研究	内蒙古师范大学	硕士	2017

续表

作者	论文题目	学位授予单位	学位	年份
徐晓磊	三种版本高中化学教科书课后习题与新课标全国理综Ⅱ卷化学试题的相关性研究	内蒙古师范大学	硕士	2017
李世	中美高中化学教科书中环境教育内容的比较研究	内蒙古师范大学	硕士	2017
郭竹琴	"人教A版"高中数学教科书（必修5）应用素材文本分析及调查研究	内蒙古师范大学	硕士	2017
巴娅玛	"人教版"数学教科书中向量内容设置变迁研究（1949—2007）	内蒙古师范大学	硕士	2017
王项如	初中数学教科书中"小结"栏目教学研究	内蒙古师范大学	硕士	2017
孙发	中国高中立体几何教科书研究（1950—2000）	内蒙古师范大学	硕士	2017
高千珊	《复兴说话教科书（高小）》中的口语交际训练研究	宁波大学	硕士	2017
徐加慧	《复兴初级中学国文教科书》助读系统之"暗示"研究	宁波大学	硕士	2017
吝泽华	"人教版"小学音乐教科书中合唱歌曲的教学方法研究	宁夏大学	硕士	2017
韩云霞	基于新课标下有效利用高中数学教科书的调查研究	宁夏师范学院	硕士	2017
严震	"文革"后至世纪之交语文教科书价值取向研究	青海师范大学	硕士	2017
耿潇逸	人教版小学语文教科书多元文化主题的内容分析研究	山东师范大学	硕士	2017
边悦	小学数学教科书中数学文化的呈现研究	山东师范大学	硕士	2017
李明磊	高中历史教科书课文辅助系统研究	山东师范大学	硕士	2017
王刚	初中数学"综合与实践"教学资源的优化与应用	山东师范大学	硕士	2017
王笃雨	新中国成立以来初中历史教科书中日本侵华内容的表述研究	山东师范大学	硕士	2017

续表

作者	论文题目	学位授予单位	学位	年份
高立喜	思想政治课教师使用教科书中非连续性文本的调查研究	山西师范大学	硕士	2017
张长雨	小学语文教科书插图变迁研究	山西师范大学	硕士	2017
姜玲	人教版初中语文教科书中的师生形象研究	陕西理工大学	硕士	2017
陈凌杰	中英小学数学"数与代数"领域的比较研究	上海师范大学	硕士	2017
李筝	小学语文教科书选文可读性研究	上海师范大学	硕士	2017
梁晶	沪教版3～5年级语文教科书习作研究	上海师范大学	硕士	2017
马玲	香港小学语文教科书写作知识研究	上海师范大学	硕士	2017
杨茂华	小学语文单元作业设计策略研究	上海师范大学	硕士	2017
金阳	小学数学教科书中的育人价值研究	上海师范大学	硕士	2017
查晨	两岸小学语文教科书写作部分的比较研究	上海师范大学	硕士	2017
石雪玲	台湾翰林版国中《国文》教科书课后习题研究	上海师范大学	硕士	2017
佘亚欣	人教版初中语文教科书写作专题内容与教学研究	上海师范大学	硕士	2017
孙进	"沪教版"初中语文教科书诗歌类练习研究	上海师范大学	硕士	2017
王子静	中日初中数学教科书的比较研究	上海师范大学	硕士	2017
张倩	高中语文教科书现代文注释问题研究	上海师范大学	硕士	2017
周兴	美国 Glencoe/McGraw-Hill 版初中历史教科书插图研究	上海师范大学	硕士	2017
王佩	中英历史教科书（岳麓版、HODDER 教育版）比较研究	上海师范大学	硕士	2017
赵小昕	以"科学和工程实践"的视角分析化学教科书	上海师范大学	硕士	2017
崔荣耀	韩国新右翼历史教科书美化日本侵略问题研究	上海外国语大学	硕士	2017

续表

作者	论文题目	学位授予单位	学位	年份
ALEK-SAN-DRA LAV-RUS-HINA（萨莎）	对俄汉语教材《新实用汉语课本（第一、第二册）》与《实用汉语教科书（第一册）》对比分析	上海外国语大学	硕士	2017
张昕	小学科学教科书调适研究	深圳大学	硕士	2017
刘莉	基于地方文化的小学语文教科书调适研究	深圳大学	硕士	2017
柏雨濛	关于"北师大版"初中数学教科书中"几何直观"的内容研究	沈阳师范大学	硕士	2017
田鸽	初中生物学教科书插图教学功能研究及应用探索	沈阳师范大学	硕士	2017
王琪	小学语文教科书中德育价值取向研究	沈阳师范大学	硕士	2017
简安婷	高中化学教师处理教科书中科学素养内容的问卷设计与调查	四川师范大学	硕士	2017
龚恩园	中韩高中历史教科书关于"第一次世界大战"内容的比较分析	四川师范大学	硕士	2017
罗爽	教科版初中物理新旧教科书对比研究	四川师范大学	硕士	2017
王娅琴	高中化学教师处理教科书中科学素养内容的扎根理论研究	四川师范大学	硕士	2017
金雪雪	陈衡哲《新学制高级中学教科书西洋史》研究	四川师范大学	硕士	2017
宁瑞卿	初中历史教科书中历史人物的编写研究	四川师范大学	硕士	2017
陶丹	大陆、香港、台湾高中数学教科书微积分部分的比较研究	四川师范大学	硕士	2017
胡霞利	两岸高中历史教科书比较研究	四川师范大学	硕士	2017
王灏	人教版初中语文教科书选文的伦理教育取向研究	四川师范大学	硕士	2017
白芝铭	以多模态角度研究化学书中的图片	四川外国语大学	硕士	2017

续表

作者	论文题目	学位授予单位	学位	年份
秦于颖	中学历史教科书对太平天国运动的百年书写	天水师范学院	硕士	2017
景成舒	基于创新思维培养的初中美术教材研究	温州大学	硕士	2017
李雪	小学语文教科书插图在教学中的运用问题研究	西华师范大学	硕士	2017
杨雅楠	中国大陆与台湾地区高中历史教科书中史料选用的比较研究	西华师范大学	硕士	2017
陶杰	中加中学化学教科书比较研究	西南大学	硕士	2017
宗国庆	高中化学教科书性别偏见比较研究	西南大学	硕士	2017
任晶晶	人教版初中英语教科书中的国际理解教育内容研究	西南大学	硕士	2017
汪晶晶	论初中生社会责任感的培养	西南大学	硕士	2017
李莹	俄罗斯本土汉语教材语音部分编写研究	新疆大学	硕士	2017
史慧	中美初中语文教科书助读系统对比研究	新疆师范大学	硕士	2017
张子扬	两岸高中历史教科书"辛亥革命"之比较	新疆师范大学	硕士	2017
宫玮婷	新课标小学数学教科书中的算理知识及其掌握研究	新疆师范大学	硕士	2017
苏蓓	高中数学新旧教科书中"圆锥曲线"的比较研究	新疆师范大学	硕士	2017
邢闪闪	初中数学教科书中的数学史知识及其掌握研究	新疆师范大学	硕士	2017
那婷	对教育部编2016版与人教社2001版历史教科书课后习题的比较研究	新疆师范大学	硕士	2017
于慧颖	高中语文教科书插图在阅读教学中的运用研究	新疆师范大学	硕士	2017
陈世海	中国与新加坡初中语文教科书中写作系统编制比较研究	信阳师范学院	硕士	2017
孔杨	历史图片在高中历史教学中的应用	信阳师范学院	硕士	2017

续表

作者	论文题目	学位授予单位	学位	年份
林雪梅	人教版初中历史教科书习题研究	信阳师范学院	硕士	2017
温二虎	中学历史教科书抗日战争史内容叙述变化研究	信阳师范学院	硕士	2017
马艺飞	基于科学素养的高中地理教科书评价研究	信阳师范学院	硕士	2017
徐立东	大陆"人教版"与台湾"三民版"高中地理教科书比较研究	信阳师范学院	硕士	2017
王悦琴	基于教科书比较的初中物理教学策略研究	延边大学	硕士	2017
江颖颖	韩国小学国语课程的文化选择研究	延边大学	硕士	2017
郭月瑶	初中数学教科书例题的教学研究	延边大学	硕士	2017
林梦怡	小学语文教科书中的性别意识研究	扬州大学	硕士	2017
邵红艳	苏教版初中语文教科书编写史研究	扬州大学	硕士	2017
居凌燕	苏教版高中语文必修教科书编写史研究	扬州大学	硕士	2017
盛梦晴	初中历史教科书导言及其教学策略的研究	扬州大学	硕士	2017
巫一鸣	苏教版与人教版小学语文教科书作业系统比较研究	扬州大学	硕士	2017
田璐	中学历史教科书中习题的应用现状及教学策略	扬州大学	硕士	2017
陆淑婷	中共解放区中小学历史教科书研究（1945—1949）	扬州大学	硕士	2017
程慧	民国时期中学历史教科书插图的研究	扬州大学	硕士	2017
孙虹云	人教版新疆专用小学语文教科书插图研究	伊犁师范学院	硕士	2017
宋竹雨	人教版初中语文教科书爱国主题选文变迁研究	伊犁师范学院	硕士	2017
陈明	人教版新疆专用初中语文教科书作业系统研究	伊犁师范学院	硕士	2017
代松华	"教本"与"学本"之辩：中学历史教科书内容编写研究	云南师范大学	硕士	2017

续表

作者	论文题目	学位授予单位	学位	年份
吴楠	"共和国教科书"《新修身》中的公民教育价值研究	云南师范大学	硕士	2017
张海龙	大陆高中语文教科书与台湾高中国文教科书助读系统比较研究	云南师范大学	硕士	2017
张应慧	高中数学教师使用教科书中探究内容的个案研究	云南师范大学	硕士	2017
钱瑞	小学语文教师对教科书中古诗词文本使用情况的调查研究	云南师范大学	硕士	2017
王俊男	日本光村版小学语文教科书童话选编研究	长春理工大学	硕士	2017
王艺璇	人教版初中语文教科书中儒家仁爱文化选篇研究	中央民族大学	硕士	2017
田中吉	人教版高中语文教科书中人生境界研究	中央民族大学	硕士	2017
郭海蒙	人教版7年级语文教科书插图美育探究	中央民族大学	硕士	2017
林晓双	人教版初中语文教科书中的科普文章选文研究	中央民族大学	硕士	2017
肖亚	苏教版《唐诗宋词选读》教科书中宋词选篇的家国情怀教育研究	中央民族大学	硕士	2017
童星	微课中数学教科书插图的应用研究	重庆师范大学	硕士	2017
曹凤娇	语文教科书中散文选篇练习系统研究	重庆师范大学	硕士	2017
罗孝静	西师版小学语文教科书古诗选编研究	重庆师范大学	硕士	2017
周春艳	重庆市璧山区小学教师教科书使用的现状、问题与对策研究	重庆师范大学	硕士	2017
修颖	初中数学教科书中"数学活动"栏目的内容研究	重庆师范大学	硕士	2017
谭婷	初中数学教师使用教科书例题情况的调查研究	重庆师范大学	硕士	2017
彭婷	中美小学科学教科书插图比较研究	重庆师范大学	硕士	2017
毕素珂	语文教科书助读系统的使用现状及对策研究	重庆师范大学	硕士	2017

续表

作者	论文题目	学位授予单位	学位	年份
李晓雪	历史地理知识在初中历史教学中的运用研究	重庆师范大学	硕士	2017
王婷	高中历史教学中爱国主义教育实施路径探析	重庆师范大学	硕士	2017

教科书的记忆 1978—2018

难忘的故事 | 石 鸥 著

湖南教育出版社

目 录

壹 拨乱反正，邓小平亲自抓教材 … 001

 一、"没有知识，没有人才，怎么上得去"——自告奋勇抓教育 … 001

 二、"教材非从中小学抓起不可"——关键是教材 … 004

 三、"教书非教最先进的内容不可"——教材的关键是先进性 … 005

贰 教科书发展史上的重要成就——教科书免费 … 009

 一、教科书免费政策的启动 … 009

 二、教科书免费政策的全力落实 … 011

 三、全面实现教科书免费预期目标 … 014

叁 沿海内地本不一样——八套半教科书的缘起与意义 … 017

 一、八套半教科书的推出 … 017

二、八套半教科书简介　　021

肆　城市化之后——乡土教科书的兴衰　　036

一、乡土教科书的意义与价值　　036
二、乡土教科书的演进　　040
三、20世纪80—90年代乡土教科书的繁荣　　043
四、21世纪以来乡土教科书的衰微及其严重性　　051

伍　静悄悄地消失——实验教科书的终结　　056

一、实验教科书的意义与价值　　056
二、实验教科书的发展概况　　061
三、实验教科书的衰落与反思　　083

陆　了不起的突破——上海市课程改革教科书　　085

一、上海课程改革概况　　085
二、上海"一期课改"及其教科书　　086
三、上海"二期课改"及其教科书　　095
四、上海课程教材改革的评价　　100

柒　少数民族教科书一瞥　　106

一、改革开放以来少数民族教科书发展概览　　107
二、主要少数民族教科书发展举隅　　113
三、其他少数民族教科书的发展　　123

捌　不能不提的进步——教科书研究日益被重视　　**132**

　　一、改革开放40年教科书研究发展速览　　132
　　二、改革开放40年教科书研究的基本特征　　141

玖　什么英雄？教科书的岳飞风波　　**150**

　　一、起因　　150
　　二、交锋　　152

拾　谁的历史？上海版高中历史教科书的教训　　**163**

　　一、"毛去哪里了？"　　163
　　二、沉甸甸的课本——历史教科书该写什么历史？　　165

拾壹　课本无小事——几次教科书风波　　**179**

　　一、到底是"林荫道"还是"林阴道"　　179
　　二、该叫"姥姥"还是叫"外婆"　　183
　　三、《爱迪生救妈妈》是真的吗？　　192

后记　　**196**

壹　拨乱反正，邓小平亲自抓教材

"我知道科学、教育是难搞的，但是我自告奋勇来抓。"[①]

斩钉截铁的20个字，道出了小平同志的见识和胆略。中华人民共和国历史上崭新的一页就这样翻开了。

邓小平同志高度关注和重视教育事业，在我党历史上，是最早将教育提到国家现代化建设战略全局的高度加以认识的国家领导人之一。邓小平的教育思想涉及社会主义教育的方方面面，例如教育目的、培养目标、学制安排、课程制度、师资问题、教育经费问题等内容。教科书对于国家社会政治生活、文化建设、人才培养具有重要作用，由于邓小平敏锐地意识到教科书问题的这种意义与价值，所以即便是"文化大革命"刚结束，全国百废待举，他还是要亲自抓教科书建设，抓高考改革，以此推动中小学教育和高等教育的迅猛发展。

一、"没有知识，没有人才，怎么上得去"——自告奋勇抓教育

"文化大革命"十年，中国的教育事业遭受巨大打击。教育界广大教师被当作专政对象，受到残酷的斗争和打击，"革命文化"批判"智育第一"、"知识越多越反动"，鼓吹"宁要没有文化的劳动者"，这种蔑视知识、崇尚愚昧、否定教育、毁灭学校、窒息学术、摧残人才的种种倒行逆施，造成了我国社会主义教育事业的大混乱、大破坏。

1975年邓小平同志着手各方面工作整顿，他指出："现在相当多的学校学

[①] 邓小平. 邓小平文选：第二卷［M］.北京：人民出版社，1994.

生不读书，这也不符合毛泽东思想。"①1976年10月，"文化大革命"结束，教育领域开展了全面拨乱反正的工作，逐步消除极"左"路线的影响，我国的教育事业迎来尊重知识、尊重人才、多出人才、快出人才的大好春天。在百废待兴的建设中，邓小平自告奋勇抓科学和教育，他说"我知道科学、教育是难搞的，但是我自告奋勇来抓"，"我自告奋勇管科教方面的工作，中央也同意了。我们国家要赶上世界先进水平……要从科学和教育着手"②。他亲自召开座谈会，听取专家对于发展科学、教育事业的意见，并采取一系列政策措施扭转学校教育中的混乱局面。

邓小平认为，由于长期没有被放到应有的重要地位，我国的教育事业不能适应社会主义建设的需要，因此，他在构思设计建设中国特色社会主义蓝图时，把改革教育体制和发展社会主义教育事业当作社会主义现代化建设的战略重点，并提出一定要把教育事业办好的战略思想。他以高屋建瓴的气势向全党和全国人民指出：教育事业必须同国民经济发展的要求相适应。党的十二大进一步发挥了邓小平的这一主张，明确规定教育是经济建设的战略重点之一。这就把教育事业的地位提到了前所未有的高度。1985年5月，邓小平在全国教育工作会议上又一次强调了教育在我国现代化建设中的战略地位，要求各级党委和各级政府把教育工作认真抓起来。他告诫大家："一个十亿人口的大国，教育搞上去了，人才资源的巨大优势是任何国家比不了的。有了人才优势，再加上先进的社会主义制度，我们的目标就有把握达到。"③"中央提出要以极大的努力抓教育，并且从中小学抓起，这是有战略眼光的一着。"④"各地党委和政府，对教育工作不仅要抓，并且要抓紧、抓好，严格要求，少讲空话，多干实事。"⑤

---

① 邓小平. 邓小平文选：第二卷［M］. 北京：人民出版社，1994.
② 邓小平. 邓小平文选：第二卷［M］. 北京：人民出版社，1994.
③ 中共中央文献研究室. 十二大以来重要文献选编：中［M］. 北京：中央文献出版社，2011.
④ 中共中央文献研究室. 十二大以来重要文献选编：中［M］. 北京：中央文献出版社，2011.
⑤ 中共中央文献研究室. 十二大以来重要文献选编：中［M］. 北京：中央文献出版社，2011.

邓小平同志办好教育事业的战略思想首要的是将教育与现代化、科学技术发展、人才培养紧密结合起来。小平同志根据世界上一些国家的先进经验，针对我国的实际情况，在部署我国现代化战略布局时，总是把教育和科学技术放在一起同时加以强调。他说："我们国家要赶上世界先进水平，从何着手呢？我想，要从科学和教育着手。"① 他在 1978 年全国科学大会开幕式的讲话中指出："科学技术人才的培养，基础在教育。"② 邓小平同志把培养科技队伍、发展科学技术的希望，寄托在教育事业的发展上。他说："我国科学研究的希望，在于它的队伍有来源。科研是靠教育输送人才的，一定要把教育办好。"③ "我们要彻底清除'四人帮'的流毒，把尽快地培养出一批具有世界第一流水平的科学技术专家，作为我们科学、教育战线的重要任务。"④

1977 年 5 月 24 日，邓小平同中央两位同志谈话时就指出，"我们要实现现代化，关键是科学技术要能上去。发展科学技术，不抓教育不行。靠空讲不能实现现代化，必须有知识，有人才。没有知识，没有人才，怎么上得去"⑤，"抓科技必须同时抓教育"⑥，强调"不抓科学、教育，四个现代化就没有希望，就成为一句空话"⑦。

邓小平同时也表达了亲自抓教育的决心与恒心。1977 年 9 月 19 日，邓小平同志和教育部主要负责同志谈话时提道："教育要狠狠地抓一下，一直抓它十年八年。我是一直抓下去的。"⑧ "从小学抓起，一直到中学、大学。我希望从现在开始做起，五年小见成效，十年中见成效，十五年二十年大见成效。"⑨

---

① 邓小平. 邓小平文选（一九七五——九八二年）[M]. 北京：人民出版社，1983.
② 邓小平. 邓小平文选（一九七五——九八二年）[M]. 北京：人民出版社，1983.
③ 邓小平. 邓小平文选（一九七五——九八二年）[M]. 北京：人民出版社，1983.
④ 邓小平. 邓小平文选（一九七五——九八二年）[M]. 北京：人民出版社，1983.
⑤ 邓小平. 邓小平文选：第二卷[M]. 北京：人民出版社，1994.
⑥ 邓小平. 邓小平文选：第二卷[M]. 北京：人民出版社，1994.
⑦ 邓小平. 邓小平文选：第二卷[M]. 北京：人民出版社，1994.
⑧ 邓小平. 邓小平文选：第二卷[M]. 北京：人民出版社，1994.
⑨ 邓小平. 邓小平文选：第二卷[M]. 北京：人民出版社，1994.

二、"教材非从中小学抓起不可"——关键是教材

改革开放40年,全国各行各业蒸蒸日上,教科书建设事业也成就斐然,可圈可点之处很多,其中邓小平同志亲自抓教科书建设尤其值得一提。

邓小平对教育的重视是清晰而坚定的,他一方面鼓励"教育部要思想解放,争取主动。过去讲错了的,再讲一下,改过来。拨乱反正,语言要明确,含糊其词不行,解决不了问题"。① 另一方面表明自己对教育领域拨乱反正的坚决态度:"教育部不要成为阻力。教育部首要的问题是要思想一致。赞成中央方针的,就干;不赞成的,就改行。"② 看来,改革开放初期,对教育的认识,对思想解放的认识还存在比较突出的分歧,即便在教育部内部。但小平再次显示了他绵里藏针的刚毅,"含糊其词不行","不赞成的,就改行"!箭在弦,不改已经不行了。

小平同志抓教育可以说是胸有成竹——他有明确的措施、方法和步骤。他提出:"我的抓法就是抓头条,抓方针。重要的政策、措施,也是方针性的东西,这些我是要管的。"③ 抓重点不等于放任具体,相反,小平同志认为,抓教育抓头条,"一定要有具体政策、具体措施,解决具体的思想问题和实际问题"。④ 在这些具体的教育实际问题中,他尤其关心教材的问题,认为教材问题既是"头条",也是最重要的"具体问题"。他对教材在学校教育中的重要性予以了充分肯定。1977年8月8日,邓小平同志在科学和教育工作座谈会上做了《关于科学和教育工作的几点意见》的讲话,他指出,"教育制度中有很多具体问题。一个是学制问题。是否先恢复小学五年,中学五年,以后再进一步研究。现在意见还不一致,这关系不算太大。关键是教材"。⑤ 小平同志认识

---

① 邓小平. 邓小平文选:第二卷[M]. 北京:人民出版社,1994.
② 邓小平. 邓小平文选:第二卷[M]. 北京:人民出版社,1994.
③ 邓小平. 邓小平文选:第二卷[M]. 北京:人民出版社,1994.
④ 邓小平. 邓小平文选:第二卷[M]. 北京:人民出版社,1994.
⑤ 邓小平. 邓小平文选:第二卷[M]. 北京:人民出版社,1994.

到,"现在比较紧迫的问题是教材,教材要组织一个专门班子编写,要编写几种教材,以供选择"。①

在当时全国拨乱反正,许多问题和提法还有待澄清的情况下,作为日理万机的国家领导人,邓小平抓教科书建设是亲力亲为的。1977年9月19日,邓小平同志在与教育部主要同志的谈话中讲道:"我看了你们编的外国教材情况简报。看来,教材非从中小学抓起不可。"②1978年2月5日,教育部党组为尽快增强人民教育出版社(以下简称人教社)的编辑出版力量,以适应编写教科书的急切需要,报请中央批准从各省、市抽调一批编辑出版干部。仅仅5天后,邓小平就在这份报告上批示:"编好教材是提高教学的关键,要有足够的合格人力加以保障。所提要求拟同意。"③邓小平同志对教科书建设的重视与关心程度可见一斑。

他鼓励教育部要勇于开创,"你们要放手去抓,大胆去抓,要独立思考,不要东看看,西看看。把问题弄清楚,该怎么办就怎么办。该自己解决的问题,自己解决;解决不了的,报告中央"。④

三、"教书非教最先进的内容不可"——教材的关键是先进性

小平同志对教科书在学校教育中的重要性不是泛泛地肯定,他重视的是体现先进性和适切性的教科书。在他心目中,教科书内容的先进性和适切性是须臾不可忽视的,对此,他几乎是紧锣密鼓地推进。

1977年8月8日,邓小平参加科学和教育工作座谈会,明确提出:"教材

---

① 中共河南省委宣传部. 科学的理论 伟大的旗帜——纪念邓小平同志诞辰100周年理论研讨会文集[M]. 郑州:河南人民出版社,2005.
② 邓小平. 邓小平文选:第二卷[M]. 北京:人民出版社,1994.
③ 邓小平. 邓小平文选:第二卷[M]. 北京:人民出版社,1994.
④ 邓小平. 邓小平文选:第二卷[M]. 北京:人民出版社,1994.

要反映出现代科学文化的先进水平，同时要符合我国的实际情况。"①1977年9月19日，在关于教育战线拨乱反正的问题上，小平在与教育部主要负责同志的谈话中提道："教书非教最先进的内容不可，当然，也不能脱离我国的实际情况。"②

教科书内容应该是"先进内容"，源于小平同志对科学文化知识的重视和对当时我国的科学技术发展水平的客观评估。教科书体现的是先进的科学文化知识，它是传播先进科技文化的重要媒介。由于"文化大革命"的破坏，我国教育事业严重受挫，教科书变成语录式的政治读本，拨乱反正首先要扭转教科书不重视科学文化的局面，使教科书能以先进的科学知识内容培养高素质的劳动者。这与邓小平同志提出的"科学技术是生产力"③的思想是高度一致的。

同时，邓小平同志对"文化大革命"后我国科学技术的发展水平与国际水平的差距有非常清醒的认识。他指出："今天，由于现代科学技术的日新月异，生产设备的更新，生产工艺的变革，都非常迅速。许多产品，往往不要几年的时间就有新一代的产品来代替。劳动者只有具备较高的科学文化水平，丰富的生产经验，先进的劳动技能，才能在现代化的生产中发挥更大的作用。"④但是由于"文化大革命"的干扰、"四人帮"的破坏以及其他种种原因，工程技术人员、科学研究人员和工人的比例远远低于发达国家，邓小平同志说："同发达国家相比，我们的科学技术和教育整整落后了二十年。科研人员美国有一百二十万，苏联九十万，我们只有二十多万，还包括老弱病残，真正顶用的不很多。"⑤因此，他要求在教科书的编写中"非教最先进的内容不可"，用这些最先进的科学文化知识提高劳动者的科学文化水平和劳动技能，加快培养高科技的人才，追赶世界先进发展水平。

---

① 邓小平. 邓小平文选：第二卷［M］. 北京：人民出版社，1994.
② 邓小平. 邓小平文选：第二卷［M］. 北京：人民出版社，1994.
③ 邓小平. 邓小平文选（一九七五——九八二年）［M］. 北京：人民出版社，1983.
④ 邓小平. 邓小平文选（一九七五——九八二年）［M］. 北京：人民出版社，1983.
⑤ 邓小平. 邓小平文选（一九七五——九八二年）［M］. 北京：人民出版社，1983.

邓小平同志对中小学教科书的建设和改革，发表过一系列重要的指导性意见，并给予了实实在在的支持。早在1977年，他就明确指示："要引进外国教材，吸收外国教材中有益的东西。"根据小平同志指示，中央在外汇十分紧缺的情况下，仍千方百计从非常紧缺的外汇中挤出10万美元专款拨给教育部，人教社在我国驻外使馆的协助下，从美国、英国、联邦德国、法国、日本等国家选购了大批教科书，并通过空运尽快运回国内，供我国编写教科书参考。人教社认真研究了引进的外国中小学教科书，并就数学教科书提出了报告。[1] 教育部于1977年9月15日以"简报增刊"将此报告报送中央。邓小平同志对此十分关心，并很快作出指示。9月19日他在同教育部负责人的谈话中说："我看了你们编的外国教材情况简报。看来，教材非从中小学抓起不可，教书非教最先进的内容不可。"到1978年2月，进口的国外教科书已达2200册，其中小学教材占15%，中学教材占20%，大学教材占65%。[2]

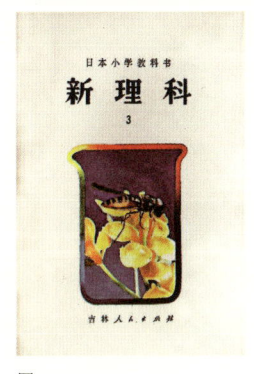 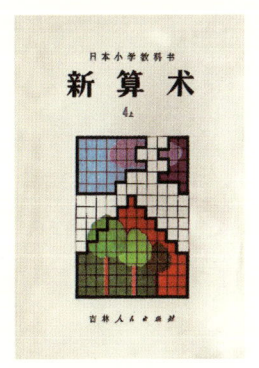 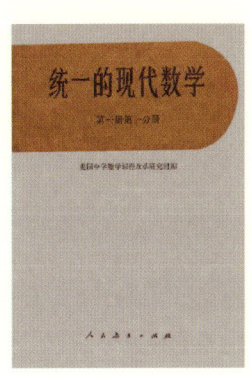

图 1-1

图 1-2

图 1-3

日本小学教科书《新理科3》（小学三年级自然常识）（藤井隆、莲沼宏等编，何子岚译，吉林人民出版社，1979年11月第1版第1次印刷）

日本小学教科书《新算术4上》（小学四年级算术）（小平邦彦等编，薛凤德译，吉林人民出版社，1980年4月第1版第1次印刷）

《统一的现代数学》（第一册第一分册）（美国中学数学课程改革研究组编，曹才翰译，张禾瑞校，人民教育出版社，1977年11月第1版，1978年8月第1次印刷）

---

[1]《中国教育年鉴》编辑部. 中国教育年鉴（2001）[M]. 北京：人民教育出版社，2001.
[2] 金铁宽. 中华人民共和国教育大事记：第2卷 [M]. 济南：山东教育出版社，1995.

1983年10月1日,邓小平同志给北京景山学校题词:"教育要面向现代化,面向世界,面向未来。"这"三个面向"从战略高度对我国改革开放新时期的教育事业提出了总的指导方针,它更能反映时代发展的趋势,更能体现以经济建设为中心的党的基本路线要求,因此,教科书内容的先进性,实际上体现在那些面向现代化、面向世界、面向未来的"先进的内容"。

　　教科书既要体现先进内容,也不能脱离中国实际。要使教育工作转移到为经济建设服务的轨道上来,教科书内容就要贴近经济建设,发挥服务于提高生产力水平的功能。小平同志指出:"更重要的是整个教育事业必须同国民经济发展的要求相适应。不然,学生学的和将来要从事的职业不相适应,学非所用,用非所学,岂不是从根本上破坏了教育与生产劳动相结合的方针?"[1]因此,他要求教科书"要符合我国的实际情况",这既立足于中国教育特色又注意世界各国教育发展趋势,既强调了为当前经济建设服务又着眼于未来的需要,这是邓小平同志在拨乱反正时期,在新的历史条件下,对教育理论的重要贡献。

---

[1] 邓小平. 邓小平文选(一九七五——一九八二年)[M]. 北京:人民出版社,1983.

贰　教科书发展史上的重要成就——**教科书免费**

义务教育阶段学生的教科书费用出资情况,很大程度体现了一个国家对义务教育阶段学生的公平对待问题,是体现一个国家教育乃至社会有没有进步的重要方面。在我国,义务教育是提高全民素质的基础和重点工作,贫困地区的基础教育工作难度又大,从某种意义上说合理解决贫困地区的基础教育问题是普及义务教育的关键,教科书的费用直接关系到贫困地区以及其他地区的贫困家庭的经济负担。当前世界各国在义务教育阶段的学生教科书费用上,有不一样的政策,美国、德国、日本、加拿大等发达国家一般实行义务教育阶段教科书免费制度。但免费发放教科书的国家又分两类,一类是循环使用,如美国、加拿大等国,学期结束后,教科书要退给学校,以供新来的学生继续使用,一旦教科书丢失,还要求学生赔偿。美国有的州还规定,学生所借课本如有损坏,在赔偿和罚款之前不得再次借书。实际上,这意味着学生使用的教科书是借学校的,必须还,教科书的所有权是学校,不是学生。另一些国家,则教科书不需要归还,属学生个人所有。

中国是个发展中国家,人均收入在世界排名还比较靠后,但中国在 21 世纪初即启动了教科书免费工程,并在 10 余年里不懈努力。在一个 13 亿多人口的国家完全实现义务教育阶段学生教科书免费,这是中国改革开放 40 年的巨大成就。

一、教科书免费政策的启动

2001 年 5 月 29 日,国务院颁发《关于基础教育改革与发展的决定》。《决定》第 15 条规定:"各级人民政府要完善并落实中小学助学金制度。从 2001

年开始，对贫苦地区家庭经济困难的中小学生进行免费提供教科书制度的试点，在农村地区推广使用经济适用型教材。采取减免杂费、书本费、寄宿费等办法减轻家庭经济困难学生的负担。"免费供应的教科书由政府以招投标形式采购。这是我国首次以国家政策形式对贫困地区家庭经济困难的中小学生提供免费教科书。这一决定具有重要的意义和价值，是"具有开创性意义的教育扶贫工作"。①

免费教科书是国家"两免一补"（全部免除农村义务教育阶段学生学杂费，对贫困家庭学生免费提供教科书并补助寄宿生生活费）的重要组成部分，事关深化农村义务教育经费保障机制改革和解决制约农村义务教育发展的经费投入等重大问题，具有重要的现实意义和深远的历史意义。这是促进教育公平和社会公平，提高全民族素质和农村发展能力，全面建设小康社会和构建和谐社会的有力保证；是进一步减轻农民负担，巩固和发展农村税费改革成果，推进农村综合改革的重要内容；是完善以人为本的公共财政支出体系，扩大公共财政覆盖农村范围，强化政府对农村的公共服务，推进基本公共服务均等化的必然要求；是科学、合理配置义务教育资源，完善"以县为主"管理体制，加快农村义务教育事业发展的有效手段。②

为了落实国务院的决定，2004年2月16日，财政部、教育部印发《对农村义务教育阶段家庭经济困难学生免费提供教科书工作暂行管理办法》的通知（财教〔2004〕5号），第一条就提出：为保证农村家庭经济困难学生接受义务教育，提高农村人口素质，根据《国务院关于进一步加强农村教育工作的决定》（国发〔2003〕19号）、《国务院办公厅转发体改办等部门关于降低中小学教材价格深化教材管理体制改革意见的通知》（国发办〔2001〕34号）的有关规定，中央财政设立专项资金，对农村义务教育阶段家庭经济困难学生实行免费提供教科书的制度。其中第三条明确指出中央财政设立专项资金，主要为中

---

① 刘彦. "免费提供教科书制度"成为国家政策[N]. 中华读书报，2001-07-04（001）.
② 国务院法制办公室. 中华人民共和国三农法典[M]. 北京：中国法制出版社，2016.

西部部分农村义务教育阶段家庭经济困难的学生免费提供教科书，表明了对中西部农村义务教育阶段提供免费教科书加大了投入，扩大了免费教科书的发放范围。同时对免费提供教科书的科目、管理工作、采购工作等作了详细规定，从而为免费提供教科书制度的顺利实施提供了保证，加快了"两免一补"政策的实行。2004年秋季，中央财政将免费教科书专项资金，从当年春季的3亿元增加到8.7亿元，重点补助河北、山西、内蒙古、吉林、黑龙江、安徽、江西、河南、湖北、湖南、广西、海南、重庆、四川、贵州、云南、陕西、甘肃、青海、宁夏、西藏、新疆等22个中西部省份及新疆生产建设兵团，[①]使免费教科书的发放范围扩大到中西部农村义务教育阶段所有家庭经济困难学生，其实际受益面扩大到2400多万人，占中西部农村学生总数的22%。[②]

从2005年秋季开始，国家又对城市义务教育阶段家庭经济困难学生实行"两免一补"的资助政策。[③]

2005年11月，教育部发布的《中国全民教育国家报告》向全世界提出了义务教育阶段免费教科书实施进度时间表，2010年在全国农村全面实施，2015年在全国全面实施。这一举措得到了强有力的落实。

二、教科书免费政策的全力落实

2005年12月24日，国务院颁发《国务院关于深化农村义务教育经费保障机制改革的通知》（国发〔2005〕43号），提出全部免除农村义务教育阶段学生学杂费，对贫困家庭学生免费提供教科书并补助寄宿生生活费。免费提供教科书所需资金，中西部地区由中央全额承担，东部地区由地方自行承担。该

---

① 欣文. 免费教科书必须实行政府采购[N]. 中国财经报，2004-08-25（001）.
② 本刊通讯员. 财政部加大投入在中西部农村免费发放教科书[J]. 中国财政，2004（10）：60.
③ 宋少华. 免费教科书发行模式初探[J]. 编辑之友，2009（02）：17—18.

通知明确了政府责任分工,规范了保障制度。中央财政将国家课程免费教科书的补助标准,由过去的农村小学每生每年70元、农村初中每生每年140元,分别提高到90元和180元,并建立部分科目免费教科书的循环使用制度。

2007年11月26日,财政部、教育部颁发《财政部 教育部关于调整完善农村义务教育经费保障机制改革有关政策的通知》(财教〔2007〕337号)。其中第二条提出向全国农村义务教育阶段学生免费提供教科书,提高中央财政免费教科书补助标准,推进教科书循环使用工作。从2007年秋季学期开始,向全国农村义务教育阶段学生免费提供国家课程的教科书,所需资金由中央财政承担。从2008年春季学期开始,不仅免费提供国家课程的教科书,还免费提供地方课程的教科书,所需资金由地方财政承担。同时,中央财政进一步提高国家课程免费教科书的补助标准,建立部分科目免费教科书的循环使用制度。为保证循环使用教科书的质量,中央财政每年按照循环使用教科书书款的一定比例安排资金,用于循环教科书的补充更新。

第一,从降低教科书价格到免除贫困家庭教科书费用。根据我国一段时期里是大国办大教育,是穷国办大教育的实际,对待减免学生的学杂费特别是教科书费用,有过分步走的策略。先是控制与降低价格,减轻贫困家庭经济负担。2001年6月4日,《国务院办公厅转发体改办等部门关于降低中小学教材价格深化教材管理体制改革意见的通知》颁布。① 通知第二条指出:在农村地区和经济欠发达的城镇推广使用经济适用型教材。根据我国经济发展水平不平衡的实际情况,为减轻学生家长特别是农村学生家长的经济负担,除经济较为发达的城镇和少数富裕农村地区外,在其他农村地区和经济欠发达的城镇推广使用黑白版教材,对贫困地区农村中小学生要逐步实行政府免费提供教科书的制度。这就是一段时期我国义务教育阶段出现过黑白、彩色两种版本教科书的缘由。

第二,从减免贫困家庭学生的教科书费用到逐步免除全部义教阶段学生教

---

① 根据《国务院关于宣布失效一批国务院文件的决定》(国发〔2015〕68号),此文件已宣布失效。

科书费用。遵循中央的决策，各地积极行动起来。从 2005 年开始，山东省开展免费提供教科书试点工作，从 2007 年春季学期开始，山东对义务教育阶段农村贫困家庭学生和城市低保家庭学生，全部免费提供教科书，从当年秋季学期起，扩大政策实施范围，对所有农村学生全部免费提供教科书。①

2006 年，北京市已经实现对 10 个远郊区县和朝阳、海淀、丰台 3 个区农村中小学中非农户籍学生免收教科书费。从 2010 年 9 月 1 日起，可享受免费教科书的义务教育阶段学生范围扩大至城六区。②江苏省更早决定，从 2008 年春季起，为全省义务教育阶段学生免费提供教科书，免费提供教科书的对象为全省城乡义务教育公办学校学生（含特殊教育学校学生、进城务工农民子女），县以上教育行政部门批准的民办学校（含民办民工子弟学校）义务教育阶段学生。这里，明确把城市义务教育阶段的学生也作为免费教科书对象。

2008 年，上海投入 3.2 亿元为义务教育阶段学生教科书买单，使上海义务教育阶段实现了城乡学生教科书免费的目的。2008 年春季学期开始，辽宁省对农村义务教育阶段学生免费提供省级教育主管部门统一规定的地方课程教科书，所需资金由省级财政全额承担。此前一年，该省已经对全省农村义务教育阶段学生免费提供了国家课程的教科书。从 2008 年春季开学起，江西省为义务教育阶段中小学生免费提供国家课程教科书，并提高全省各设区市的国家免费教材补助资金。③山西省 2007 年秋季之前各季仅对农村与城市家庭经济困难学生免费提供教科书，2008 年春季全省享受免费教科书政策的学生范围进一步扩大，包括农村（含县城）义务教育阶段学校的学生（含民办学校和特殊教育学校的学生），市（区）范围内的农村义务教育阶段的学生和在特殊教育学校、普通中小学附设特教班就读的义务教育阶段残疾学生。④

2002 年，甘肃省为农村义务教育阶段的部分贫困生提供免费教科书；

---

① 宋全政. 山东义务教育阶段教科书将全免费［N］. 中国教育报，2009-11-24（001）.
② 王超群. 北京义务教育阶段教科书全免费［N］. 中国教育报，2010-09-06（001）.
③ 各地实施农村义务教育教科书免费制度［N］. 中国教育报，2008-02-19（001）.
④ 宋少华. 免费教科书发行模式初探［J］. 编辑之友，2009（02）：17—18.

2005年农村义务教育阶段贫困家庭学生免杂费，免教科书费，补助寄宿生生活费；2006年，春季开学后，农村义务教育阶段学校的中小学生全部免除杂费，贫困家庭学生全部享受免费教科书；2008年，秋季学期开始，免除城市义务教育阶段中小学生的学杂费，对城市低保家庭和残疾人家庭学生，免费提供教科书。①

2008年春季开始，浙江省义务教育阶段公办学校免费提供国家课程教科书和地方课程教科书。②

部分省（区、市）结合自身情况，创新方式方法，使免费教科书的政策落实更具特色、更适合本地民众需要。比如上海、四川、宁夏等省（区、市）除向城乡义务教育阶段学生提供"两免一补"外，还结合本地实际需要实行"三免"政策，即在免学费、免费提供教科书的同时，还免费提供作业本或一套教辅材料。又如北京加大免费教科书经费监管力度，建立审计监督长效机制，不仅对预算安排、资金拨付和使用管理进行审计监督，还进行跨年度资金的追踪审计；陕西在央视网等媒体以《陕西城市中小学不再收课本费　家长赞进步实实在在》为题，对免除城市义务教育阶段学生教科书费进行了宣传报道，营造了良好的舆论氛围。③

三、全面实现教科书免费预期目标

2008年1月7日，教育部在京召开落实农村中小学免费教科书工作会议，向全世界宣布，从2008年春季开始，全国1.5亿名农村义务教育阶段的学生用的教科书全部免费。"2010年在全国农村全面实施"的目标提前了两年实现。

---

① 孙亚斐. 我省义务教育将实现全面免费［N］. 兰州日报，2011-03-08（R01）.
② 石天星. 全免学杂费，免费提供教科书［N］. 浙江日报，2015-11-20（013）.
③ 焦新. 免费教科书　城乡学生都享受［N］. 中国教育报，2017-09-30（002）.

从 2010 年 9 月起，北京市城六区义务教育阶段学生开始享受教科书免费待遇，学校不得以任何名目向学生收取涉及教材的一切费用。这标志着北京市小学和初中阶段所有学生将不用再交书本费。北京市教委特别指出，除了北京市公办中小学义务教育阶段本市户籍学生外，全市公办中小学义务教育阶段非本市户籍学生、民办学校义务教育阶段学生，以及经政府批准办学的打工子弟学校义务教育阶段所有学生，都将纳入免交教科书费的范围。[①] 2011 年秋季，福州市农村（含县城城关）义务教育阶段学生将全部免费使用国家课程和地方课程的教科书，部分学科教科书将实行循环使用。[②]

2012 年，大连市 28 万名城市义务教育阶段学生首次享受免费教科书政策，率先在辽宁省实现了城乡义务教育阶段全免费教育。[③]

上海、浙江、江苏等地都提前实现了教科书免费对义教阶段的学生全覆盖，其他省（区、市）也都加快了城市义务教育阶段学生免费教科书政策的落实。

2017 年 5 月 23 日，教育部、财政部联合印发《关于全面实施城乡义务教育教科书免费提供和做好部分免费教科书循环使用工作的意见》，宣布：从 2017 年春季学期起，按照教育部印发的《义务教育教学用书目录》，中央财政对全国城市和农村地区义务教育阶段学生免费提供国家课程教科书；各地组织编写、选用的地方课程教材一律免费提供给义务教育阶段学生使用，所需资金由地方财政承担；免费教科书的采购工作要按照政府采购有关法律制度执行。

随着国家免费提供教科书政策的实施，供给对象从部分贫困地区农村中小学生逐步扩大到义务教育阶段所有学生，义务教育阶段教科书也由私人物品转变为公共产品，这为教科书循环使用创造了经济上的条件。当然，前面我们已经有所分析，教科书循环使用绝不仅仅是经济问题，本质上还涉及文化

---

① 王超群. 北京义务教育阶段教科书全免费 [N]. 中国教育报，2010-09-06（001）.
② 许含宇. 今秋农村义务教育阶段教科书免费 [N]. 福州日报，2011-02-19（002）.
③ 于洪全. 我市率先在全省实现城乡义务教育阶段全免费 [N]. 大连日报，2012-08-24（A01）.

问题。

　　义务教育阶段教科书免费提供，是切实减轻农民负担的有效办法，是保证农村地区学生接受义务教育，加快农村教育事业发展，提高农村人口素养乃至全民素养的重大战略举措，这是我国改革开放 40 年的巨大成就，体现了社会主义制度的优越性，是我国教科书发展史上值得大书特书的一笔。

叁　沿海内地本不一样——八套半教科书的缘起与意义

教科书"不能脱离我国的实际情况",小平同志在强调教科书的重要性的同时,清晰地意识到这一问题的严重性。

为什么不能脱离我国实际情况?沿海内地本不一样,城市乡村大有差别。上海、北京的学生认为难度合适、容量合适的教科书,能够很好地适应青海、贵州的学生吗?反过来,贵州、青海的学生感到难度合适、容量合适的教科书,对北京、上海的学生而言,又是什么样的体验呢?

我国地域辽阔,人口众多,经济文化发展很不平衡。"文化大革命"结束后,总体上沿海的改革开放走在了内地前面,差距日益显现,不仅仅是沿海和内地,城市和农村的差距也逐渐明显,东部与西部的差距也在慢慢拉大。1986年4月12日六届全国人大四次会议审议通过了《中华人民共和国义务教育法》,自1986年7月1日起施行。它标志着我国确立了普及义务教育制度。义务教育的普及,为大量的适龄儿童受教育创造了条件,但也导致生源差距增大。面对这种情况,用一套统编教科书既不可能,也不恰当。

教科书变革的时机基本成熟,新中国教科书建设史上有名的八套半义务教育实验教科书就在这样的背景下产生了。

一、八套半教科书的推出

1988年,国家教委制订了教科书发展史上重要的《九年制义务教育教材编写规划方案》,该方案既是改革开放的产物,也是教育领域特别是教科书领域改革开放的重大举措。方案根据我国的实际情况(这也是小平同志特别强调的),专门提出:根据现有条件,设想用四五年时间,逐步完成四种类型的教科书编写工作。一是教材内容达到教学大纲的要求，面向一般地区的"六三制"教科书；二是教材内容达到教学大纲的要求，面向一般地区的"五四制"教科书；三是教学内容略高于教学大纲的要求，面向经济发达地区的小学和初中教科书；四是教学内容基本上达到教学大纲的要求，面向经济落后地区的小学和初中教科书。每个类型还可以编写不同风格、不同特色的教科书。以上所说的四种类型教科书中，既可有成套的教科书，也可有单科的教科书。此外，要积极创造条件，组织力量编写以下三种类型的教科书：第一，小学复式教学适用的教科书；第二，经济特区及国外华侨学校适用的中小学教科书；第三，少数民族中小学适用的民族文字教科书。

根据《九年制义务教育教材编写规划方案》，在国家教委的统筹安排下，产生了义务教育的"八套半"教科书。

表3-1　八套半教科书编写情况一览

编写单位	教材类型	使用地区
人民教育出版社	"六三制"教材	全国
人民教育出版社	"五四制"教材	全国
北京师范大学	"五四制"教材	全国
广东省教育厅、华南师范大学	沿海版教材	沿海地区
四川省教委、西南师范大学	内地版教材	内地地区
八所高师院校出版社	"六三制"教材	全国
河北省教育科学研究所	农村小学复式教材	全国复式学校
上海市教育局	发达城市教材	上海市
浙江省教委	综合课教材	浙江省

1. 八套半教科书编写的基本要求

八套半教科书的编写，主要依据之一是1987年全国中小学教材审定委员会制订的《中小学教材审定标准》。该标准提出了对编写九年制义务教育教科书的基本要求：

（1）贯彻"社会主义建设必须依靠教育，教育必须为社会主义建设服务"的方针，基础教育以提高学生素质为宗旨。

（2）减轻学生课业负担，促进学生全面发展，摆脱片面追求升学率的倾向。

（3）加强双基，培养能力；重视思想品德的教育，讲求思想性、科学性与趣味性的统一，最大限度地体现时代精神。

（4）坚持理论联系实际的原则，要求广泛联系实际，不仅要联系生产的实际，还要联系学生生活的实际、社会生活实际、中国和世界实际及大自然实际。

（5）教科书建设要力求统一性与多样性相结合。所谓统一性，就是要按义务教育教学大纲的基本要求去编写；所谓多样性，就是可以编写出多种不同风格、不同特点、不同层次的教材。实际上就是要建立竞争的机制，鼓励竞争，择优推荐，以适应我国经济和社会发展不平衡的状况，有效地提高教学质量。

八套半教科书的编写，主要依据之二是《全国中小学教材审定委员会工作章程》。

1987年10月10日，国家教育委员会正式发布了《全国中小学教材审定委员会工作章程》（该章程在1996年10月30日由国家教育委员会做了修改后重新发布），《章程》在审定原则里对教材的思想性、实践性、内容的难易程度、知识总量等都有具体的规定。这些既是教科书审查的依据，也是各编写单位在编写教科书时必须遵循的依据。也就是说，各单位编写、送审的教科书必须符合《章程》中规定的审定原则。

八套半教科书的编写，主要依据之三当然也是《九年制义务教育教材编写规划方案》。

如前所述，国家教委1988年制订的《九年制义务教育教材编写规划方案》，为八套半教科书的出台提供了政策依据，它同时也是八套半教科书的编写依据。该方案就编写教材的指导思想、目标、中小学教材编写中常见的问题、教材的推荐与采用、编写人员和经费、时间安排等做了详细的论述。

当然，最重要的依据是当时的学制、课程方案（教学计划）和教学大纲。国家教育委员会在《义务教育法》颁布不久，就组织起草了九年制义务教育各科教学大纲。1988年初，全国教材审查委员会各学科教材审查委员审查并通过了各学科大纲的初稿。1988年9月20日，国家教委颁布《义务教育全日制小学、初级中学教学计划（试行草案）》和24个学科的教学大纲（初审稿），作为各地编写义务教育教科书的依据，同时在各实验区试行。1991年，在听取各方面意见的基础上，国家教委组织力量对各大纲初审稿进行了全面的修订，形成大纲征求意见稿，向各省、自治区、直辖市广泛征求意见。从起草到定稿，历时五六年，并几经修改，1992年由全国中小学教材审定委员会审查通过。

实际上，当时实行的义务教育课程方案除了国家教委制订的一套外，经国家教委批准，上海、浙江也制订了自己的课程方案（见下表）、课程标准或教学大纲，它们也构成了八套半教科书中若干套的编写依据。

表3-2 上海、浙江的九年制义务教育课程方案

编写机构	名称	颁布时间	组成部分	适用范围
上海市中小学课程教材改革委员会（沪）	《上海市中小学九年制义务教育课程改革方案》	1989年4月通过，1990年2月修订	全日制中小学培养目标、九年义务教育课程改革试行方案、各科课程标准	经济文化比较发达和办学条件比较好的地区的全日制小学和初级中学
浙江省九年义务教育教材总编委会（浙）	《农村地区九年制义务教育试行教学计划》	1991年10月审定通过	九年义务教育教学计划、中小学各科教学指导纲要	农村地区的全日制小学和初级中学

2. 八套半教科书编写的指导思想

第一，根据《中华人民共和国义务教育法》所规定的义务教育的性质、任务，九年制义务教育的教科书必须着眼于提高民族素质，为培养德、智、体、美全面发展的，有理想、有道德、有文化、有纪律的社会主义公民和各级各类人才奠定基础。

第二，根据我国地域辽阔、人口众多、经济文化发展不平衡的国情，九年制义务教育的教科书，必须在统一基本要求，统一审定的前提下，逐步实现教

科书的多样化，以适应各类地区、各类学校的需要。

第三，把竞争机制引入教科书建设，通过竞争促进教科书事业的繁荣和教科书质量的提高。鼓励各个地方，以及高等学校，科研单位，有条件的专家、学者、教师个人按照国家规定的教育方针和教学大纲的基本要求编写教科书。在教材内容的选择和体系的安排上允许有不同的风格和不同的层次。

第四，加强宏观指导，严格审查、审定，以保证教科书的编写质量，防止在教科书建设工作中人力、财力和时间上的浪费。九年制义务教育教科书的编写，必须有领导、有组织、有计划地进行。同时实行编、审分开的原则，严格把好审查关。①

二、八套半教科书简介

八套半教科书于 1988 年开始编写，除八院校教科书因编写力量、编写经费不足及其他问题而中途夭折外，其他各套多于 1990 年秋开始试验。1992 年根据试验结果对大纲和教材进行了修改。上海编写的适应发达地区的教科书经上海中小学教材编审委员会审查通过试用，"浙江版"经浙江省中小学教材审定委员会审定通过试用。其他五套半教科书经过试验，均由全国中小学教材审定委员会于 1992 年 4 月至 5 月审查通过。通过审定后，这五套半教科书于 1993 年秋同正式颁布的义务教育课程方案相配套，在小学和初中起始年级全面选用。

另外，除教科书外，各版本同时编制了相应的配套用书和音像教材，包括学生用的练习册、实验册、地图册、自读课本和教师用书、教学挂图以及录音带、录像带等。

---

① 九年制义务教育教材编写规划方案 [M] // 咸立亭. 中华人民共和国教育法律法规全书：第 9 册. 北京：兵器工业出版社，2001：3922—3927.

1. 人民教育出版社编写的两套教科书

在八套半教科书中,人民教育出版社负责编写其中的两套,即"六三制"(小学六年、初中三年)的一套,"五四制"(小学五年、初中四年)的一套,两套教科书共 338 种。这两套教科书包括小学 8 个学科,初中 14 个学科。

其中,社会课程的开设在新中国是第一次。九年制义务教育"六三制"和"五四制"教学计划中都规定小学开设社会课,安排在三、四、五年级(五年制),或四、五、六年级(六年制),每周两课时,共计 204 课时。开设社会课后,小学不再开设历史课和地理课。1990 年秋季从小学、初中两个一年级开始,教科书陆续投入试用。

图 3-1

九年义务教育六年制小学教科书《社会》(第 3 册)(人民教育出版社地理社会室编著,人民教育出版社,2000年 10 月第 2 版,2005 年 6 月第 1 次印刷)

图 3-2

九年义务教育五年制小学教科书《社会》(第 3 册)(人民教育出版社地理社会室编著,人民教育出版社,1995年 10 月第 1 版,2000 年 5 月河南第 1 次印刷)

人教版两套教科书的特点之一是注重以教科书为主的系列化教材设计。以教科书为基础的系列教材,除教科书外,有教师教学用书、挂图、图册、卡片、幻灯片、投影片、录音带、录像带、实验手册、练习册、课外习题集、课外读物等。这样设计有两个目的:一是力求体现全国统一的教学要求,即教学大纲的要求，有利于使学生打下共同的、最必要的、扎实的基础；二是力求适应不同地区和学校师资、学生基础、办学条件的不同，以及学生的天赋和爱好的不同，有利于因地因校制宜和因材施教。系列教材中有些品种主要为第一个目的服务，如挂图、图册、卡片、投影片、录音带等；有些品种侧重于第二个目的，如课外读物、课外习题集等。通过教材系列化的设计和教科书内容的处理，在条件较好的学校，教师可以指导学生使用课外习题集或课外读物，加深或拓宽学生的知识领域，也可以从课外读物、课外练习册中选择一些内容作为学生必学的内容。条件较差的学校，则主要是利用图册、投影片、录音带等引导学生把教科书的基本内容掌握好。①

特点之二是各科教科书文字比较生动，图文并茂，趣味性比较强。比如为了培养学生学习物理的兴趣，教科书增加了大量形象有趣的插图，有的还采用了学生喜欢的漫画形式，有的以图代文，能用图说明的就不再用文字讲述。用一些有趣的故事、实验、现象等引入课程，激发学生的学习愿望。如讲述运动和静止的相对性，用第一次世界大战期间一名法国飞行员在空中用手抓住一颗飞行的德国子弹的故事引入课题。又如讲解蒸发吸热时，举了夏天人靠汗的蒸发使体温不致升高，而没有汗腺的狗，靠的是伸长舌头大口喘气增加蒸发量来散热的例子。

又如初中历史教科书，也非常注意文字的生动活泼。如关于楚汉战争中"鸿门宴"的描述，一反以往严肃刻板的面孔，文字生动有趣，可读性强。

教科书还力求把培养学生能力置于重要地位，力求结合学生实际。总之，由于人民教育出版社在中小学教科书编写方面的独特的地位、雄厚的实力、丰富的经验，加之认真对待，准备充分，措施有力，这两套通用教科书质量是有保证的。

---

① 课程教材研究所. 义务教育教材的研究与实验［M］. 北京：人民教育出版社，1997：83.

2. 北京师范大学的"五四制"教科书

据国家教委九年制义务教育教材建设规划，北京师范大学承担了"五四制"系列基本教材建设和试验的任务。1992 年，北京师范大学的"五四制"系列教科书陆续出版。

这套教科书包括小学、初中的 21 个学科，其中小学 8 科，初中 13 科，共有课本 150 册，教学参考书 150 册。根据教学实际需要，一些学科配有练习册、地图册和习题集，部分学科配有幻灯片、投影片、录音磁带、课外读物等。

该套教科书自 1990 年开始研制，是集体智慧的结晶，由六家出版社（北京师范大学出版社、山东教育出版社、青岛出版社、黑龙江教育出版社、黑龙江美术出版社、辽宁美术出版社）联合出版。教科书的编写过程也是教育科学研究的过程、师资水平提高的过程。

教科书先后在山东、湖北、黑龙江、河北、河南等地进行试验。小学、初中一年级教科书 1992 年经全国中小学教材审定委员会审查通过，1993 年秋，在全国发行。①

图 3-3

九年义务教育全日制四年制初级中学课本《美术 5》（三年级上学期用）（试用本）（山东省教学研究室、山东省教育学会美术教学研究专业委员会编，山东美术出版社，1995 年 4 月第 1 版第 1 次印刷）

图 3-4

九年义务教育四年制初级中学试用课本《地理》（第一册）（"五四"学制教材总编委会编，北京师范大学出版社，1993 年 4 月第 1 版第 1 次印刷）

---

① 北京师范大学组织编写的九年义务教育"五·四"学制教材［J］.学科教育，1992（06）：23—36.

北师大版教科书的重要特色之一是对"五四制"的讨论进行了有力回应。关于小学的学制是五年还是六年，1949年以来一直就有争议。改革开放后，在坚持统一性与多样性结合的前提下，国家允许各种学制并存。九年义务教育可以是"六三制"，也可以是"五四制"，各地可以依据本地实际自主选择。北京师范大学早在60年代就开始进行"五四制"试验及其教科书的编写，有过多年"五四制"教科书的编撰经验。经过20多年的实践，北师大认为小学五年能够完成初等教育的任务，有利于加快初等教育的普及，有利于教育效益的提高。在五年制小学的基础上，衔接四年制初中，能有效地克服初中阶段学生负担过重、辍学率高的弊端，更有利于学生身心健康发展。

3. "沿海版"教科书

八套半教科书中，"沿海版"是比较引人注目的一套。它是由广东省教育厅牵头，福建省教委、海南省教育厅和华南师范大学共同参与编写的一套"六三制"教科书，因为它是国家教委规划的，编写意图主要是为南方沿海经济文化较发达地区学校使用的，所以一般简称为"沿海版"教科书。

1988年，受国家教委的委托，"九年义务教育教材（沿海地区）编写委员会"成立。编委会以广东为主，福建和海南两省参与，办公室设在华南师范大学。沿海版教材编委会成立后，组织了近300位高校的专家、中小学优秀教师和教研人员，编写了18门课的教科书和教学参考资料，并于1989年秋季开始小范围试验，通过国家审定后，1993年秋季开始大面积推广试用，在教学上取得了良好的效果。在1997年10月，18个学科的各册教科书，均通过了全国中小学教材审定委员会的审定。[①] 审定委员会认为沿海版各科教科书探索了突破学科中心编写体系的途径，在建立以能力和个性发展为中心的训练体系方面，进行了开拓性的尝试。该套教科书主要在广东、福建、海南的部分地区使

---

① 刘达中. 为了孩子，实现课程教材改革新跨越——写在九年义务教育沿海版教材建设10周年之际［J］. 广东教育，1999（Z1）：16.

用,其中在广东省的使用量约占总量的 40%。

作为体现"一纲多本"原则的一个版本,"这套教材力图在不打破原有课程框架的前提下,通过对旧的学科课程的内容体系进行更新改造和设计,来达到改革的目的"。①

图 3-5

九年义务教育六年制小学试用课本《音乐》(第二册)(五线谱版)(九年义务教育教材〔沿海地区〕编委会编,广东教育出版社,1993 年 12 月第 2 版,1995 年 12 月第 6 次印刷)

图 3-6

九年义务教育六年制小学试用课本《语文》(第九册)(九年义务教育教材〔沿海地区〕编委会编,广东教育出版社,1994 年 7 月第 1 版,2000 年 7 月第 7 次印刷)

这套教科书一面世,就被公认为一套具有沿海特色、有"海味"的教科书。这一方面是由于教科书中出现了许多反映沿海风土人情、生活习惯、地方风物以及改革开放和国际交往带来的新事物、新风貌等内容。另一方面,这也与编写人员大胆借鉴了海外课程教科书编写的先进理论和方法,勇于革新,使教科书从内容结构到编排形式给人以焕然一新的感觉有关。此外,该套教科书使用了更好的纸张,印刷精美。这些特点使教科书更为切近沿海发达地区的学生实际,改变了以往教科书呆板、生硬的面貌。港澳和东南亚地区教育界人士给予了这套教科书高度评价,认为这套教科书彻底改变了他们对大陆教科书的

---

① 徐名滴, 庄兆声, 余进利. 从沿海版教材的实践看我国课程改革问题[J]. 教育理论与实践, 1998 (2): 27.

印象。应该看到,"沿海版"教科书的特色是改革开放所带来的,它反映了沿海地区人民思想观念上的更新,体现了改革开放的进取精神,这是更宝贵的地方。[①]以语文教科书为例,它致力于探索的是沿海地区特定的政治、经济、地理、人情、风俗等,在内容选择上,特意选取了表现沿海民族俊杰的如《孙中山先生的童年》《民族英雄郑成功》,体现南国风情的如《木棉树》《美丽的武夷山》,歌颂开放改革的如《数新房》《小燕子飞回来了》,直叙社会生活的如《高速公路》《神奇的电脑》等内容。

经过近10年的努力,这套教科书在编写、试验方面都取得了比较显著的成绩,同时也触及许多尖锐的、深层次的问题。如前所述,"沿海版"教科书是应国家实行教科书多样化改革而编写的一套教科书。其实,单从地区经济社会的发展背景看,要求冲破原有的"大一统"课程教材体制已成为那时广东教育界有识之士的强烈愿望。

4."内地版"教科书

这也是八套半教科书中一套比较有特色的教科书。有沿海相对发达地区的教科书,那么西部相对欠发达地区是否也需要自己的教科书呢?答案是肯定的。根据国家教委教材编写规划方案安排和教材编写实际,该套九年义务教育教科书,主要供我国经济文化基础比较薄弱的边远地区、农牧地区和山区,以及教学设备较差的小学和初中使用。因此,该套教科书习惯上被称为"内地版"。该套教科书定价低廉,适合内地广大农村及城镇的经济接受能力。

该套九年义务教育教科书,是受国家教委委托,由四川省教委与西南师范大学(现西南大学)合作编写的。编写工作于1988年3月开始,聘请了中小学高级教师、教育科研人员、高等师范院校专家教授共250多人组成"三结合"编写队伍,在先进的课程教材理论指导下,对国内外现行教科书进行比较

---

① 广东省教育厅、福建省教委、海南省教育厅和华南师范大学共同组织编写的九年义务教育教材[J].学科教育,1992(06):37—49.

研究,深入内地农村学校实地考察,采取边编写、边试验、边修改的工作方法。经过4年多的努力,完成中小学各科全套教科书的编写任务。全套教科书包括小学、初中22个学科:小学有思想品德、语文、数学、社会、自然、体育、音乐、美术、劳动;初中有思想政治、语文、数学、英语、历史、地理、物理、化学、生物、体育、音乐、美术、劳动技术等。各学科除课本外,同时编制了相应的配套用书和音像教材,包括学生用的练习册、实验册、地图册、自读课本和教师用书、教学挂图以及录音带、录像带等。

1992年4月至5月,"内地版"的小学和初中一年级各学科教科书,送全国中小学教材审定委员会审查通过,同时被列为国家教委九年义务教育中小学教材,供全国中小学选用。这套教科书编出后,先后三轮在四川、云南、海南等省的中小学使用。然而遗憾的是,本来是特别针对欠发达地区的学校编写的教科书,最后却被人认为内容分量和难度等都偏大。[①]

图3-7

九年义务教育六年制小学试用课本《思想品德》(第十一册)(内地版小学思想品德教材编写组编,四川教育出版社,1997年5月第1版,1998年4月第3次印刷)

图3-8

九年义务教育六年制小学课本《社会》(第六册)(九年义务教育教材(内地地区)编写委员会编,四川教育出版社、中国地图出版社,1997年12月第2版,2000年12月第6次印刷)

5. 浙江版教科书

八套半教科书中的浙江版教科书,是一套地方色彩浓郁的教科书。当时,国家教委试图在一定范围内进行"多纲多本"的尝试,同时为全国未来的课程

---

① 李鹏,陈力. 素质教育的呼唤——说"减负"、谈改革[M]. 北京:新华出版社,2001:125.

教材改革积累经验，于是向浙江和上海两地下放了部分权力，其中重要的是课程改革与教材改革的自主权。浙江省主要进行的是义务教育阶段课程教材的改革，上海市则实施了"一期课改"，从小学到高中，整个课程教材体系全部进行改革。

受国家教委的委托，1988年浙江省义务教育实验教科书启动编写，这是主要面向发达地区农村中小学的教科书。教材编委会共组织了教研员、中小学教师、大专院校教师及编辑160多人参与研制，并聘请了一批专家担任学科编委会顾问或审稿工作，各方面直接参编人员达300余人。1991年7月，各学科教科书第一册及部分学科教科书第二册出版。[1] 1991年10月，全国中小学教材审定委员会二届一次会议审查通过了浙江省送审的全部15门学科的纲要。所编写的教科书于1993年秋季开始在浙江全省的初中和小学一年级推广使用。

浙江版教科书的突出亮点是综合课本的编写。浙江省作为全国课程整体改革试点之一，20世纪90年代开始，对九年制义务教育的课程设置做了较大的改革，在初中阶段开设了"社会"和"自然科学"学科，改变以物理、化学、生物以及历史、地理等课程进行分科教学的方式。

初中《自然科学》教科书，共6册，浙江教育出版社出版。这是1949年后第一套正式出版，集理、化、生、自然地理为一体的综合教科书。[2] 它把生物与物理、化学、自然地理结合了起来，突破了物理学、化学、生物学和地理学各自的学科体系，以人和自然为中心，以物质的结构、性质、形态和物体的运动规律作为基本教学内容，注意科学技术与社会的相互影响。该套教科书反映了几门学科之间的关联性和整体性，体现了向世界教育发展趋势靠拢的大方向。

---

[1] 曾天山. 教材论[M]. 南昌：江西教育出版社，1997：238.
[2] 许秀珍，陈小真，夏抗生. 中学综合教材《自然科学》的特点[J]. 温州师范学院学报（哲学社会科学版），1995（2）：54.

图 3-9

义务教育初级中学课本（试用）《自然科学》（第三册）(浙江义务教育教材编委会编，浙江教育出版社，1995年4月第1版，1997年4月第3次印刷）

图 3-10

义务教育五年制小学课本（试用）《语文·思想品德》（第二册）（浙江义务教育教材编委会编，浙江教育出版社，1992年12月第1版，1997年8月第6次印刷）

浙江版教科书还把小学一、二年级的《语文》和《思想品德》合科为《语文·思想品德》。三年级及以上则继续保持《语文》和《思想品德》各自独立的教科书。这是一门新的综合性学科的教科书。综合教科书的最大挑战是如何把不同学科的内容有机地融合在一起，而不是简单生硬地拼凑起来。

6. 上海版教科书

上海版教科书是八套半教科书中又一套国家规划、地方性质的教科书。

1988年4月，上海市《政府工作报告》中提出，要"抓好中小学课程、教材改革"。同年5月，国家教委做出规划，在上海进行适应当地社会主义建设需要的课程、教科书改革试验，并计划编写一套供我国发达地区使用的九年制义务教育教科书。国家教委支持上海针对自己的需要，不受义务教育教学大纲的限制，制订本市的《全日制九年制义务教育课程标准（草案）》。上海课程改革方案于1991年10月经全国中小学教材审定委员会初审通过，编出的大部分教科书在1993年初出版使用。据统计，到1993年，上海版教科书已经出版必修课程教科书19种22套共214册。上海版教科书都是由上海市中小学课程教材改革委员会组织编写，经上海中小学教材编审委员会审查通过的。

上海版的部分教科书，如语文、物理、化学等部分教科书还编出两套，如语文教科书有H版、S版。H版和S版教科书都根据上海市中小学课程教材改革委员会制订的《全日制九年制义务教育课程标准（草案）》编写。S版由上海石油化工股份有限公司、中国石化上海金山实业公司和闸北区教育局组织编写，经上海中小学教材编审委员会审查通过。H版由上海市中小学课程改革委员会组织华东师范大学和徐汇区教育局编写，经上海中小学教材编审委员会审查通过。两个版本都是上海一期教改时期（1988—1997）使用的教科书，都由上海教育出版社出版。上海是当时全国少有的同时并存两种不同版本语文教科书的地方。在这两套教科书的选用上，市教委提出由学校自由选择，但是为了在教学、管理上的方便，每个区都使用统一的版本。1998年进入二期教改之后，根据新的课程标准重新统一编写了相应教科书。

上海版教科书也叫"发达地区版"教科书，面向发达地区，主要强调以社会需要、学科体系和学生发展为基点，以全面提高学生素质为核心，力求由"升学—应试"的轨道转到国民素质教育的轨道。试验学校反映，新教科书能较好地适应经济文化发达地区改革开放的需要，符合总体改革目标。有研究认为，上海版教科书大致有以下特点[1]：一是重视加强德育；二是使学生基础扎实，负担有所减轻；三是使学生的实践操作能力有所增强；四是重视反映发达地区改革开放的实际。

---

[1] 田慧生，曾天山.中小学课程教材改革与实验［M］.成都：四川教育出版社，1997：279—280.

图 3-11

九年制义务教育课本《语文》(H 版)(九年级第二学期)(上海市中小学课程教材改革委员会编,上海教育出版社,1997 年 11 月第 2 版,2005 年 11 月第 9 次印刷)

图 3-12

九年制义务教育课本《语文》(S 版)(五年级第一学期)(上海市中小学课程教材改革委员会编,上海教育出版社,1997 年 6 月第 2 版,1999 年 6 月第 3 次印刷)

7. 八院校合编教科书

1988 年,国家教委在制订《九年制义务教育教材编写规划方案》时,把编写"高层次"义务教育教科书的任务交给了有出版社的八所高师院校。有人称这套教科书为"高师版"或"八院校版"教科书。后来,八所师范院校合编的义务教育教科书因多种原因而中途夭折,没有完成,只有数学、化学等部分学科编写并出版了有限的几册教科书。其中《数学》教科书由西南师范大学陈重穆教授与北京师范学院梅向明教授任主编,从 1991 年秋季开始,在重庆、北京(海淀区)、成都等地按每年 100 个班左右的规模开展了 5 年试验研究,取得了可喜成果。① 后经审定通过,全国发行,并多次修订再版。《化学》教科书由广西师范大学出版社负责组编、出版、试验。教科书由李干孙教授任主编。该教科书于 1990 年 7 月出版第一版,1990 年秋季在全国 100 多个教学班

---

① 罗长青. 高师版义务教育初中数学教材实验初探[J]. 数学教育学报, 1997(02): 32—35.

试验使用。试验使用后,广西师范大学出版社又进行了全面修改并出版。

图 3-13

九年制义务教育六·三学制初级中学实验课本《代数》(第1册·上)(陈重穆主编,西南师范大学出版社,1991年8月第1版第1次印刷)

图 3-14

九年义务教育六·三学制初级中学实验课本《化学》(全一册)(李干孙主编,广西师范大学出版社,1990年7月第1版第1次印刷)

8. 复式小学教科书

20世纪80年代,我国的小学绝大多数在农村。在人口较少、居住分散或居民流动性较大的农村,特别是经济文化比较落后、教育投资困难、师资不足的山区农村,存在着数量相当多的复式小学。要使这些地区的儿童能入学、留得住、学得好,实现普及九年义务教育、提高国民素质的目标,当时的一项重要任务是改革不适应农村复式小学的课程和教材。多年来,我国的复式小学一直执行全日制小学的课程计划和使用全日制小学各科教材。这种课程和教材,过分突出统一性,缺乏必要和应有的多样性、灵活性和地方性,不适应复式小学一室多级、一堂多科的"多端性"、交替进行教学的"交替性",以及教学时间受到限制的"时限性"和"动静结合"的教学特点,从而给教学造成困难,增加师生负担,降低教学效果。为此,重新制订适应我国广大农村复式小学的课程计划,编写适应复式小学教学需要的教材,势在必行。有鉴于这些独特性，1988年，国家教委委托复式学校比较多的河北省研究九年义务教育农村复式小学、简易小学课程教材改革，编写全国中小学教材规划中的复式小学教科书。这套教科书只有小学，没有初中，号称八套半教科书中的"半套"。

河北省教委经过多次研究、论证，制订了适应农村复式小学教育的课程教材整体改革方案。其总的指导思想是：

第一，课程教材改革要置于农村教育整体改革之中；

第二，课程教材改革要坚持社会主义方向，体现培养目标的整体性和教育活动的整体性；

第三，课程教材改革要立足于复式小学状况，反映复式小学的特点。[①]

根据上述指导思想，在课程设置上进行了"精简、综合、实用、适应"为中心的改革，建立了中心课程、综合课程和活动课程相结合的课程体系。中心课程为语文和数学，综合课程是"品德与社会""生活与科学"和"艺术"，活动课程主要进行文体、科技、生活和劳动教育，发展学生的个性。

根据复式小学课程教材改革方案，河北省教科所牵头组织编写复式教科书。该教科书有五年制、六年制两种，从1990年开始在省内3个县7个班进行小规模试验，1991年和1992年又相继在省内部分复式班进行了试验，取得较好的教学效果。复式教科书在试验基础上修改后，经全国中小学教材审定委员会审查通过，从1995年秋季起供复式小学和复式班选用。

复式教科书最大的特点就是其结构体系及内容编排遵循复式教学规律，突出复式教学特色。复式班的教学形式表现为"一室多级"和"一堂多科"，因而复式教学有"多端性""交替性"和"时限性"的特点。复式教科书的编写遵循这一教学特征，在结构体系和内容编排上下功夫，力求发挥这种教学形式的潜在优势，改变其不利因素，提高教学效益。如复式班学生自学时间长，教科书就得合理设计练习题目，不仅要巩固学生所学知识，还要延伸教材内容，

---

① 郭恩. 我国复式小学课程教材改革迈出新步伐——谈河北省复式小学课程教材改革及数学教材[J]. 课程·教材·教法，1995（03）：17—20.

图 3-15
义务教育五年制小学复式教材《数学》（实验本）（第八册）（义务教育小学复式教材编写委员会编著，河北教育出版社，1996 年 12 月第 1 版第 1 次印刷）

图 3-16
义务教育六年制小学复式教材《数学》（实验本）（第二册）（义务教育小学复式教材编写委员会编著，河北教育出版社，1992 年 4 月第 1 版第 1 次印刷）

激发学生学习兴趣，使学生学到更多的知识。教科书中的练习题不仅数量多，且题型多样，难易搭配适当，既安排了一些让一般学生都能独立完成的题目，也安排了一定数量有一定难度的题目，以满足不同程度学生的求知欲，便于因材施教。又比如，复式教学对教师的要求很高，所以河北版复式教材的教师用书编写新颖独特。教师用书将教科书与教学指导融为一体，每页都有教科书的内容和相应的教学指导，并留有供教师书写简单教案、教学笔记及课后分析的空白，教师感到既实用，又方便。复式教科书体现农村教育和复式教学特点，教师易教，学生易学，减轻了教师备课负担，使复式教学更加规范，克服了随意性。这是农村复式小学课程教材改革的一次可贵尝试。

肆 城市化之后——乡土教科书的兴衰

城市迅速发展、农村不断凋零成为改革开放 40 年一个极为重要的社会现象。为了面对这一局面,党中央强调要实施振兴农村的战略。振兴农村必须重视乡村教育。但太多的乡村教育只是办在乡村的城市教育或城市的附属教育,因为这些乡村教育没有重视真正的乡村元素——乡土教材!

所谓乡土教材,就是乡土教科书,是展示局部特定地理与生态空间的自然、人文、社会、经济的历史与现状的学校教学用书。现代意义的乡土教科书肇始于 20 世纪初,是在救亡图存的教育思潮影响下产生与发展起来的。百年曲折发展,乡土教科书映照出中国社会特别是乡村社会的变迁,也记录了它自己在乡土文化传承以及爱乡爱国的民族精神发扬上的独特担当。但是 20 世纪末,乡土教科书也没能逃脱与它的母体——乡土、乡村——同样的命运,遇到了前所未有的发展瓶颈,陷入实质性衰落。现在我们已经很难见到乡土教科书了。

一、乡土教科书的意义与价值

乡土教科书能够保护与传承迅速凋零的乡土文化。中国突飞猛进的现代化,往往等同于城市化。在这种观念下,城市文化等同于发达、文明、进步,乡土文化则代表贫困、落后、愚昧。在城市飓风狂扫之后,乡村滑向凋敝,乡村社会矛盾趋于激化,这其中最严重的是乡土文化被破坏殆尽。乡土文化是乡村在漫长的发展变迁过程中积淀而成的地域、民俗文化,是中华传统文化的重要组成部分。中国社会以乡村为基础,并以乡村为主体,中华文化多是从乡村而来,又为乡村而设。长期以来,中国是一个以农耕文明为主的国家。农业生活的特点，使得同一块土地上的人们世世代代生于斯、长于斯，定居而乐业，对于养育自己的"土"有着自然的珍惜与崇拜，对于陪伴自己的"乡"有着自然的亲密与眷恋，由是产生"与乡人处，由由然不忍去也"的乡土情怀。这种自然的情感成为让人安放心灵的精神家园。正因为乡土教材对传统文化的重要价值，清末以保存国粹为宗旨的国学保存会的重要工作就是编撰乡土教材，刘师培、黄晦闻、邓实等一批国学大师都亲自编撰了多种乡土教科书。

乡土教科书可以均衡与缓解城市化带来的负面效应，构建乡村青少年日益荒芜的精神家园。乡村是农村少年发展的精神场域，乡土是"每一个人终身的精神支柱，在人格形成中起着重要的作用"。[1]在这个意义上，承载浓郁的乡村情乡土情的教科书，也许是乡村学生可以得到的最适宜的人格养成的精神乳汁，对于他们精神家园的建构具有重要意义。"生活在哪里其实是无所谓的，问题是你要有家园。从全球来说，是你必须以中国为根，从地方来说，本土是你的根。"[2]本土之根，是文化之根，是精神家园的基石。学生们通过乡土教科书，从中汲取的是对乡村生存价值理念的尊重，培养的是深厚的乡村情感和健康的乡村价值观，是身为乡村少年基本的生存自信、文化自信。这是一种面对城市文明时以开放的文化心态积极接纳现代文明的自信。

缺乏乡土教科书，就很难把民族、地方性知识纳入学生视野，就会加剧乡土共识的瓦解和乡土文化的消亡，加剧年轻一代从乡土的逃离。当年轻一代，对生养自己的这块土地，对其所隐含的深厚的文化，对厮守在其上的人民，在认识、情感以至心理上产生疏离感、陌生感时，当乡村学生在教育中体会到的是"自己的乡村世界"价值的湮灭时，乡村发展的希望也就越来越渺茫了。

乡土教科书能够很好地培养学生由乡及国、爱乡爱国的高尚情感。乡土教科书的发展初衷，很少离开过"由乡及国""爱乡爱国"的定位。由乡土而国家，由爱乡而爱国，铸就家国情怀，这是乡土教科书产生的根本动力。乡土教

---

[1] 奥田真丈，河野重男. 现代学校教育大事典：第2卷[M]. 东京：行政出版公司，1993：176.
[2] 邵宁宁，钱理群. 乡土中国与家园重建——钱理群先生访谈录[J]. 甘肃社会科学，2011（3）：77.

科书的主旨,"在发扬光大儿童爱家爱乡之固有精神,为爱国爱群之思想","以激发儿童民族思想"。①

当今乡村所面临的严峻困境是人们大规模从身体到心理全面逃离乡土、投身城市。振兴乡村的目标之一是创造各种条件,让人们至少从心理上期盼生养自己的乡土更美好,并在适当的时候直接间接投身于乡土建设。乡土教科书就是为这一目标提供精神支撑的武器。乡土教科书是有形的乡土文化,最直接的目的是培养乡村青少年热爱自己的乡土。它可以通过乡土知识和乡土文化的传播,培养学生的乡土意识、乡土情感,使学生了解乡土、热爱乡土,寻找自己"一方水土一方人"的自我认同和文化自信。乡土教科书可以较好地实现乡村学生对生于斯、长于斯的乡土认同,唤起人们对乡土的了解和热爱;能够习得建设乡村的某些知识与技能,"增进国民知能,发展国民生计";②能够了解本乡本土发展的优势劣势,为创业创新提供智慧基础。乡土教科书注意本地民众生活,引起青少年对本土的自豪,同时使他们知道改进乡村之刻不容缓,让人们愿意守住乡土、建设乡土,以此实现"天地位焉,万物育焉"的和谐。当年国学保存会大力倡导乡土教科书,就把振兴民风,引发乡民"尚朴、好义、贵勤"之风作为重要目的。③通过乡土教材的学习所培养出来的人"应该是热爱本土社会、理解本土社会和愿意为本土社会的发展贡献自己聪明才智的人",④就算人们离开乡土,他们的精神还是归于乡土的,是愿意为乡土发展出力的。可见,这种乡土教科书的缺失将会加剧乡土文化消亡的严重性,加快乡村青少年逃离乡土的速度。当年轻的乡村一代,对生养、培育自己的这块土地,对厮守其上的乡民百姓,对哺育自己的乡土文化,越来越疏离,越来越陌生时,乡村的凋零就为期不远甚至难以逆转了。

---

① 周士香,等.无锡乡土新教材[M].上海:正中书局,1936:编辑大意.
② 昆明县教育局.修订昆明县小学乡土教材[M].昆明:昆明县教育局,1937:序.
③ 刘师培.安徽乡土地理教科书[M].上海:乡土教科书总发行所,1907:叙.
④ 石中英.本土知识与教育改革[J].教育研究,2001(08):17.

乡土教科书"以养成乡土之爱为起点,而渐次启发爱国心",①实现从"乡土爱"到"国家爱"的根本转变。乡土教科书把地方和国家联系起来,把家和国联系起来,让学生由爱家爱乡而爱国。如前述,中国文化某种意义就是乡土文化,乡土意识就是国家意识,山水地理就是国家精神,三山五岳、长江黄河,总和自己的祖国相关联。怀乡不仅仅是一种朴素的个人记忆,更是一种家国情怀,它构成了古往今来文学作品最为重要的精神主题。怀乡之情不是简单的眷恋,而是故乡不屈的历史和不竭的动力,是中国人在艰难困苦中顽强生命意志的源泉和强大民族性格的基础。乡土教科书通过培养学生的乡土意识和爱乡情结,通过乡土文化的熏陶,在养成和激发学生的爱国情感方面能够发挥重要作用。它是爱国教育的阶梯和手段,是思想教育的武器,能够改变相对空泛的爱国主义教育局面,让爱乡爱国之根深深地扎进每个人的心中。

党的十九大提出振兴乡村的重大战略任务,振兴乡村甚至写进了新的党章。这是一个意义深远的巨大系统工程,包括生态宜居、乡风文明、治理有效等方面的建设。生态宜居的核心是绿色发展,美丽中国要靠美丽乡村打底色;乡风文明既要传承保护发展乡村优秀农耕文明,也要培育引导农民树立现代价值观念和法治意识,提升农民精神风貌,提高乡村社会文明程度,这就需要挖掘农村本土文化人才,形成一股新的农村文化建设的力量;治理有效,是要创新乡村治理机制,乡村治理是国家治理的基石,要注重现代治理理念、手段和传统治理资源相结合,以自治消化矛盾,以法治定分止争,以德治春风化雨,让农民安居乐业、农村和谐稳定。②

上述任务的完成,必须依靠知识、人才、思想,所以振兴乡村最重要的基础和手段就是大力发展乡村教育。乡村教育绝不是办在乡村的城市教育,不是教育乡村学生逃离乡村的教育,必须是充满乡土元素的教育,是培养乡村学生热爱家乡建设家乡的教育。很显然,这种乡村教育的核心乡土元素是乡土教科书。

---

① 林瑞荣.国民小学乡土教育的理论与实践[M].台北:师大书苑有限公司,1998:4.
② 乡村振兴顺应亿万农民新期待[N].人民日报,2018-01-14(9).

二、乡土教科书的演进

作为教科书家族重要成员的乡土教科书，其实是一个舶来品，它是在19世纪末20世纪初传入我国并被采用的。乡土教科书之所以在这一时期得到清廷认可并纳入国家学制系统，是清末教育改革、德日乡土教育的影响以及我国原有编撰地方志的基础等因素共同作用的结果。① 虽然关于作为学校用书的乡土教科书产生的具体时间，学界存在多种说法。但是总的来看，有据可查的、规模化的、官方层面认可编修的乡土教科书是从1902年壬寅学制颁布之后开始的，鉴于壬寅学制未付诸实践，1904年颁布的癸卯学制中关于乡土内容的规定就成为乡土内容进入课程的最早制度规定。除了各级政府的努力外，国学保存会与南社成员是清末乡土教科书编撰的部分主力军，② 如刘师培、黄节、傅熊湘、侯鸿鉴、马锡纯、范烟桥等人都参与编撰了乡土教科书。清末编撰乡土教科书具有较为深远的历史意义，它提供了乡土教科书编写的模式，留下了许多翔实的乡土史料。虽然这股编撰的热潮随着清廷的倒台戛然而止，然而却为此后乡土教科书的发展奠定了基础。

民国乡土教科书经历了一个跌宕起伏的过程。在民初的一段时间内，沿袭了清末乡土教材编撰的一些做法，甚至编撰的依据都还是清末的《乡土志例目》，之后开始根据1922年的新学制要求，编撰新的乡土教科书。③

1928—1936年，民国乡土教科书经历了一个高唱入云的时期。从1928年第一次全国教育会议上关于乡土教育的提案中出台《乡土教材补充读物编撰条例》，④ 到1929年《小学课程暂行标准》中关于乡土内容的规定，⑤ 再到1930年第二次全国教育会议对乡土内容的提倡，最后到国家和地方对乡土教科书政策

---

① 李新.论清末乡土教材出版的几个问题[J].编辑之友，2014（03）：93—96.
② 王兴亮.爱国之道，始自一乡[D].上海：复旦大学，2007.
③ 马维周.冀县新乡土教科书[M].冀县赞化石印局印刷，1923：编辑大意.
④ 中华民国大学院编纂.全国教育会议报告[M].上海：商务印书馆，1928：592—593.
⑤ 课程教材研究所.20世纪中国中小学课程标准·教学大纲汇编：课程（教学）计划卷[M].北京：人民教育出版社，2001：116.

的积极回应,各地都开始积极推进乡土教科书的编撰,通过各种途径收集乡土资料,编撰乡土教科书,一时间,乡土教科书的发展进入一个"最为高唱入云的时期"。① 一方面乡土教科书于这段时间里实现了由文言文向语体文的转变,另一方面乡土教科书也在这一时期开始逐渐定型,教科书结构开始趋向完整。

1937年抗战全面爆发,乡土教科书的编撰受到了较大影响。就国家层面来说,因为对乡土教科书抱有唤起民族精神、实现救亡图存的希望,因此南京政府急切地呼唤乡土教科书,如1938年《战时各级教育实施方案纲要》特别强调乡土教科书的使用,特别规定"对于各级学校各科教材须彻底加以整顿,使之成为一贯之体系而应抗战与建国之需要,尤宜尽先编辑中小学公民、国文、史地等教科书及各地乡土教材,以坚定爱国爱乡之观念"②。1941年的小学国语和常识课程标准中单独列出乡土教学内容,1942年的国民教育工作检讨会议中单独提出了《关于各省市收集或编辑地方教材办法》。③ 由此可见国家对乡土教科书之重视,无奈战争期间,即使主观上强调重视,客观上也很难落实。这一时期虽然出版了一些乡土教科书,但是大多是修订重版,且较前期并未有所突破。1945年抗战结束之后,内战纷争再起,乡土教科书的编撰与出版走向了低谷。

1949年至今,乡土教科书就开始主要作为国家课程教材的补充角色而存在。中华人民共和国成立后的一段时间,乡土教科书的发展经历了一个缓慢的过渡,这时期乡土教科书的编撰,更多的是满足不同地区教育发展的需要,以适应地区的差异性。当然,这并不是说不谈爱乡、爱国,只是关注的重心有所变化,这种变化趋势在历次关于乡土教科书的政策文件以及乡土教科书编撰者们的自述中随处可见。1958年1月23日教育部发出了《关于编写中小学、师范学校乡土教材的通知》,这是新中国成立后第一个专门针对乡土教科书编撰

---

① 王伯昂. 乡土教材研究[M]. 上海:商务印书馆,1948:24.
② 中国第二历史档案馆. 中华民国史档案资料汇编:第5辑第2编教育[M]. 南京:江苏古籍出版社,1997:14.
③ 张荫椿. 本省小学乡土补充教材的编纂问题[J]. 国民教育指导月刊,1942(10).

的国家层面文件。通知强调：

根据党中央和毛主席的指示，中小学和师范学校地理、历史、文学等科教学都要讲授乡土教材，可以补充全国统一教材的不足，使教学内容更加丰富充实、生动具体，能更密切地结合地方实际情况，能更好地适应我国地区辽阔、情况复杂的特点。这对加强学生思想政治教育和提高知识质量都有很大的帮助。

目前初中农业基础知识、小学农业常识教材已由各省、市编写，个别省、市已着手编写小学语文乡土教材，少数学校也注意对学生加强乡土教育和指导学生进行乡土调查。但是多数的地方教育行政部门还没有注意这项工作。这种情况必须改变，各省、自治区、直辖市教育厅、局应当负责编写、审查乡土教材的工作。①

1958年8月，中共中央和国务院发布了《关于教育事业管理权力下放问题的规定》②，教科书编写权力开始下放。1959年3月，《教育部党组关于编写普通中小学和师范学校教材的意见》中指出，"教育部在编写通用教科书的时候，应该计算其所需要的教学时间，留出适当的课时，让地方增加适合当地需要的补充教材和乡土教材；补充教材和乡土教材所占的比重，在指导性教学大纲中规定"。在此大背景下，全国掀起了一股编写乡土教科书的热潮，造就了1949年后乡土教科书发展的第一波小高潮。整体上看1949—1966年的17年间，乡土教科书的编写经历了一个由过渡到规范的过程。"文化大革命"时期以毛泽东同志提出的"教材要有地方性"作为最高指示，乡土教科书遍地开花，且集中体现了政治挂帅、注重实用等特点。

"文化大革命"结束后，乡土教科书的指向依然是适应地区差异，联系当地实际的需要。1987年召开的全国乡土教材工作会议，1990年国家教委组织的"全国乡土教材建设经验交流会"，推动了乡土教材在20世纪80年代中期

---

① 中华人民共和国国务院公报，1958（5）.
② 中央教育科学研究所. 中华人民共和国教育大事记[M]. 北京：教育科学出版社，1984：228.

到 90 年代经历了一个发展的小高潮。

2001 年新课程改革之后，国家推行三级课程体系，乡土教科书逐步退位到地方和校本课程体系框架之下，借助地方教科书和校本教材实现着艰难的转型。

三、20 世纪 80—90 年代乡土教科书的繁荣

如前所述，乡土教科书在我国教科书发展历史上一直是一个值得关注且非常丰富的教科书类型。早在清朝晚期，就比较关注乡土教科书的建设，积累了比较丰富的经验，也取得了显著的效果，涌现出一批高水平的乡土教科书。1949 年后，乡土教科书，特别是乡土地理和历史，更得到了长足的发展，且这个传统一直没有断裂，即便是十年"文化大革命"期间，仍然有乡土教科书顽强地发展起来。改革开放后，特别是 20 世纪 80—90 年代，乡土教科书建设获得了更加有力的支持与发展，各地编写的乡土教科书雨后春笋般出现。大多数省、自治区、直辖市，部分地级市甚至县、乡、村都编写出版过本地区的乡土教科书。

1986 年 9 月国家教委召开全国中小学教材审定委员会成立大会，明确提出：我国的国情，第一是一个多民族的国家，第二农村人口占 80% 以上。各民族的文化传统不尽相同，在民族之间、地区之间、城市和农村之间经济和文化基础差异很大，教育发展更不平衡。针对这些情况，在统一基本教学要求的前提下，要允许各地根据自己的情况调整和补充某些教材内容和教学要求，编写结合本地实际的乡土教材。

1987 年 6 月国家教委在浙江建德召开全国乡土教材工作会议，并于 8 月转发了《全国乡土教材工作会议纪要》；国家教委领导在会上作了重要讲话，后以《大力推动乡土教材建设》为题，刊登在 1987 年 11 月《人民教育》上。它们成为乡土教材建设的重要助推。《人民教育》上的文章从不同方面提到了

乡土教材的重要性;(一)为什么要提倡编写乡土教材;(二)编写乡土教材的基本原则;(三)采取多种形式,组织好编写乡土教材的工作;(四)加强领导,调动各方面力量,编好乡土教材。在编写乡土教材的基本原则中,首先提出编写乡土教材的范围:"从当前我国大多数学生实际的活动范围和行政区划管理情况看,根据各地的实践经验,农村以县为主,大中城市以市为主编写乡土教材较为合适。但不要绝对化,要从各地情况出发,有的民族地区,人口少,民族习俗、自然环境、历史文化差别小,就可以在较大的范围内编写乡土教材。有的省编写了全省的乡土地理、历史,也可以试验。在大多数情况下,农村应以县的范围为主编写乡土教材。"[1]

1988年8月,国家教委制订并颁布了《九年制义务教育教材编写规划方案》。根据方案,"乡土教材、小学劳动课和中学劳动技术课教材,以及本地区需要的补充教材,由地方编写,省、自治区、直辖市中小学教材审查委员会审查通过后,在本地区推荐使用"。据此,各地陆续组织编写出版了乡土教材,乡土教材建设成绩喜人。几年时间,全国乡土教材就达两千余种。[2]

进入90年代,乡土教科书更加快速地发展,各地乡土教科书建设广泛开展起来。为了总结和交流各地编写乡土教科书、深入开展乡土教育的经验,评选优秀的乡土教科书,以进一步推动乡土教科书的建设,1990年5月,国家教委在南京师范大学召开全国乡土教材建设经验交流会。参加会议的有各省、自治区、直辖市教委、教育厅(局)负责乡土教材工作的领导、教研人员,获奖教材的编者代表,有关高等师范院校的教师,部分出版社的编辑,九年义务教育各套教科书地理学科的主编和国家教委有关司局的同志共70多人。会上对涌现的乡土教材进行了评比,参加评比的优秀乡土教材有200多种,最后评出一等奖18种,二等种62种。[3]一等奖中包括广东省中山市的《中山历史》、

---

[1] 王明达.大力推动乡土教材建设[J].人民教育,1987(11):4.
[2] 田慧生,曾天山.中小学课程教材改革与实验[M].成都:四川教育出版社,1997:180.
[3] 王铎全.历史教育学[M].上海:上海教育出版社,1996:104.

山东省济南市的《济南历史》、黑龙江省的《黑龙江省小学历史》、上海市的《上海乡土历史》等,二等奖包括《南京乡土历史》《厦门经济特区》《泉州历史》《福州历史》《闽北地理》《泉州地理》等,①鼓励奖包括山东省聊城地区《东昌史话》、四川省的《璧山历史》等。②

图4-1

上海市中学课本《上海乡土历史》(上海市中小学教材编写组编,上海教育出版社,1979年4月第1版,1992年11月第15次印刷)

图4-2

《济南历史》(济南市教学研究室编,济南出版社,1989年8月第1版,1993年10月第4次印刷)

图4-3

福建省初中乡土教材《泉州历史》(《泉州历史》编写组编,福建人民出版社,1992年12月第1版,1993年8月第2次印刷)

图4-4

福建省初中乡土教材《福州历史》(《福州历史》编写组编,福建人民出版社,1992年2月第1版第1次印刷)

江苏省教委在这次会上介绍了江苏省开展乡土教育的经验,代表们还实地考察了南京市一些学校利用当地革命历史和人文地理实际资料对学生进行爱国

---

① 福建省普通教育教学研究室. 福建教研志 [M]. 福州:[出版者不详],2004:127.
② 王铎全. 历史教育学 [M]. 上海:上海教育出版社,1996:104;刘茂才. 四川人才年鉴:1979—1994 [M]. 成都:四川人民出版社,1996:1578.

主义和革命传统教育的情况。国家教委领导在会上作了《重视和加强乡土教材建设》的报告，对乡土教材的重视程度进一步增加，认为："乡土教材建设是整个基础教育改革和基础教育教材建设的重要组成部分，应该给予足够的重视。"这次乡土教材会议极大地鼓舞了各地编写乡土教材的热情，推动了乡土教材的发展，是新中国成立后乡土教材发展的第二波高潮，与1958年乡土教材的小高潮相比，本次乡土教材的大发展取得了更大的成绩，成果更加显著。①

这期间各地的乡土教材建设取得了较大成绩，也积累了一些经验。上海市、四川省基本完成了乡土地理教材的编写任务。上海市乡土地理教材形成了市、区、县相结合以及教材、地图、录像相配套的系列教材；山东省80%的县、安徽省70%的县编写了乡土地理教材；江苏省县一级的乡土历史、乡土地理教材已达63%，使用范围广，并开展了一系列生动活泼、丰富多彩的乡土教育活动；云南省根据本省特点，着重抓好少数民族地区的乡土教材，共编写了10个学科104种乡土教材；浙江省在完成乡土地理教材编写的基础上，结合农村"星火计划"，编写出一批乡土生物教材，为农村经济建设服务；广东省沿海开放地区的乡土教材，积极反映改革开放以来经济发展的新面貌，涌现出了《珠江口上的明珠——番禺》等一批优秀乡土教材。以北京市中小学乡土教材的建设为例，很能够说明当时乡土教材的成就。

1988年12月北京市编写出版了中学乡土地理教材《北京市地理》，1990年又组织编写出适合北京城区各中学使用的乡土地理教材《北京城市地理》。1992年，北京市教育局教学研究部编写出版了中学历史乡土教材《北京历史》，由中国地图出版社出版，此书后于1993、1995、1996、1997年多次再版。1997年，北京教育科学研究院基础教育教学研究中心编写了北京市九年义务教育全日制小学乡土教材（试用）《社会》。北京的区县也开发了多种乡土教材。1990年，朝阳区乡土教材编委会编写的朝阳中学乡土教材《地理》出版。1993年，朝阳区教研中心小教部史地室编写的小学乡土教材《朝阳地理》出

---

① 李新.百年中国乡土教材研究［M］.北京：知识产权出版社，2015：161.

版。同年，朝阳教委乡土教材编委会出版了中学乡土教材《朝阳历史》。1995年，朝阳教委乡土教材编委会编写的《朝阳历史》（小学版）出版使用。其他还有众多乡土教材问世。如昌平区教委编写的《走进昌平》，密云县教委组织编写的《密云生物与环境》和《密云历史》，通州区的乡土地理教材《通州区地理》，丰台区编写的《我爱丰台》和《走进丰台》，西城区的《我爱我的家园》，等等。

据不完全统计，1987—1990年仅3年时间，全国各地编写的乡土教材达2000种以上，包括了地理、历史、生物、思想品德、音乐、美术等学科，涉及小学、初中、高中各年级。有些地区还编写了综合性的乡土教材。①

当时不少地方把抓好乡土教科书建设、深入开展乡土教育作为基础教育改革的一个重要内容。随着义务教育的逐步实施，大批的初中毕业生将参加当地的社会主义建设工作，而当时基础教育仍没有摆脱升学教育的倾向，脱离实际的现象还比较严重，培养的学生在思想、知识和技术方面都不适应本地区社会主义建设的需要。为了改变教育脱离实际的状况，一些省、市在乡土教科书建设中，首先着眼于转变教育思想，充分发挥乡土教育的优势，使乡土教科书与当地社会、经济、文化、科技的发展需要紧密结合，为学生进行实践活动创造条件，培养学生从事实践活动的能力。同时通过对乡土的介绍，激发学生热爱家乡、热爱祖国的深切感情，增强学生的社会责任感。例如山西省吕梁地区从1988年以来，根据国家教委"燎原计划"的要求制订了教育改革方案，重点改革基础教育脱离农村社会主义建设实际，学生毕业后不安心在农村，没有农业生产技能的现状，他们把乡土教材建设作为教育改革的一个重要措施。为此，编写了《吕梁历史》《吕梁地理》《吕梁实用技术》三种乡土教材，把热爱家乡、立志农村和劳动技术教育结合起来，内容互相渗透、补充。经过试用，收到了较好效果。又如浙江省编写生物乡土教材时，根据"星火计划"的需

---

① 全国乡土教材建设经验交流会会议纪要［M］//何东昌.中华人民共和国重要教育文献.海口：海南出版社，1998：3030.

要,把当地情况作为生物乡土教材的内容,使生物教学更好地为发展当地生产服务。①

这里需要特别强调的是,除了传统的乡土教科书以乡土地理、乡土历史教科书为绝对主体以外,改革开放 40 年还出现了一些值得关注的其他方面的乡土教科书,比如乡土自然、乡土体育、乡土艺术等。

相对来讲,乡土自然教科书是比较少的一种乡土教材。黑龙江省小学乡土教材《自然》(试用本),是根据 1987 年全国乡土教材工作会议的要求和《国家教育委员会中小学教材送审办法》精神,结合黑龙江省实际情况编写的,由黑龙江省教育学院初教部编,黑龙江教育出版社 1990 年出版。整套教材共 6 册,供小学一至六年级使用。

图 4-5

黑龙江省小学乡土教材(试用本)《自然》(三年级用)(黑龙江省教育学院初教部编,黑龙江教育出版社,1990 年 7 月第 1 版,1997 年 6 月第 7 次印刷)

图 4-6

沈阳市小学乡土教材《自然》(四年级)(沈阳市教育研究室编,辽宁少年儿童出版社,1996 年 6 月第 1 版第 1 次印刷)

这套教科书是结合全国的统编教科书一起使用的,目的是使学生接触社会,对社会有更多的了解,增强对社会的责任感。它们不仅丰富了学生知识,

---

① 卞鸿翔,李晴. 地理教学论[M]. 南宁:广西教育出版社,2001:303—305.

提高了学生学习兴趣,提高了学生的实际能力,还可使学生较好地了解当地情况,有利于培养学生热爱家乡的思想感情,使爱国主义教育更为具体。此套教科书的内容主要是黑龙江省的乡土自然概貌、历史发展、经济概况、社会风情等。其中低年级教材主要以与学生生活较密切的自然状况为主,以动植物的内容居多,如第三册基本都是讲黑龙江省的特色动植物、土特产品。随着学生认识水平的提高,高年级教材内容的范围有所扩展,如第六册除了特色的动植物外,还涉及天文、地理、矿产、园艺、食品加工等各领域的内容。浙江绍兴也编撰出版过乡土自然教科书。

乡土体育也称民间体育,具有浓厚的地方色彩,源远流长,多少年来能够在民间广泛流传,并且深受人们喜爱,具有很强的群众性。它不受场地的限制,简单易懂,具有省钱、易组织、可操作性强等特点,因此是很好的体育活动。为弘扬民间体育,一些地区编写了乡土体育教科书,比如云南省。

图4-7

九年义务教育云南省小学乡土教材《体育》(第十二册)(云南省教育科学研究院编,晨光出版社,1998年12月第1版,2000年12月第3次印刷)

图4-8

九年义务教育云南省初级中学乡土教材《体育》(第一册)(云南省教委研究室编,晨光出版社,1995年6月第1版第1次印刷)

云南省初中乡土教材《体育》是经云南省中小学教材审定委员会审定通过的正式地方教科书。该教科书主要介绍一些体育的基础知识、少数民族体育以及运动会的相关知识，还包括民间比较常见的体育项目如快速跑、障碍跑、单杠、排球、足球等等，比较符合少数民族地区的青少年使用。

乡土艺术是乡土教科书之一种，相对于乡土地理、乡土历史，它也是比较少的、有待于加强开发的一种。1958年1月，教育部下达了《关于编写中小学、师范学校乡土教材的通知》。通知对乡土音乐教材的选材做了特别说明，指出："音乐应当选择一些当地人民喜爱乐闻富有教育意义的民间歌曲，而以反映当地人民革命斗争和生产建设的民间歌曲为重点。"可以看出，乡土音乐教科书在当时已经成为乡土教材的重要组成部分。该通知的颁布成为新中国成立之后关于乡土音乐教材编撰的主要依据（当时并未规定编写乡土美术教材）。1987年8月，国家教委转发了《全国乡土教材工作会议纪要》，纪要指出，搞好乡土教材建设工作具有十分重要的意义，并且提出了关于加强乡土教材工作的要求和具体措施。①1992年国家教委颁布的《九年义务教育全日制小学音乐教学大纲（试用）》提出："了解我国各民族优秀的民族民间音乐，培养学生对祖国音乐艺术的感情和民族自豪感、自信心。"并明确指出："为弘扬民族优秀音乐文化，体现各地区音乐教学的特色，各地各学校可自选乡土教材，其比例可占教学内容总量的20%。"1992年颁发的《九年义务教育全日制初级中学美术教学大纲（试用）》在选择教学内容的原则部分明确规定：美术教学"要注意联系学生生活的实际。要按10%～20%的课时比例补充乡土教材，以反映当地社会与经济发展的实际"。

根据这一系列教育政策的要求及教学大纲精神，全国各省、自治区、直辖市教委在20世纪80年代末90年代初，纷纷组织人员编写适合本地区中小学音乐和美术教学使用的音乐、美术教材，包括乡土音乐、乡土美术教材。上海、天津、黑龙江、江苏、湖南、浙江、福建、广东等省市都相继出版使用了本地区的中小学乡土音乐教材及教学参考书。

如人民音乐出版社与黑龙江教育出版社于1993年7月合作编写出版了九

---

① 中国教育年鉴编辑部.中国教育年鉴（1988）[M].北京：人民教育出版社，1989：335—336.

年义务教育五年、六年制小学试用课本《音乐》（共12册）。这是一套将人民音乐出版社出版的小学音乐课本内容与黑龙江乡土音乐内容相结合的教材，包括演唱、欣赏、集体舞、练习（唱·想·做）四个部分，供教师在教学中灵活使用。教学实践表明，这是一套使用效果较好的乡土教材。① 除此以外，还有江苏无锡的乡土音乐教材、广东佛山的乡土美术教材等等。

图4-9

《无锡乡土音乐》（无锡市教育研究中心编，无锡市教育印刷厂承印，1989年初版）

图4-10

佛山市九年义务教育全日制佛山市初中试用课本《乡土美术》（第2册）（佛山市中小学乡土美术教材编委会编，岭南美术出版社，1999年7月第1版）

从所见资料来看，乡土音乐教科书似乎比乡土美术教科书丰富，单以"乡土艺术"命名的乡土教科书也不太多。

四、21世纪以来乡土教科书的衰微及其严重性

乡土教科书，悠然百余年，承载着"爱国必自爱乡始"的教育理想，在众

---

① 马达. 20世纪中国学校音乐教育［M］. 上海：上海教育出版社，2002：212.

多的教科书类型中,独具风采。乡土教科书有利于弘扬乡邦之爱,实现"由乡及国"之目的。乡土教科书自晚清产生之日起,尽管跌宕起伏,绵延百年,但始终承载着"爱国必自爱乡始"的教育理想,注重培养学生了解、热爱和建设生我养我的乡土的情感价值观。"通过乡土教材的学习",乡村学生成为"热爱本土社会、理解本土社会和愿意为本土社会的发展贡献自己聪明才智的人",[①]成为能够形成"一方水土一方人"的自我认同和文化认同的人。

　　遗憾的是,我们从实体到制度,甚至到精神,正在失去承载乡土文化的乡土教科书。特别是进入 21 世纪后,三级课程教材取代原来的教科书系统,一些地方对三级课程理解有偏,加之主管部门没有特别强调,政策不明朗,导致三级课程教材发展极不均衡,地方课程几乎都成了学科课程的自留地和附属品,校本教材又几乎都以兴趣为主,结果自清末延续已久的乡土教材迅速退出了教科书体系。"乡土教材"作为一个特指的专有名词,以及特指的专门教科书,在 21 世纪趋于衰微甚至消亡。[②]

　　也许有人认为,乡土教材已经包含在地方教材和校本教材之中了,没有也不会出现消亡的情况。

　　其实,乡土教材、地方教材和校本教材之间既有联系又有区别,理论上确实存在着交叉关系,但这不是说地方教材和校本教材一定包含乡土教材。如前所述,乡土教材自清末以来一直延续至今,而一般认为,地方教材、校本教材的提法是在 20 世纪 90 年代后,特别是我国新课程改革以后才被纳入官方正式课程文件的。

　　一般认为,地方教材是适应地方课程需要而编撰的、利用普通中小学地方课时进行课堂教学的教科书及必要的教学辅助资料,包括在全省(区、市)或地市甚至县市范围内,利用地方课时进行课堂教学所使用的教科书(含电子音像教材、图册)及必要的教学辅助资料。地方教材是国家课程教材中没有包括

---

① 石中英.本土知识与教育改革[J].教育研究,2001(8):17.
② 石鸥,张学鹏.改革开放 40 年教科书建设再论[J].教育学报,2018(02):26—33.

的、适应地方课程教学需要的、由地方组织编写和审查的教材。很显然，地方课程可以包含乡土课程，地方教材可以包含乡土教材。

所有的乡土教材都可以称为地方教材，但是并不是所有的地方教材都可以称为乡土教材，只有那些反映本乡本土特色的地方教材才能称为乡土教材，而那些仅仅由地方编写但并不反映地方特色的教材不是乡土教材。[①] 比如，《重庆地理》属于重庆的乡土教材，也可以归之为重庆的地方教材。但湖南省编写的《信息技术》课本是地方教材，却不是乡土教材。

现实的情况是，绝大多数地方课程、地方教材或成了国家课程、国家教材的补充与扩展，或依附于中考、高考的需求，或满足于学校和学生的某些特殊兴趣和发展需要。我们发现的大量地方教材属于这些性质，如学科拓展类的《语文读本》《写字》《心理与健康》等，专题类的如《安全与自救》《诗歌欣赏》《礼仪教育》《国防教育》《环境与可持续发展》《预防艾滋病教育》等，此外还有技术类的如《科学小论文写作》《科技制作》《影视艺术与技术》等。[②] 现实中，常规意义上的乡土教材并不多。

乡土教材与校本教材互有交叉。校本教材与地方教材一样也是为弥补国家课程教材的不足而产生的。校本教材是校本课程的实施载体之一，它同样属于新生事物。因为校本课程主要以选修课为主，其教学模式与必修课不同，而时间安排与课程形式也较具弹性和灵活性，因此，校本教材同样具有灵活性的特点。一般认为，"校本教材是基于学校里不同学生群体的兴趣和需要，为促进学生多元发展而编写的"。[③] 而在内容选择上，校本教材不同于国家教材和地方教材，考虑更多的是本校的特色和本校学生的需要。按此思路，其实校本教材可以最直接地解释为反映本校特色的、符合本校学生实际需要的、立足于本校的教材。目前校本教材类型多种多样，并未有一种固定的模式和内容范围，既

---

① 李新.百年中国乡土教材研究［M］.北京：知识产权出版社，2015：14.
② 北京市中小学地方教材审定委员会办公室，北京教育科学研究院基础教育课程教材发展研究中心.努力建设高质量的中小学地方教材——北京市中小学地方教材建设指导手册［M］.北京：首都师范大学出版社，2005：6.
③ 吴炳煌，刘耀明，等.适应学生差异的教育对策研究［M］.上海：中国福利会出版社，2008：62.

有辅助学科学习的,也有扩大兴趣范围的。

理论上校本教材与乡土教材之间存在着一定的区别与联系,即校本教材中有一部分可以属于乡土教材,那些反映本乡本土特色的校本教材有乡土教材的痕迹。但校本教材的本质不涉及乡土教材,它不能在比较广泛一点的乡土意义上使用,它无能力涵盖传统意义的乡土教材的内容。校本教材就是校本的,就是学校的,就是学校或以学校为主体编撰与使用的教材,它不是乡土的,本质上不属于乡土教材范畴。

新课程改革的大背景下,已经纳入地方课程体系的乡土教材,它的未来之路该如何走,是一个值得思考的问题。地方教材是新课程改革之后为适应教材多样化的需要,弥补国家课程教材的不足而提出的,而乡土教材并未被单独列出。乡土教材只是地方教材的一个不起眼的组成部分,它已经被边缘化甚至被遗忘了。同时,一些地方的教材审查部门,以地图审查为名,把一乡一土的简易地图等同于国家层面的地图,如此精准的要求,使得乡土教科书几乎都经不起专家挑剔的专业之眼,近年来不少乡土教科书就这样夭折了,孩子们的教育已经没有地方官员们的"政治正确"重要了。

这是21世纪教材体系最沉重的特点(一定程度上也是教育主管部门在教材建设上的一个明显失误):一方面所有地方教材和校本教材均可以包含乡土教材,另一方面所有地方教材和校本教材也可以不包含乡土教材。乡土教材被地方教材、校本教材取代,教育界有意无意在渐渐弱化甚至淡忘"乡土教材"。经过一段时间,乡土教材有可能完全退出教科书体系。年轻人再也不知道什么是乡土教材了,乡土教材将在我们这个号称全面课程改革并把课程改革推向深入发展的时代消失。

乡土教材的消失将是一个非常严重的问题。那些从精神上完全失去了乡土、乡亲、乡情的"乡土的后代",将如何面对日益严重的感情无寄托带来的精神危机?今天我们又怎么能够依赖这种"乡土的后代"来实现乡村的振兴?所以,发展乡村教育首先要改善乡村教育,真正的乡村教育一定是充满乡土元素的教育,是关注乡土文化的教育,是教育学生了解家乡、热爱家乡、为家乡而自豪的教育。很显然，最浓厚的乡土元素就是乡土教材。乡土教材比通用教科书能更亲切更深远地影响乡村学生。乡土教材能够让学生因自己的乡村文化、乡村先贤而骄傲，能够培养学生深厚的乡村情感和健康的乡村价值观，是乡村少年生存自信、文化自信的认识论基础。这是一种面对城市化，以开放的文化心态积极接纳现代文明的自信，也是振兴乡村最重要的精神力量。

乡土就在课本中，故乡就在课本中。有乡土教科书读响的地方，往往是人们心灵安宁、文化厚重的地方。乡土教科书犹如一支风向标和体温计，插在乡土社会的肌体中，测定乡土社会的健康和走向。[①] 乡土教科书的有无和丰富程度以及质量水平，不但能够反映乡土文化的保存状况，而且还可以直接反映一个国家对其传统文化的重视程度。

当前，已经到了名正言顺地恢复并且重视乡土教科书，赋予它们特别的地位和基本的课时保证的时候了。我们建议教育主管部门迅速结束乡土教科书缺失的现状，改善乡土知识、乡土文化流失的局面，强力推进乡土教科书建设。这对于探索教育改革、寻求人才成长的最佳途径具有独特的价值，是修补已被破坏殆尽的乡土文化、振兴乡村的重要举措。

[①] 石鸥，李彦群."要人命"的教科书——小论黄晦闻的"广东乡土教科书"[J].四川师范大学学报（社会科学版），2016（02）：69—74.

伍 静悄悄地消失——实验教科书的终结

曾经，中小学教育教学实验遍地开花，实验教科书多种多样，而进入21世纪，它们均已逐渐不见踪影，静悄悄地消失了。实验教科书哪里去了？发生了什么事情？

一、实验教科书的意义与价值

顾名思义，实验教科书都是或绝大多数是教育教学实验的产物。实验教科书是一个很复杂的概念。有人认为，实验教科书亦称"试用本""试用教材"，是指教育行政部门或有关机构未曾正式审定而允许在一定范围、一定期限内使用的教材，通常在学制、课程、教学等改革时由中小学某些学科编写和采用。试用一定年限后，经修改审定，可成为正式教材。[①] 其实，实验教科书不一定等于试用教材、试用本，有时候国家统编教科书也称为试用教材、试用本，这种教科书显然不属于我们这里要分析的实验教科书；有时候，白纸黑字标明"实验教科书"的教科书也不属于我们主张的实验教科书，比如21世纪课程改革教科书几乎都注明是"实验教科书"，但它们不是实验教科书。有些实验教科书没有经过任何审定，但也有些实验教科书是经过有关教育主管部门正式审定过或批准过的。

可见，所谓实验教科书，本质上是指在一定的教育教学实验的基础上，根据一定的实验假设而研制的，旨在验证实验假设、检查实验效果的教科书，它们往往只允许在一定范围内的学校使用，这些学校是该教育教学实验的参与

---

① 杜成宪，郑金洲.大辞海：教育卷[M].上海：上海辞书出版社，2014：117.

者。实验教科书是为了解决某一或某些教育问题,根据一定的教育理论或设想而研制的教学用书。实验教科书涉及面比较广,有学制实验、课程实验、教材实验、能力培养实验等,从学科来看,大多集中在语文、数学等主要学科上。实验教科书的持续时间也有长有短,受特定的教育教学实验的影响。

1. 实验教科书为验证和发展教育理论提供证据

罗吉尔·培根说过,"实验的作用超过一切思辨的方法","如果我们不借助实验,很难深入认识任何东西"。① 实验是验证理论的真理性的重要手段,它比一般实证方法,如观察、测量、调查等,更为主动,更有控制力,收效更快。无论教育思想改革还是教育体制的变革,抑或是教育方法的革新、学制的探索,最终都必须通过教育内容即教科书的改革才能落实并接受检验。教科书是落实教育改革理念的直接载体,也是教育理论形成和发展的重要途径。实验教科书在教育教学实验的背景下产生,而教育教学实验最主要的特点是能对事物的情境加以控制,排除一些无关因素的干扰,突出所要研究的实验因素,并运用定量定性分析的方法,寻找影响结果的主要因素及次要因素,从而比较准确地探索出事物间的因果关系。在这个层面上讲,教育教学实验能够促进和验证教育科学理论。"只有经过实验,才可能……建立起中国式的现代教育科学理论体系。"② 而实验的最终检验来自课堂,来自学生,所以教科书最能够体现实验的追求,最能够表达实验的假设。实验教科书在实践中的效果,反过来最能够检验实验或理论的优劣,增强实验或理论的说服力。不论是幸福教育、个性教育,还是实用主义教育、建构主义教育,或是其他任何教育改革、教育主张,如果不能够在教科书中体现,如果不能够落实到学生每天学习的内容上去,可能就是喊喊口号而已。你说五年小学比六年小学不差甚至更有效,那么如何检验呢?最佳途径莫过于编写出相应的教科书,看一看同样的学科内容,

---

① 林定夷.科学逻辑与科学方法论[M].成都:电子科技大学出版社,2003:400.
② 瞿葆奎.胡克英教育文集[M].北京:教育科学出版社,2003:354.

五年的教科书能否完成。你说自己的理论更有利于培养学生的数学能力，那么请把理论贯彻到你的教科书中，用教科书来证实你的理论。实验教科书除了能为检验和落实教育理论提供必要基础外，也可以及时发现新知，继而开拓出新的研究视角。实验教科书是新理论、新观点、新方法形成的源泉之一。

实验教科书不但可以检验和发展教育教学理论，而且可以为教科书理论的创新与发展创造条件。事实上，教科书理论就是教育教学理论的重要组成部分。

理论来源于实践，实验教科书作为教科书研究的一种实践形式，在教科书理论的产生、验证和发展上，具有不可替代的优势。换言之，实验教科书是产生、检验、发展教科书理论的基础，通过实验教科书，可以确证理论的科学性和有效性。

事实上，许多教科书理论是由实验教科书带来或证明的。自现代意义的教科书产生以来，通过形形色色实验教科书的慢慢摸索，建立了相对成熟的教科书理论要点。例如教科书是文化的载体，是知识传播的工具，是国家意志的体现。教科书研制或编撰的程序，教科书的审定标准或评价准则，等等，也通过实验教科书确定了下来。当代我国所谓的内地版教科书、沿海版教科书、甲乙种教科书、复式教科书、自学辅导教科书等等，都逐渐形成了有关研制、审查、出版、使用的理论成果，甚至字号、字体、开本、印张、篇幅、插图等都有了教科书文本独特的规范。

实验教科书也是检验教科书理论的重要手段。一套较为完善的教科书研究理论，往往要借助教科书将理论转化成具体可操作的实验方案，继而付诸实践，并最终发挥教科书理论的引领作用。实验的结果又将进一步检验、完善教科书理论的科学性和可操作性。通过实验教科书，我们在检验现有理论是否成熟的同时，也可以根据实验的情况及时对教科书加以修改、补充和完善，发现新知，开拓出新的研究视角，提高实验教科书的外在效度和普遍适用程度，从而丰富现有的教科书理论体系。

2. 实验教科书为教育实验的推进奠定基础

实验教科书既为教育实验的推进与落实奠定了基础，它本身也是教育实验的关键组成部分。大凡新教育理念的落地、教学方法的改进、学制的缩短或延长、内容的跨学科、教学效率的提高、能力培养的创新等实验假设，都离不开实验教科书这一中介，都必须推出相关联的实验教科书，而实验教科书反过来又是对教育实验假设效果的检验。实验教科书可以检验现有教育实验的合理性，并对其进行变通、改造与发展。实验教科书使得我们可以人为地创设特定情境，在科学理论的指导下改革课堂内容或教学方法，通过提供有意义的、可信赖的信息，检验特定教育理念的合理性。20世纪20年代实用主义教育思潮兴起后，很快即有实用教科书出现；新文化运动倡导白话文，正是通过白话教科书的推广而得以落实的。某种意义上，1966—1976年极端的教育思想，是靠极端的教科书来实现的。至于"注音识字，提前读写"的实验、"集中识字"的实验等等，都是利用实验教科书帮助推进和落实的。没有相应的教科书，不管什么样的理念和思想，都无法进入课堂、进入师生的日常教学。实际上，今天强调学生核心素养的培养，但真正的困难是编撰出以核心素养为纲的教科书。研制不出核心素养引领的教科书，就很难充分实现学生核心素养的培养。

实验教科书也可以减少某种教育实验缺陷带来的损害，可以将带来的损失最小化、局部化。

3. 实验教科书为改进和提高教科书质量提供依据和保障

实验教科书的直接作用对象是教科书，与之后正式教科书的编写、评价、管理等密切相关。实验教科书是促进教科书建设的重要举措，对于教育实验、人才培养、理论发展都有重要意义。

实验教科书始终贯穿着"实践、认识、再实践、再认识"的辩证唯物主义观点，从理论假设的提出到教科书问世，到学校使用，往往会翻来覆去，反复修改完善，涉及调查研究、设计编写、征求意见、培训教师、评价、修订、送审、印刷发行特别是教师和学生使用等多个环节，各个利益群体对实验教科书都会有所反馈，最终会得到大量数据和第一手材料，这对于改进和完善教科书提供了最直接的依据。事实上，自清末以来，正是在大量实质意义的实验教科书的探索中，才逐渐形成、完善和确定了教科书的形式、结构体系，使教科书文本和其他文本的边界清晰起来。甚至，正是大量实验教科书使得教师用书成为必要的附属教材而确定下来。至于即将甚至正在到来的数字教科书，可以肯定地说，离不开不断的实验。

实验教科书的性质——局部使用——缓解了编者的压力，客观上也有利于保障教材编写质量的提高。毫无疑问，从应然层面出发，教科书应当是科学的、确切的、严谨的，但在实然层面，每本教科书都存在这样那样不尽如人意的地方，我们不可能确保编写的每本教科书都尽善尽美，尤其一些有改革创意的教科书，难免存在一些不足。而教科书作为涉及家家户户的千秋大业，牵一发而动全身，编写稍有缺陷或错误，带来的后果都比较严重，因此一些教科书四平八稳，毫无特色。令人欣慰之处在于，因实验教科书是局部教育实验的产物，一般的工作环节是先在少数学校选点试用，对实验班和普通班的各项指标进行比较评估后，再进行定稿修改使用。所以实验教科书运用范围非常有限，即使编写有一定过失，所造成的损失也是局部的，一般也可以及时进行补救。这就缓解了研制者的压力，有利于教科书的创新与改革。

实验教科书作为教科书多样化的一种手段，是探索建立优质教科书的主要途径。实验即不断尝试，尝试产生多样化，多样化利于优质教科书的产生。实验教科书作为教科书多样化的一种手段，是探索建立优质教科书的主要途径。

多样化催化了教材市场，市场产生竞争，竞争总体上会促进教科书质量的提高。正如康德在《历史理性批判文集》中所阐述的："如果历史是有目的的，那么它最终的目的似乎在于通过'竞争'来迫使每一个民族变得苗壮起来，从而整个人类作为地球上最优秀的物种得以延续下去。"因此竞争是促进教科书质量提高的必要条件。

实验教科书带来的教科书的多元化，更能够满足不同地区、学校和学生的学习需要。中国不同地区经济与教育差异很大，适合上海、北京学生的教科书，就不一定适合青海、宁夏的学生。没有最好的教科书，只有最适合的教科书。实验教科书有利于适应不同地区的教学需求。

4. 实验教科书是促进教师和学生发展的重要途径

实验教科书往往是某种实验的产物。任何教育教学实验，都是参与实验的教师积极探索与改革的过程，在这个过程中，他们得到了宝贵的发展。而且，实验教科书的研制和使用过程，离不开一线教师的参与，离不开学生的学习。因此这一过程也是教师专业发展的过程，是学生发展的过程。推出某种实验教科书时，一方面，实验者会深入实验区调查研究，向教师介绍实验教科书的特点，并协助培训其开展教研活动；另一方面，作为教科书建设者和使用者的教师，也会积极参加实验教科书的修订、完善工作，从而促进教师教研水平的提高。

实验教科书有利于满足不同地区、不同学校、不同学生的需要，也有利于实现教科书的多元化。学生的禀赋、性格、爱好不同，成长的环境有差有别，社会对人的需求也多种多样，"千校一面，万人一书"不符合社会发展潮流，开发有针对性的实验教科书势在必行，这不仅是教科书本身发展需要，更是时代发展的需要。

二、实验教科书的发展概况

从清朝颁布癸卯学制开始，中国教育界先进知识分子以及大批留学日本和欧美的教育学者，如蔡元培、胡适、蒋梦麟、舒新城、陈鹤琴、陶行知、晏阳初等，开始宣传欧美先进教育理论，引进西方国家的教育制度和方法，积极在中小学开展教育实验，比如赫尔巴特五段教授法实验、单科教学法实验、自学辅导法实验、道尔顿实验等，正是这些教育实验刺激了我国传统教育，促进了教育思想和观念的变化。1927年后，我国出现了第一次教育实验高潮，开始把西方教育原理与中国实际结合，探索建立适合中国国情的教育体系，其中有些实验的规模相当大，如晏阳初的乡村平民教育实验，陶行知所办的晓庄师范、山海工学团，李廉方主持的开封教育试验区的小学教育实验等。因教育实验效果良好，1937年4月，教育部拟定并颁布《中学施行实验教育暂行办法大纲》，要求各地贯彻执行。按照这项法令的要求，中学开展了学制、课程、教材、教学法的实验。其中，学制改革尝试了四二制、三三制、六年一贯制和五年一贯制等多种学制，中学课程标准经过实验后多次进行修订，中学教材在实验后也反复修改。

1977年以来，伴随着基础教育改革而兴起的教育实验得到前所未有的发展，有力地推动了社会主义新时期的教育发展。[1]改革开放后的一段时期里，我国继30年代后的第二次教育实验高潮兴起，其范围之广、规模之大、类型之多、成果之丰富都远远超过了第一次，实验教科书的发展也再次迎来了春天。

北京师范大学王策三教授1988年撰文回忆此前10年教学论发展的变化时指出，其中第五个变化即为实验热潮[2]：1978—1988年，我国的教学实验蓬勃发展，数量越来越多，规模不断扩大，类型日益多样，水平逐渐提高。有各门学科的实验，有专题的实验，有教学方法的实验，有课程教材的实验，有整体综合实验，有大型实验、中型实验、小型实验，还有所谓微型实验。各种实验遍布全国各省、市、地区（台湾未计）的各级各类学校，大大改变了过去多年教学研究停留于泛泛议论和仅仅描述经验的习气。

教育实验的带动和影响，也为实验教科书的涌现创造了契机。在1983年全国普通教育工作会议提出在统一基本要求下实行教材多样化方针的基础上，国家教委于1986年进行了教材建设的重大改革，改统编为竞编，改通用为选用，改一纲一本为一纲多本。1988年8月，国家教委制订并颁布了《九年制

---

[1] 雷实，翟天山. 教育实验与教育思潮 [M]. 成都：四川教育出版社，1998：1.
[2] 王策三. 教学论十年 [J]. 教育研究，1988（11）：35—41.

义务教育教材编写规划方案》，强调"检验教材的优劣，必须通过教学试验，要科学地进行教学试验和教材质量的评估。要加强中小学教材试验的领导"。根据方案，当时"全国有一百多种单科试验教材，这些教材推动了中小学教学思想、教学内容和教学方法的改革，为编写中小学教材提供了非常宝贵的经验。这些教材经全国中小学教材审定委员会通过的，可向全国推荐，供学校选用；经审定未通过的教材，要缩小试验规模。今后，即使全国有几套通用的教材，仍然鼓励支持编写单科试验教材，教学教材改革、试验"[①]。我们在这里将改革开放之后到20世纪末的实验教科书发展做一个简要梳理。

（一）学制实验教科书

改革开放后不久，除了全国通行十年制学制，继而十二年制外，有些地方在进行其他不同学制的实验。在不同学制的实验中，产生了相应的教科书。如江西的中学采用二二制教科书，北京师范大学在附中试验中学七年（按四三分段）的学制，并编写相应的教材。下面简要介绍几种教科书。

1. 农村四年制小学教科书

改革开放初期城乡差别很大，除了六年制、五年制学制改革以外，边远农村还在尝试其他时间更短的学制改革。比如针对广大农村、山区和少数民族地区儿童学习的特点以及农村大量存在四年制学校的情况，云南省教育厅组织编写了农村四年制小学教科书。在统编教科书的基础上，这种教科书做了以下几点改变：

减少教学内容。农村、山区和少数民族地区的学生没有受过学前教育，许多初入学的少数民族学生还要学习汉语，有鉴于此，云南省编教科书减少了部分内容。如《数学》第一册只要求学到13以内的进位加法和退位减法，剩下的内容放在第二册学习。计量单位是小学数学的重要内容之一，由于农村、山区和少数民族地区学生接触过的计量单位较少，学习起来有困难，所以云南省

---

① 欧少亭. 教育政策法规文件汇编［M］. 延吉：延边人民出版社，2001：895.

编四年制数学教科书对计量单位的讲授比统编教科书后移了一段时间。

降低教学内容坡度。统编教科书有很多教学内容都是在练习题中出现,通过练习使学生掌握的,坡度较大。云南教科书把这些都作为教学内容一一讲解。如讲加法的意义前先要学生搞清"合起来""一共"的意义;又如讲20以内的数时,先讲数数,再讲写数、读数,因为数数是数的认识教学的关键。这样做既便于教师教,又有利于学生学。

调整教学内容。比如数学加强加、减法的口算教学,把练习题分细以方便教学等。

删难就易,加强基础练习。统编教科书训练学生思维的题目较多,这对开发儿童的智力是必要的,但对于农村、山区和少数民族地区学生而言,这些题目比较困难,所以云南教科书删减了这方面的内容。

关注教学。比如数学教科书,为便于农村小学教师教学,在每一个教学内容里,都附有"教法提示"。全书共有49个"教法提示",提示教师"具体讲什么""怎样教""教学中应该注意什么"等等。①

图 5-1

云南省农村四年制小学课本《数学》(第五册)(云南省教育厅编,云南少年儿童出版社,1986 年 5 月第 1 版第 1 次印刷)

---

① 教材编写组. 云南省农村四年制小学数学第一册教材编写及使用说明[J]. 云南教育(基础教育版),1983(9):20—21.

2. 四年制初级中学实验教科书

在学制改革过程中,"五四三制"改革是一项重要的改革。"五四三制"是指五年小学、四年初中、三年高中。北京师范大学语文实验教材编写组从1982年开始进行四年制初中的教科书实验,并编写了一套四年制的语文教科书(8册)和教学指导书。教科书在北师大"五四三"学制实验领导小组的领导下,由北京师范大学中文系语文教学法研究室和北师大三所附中的部分语文教师共同编写完成。该实验教材设计和编写人员主要有吴亨淑、张鸿苓、闫平等。西安市进行过五年制中学实验,编写使用过五年制中学的教科书。

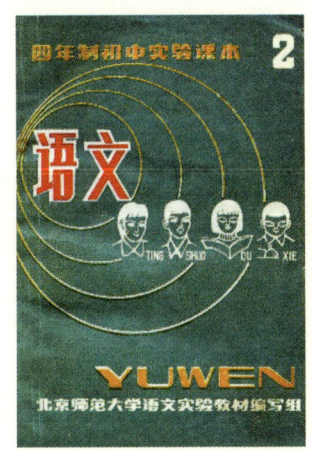

图 5-2
四年制初中实验课本《语文》(第二册)(北京师范大学语文实验教材编写组编,1983年出版)

图 5-3
西安市五年制中学试用课本《语文》(第四册)(西安市教育局教材编写组编,1977年出版)

(二)单科实验教科书

20世纪80年代,实验热潮高涨,为适应学科实验的需要,单科实验教科书纷纷出现。这些单科实验以及由此而编写的教材,都试图在某个学科的知识体系、编排体例、内容构成等方面进行尝试与突破。这在语文和数学学科上体现得尤为明显。

1. 语文类实验教科书

长期以来,培养学生语文能力、提高语文教育质量,一直是广大教育工作者的毕生追求。由此产生了大量语文类实验与实验教科书,为中国教育实验和教科书建设做出了不可忽视的贡献。据不完全统计,到20世纪末,各地仅中小学语文教科书就出现过数十种实验版本。

下面我们对其中比较有影响的几种语文实验教科书作一简要介绍。

（1）"注音识字，提前读写"实验教科书

我国小学语文教学，长期以来一直存在一个识汉字同学汉语（口语和书面语）的矛盾。儿童入学后尽管口头语言已经达到相当水平，但是识字不达到一定数量，阅读和写作就难以起步。于是"先识字后读书"也就成了天经地义的事，小学语文教学费时多、收效差，一定程度上就是这个问题没有很好解决。针对这一状况，黑龙江省从1982年秋季新学年开始，进行"注音识字，提前读写"小学语文教学改革实验，试图在儿童不识字或者识字不多的条件下，借助汉语拼音，提前进行阅读和写作训练，适时发展儿童的语言能力，达到及早开发智力、培养能力的目的，进而探索一条全面提高小学语文教学质量的新途径。实验先用6~7或7~8周时间，教学汉语拼音的基本内容，然后通过阅读拼音课文、注音课文和写话中夹写拼音等，使学生学会熟练地直呼音节和书写音节。这样就把汉语拼音作为发展语言的有效工具，用拼音学习普通话、帮助识字、提前读写，使阅读、写作与识字同时起步，寓识汉字于读写之中。①

该实验在起步后的一两年内，就以其鲜明的特点、显著的效果引起了社会上的强烈反响，各地纷纷引进、推广这项实验。实验第一年结束时，中国文字改革委员会副主任倪海曙对实验进行了考察，后中国文字改革委员会以《难以相信》为题向全国发了简报。在中国文字改革委员会和全国高等院校文字改革学会召开的"注音识字，提前读写"实验第一年的汇报会上，著名语言学家吕叔湘说：这三处地方的实验班，成绩之好，简直难以相信，我希望不久还将在北京进行试验，使原来不相信的人相信，使原来相信的人更加坚定，使我国初等教育耳目一新，使宪法上规定的义务教育早日实现。教育部部长于1983年8月28日对这项实验做了批示，认为这项实验"是符合学习语文规律的一件

---

① 语文教学的一项重大改革——小学语文"注音识字，提前读写"教改实验十年综述［J］.人民教育，1992（06）：7—11.

重大改革。对提高小学水平，对少数民族学汉字，推广普通话有深远意义"。中共中央政治局委员胡乔木于1983年12月20日在听取中国社会科学院负责人的汇报时，说："黑龙江的拼音识字实验是一个很大的突破。"① 在短短两年时间里，就先后有《人民日报》《光明日报》《中国教育报》《人民教育》《文字改革》《课程·教材·教法》等多种报刊对此实验做了报道。1984年7月，该实验开始逐步向全国推广，②江西、河南、湖北、内蒙古、吉林、辽宁等地都有大量学校参与了实验。

该实验的教科书开始时是自编。正式教科书的编写、出版和使用是在20世纪90年代了。1991年5月，王均教授主编、九省实验教材编写协作组集体编写的实验课本由语文出版社出版。1994年，王均教授主编，安徽、福建、河北、河南、湖北、湖南、吉林、辽宁、山西、陕西、四川、云南等12省参与编写，新修订了该套实验教科书。实验教科书全10册，每册分成两本：《语文》（包括阅读、听说、写话、作文、识字、写字）和《读物》（课外用）。后这套教科书多次修订再版。该实验的精神还扩展到数学等领域，相关方面编写了"注音识字，提前读写"数学实验课本。

到20世纪90年代甚至21世纪初，该实验以及由此编写的教科书仍在一定范围内发挥影响。2002年是该实验20年，《人民教育》还专门刊文介绍该实验这20年的经验与成果。③ 甚至在2008年，还有学者提出"注音识字，提前读写"实验不应半途而废。④

---

① 丁义诚，李楠，包全恩，孟广智."注音识字，提前读写"实验情况报告[J].学术交流，1985（01）：64—68.
② 黑龙江省注音识字提前读写实验汇报会专辑（二）[J].语文建设，1984（6）.
③ 江雪.万蕾千葩竞相开——记小学语文"注音识字，提前读写"实验20年[J].人民教育，2002（02）：50—52.
④ 李行健."注音识字，提前读写"实验不应半途而废——努力扩大拼音应用范围，在实践中普及完善汉语拼音[J].语言文字应用，2008（03）：14—15.

图 5-4

"注音识字,提前读写"实验课本《语文》(第四册)(九省实验教材编写协作组,语文出版社,1992年10月第2版,1992年10月第2次印刷)

图 5-5

"注音识字,提前读写"实验课本《数学》(第三册)(语文出版社数学编写委员会、河北省教育科学研究所数学编写委员会编,语文出版社,1994年5月第1版第1次印刷)

(2)"集中识字"实验教科书

"集中识字"实验起始于1958年的辽宁省黑山北关实验学校,并一直坚持了下来。"集中识字"教学法基本合乎汉字规律,特别是采用形声字进行集中分类教学时,教师可在分析、比较的基础上引导学生辨认字形、字音,理解汉字的理据,这样有利于突破字形难点,建立形、音、义的内在联系,从而帮助学生更全面地识字。

由于集中识字的效果显著,实验在不少地区被推广运用。20世纪80年代以后,该实验又得到新的拓展与改进,发展成"集中识字—大量阅读—分步习作"的语文教学体系。[①] 教育部为推广这个经验,曾在黑山县召开了现场会。1982年教育部副部长董纯才为《集中识字二十年》一书作序,指出:"小学集中识字教学,经过二十多年实验,探索出了一条汉字识字教学的规律,开创了一条识字教学的新路子。它是行之有效的,值得表扬的。这项实验应该继续坚

---

① 孙彦新.辽宁省黑山县北关实验学校以集中识字为基础的教学改革迈出新步子[J].人民教育,1988(03).

持下去,争取取得更好的效果。"① 根据实验需要,当时中央教育科学研究所和辽宁省黑山北关实验学校共同编写出版了相应的实验教科书。

图 5-6

小学实验课本《语文》(第八册)(中央教育科学研究所教改实验小组、辽宁省黑山北关实验学校编,教育科学出版社,1984 年 12 月第 1 版,1985 年 11 月第 2 次印刷)

图 5-7

小学实验课本《语文》(第七册)(中央教育科学研究所教改实验小组、辽宁省黑山北关实验学校编,教育科学出版社,1984 年 5 月第 1 版,1985 年 4 月第 2 次印刷)

(3) 中央教育科学研究所语文实验教科书

改革开放后,中央教科所在语文学科实验上进行了大胆探索,并编写了相应的教科书。1981 年中央教科所教改实验小组的初中实验课本(试用本)《语文》和《作文》两种,由教育科学出版社出版,各六册。课本的审定者是蒋仲仁、江山野。该实验教科书首先在北京育英学校进行分科教学实验,后来扩展到全国二十几个省、市的一些中学,受到实验师生的欢迎。

实验总的设想是分阅读、作文、语文基础知识三条线进行教学。"语文基础知识"部分,没有编写实验课文。该实验教科书之《语文》的目标是探索培养阅读能力的规律,着重阅读能力的培养。《作文》课本的编写设想是突出初中作文教学的实际性、基础性和针对性,培养一般的说和写的能力,使初中毕

---

① 王昆,等. 集中识字二十年[M]. 北京:人民教育出版社,1982.

业生能适应学习、工作、生活中的基本需要，解决一些语言文字表达的实际问题。①

图5-8

初中实验课本《语文》（第一册）（试用本）（中央教育科学研究所教改实验小组编，教育科学出版社，1981年5月第1版，1982年4月第2次印刷）

图5-9

初中实验课本《作文》（第五册）（试用本）（中央教育科学研究所教改实验小组编，教育科学出版社，1982年12月第1版，1983年6月第1次印刷）

（4）人民教育出版社语文实验教科书

对语文教育的不满是最严重的，在这方面的努力也是持续的。人民教育出版社除了通用的《语文》教科书，还编写了一些适应实验教学需要的教科书，比如《阅读》《写作》《作文》等。这对传统意义上的《语文》教科书，是一次改革与创新。

从1981年起，人教社就根据《全日制六年制重点中学教学计划（试行草案）》的精神，学习各地中学语文教材改革的经验，编写了一套供全国六年制重点中学使用的语文课本。这套课本的改革之处是每学期分编两册，一册是《阅读》，一册是《写作》。按照当时的教学计划，初中每周6课时，一般用4课时教学《阅读》，用2课时教学《写作》，两本课本配合使用。

---

① 张志公.中国现代语文教育发展史［M］.昆明：云南教育出版社，1987：310—311.

这套教科书自1982年9月起在全国29个省、市、自治区200多个初一班试教，1983年9月又扩大为1000个班。经两轮试教，该教科书于1986年11月进行修订，《写作》更名为《作文·汉语》。

图 5-10

六年制重点中学初中语文课本《阅读》（第三册）（人民教育出版社中学语文编辑室编，人民教育出版社，1983年1月第1版，1984年6月第2次印刷）

图 5-11

三年制初级中学语文课本《作文·汉语》（第四册）（试用本）（人民教育出版社语文一室编，人民教育出版社，1988年6月第1版，1989年10月第4次印刷）

（5）北京师范大学附属实验中学《语文》教科书

北京师范大学附属实验中学自1978年后，就开始了教育实验，特别是在语文方面。该校编写并陆续出版了6册语文实验教科书，每册40篇左右的课文，还附有20首左右的古代诗歌，总体上课文篇目较多、数量较大。编写者的目的是促使学生多读，扩大知识面，增加阅读量。语文实验教科书后来又一再修改完善。

图 5-12

初级中学实验教材《语文》(第一册)(北京师范大学附属实验中学语文组编,北京师范大学出版社,1984年4月出版)

图 5-13

初级中学实验教材《语文》(第六册)(北京师范大学附属实验中学语文组编,北京师范大学出版社,1987年12月第1版第1次印刷)

2. 数学类实验教科书

数学历来是我国基础教育阶段的一门非常重要的学科。数学教育实验不断涌现,种类多,数量大,专家主持和介入的多,产生了较大的影响。数学实验教科书也大量出现。下面仅举数例。

(1) 中国科学院心理研究所《现代小学数学》教科书

"现代小学数学"实验是中国科学院心理研究所"101课题组"研究员刘静和领导的一项科研工作。这项实验于1985年和1986年分别得到了中科院院长基金和国家自然科学基金委员会的资助。作为一项小学数学教改实验,它曾是中科院心理研究所和辽宁省黑山北关实验学校于1981年协作进行的一项系统性教学实验。

"现代小学数学"教学实验的总体设计思想是:把作为主体认识对象的客体(小学数学知识内容)的建构和主体对客体认识发展规律的研究相结合,即把小学数学教学内容作为"动"的认识对象,通过小学生正常的学习活动来研究小学生数学认知发展的规律和特点。这样,一方面可以更好地贯彻科研和实践相结合的科研方针,另一方面可以促进研究者把主体置于正常的学习环境中加以研究。实践证明,这一总体设计思想是可行的,而且在实践中取得了显著的成效。①

中科院心理所于1984年邀请杭州、上海、天津、常州和黑山等地一些小学数学研究人员到北京共同商讨实验工作,并在会上成立了教改协作领导小组。同年,实验领导小组根据心理所提出的构建教材主线,以及杭州、上海、天津、常州等地的小学数学教学研究人员自70年代以来在小学数学教材和教法研究方面所取得的成果,初步编写出整套实验教科书12册,定名为《现代小学数学》。从1985年开始,《现代小学数学》由科学出版社陆续出版,并在杭州上城区5个学校开设了8个先行实验班。此外,实验领导小组还编写了与教科书配套的练习册、学具和供教师用的教学参考书。这套教科书尔后不断改革和完善。

在中国科学院、国家教育委员会、中国儿童发展中心以及钱学森、潘菽等老一辈科学家的关怀和支持下,"现代小学数学"这项教学实验1985年在全国约有100多所学校近600个实验班,此后在自愿原则下发展到近4000个实验班,遍及28个省、市、自治区。

图 5-14

《现代小学数学课本》(第二册)(试用本)《现代小学数学》实验写作组编,科学出版社,1986年12月第1版第1次印刷)

图 5-15

《现代小学数学课本》(第六册)(试用本)《现代小学数学》实验写作组编,科学出版社,1987年12月第1版第1次印刷)

---

① 张梅玲."现代小学数学"教学实验的回顾与展望[J].湖南教育,1994(01):30.

（2）中国科学院心理研究所《中学数学自学辅导教材》

中国科学院心理研究所研究员卢仲衡早在 20 世纪 60 年代就指出必须改革沿用已久而至今还在沿用的传统数学教材和教法。他批判地吸收了欧美"程序教学"的经验，结合我国国情，提出了数学自学教学实验，并在北京进行实验。1981 年著名心理学家潘菽将此实验定名为"自学辅导教学"。1982 年在 22 省市 177 个班进行实验。当年经教育部批准，自学辅导教材公开出版。后实验范围扩大到全国 28 省市，5000 多个班，实验效果较好。1985 年该实验荣获中国科学院重大科技成果二等奖，得到国家自然科学基金会的资助。

自学辅导教学实验的课堂教学采取启（发）、（阅）读、练（习）、知（对答案）、结（最后老师小结）的课堂教学模式，使师生双方带着各自的任务进行教与学的活动。学生按照教材的要求和安排交替进行读、练、知的学习活动，并按照班定的步调和个人自定的步调，快者快学，慢者慢学。学生自学时，老师积极巡视课堂（不要在讲桌前等候学生举手问问题），去发现学生中存在的问题，辅导差生，指导优生，激发学生的求知欲，调动他们的学习积极性，提高他们的学习兴趣。①

实验所用课本是卢仲衡教授亲自主持编写的，共分 6 册，每一册都有 3 个本子，一个本子是课本，一个本子是练习本，另一个本子是测验本。课本从 1980 年秋季起，在全国实验学校推广使用。②

---

① 王兴华. 关于大面积提高教学质量的有效方法——初中数学自学辅导教学实验开展情况介绍［J］. 心理科学进展，1988（2）.
② 管承仲. 目前国内中学教学教材改革实验概况［J］. 教学通讯，1983（10）.

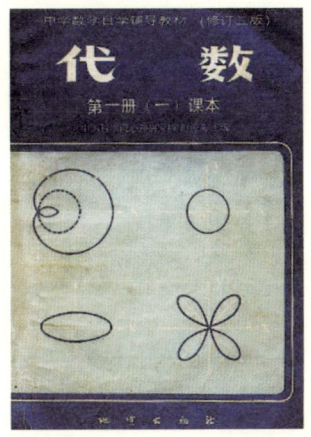

图 5-16

中学数学自学辅导教材（修订二版）《代数》第一册（一）课本（卢仲衡主编，地质出版社，1985 年 2 月张家口修订 2 版）

图 5-17

中学数学自学辅导教材《代数》第二册练习本（第二分册）（卢仲衡主编，地质出版社，1982 年 12 月北京第 1 版）

（3）北京师范大学等合作的《中学数学实验教材》

教育部委托北京师范大学会同中国科学院数学研究所、北京师范学院等单位，按美国加州大学伯克利分校数学系项武义教授的设想，组织编写了《中学数学实验教材》，从 1979 年开始在北京景山学校、北京师院附中、上海大同中学、天津南开中学、天津十六中学、广东省实验中学、华南师院附中、长春实验中学等校试教过两遍，效果良好。从 1980 年开始实验范围扩大到 11 个省市，22 所学校。在实验基础上修改的《中学数学实验教材》，由北京师范大学出版社陆续正式出版。[①]

全套教科书共分 6 册，第一册是代数，第二册是几何，第三册是函数，第四册是代数，第五册是几何，第六册是微积分初步。教科书基本上采取代数、几何、分析分科，初中、高中循环排列来安排体系。按初一、初二代数、几何双科并进，初三学分析，高一、高二代数（包括概率统计）、几何双科并进，高三学微积分。教科书内容的选取突出由算术到代数，由实验几何到论证几

---

① 中学数学实验教材编写组.《中学数学实验教材》简介［J］.数学通报，1981（4）.

何,由综合几何到解析几何,由常量数学到变量数学等4个重大转折,强调数学运算律、集合逻辑、向量和逼近法分别在实现4个转折中的作用。全国有20多个省市的50多所中学参与这项实验,这套教科书适用于重点中学,该实验及其教科书不断扩展、修订。经过十多年的实验,教科书由"试教本"到"普及本",有过3次比较大的修订,形成了4个基本的版本,编写者也改为"教育部《中学数学实验教材》研究组",一直到21世纪初还在使用。

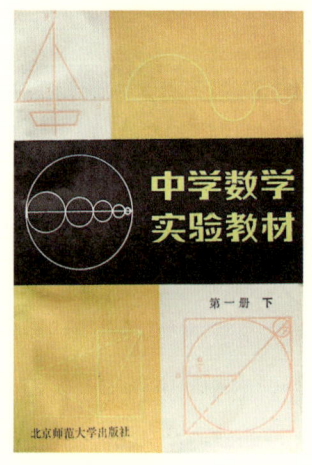

图 5-18

《中学数学实验教材》(第一册下)(中学数学实验教材编写组编,北京师范大学出版社,1981年9月第1版,1984年6月第4次印刷)

图 5-19

《中学数学实验教材》(第二册下)(中学数学实验教材编写组编,北京师范大学出版社,1982年11月第1版,1984年5月第3次印刷)

(4)中央教科所小学《数学》实验教科书

中央教科所的小学数学教学改革实验,是从1980年开始的。当时,我国小学数学教学普遍存在学生学得死、基本能力差的状况。为了改变这种状况,提高教学质量,使学生适应未来社会的需要,必须进行教学思想、教学内容、教学方法、考试方法等的全面改革,尤其是要进行教学内容(教科书)的改革。教科书的编写如能用新的教学理论作指导,必将促进教学思想、教学方法和考试方法的改革。因此,中央教科所的小学数学教学改革实验,是从改革教科书入手的整体性单科教改实验。实验的目的是,以辩证唯物主义为指导,从变革传统教材结构的逻辑入手,探索小学数学的教学规律,以切实提高教学的质量。

中央教科所小学数学实验教科书编写的指导思想是,注重数学知识学习和数学能力提高的同步发展;教学内容的安排充分发挥数学逻辑性强的特点,既注重形式逻辑,又注重辩证逻辑,以培养学生全面的逻辑思维能力。[①]五年制小学实验课本《数学》1980年秋季经第一轮实验后,效果较好,国家教委颁布《九年制义务教育小学数学教学大纲(初审稿)》后,对原实验教科书进行了修改,降低了内容的难度,对教科书体系也做了调整,以适应九年制义务教育的需要。该教科书于20世纪90年代初期投入使用,适合城市和农村的一般学校。

图 5-20

小学实验课本《数学》(第二册)(试用本)(中央教育科学研究所教改实验小组编,教育科学出版社,1981年11月第1版,1982年1月第1次印刷)

图 5-21

小学实验课本《数学》(第四册)(试用本)(中央教育科学研究所教改实验小组编,教育科学出版社,1981年11月第1版,1982年12月第2次印刷)

(5)华中师大小学数学实验教科书

20世纪80年代,华中师范大学以姜乐仁教授为首的实验课题组主持了

---

① 康其玉.中央教科所的小学数学教学改革实验[J].湖南教育,1988(Z2):79.

一项数学教科书实验。实验始于1980年春,经过7年的研编,《实验数学》(1~12册)于1986年由湖北科学技术出版社出版,1988年列入国家教委九年义务教育教材规划。1989年,经国家教委中小学教材审定委员会小学数学学科审查委员会审查,被正式确定为实验教材。1992年复审再次通过,从1993年秋季起,列入全国小学教学用书目录。

《实验数学》是依据我国九年义务教育课程计划及小学数学教学大纲精神编写的,是一套以普及功能为主、兼有提高功能的小学数学教科书。它以启发式教学论思想为指导,注重基础,具有弹性;寓教法、学法于自身结构中,构建"数学知识结构,儿童认知结构,教法学法结构"三结合的教科书体系,注重数学方法的学习和数学思维的培养;具有知识性、教育性、趣味性和可读性,便于教师教、学生学和家长辅导。截至1992年,全国有辽宁、山东、湖北、湖南、四川、云南等20个省的908所小学近20万名学生参加教科书实验,教科书发行量逾120万册。① 这项实验的成果在《教育研究》《人民教育》等刊物发表,在全国产生了一定影响。

图5-22

六年制小学试用教材《实验数学》(第六册)(姜乐仁主编,湖北科学技术出版社,1986年2月第1版)

图5-23

六年制小学试用教材《实验数学》(第十册)(姜乐仁主编,湖北科学技术出版社,1986年2月第1版)

---

① 田慧生,曾天山.中小学课程教材改革与实验[M].成都:四川教育出版社,1997:252.

（6）新世纪小学数学教科书

以1992年的"21世纪中国数学教育展望——大众数学的理论与实践"研究项目（国家"八五"哲学社会科学规划青年专题）为基础，在时任教育部基础教育课程教材研究中心主任游铭钧先生以及一批数学家、数学教育家的支持下，第一版"新世纪小学教科书"《数学》（浙江教育出版社出版，未来教育教材编辑委员会编，游铭钧主编）于1994年开始编写并陆续出版。

图5-24

新世纪小学教科书《数学》（第5册）（游铭钧主编，浙江教育出版社1996年出版）

图5-25

九年义务教育课程《数学》（第5册）（刘兼主编，北京师范大学出版社2000年出版）

第一轮自愿参加实验工作的只有17所学校，之后实验范围逐年增加。1998年在教育部基础教育司有关领导的直接指导下，第二版实验教科书开始编写（北京师范大学出版社出版，刘兼主编）。这一轮，实验学校的学生数超过3万人，遍布全国10多个省、市、自治区。2001年，按照教育部的统一部署，由义务教育数学课程标准研制组负责，以《全日制义务教育数学课程标准（实验稿）》的基本理念与具体内容目标为依据，第三版实验教材（北京师范大学出版社出版，刘坚、孔企平主编）的编写工作开始。从2001年秋季起在17个省22个第一批国家级实验区使用，2002年秋季又扩大实验范围。

（三）学校实验教科书

在教育改革实验过程中，像北京景山学校、东北师大附中等部分学校表现突出，在教育包括教科书的改革与实验中勇于探索，取得了显著成绩。下面我们以北京景山学校的教育实验为例，围绕教科书建设做一简要介绍。

北京景山学校创立于1960年3月。当时，中共中央宣传部为了探索一条中小学教育改革的正确道路，与北京师范大学、中共北京市东城区委共同创设了景山学校。该校的特色在于将中小学合并办理，将教育实验作为办学宗旨。[①]该校成立后，即进行了学制、课程、教材、教法的整体改革试验以及半工半读试验，并进行从小学一年级起开设外语课的试验。[②]

"文化大革命"结束后，景山学校率先恢复了各项实验。尤其在1983年邓小平题词"三个面向"后，各项实验开展得有声有色。在学制改革方面，为了大面积提高初中的教学质量，解决长期存在的负担重、质量低、初二学生两极分化落后面大的老大难问题，1982年景山学校在全国率先进行了学制改革试验，将中小学的学制由"六三制"改为"五四制"。1984年景山学校又在全国率先进行了小学、初中九年一贯制整体改革试验。[③]在课程改革方面，1978年学校在从小学一年级开设自然课的教改试验基础上，把小学的历史、地理学科和过去各门课都不讲的社会生活常识，综合为一门"社会"课进行教改试验，还进行"形体"课、"体育与保健"课的研究与试验。

[①] 熊明安，喻本伐. 中国当代教育实验史 [M]. 济南：山东教育出版社，2005：260.
[②] 徐望根. 北京景山学校简介 [J]. 中学数学教学，1997（5）.
[③] 贺鸿琛. "三个面向"题词与景山学校的改革 [J]. 人民教育，1998（11）：6.

图 5-26

《识字课本》(第一册)(北京景山学校
识字教研组 教学科学研究室编,北京
景山学校,1979 年 11 月)

图 5-27

五年制小学试用课本《语文》(第八册)
(教育科学研究室 小学语文教研组编
选,北京景山学校,1985 年)

在教科书实验方面,景山学校小学的语文、数学一直使用自编的教科书。其中语文教学改革是从 1960 年开始的,是该校启动最早、时间最长、规模最大、成绩显著、影响深远的教改项目。[①]而小学语文教学改革是从识字教学开始的。1960 年,中国科学院心理研究所在总结辽宁黑山北关实验学校创造的"集中识字"经验后,协助景山学校重新设计方案,开展了集中识字的印证性实验。学校运用汉字规律,采用分批集中识字与阅读教学交替进行的办法,使大量识字与写字、读书、作文有机结合起来,加快了识字速度,提高了识字质量。[②]由于集中识字不宜采用通用教材,所以参加该项实验的教师只能自编教材,边试教,边改进,不断完善。1978 年,景山学校在实验基础上编写了《识字课本》4 册,取代了小学一、二年级的通用教材。[③]1982 年,景山学校研究了新形势下小学语文课的性质、任务后,初步形成了以集中识字为起点,以阅

[①] 刘曼华. 北京景山学校集中识字试验五十年[J]. 江苏教育,2010(4).
[②] 刘曼华. 北京景山学校集中识字试验五十年[J]. 江苏教育,2010(4).
[③] 熊明安,喻本伐. 中国当代教育实验史[M]. 济南:山东教育出版社,2005:271.

读名家名篇为主体,以作文为中心,读写结合,旨在发展智力、培养能力的实验。经过三年的实验,景山学校于 1985 年编写了五年制小学《语文》试用课本。这套课本在景山学校有 11 届 29 个班的学生试用过,在全国先后有 24 个省市 498 所学校的实验班试用过,效果很好。①1988 年,景山学校在总结小学语文教学改革多年实验经验的基础上,修订改编了一套具有景山学校特色的、适合城镇师资条件较好学校使用的五年制小学《语文》实验教材。1989 年,经过修订的教材由全国中小学教材审定委员会小学语文学科审查委员会审查通过,被确定为九年义务教育五年制小学语文实验教材之一。

图 5-28

五年制小学实验课本《语文》(第十册)(北京景山学校编,人民教育出版社,1994 年 1 月第 1 版第 1 次印刷)

图 5-29

九年义务教育课程 21 世纪五年制小学实验课本《语文》(第一册)(北京景山学校编著,人民教育出版社出版,2000 年 4 月第 1 版第 1 次印刷)

景山学校小学数学教学改革的实验始于 60 年代初,曾试用过法国、日本、东德的数学教科书,还实验过北京师范大学数学系编写的教科书,也曾用四年半时间学完人民教育出版社编写的六年制教科书。1978 年,景山学校与北京师范大学教育系合作,对一套苏联教科书进行改编并试教。在两年试教的基础

---

① 贺鸿琛,陈心五. 未来与教育——纪念邓小平同志"三个面向"题词十周年 [M]. 北京:人民教育出版社,1993:184.

上，1980年底，又对这套教科书进行了改编。在总结多年实验经验的基础上，后又对该教科书进行了修改，定名为《小学数学实验教材》，由北京师范大学出版社正式出版，并配套出版了练习册和教学参考资料，1988年秋季正式向全国发行。①

三、实验教科书的衰落与反思

近代以来的教育实验及实验教科书，其百年历程可谓曲折坎坷，有快速发展，也有暂时蛰伏，见证了我国教育的变迁。进入20世纪末，特别是21世纪后，实验教科书渐渐式微，其重要性似乎被人们忽略了，编写与出版日益沉寂，甚至面临终结。这是应该引起我们高度关注的现象。

实验教科书的衰落和教育实验的衰落有关，和应试教育的强化有关，和教育者的进取心下降有关，和一些大学教授的整日空谈有关，当然也和教育政策的导向有关。

首先，这表现在教育实验的片面发展上。当今教育实验，呈现出量少质差的态势，有限的教育实验多为课堂教学方式方法的实验，它们往往是在国家课程实施过程中的创新，不需要也没有必要研制自己特定的实验教科书。没有了学制实验，没有了能力实验，没有了系统的学科实验，20世纪80年代的教育实验高潮已经完全退去。虽然现在倡导选课制，推进走班教学，但遗憾的是，仍然没有实验教科书跟进。我们疏忽了课程改革应该有相应的教科书改革，课程结构应该有相应的教科书结构。不同层次、不同类型的学生若没有适合的教科书，个性发展就会受到限制。

其次，表现在三级课程的推进上。教育主管部门全力推进三级课程，相对地没有再把注意力放在实验教科书上。

---

① 周玉仁. 小学实验课本《数学》的特点 [J]. 湖南教育, 1988 (10): 39.

现阶段公众的教育需求已经发生了质量型转变,由以前的"想上学"转变成"上好学",人民群众对优质教育资源的需求更加强烈,个性化、多样化、终身化的学习需求逐渐成为主流。"个性化"、"多样化"、有质量的教育,需要教育实验,教育实验呼唤实验教科书。

实验教科书的长远发展离不开教育理论的有效指导,离不开教育教学实验本身的发展。纵观教育实验史,但凡有效果的实验,与其说是其程序有效果,毋宁说是其指导理论有效果,比如斯金纳新行为主义理论指导下的程序教学实验、布鲁纳结构理论指导下的发现法实验等,都是由理论的突破而带来实验的创新。反过来,一个教育实验体系的危机,往往首先是理论的原因而不是操作方面的原因。[1]同理,凡是比较有影响的实验教科书,主要是因为实验本身的影响,而不是教科书的影响。自学辅导实验、注音识字提前读写实验、五四制实验等等,都是因为实验本身的价值而提高了实验教科书的价值。所以,实验教科书的发展,离不开教育理论的指导,更离不开教育实验这个母体。当前实验教科书的萎缩,很大程度上是教育实验的萎缩,是教育理论的空谈成分太重的结果。

教育理论无法保证实验教科书不失败,但它至少可以帮助我们找出失败的原因,寻找新的出路。教育理论也不能保证我们不再遇到困境,但可以使我们不断增长知识,从而为克服困境提供有效的基础。所以强化理论意识,关注理论对实践的指导,在本质上就是促进实验教科书的发展。

实验教科书的发展必须有教育教学实验的保障,教育教学实验往往是实验教科书的母体,没有这个母体,实验教科书就无法产生。也就是说,必须在教育教学的多样实验(比如学制、课程、教材、教法、评价等方面的实验)运行下推进实验教科书的发展。

---

[1] 石鸥. 教育实验推广中效果递减现象之研究 [J]. 中国教育学刊, 1995 (02): 22—25.

陆　了不起的突破——上海市课程改革教科书

2010年12月7日，上海教育界，进而是中国教育界的平静被打破了！

经济合作与发展组织（OECD）在多哈正式公布2009年第四次国际学生评估项目（PISA[①]）的测评结果，首次参加PISA测评的上海学生，就以在阅读素养、数学素养和科学素养三项评价中均排列第一位而震惊国内外教育界。2012年，上海再次参加PISA并蝉联全球第一。

这是上海教育了不起的突破！是在全国教育一盘棋的模式下，上海作为地方的代表在教育上的重要跨越。这一跨越，最大的发力源是课程改革。

一、上海课程改革概况

为鼓励教育改革与探索，实现课程与教科书的多样化，以适应不同地区的需求，上海于1988年受国家教委的委托，经市人民政府批准，开始了改革中小学课程教材的跨世纪工程。上海市基础教育课程改革经历了两个大的发展阶段：

第一阶段，是从1988年到1998年。此次改革往往被称为"一期课改"。一期课程改革的主要目标是以提高国民素质为核心，改革中小学课程教材，实现从"应试教育"向"国民素质教育"的转变。一期课改正式启动后，1989年上海市制订了《中小学课程改革方案》，改变传统的"知识中心课程理论"，

[①] 国际中学生能力评估（Programme for International Student Assessment），简称PISA测试，由经济合作与发展组织（Organization for Economic Cooperation and Development，OECD）开发执行，针对15岁中学生的阅读能力、计算能力和科学素养进行测验评估，作为一种国际性测评，PISA的权威性是世界上首屈一指的。

构建了"三角形课程理论"(以提高学生素质为三角形的重心,以社会需要、学生发展、学科体系为三角形的顶点),同时在教学方法、教学评价等方面进行了一系列改革。1990年开始组织力量编写一套适应经济文化发达的地区和条件较好的学校使用的中小学教科书,到1992年基本完成了大规模调查研究以及培养目标、课程计划、课程标准的制订和部分教科书的编写等工作,并于1991年从各学段起始年级进行试验。上海市的这套教科书被列入教育部整体规划之中,成为八套半教科书中比较有影响的一套。

第二阶段,是从1998年开始到现在。此次改革往往被称为"二期课改"。为实施"科教兴市"的战略决策,构筑具有国际竞争力的创新人才高地,提升城市综合竞争力,上海开始了被称为"跨世纪人才工程"的第二期课程改革。2003年,由市政府申请、国务院批复,上海市成为国家当时唯一的教育综合改革试验区。上海中小学课程教材改革就是教育综合改革中十分重要的项目。在2004年7月召开的市教育工作会议上,上海市委、市政府提出:要实现教育适度超前发展,努力走出一条具有时代特征、中国特色、上海特点的教育发展新路,体现国际大都市水平,在2010年率先基本实现教育现代化。根据二期课改的需要,截至2004年秋季,上海编制完成了《上海市普通中小学课程方案(试行稿)》和各学科课程标准(试行稿和征求意见稿)共计28个文本,出版了20门学科300余个品种600余册教材,并在全市151所中小学进行了试验。

2004年秋季,全市小学起始年级已经全面推广新的课程教材。按照计划,2005年秋季在全市初中起始年级全面推广,2006年秋季在全市高中起始年级全面推广。

二、上海"一期课改"及其教科书

上海于1988年受国家教委的委托,开始了改革中小学课程教材的跨世纪工程——"一期课改"。

(一)"一期课改"简况

20世纪80年代的上海,充满着改革发展的激情。社会经济发展的推动,"三个面向"的引导,促进上海教育思考未来之路。上海市政府基于"上海作为我国最大的开放城市,要尽早制定出面向世界的教育战略,筹划本世纪末乃至下世纪初人才的培养,以避免战略上的失误",提出"尤其要重视研究基础教育的学制和课程改革"。根据这一要求,由市教卫办领衔成立了教育战略发展研究课题组,在课题报告中对基础教育提出了"先一步,高一层"的要求。[1]1988年4月,时任上海市市长的江泽民,在上海市第九届人大的《政府工作报告》中提出"抓好中小学课程、教材的改革",这是教育改革的核心。正值此时,1988年全国教材改革规划工作会议召开,上海作为经济发达地区,迎来了承担国家课程教材改革先行先试的历史性机遇。正是在这样的背景下,上海市中小学课程教材改革(一期)正式走上历史舞台。

1988年5月28日,上海中小学课程教材改革第一期工程拉开序幕。接任上海市市长的朱镕基,在上任后的第一次市长办公会议上就决定:拨出专款、组织队伍,立即开始对中小学课程教材进行改革。实际上,全面的改革随之启动,改革教育,改革教育体制、教育思想、教育内容、教育方法、教育要求、教育评价,当然,最重要的是改革教育的核心——中小学课程教材。

上海的改革者深知教育改革的艰难,提出了一个有限的期望目标,即两个"改变"、三个"突破"的改革目标:改变以"升学—应试"为中心的课程教材体系,改变学得过死、统得过死的课程模式;在减轻负担、提高质量方面有所突破,在加强基础、培养能力方面有所突破,在提高素质、发展个性方面有所突破,建立一个以全面提高学生素质为核心的课程教材新体系。[2]

---

[1] 张民生.我亲历的上海中小学课程改革[J].上海课程教学研究,2018(5).
[2] 金正扬.教坛风云——我的采编人生[M].上海:上海社会科学院出版社,2015:179.

1988年5月28日，上海市中小学课程教材改革委员会正式成立。由谢丽娟副市长签发聘书，聘请了政府部门及经济界、外交界、出版界、科技界和教育界的专家、学者共70余人担任顾问或委员。由上海市人民政府教育卫生办公室主任王生洪任主任，上海市教育局局长袁采和一位副局长、上海两所师范大学的校长和副校长任副主任。苏步青、谢希德、严东生、李储文、舒文、罗竹风、吕型伟、赵宪初、段力佩以及美籍华人杨振宁等专家，担任了顾问。

上海中小学课程教材改革委员会建立了三个"基点"、一个"核心"的"三角形"课程理论模型。上海这次课程改革，吸取了我国过去课程体系在"社会""学科"之间摆来摆去的教训，力求以"社会""学科""学生"三者作为新课程体系的基点，不走极端，而以全面提高学生的素质这个核心来求得三个基点的平衡。形象地说，如果社会需求、学科体系、学生发展这三个基点构成一个三角形，那么提高学生素质就是这个三角形的重心。这是一个动态的三角形，其重心可以随着学生年龄的增长和社会、学科需要的变化而适当偏向于某个顶点。这个既有继承又有发展的新的课程理论模型，受到了国内外同行的重视。①

接着，一支由400余位大中小学教师、专家、教授等专职人员组成的教科书编写队伍和一支由100余位专家、教师组成的教材审查队伍陆续组成，共19门学科，分22个编写组展开工作。

上海课改的教科书编写队伍如此之庞大，可能是史上前所未有的。时任上海市教育局局长、上海市中小学课程教材改革委员会副主任的袁采曾在一次会议的讲话中指出："课程教材改革是一项规模大、周期长、影响深远的、效果滞后的庞大的系统工程。要经过设计、编制、试验、评价、修改等一系列实证的科学的循环过程。仅仅第一轮的实验，学生从小学到中学毕业，就已经要跨世纪了。整个工作还远远没有完成，还有大量的长期的工作要做，任务还非常繁重。"

---

① 金正扬.教坛风云——我的采编人生［M］.上海：上海社会科学院出版社，2015：179.

"一期课改"历时10年，编制了从幼儿园到高中的整套中小学课程方案、课程标准和各年级所有学科的教材，经过编制、试验、修订、推广等阶段，至1997年秋季已在上海市中小学全面实施，并取得了明显的成效。

"一期课改"正式启动后，1988年7月至1989年4月，在对上海市和上海以外的18个城市的教育界内部和外部共3000余人次调查研究的基础上，制订了《中小学课程改革方案》；

1989年4月至1990年5月，分总纲编制组和19个学科课程标准编制组，在广泛调查、研究和反复论证、修改的基础上，编订了《上海九年制义务教育课程标准》和《上海高级中学课程标准》；

1989年起做准备，1990年开始组织力量全面编写中小学各科教科书，至1994年初已完成全部初稿并大部分出版试用，其中包括必修教材19门共22套计281册，选修教材110余册，活动课资料20余册。1992年开始编制的幼儿园课程改革方案、课程标准和5种教师用的教材，也于1993年完成并在30所幼儿园进行试验。

1991年秋季开始从各学段起始年级进行课程教材试验，分为整体改革试验和单科教材试验两种，涉及学生近14万人。1992年秋进入第二轮试验，共涉及学生30余万人。

上海市的这套义务教育教科书成为国家教科书改革八套半教科书中的一套，实际上属于国家级实验教科书。

1993年秋季新学期开始，新课程教材逐步推广。先在上海市全部小学的一年级推广试行新方案和新教材；同时初、高中部分年级的文科新教材也全面试用。涉及新教材的学生约100万人。1994年秋数理学科新教材也推广试用，高中在1995年、初中在1996年推广试行新方案和新教材。

至1997年9月，上海市各年级全面使用一期课改教科书，历时10年，上海完成了各科中小学课程教材改革第一期工程。上海一期课改的教科书都由上海中小学课程教材改革委员会组织编写，由上海中小学教材编审委员会审查通过。

（二）"一期课改"的亮点

第一，实施"九年一贯、五四分段"的九年制义务教育课程方案，以及"二一分段、高三分科"的高中课程方案。由于发达地区已率先普及九年制义务教育，小学毕业生必须进入初中，上海的九年义务教育课程方案，打破了过去小学教学内容相对独立、自成系统的做法，根据教育规律和年龄特点，从学生、学科等方面全面分析，统筹一贯地安排九年教学内容，而以"五四制"为小学、初中的基本学制。例如，考虑到小学一、二年级学生的特点，工具学科只设语文、数学两门，数学每周只开3节，语文多达10节，保证学生先学好祖国语言；三年级起数学课时增加，语文课时减少。总体上避开语文、数学课时的双高峰。外语从三年级起开设，前几年以听听讲讲为主，六年级起再强调听、说、读、写"四会"。

上海的高中课程方案，把高中前两年重点放在共同的基础学力上，高三则通过指定性的选修科目组合，分文科、理科、实用技术科三科，实行分科教学。知识类的五门学科只在前两年开设必修课，高三不再必修，而是分为文、理两个科目组合。这样的分科，使学生不论升学还是就业，都能既达到高中毕业的公民所必须具有的基础学力，又各得其所，各展其长。

第二，构建起由必修课程、选修课程结合，学科课程、活动课程共同构建的课程结构。上海课改新方案构建了必修课程与选修课程结合、学科课程与活动课程平行的"板块式"的课程结构，使学生通过必修的学科课程获得共同的基础学力，通过选修课程和活动课程发展个性特长。必修课程、活动课程贯穿中小学12年；选修课程从八年级起开设，逐年增加。① 必修课程、选修课程、活动课程三个板块的课程改变了学科必修课程一统天下的状况，给学生以课程选择权。学生可以根据自己的兴趣爱好以及其他方面的条件去选择自己喜欢的选修课。活动课程是由原来的课外活动调整而来的，是以实践为基础、以活动

---

① 金正扬.教坛风云——我的采编人生［M］.上海：上海社会科学院出版社，2015：180.

项目为主要组织形式的课程，是跨学科体验式的。①

第三，设计四个学科群的完整的学科系统。按照现代课程理论，为强化学科群的整体效应，方案中的必修课程是包括德育类、工具类、知识类和技艺类四个学科群的较为完整的学科系统。德育类包括小学的思想品德，中学的公民、马克思主义常识等；工具类包括语文、数学、外语；知识类包括小学的自然常识，中学的物理、化学、生物、历史、地理等，另有供学校并行选用的综合型的"理科"和"社会"；技艺类包括唱游或音乐、体育与保健、美术、生活与劳动或劳动技术、计算机、职业指导等。②

第四，进行了综合课程改革的尝试。上海的"一期课改"，在课程的设置以及综合化上进行了开创性的尝试。根据上海中小学课程教材改革委员会颁布的《全日制九年义务教育课程标准（草案）》，义务教育阶段设置社会课。小学和初中社会课是上海一期课改的新课程。七到九年级设置的社会课，含传统的分科课程历史与地理（这和目前初中"历史与社会"的情况差不多）。社会课程的总目标是使学生掌握关于社会的基础知识，初步了解社会的构成，初步了解我国的历史、现状和发展方向，初步了解世界概况与发展潮流，培养热爱祖国的思想感情和面向现代化、面向世界、面向未来的改革开放意识，认识个人在社会中的地位和责任；训练他们观察、认识社会生活的基本观点和方法，培养适应社会生活和进行人际文明交往的初步能力。1989年开始编写社会课的教材，1991年试用，1995年开始在全市推广。③

新的《社会》教材的编写要求是融合史、地和有关社会知识，拓宽知识面，降低专业性知识的难度，提高适用性，从人类社会同自然环境的联系中，论述社会的经济、政治和文化生活，并以社会的历史传统、现实状况和未来趋势等多方面、多角度综述关于社会的基础知识，形成新的学科体系。按照这一

---

① 张民生.我亲历的上海中小学课程改革［J］.上海课程教学研究，2018（5）.
② 金正扬.教坛风云——我的采编人生［M］.上海：上海社会科学院出版社，2015：180.
③ 严书宇.寻求理解之路——社会课程研究［M］.上海：上海教育出版社，2016：156.

要求编写的六册《社会》教材在 20 世纪 90 年代陆续出版。六册教材的内容划分为三个部分："社会常识"（第一册）、"祖国概况"（第二、三、四册）和"世界概况"（第五、六册）。这套社会教材有以下几个特点：

一是十分重视历史知识的地位和作用。据统计，整套教材中历史知识约占 60%。该套教材的编者认为，从宏观上讲，历史是包罗万象的，世上万物都有其发展的历史。从某种意义上讲，我们所有的知识都是历史知识。对人类社会来说，历史包括社会生活的各个方面。因此可以说，历史是一门可以包容其他学科的社会学科。由于历史学科是最富有包容性的，而又是社会学科中扎根最深的，所以历史知识作为《社会》的主要部分和基本内容是理所当然的。

二是采用社会史的内容组织形式。与分科的历史课本相比，尽管保留了历史课本的主要内容，但在组织形式上，打破了历史课本的"王朝体系"，而以某一历史时期为基本单位，涉及人类社会的各个领域。如第三册，把中国古代社会的发展作为一个历史时期，在这一历史时期中叙述了农业、工商业和城市、交通、政治制度、军事、知识分子和妇女、社会矛盾和斗争、文化等诸多方面。这样的设计旨在说明教材叙述的是中国古代社会，而不是"中国古代史"。

三是注意到史地知识的结合。如讲述我国成为世界东方大国的优越地理条件时，不仅涉及行政区划的现状，而且引导学生理解祖国统一的重要意义。又如介绍世界区域地理时，又紧密联系社会历史的内容，譬如"战后日本的经济起飞""非洲殖民统治与民族经济""美洲与新大陆的发现""海洋开发与世界贸易市场的建立"等。这样设计，可以在更为广阔的领域里打开学生的眼界。①

第五，课程改革有比较完整的保障机制。上海一期课改的一大特点是各级领导高度重视，建立了从师资到经费到设备到宣传的有效保障机制。课程教材改革在小学一年级推开试行，上海市把这项工作列入了《政府工作报告》。市领导亲自到试点学校听课，了解情况，又召开区、县长会议，落实推广工作；

---

① 陈新民. 历史与社会课程的理论与实践 [M]. 杭州：浙江大学出版社，2014：50.

各区、县长带头进行宣传、辅导,落实师资、经费、设备的准备工作。1993年上半年,上海对进入改革的市、区县两级小学一年级各科教师进行了全员培训,参加者达 6000 余人。为了方便配套音像软件的使用,市区的全部小学和郊区的中心小学的 年级,每个教室都配置了投影仪和录音机,不少学校还配置或更新了较高档次的计算机等其他设备。各报社、电台、电视台也从不同的角度,向社会宣传课程教材改革,争取民众的了解、理解和支持。

(三)上海"一期课改"教科书

上海主管部门启动一期课改不久,即于 1990 年开始组织力量编写了上海版教科书,这套教科书也成为八套半教科书中比较有影响的一套。

图 6-1

九年制义务教育课本《数学》(试用本)(五年级第一学期)(上海市中小学课程教材委员会编,上海教育出版社,1997 年 6 月第 2 版,2003 年 6 月第 7 次印刷)

图 6-2

九年制义务教育课本《英语》(八年级第二学期)(上海市中小学课程教材改革委员会编,上海外语教育出版社,1993 年 12 月第 1 版,1994 年 11 月第 2 次印刷)

据统计,到 1993 年,上海版教科书已经出版语文两套各 18 册,数学 18 册,英语 14 册,思想政治 18 册,历史 6 册,地理 5 册,小学社会 6 册,中学社会 6 册,自然常识 10 册,物理两套各 4 册,化学两套各 1 册,生物 4 册,理科 3 册,体育与保健 7 册,音乐 18 册,美术 14 册,劳动技术 36 册等。至

1994年初出版必修教材19门共22套计281册，选修教材110余册，活动课资料20余册。1992年开始编制的幼儿园课程改革方案、课程标准和5种教师用的教材，也于1993年完成并在30所幼儿园进行试验。①

上海版教科书中的语文、物理、化学等部分教科书还编出两套，比如语文有H版、S版。

图 6-3

高级中学课本H版《语文》（二年级第一学期）（试用本）（上海市中小学课程教材改革委员会编，上海教育出版社，1996年6月第2版，2002年6月第11次印刷）

图 6-4

九年义务教育课本S版《语文》（八年级第一学期）（试用本）（上海市中小学课程教材改革委员会编，上海教育出版社，1998年7月第2版，2005年6月第8次印刷）

1992年，上海一期课改进入推广阶段，开始从小学一年级推广；1995年开始从高中一年级推广；到1997年9月上海市各年级全面使用一期课改教科书。历时10年，上海完成各科中小学课程教材改革第一期工程。1998年上海进入二期课改之后，根据新的课程标准重新统一编写了相应教科书。

"一期课改"教科书整体上强调基础性、实践性、应用性、操作性和教育性。中国中小学教育的一大特色，是基础知识比较扎实。上海中小学各科教材，都重视在保持这个特色的基础上，加强对有关知识实践应用的介绍和动手

---

① 金正扬.教坛风云——我的采编人生［M］.上海：上海社会科学院出版社，2015：175.

操作的训练。例如,语文、外语加强听、说、读、写和应用能力的培养;数学加强实际应用;物理、化学、生物强化实验和实践操作;历史、地理加强同社会实际的联系,注重分析问题能力的提高;体育更名为"体育与保健",减少竞技性,增加保健性;音乐、美术改变单纯的唱歌、画画,增强多种艺术的学习和欣赏。各科都加强了爱国主义和中国传统美德等方面的教育。

教科书注重加强适应现代化需要的学科和有关的教学内容。为了面向21世纪,各门学科都重视教学内容的现代化。除充实有关经济、贸易、金融、人口、环保、国际关系、高科技等现代人必备的知识、技能外,重点加强了英语和计算机两门学科。英语从小学三年级起开设,加强语言交际的能力的培养。除为小学活动课的兴趣小组接触计算机提供条件外,在初中(八年级)和高中(一年级)都开设了计算机必修课。[①]

三、上海"二期课改"及其教科书

上海经过十余年的发展,已经确立了与世界接轨、建设国际大都市的城市发展定位,市委市政府在此基础上提出了建设"一流城市一流教育"的目标。为全面实施素质教育和建设一流基础教育的宏伟目标,上海市教委提出了课程教材改革第二期工程,并于1997年9月启动。课改第二期工程分两条线进行:

一是课程方案,提出适应全面实施素质教育和培养21世纪需求人才的课程理论与课程结构。2001年推出了《面向21世纪中小学新课程方案和各学科教育改革行动纲领》,2002年推出了《上海市普通中小学课程方案(征求意见稿)》、各学科课程标准(征求意见稿)、《上海市中小学拓展型课程指导纲要》、《上海市学前教育课程指南(征求意见稿)》等文件。

二是学科教材,在数学、语文、外语等学科上先行突破,取得经验后再推

---

① 金正扬.教坛风云——我的采编人生[M].上海:上海社会科学院出版社,2015:182.

向其他学科，成熟一科推出一科。其中，数学学科率先突破。教学改革课题组在向数学家和数学教育家、中小学数学教师及有关方面人士调查、咨询的基础上起草了《进入21世纪的中小学数学教育行动纲领（讨论稿）1997—2000》，并组织力量有针对性地择定一些专题，写出专题报告；编订学科课程标准，编写新教材。后续进入第二期工程的其他学科，也基本按照数学学科的步骤实施。[①]1998年，上海中小学课程教材第二期工程正式启动，2002年秋季，上海在179所中小学、幼儿园课改基地起始年级开展大规模、全方位的新教科书试验工作，2004年9月1日起在小学一年级全面推广。[②]

据2003年《上海中小学、幼儿园课程教材改革第二期工程试验工作实施方案》，上海课改试验的进程分为两个阶段：单项试验阶段和整体试验阶段。

单项试验阶段（1999—2001年）：1999年启动信息科技和英语两门学科的教科书试验。2000年启动科学、自然、劳动技术、音乐和美术等5门学科的教科书试验，高中年段开始试行研究型课程。2001年启动地理、语文、体育与健身等3门学科的教科书试验，初中年段开始试行探究型课程。这些教科书逐年逐册推出，并相应地在课改研究基地投入试验。对已推出的教科书及研究型（探究型）课程则不断地进行滚动试验。

整体试验阶段（2002—2007年）：二期课改中小学的课程方案、课程标准、课程纲要、课程指南和所有学科各学段起始教科书的编制，以及幼儿教育的课程指南和教材的编制均已基本完成，试验进入新的整体试验阶段。试验进程是：2002年秋起，在课改研究基地各学段的起始年级全面试验新课程方案和教材；各学段的非起始年级试验相应的起始学科新教材；基地幼儿园全面试验幼儿教育课程指南及新编教师用书。2003年秋起，课改研究基地在前一年对新课程方案与教材试验的基础上，依次逐年推进试验。2004年12月3日，上海市教委举行新闻发布会，正式颁布上海市中小学7个学习领域的20种学科

[①]《上海文化年鉴》编辑部. 1998 上海文化年鉴［M］.《上海文化年鉴》编辑部，1998：82.
[②] 石鸥，吴小鸥. 简明中国教科书史［M］. 北京：知识产权出版社，2015：287.

课程标准（试行稿），这标志着上海第二期课改进入了全面实施的阶段。2005年、2006年、2007年分别对高中、初中和小学新课程方案及教材的试验情况进行了总结、评估，写出了试验报告。[①]

截至 2004 年秋季，上海共编制完成了《上海市普通中小学课程方案（试行稿）》和各学科课程标准（试行稿和征求意见稿）共计 28 个文本，出版了 20 门学科 300 余个品种 600 余册教材，并在全市 151 所中小学进行了试验。2004 年秋季，全市小学起始年级已经全面使用新的课程教材。2005 年秋季在全市初中起始年级全面推广新的课程教材，2006 年秋季在全市高中起始年级全面推广。

上海课程标准有四个特点：从过分强调学科本位，转向以学生发展为本；从片面追求文化知识传承，转向重视学科的育人功能；从单一的学科"双基"，转向多元的整合；从单纯注重教学，转向学习方式的改变和优化。具体就课程来看，二期课改建立了以基础型课程、拓展型课程和研究（探究）型课程为主干的课程结构。基础型课程的内容体现国家对公民素质的发展要求。拓展型课程着眼于满足学生向不同方向与不同层次发展的需要以及适应社会多样化的需求，体现不同的基础。研究（探究）型课程着眼于让学生学会学习，激励学生自主学习、主动探究和实践体验。[②]

二期课改改变了工作策略，采取了成熟一门推出一门的做法。正如课改亲历者所说："教育部基础教育司向我们推荐了牛津大学出版社的香港版英语教材，我们首先选少量学校使用'原汁原味'的牛津教材，以此了解这套教材是否适用于上海。记得当时我带队到参加试验的位育中学召开了座谈会听取意见。参加座谈的有教师，有学生。学生普遍对这套教材表示欢迎，因为它结合生活实际，有趣且实用。而教师感到难教，因为每节课的生词较多（虽然要记

[①] 上海二期课改发展历程扫描 [J]. 校长阅刊, 2005（7—8）：37—38；关华. 上海二期课改六大看点 [J]. 校长阅刊, 2005（Z2）：35.
[②] 董玉梅. 历史课程教育论 [M]. 太原：山西教育出版社, 2007：08.

忆的并不多）。经过讨论，更多考虑学生们的看法，一致同意引进，并对该教材进行本土化改编，这就是通称的牛津英语。这也是二期课改中最早推出的教材，实际证明其效果是非常好的。"①

图 6-5

九年义务教育课本《英语》（牛津上海版）（七年级第一学期）（试用本）（上海中小学（幼儿园）课程改革委员会编，上海教育出版社，2009 年 1 月第 2 版，2016 年 1 月第 8 次印刷）

图 6-6

高级中学课本《语文》（二年级第一学期）（试用本）（上海市中小学课程教材改革委员会编，华东师范大学出版社，2007 年 8 月第 1 版第 1 次印刷）

二期课改是基于上海国际化大都市对市民的要求和对经历一期课改后教育现状的反思而实施的，因此它在课程理念上实现了突破性变革，即树立起课程是为学生提供学习经历并获得学习经验的观念；以学生发展为本，构建体现时代特征和上海特点的课程体系；以德育为核心，强化科学精神和人文精神的培养；以学习方式的改变为突破口，重点培养学生的创新精神和实践能力；加强课程的整合，促进课程各要素间的有机联系。新课程方案提出课程要向学生提供"五种学习经历"的新概念，就是要通过提供品德形成和人格发展、潜能开发和认知发展、体育与健身、艺术修养和发展、社会实践等五大方面的经历，注重学生的全面发展，真正实现学生由学校人向社会人的转化。方案同时提

---

① 张民生. 我亲历的上海中小学课程改革［J］. 上海课程教学研究，2018（5）.

出,要建立相应的语言文学、数学、自然科学、社会科学、技术、艺术、体育与健身、综合实践等八大学习领域课程。为发挥课程促进学生发展的功能,二期课改设计了由基础型课程、拓展型课程和研究(探究)型课程构成的新课程结构,并以必修、选修和活动作为课程实施形态;自然、社会和艺术三个学习领域建立综合与分科相连贯的课程格局;不同类型的课程和不同学科制订不同的课程标准。这样,上海的中小学生今后将实现想学什么就能找到相对应的课程,让课程适应学生,使课程的选择性和自由度更大。

课程结构落实后,接着就是各门课程的改革。十多门学科课程其实是课程中的主干,以往直接交给各学科教材编写组去做,虽说有总的改革目标要求,但如何落实到各学科中去还是缺乏研究的。二期课改为此设计了一个中位的研究,即要求各学科起草学科教育改革行动纲领,且由数学学科先行。数学的行动纲领草稿出来后,各学科专家进行了广泛的讨论。通过讨论达成了共识,也统一了思想,接着就启动所有学科行动纲领的起草。对数学的行动纲领的共识有:让所有学生学习更好的,但却是有区别的数学,这种区别主要基于学生自己的需求和选择;让每个学生都会用自己内心的体验和主动参与去学习数学,这种体验和参与会不断增强学生的自信;重视数学与现实生活的联系;加强课程的主干——最基本的数学知识,削枝强干;增加课程的可选择性等。[①]

相对于一期课改,二期课改最突出的进展就是提出"以学生发展为本"。相对于一期课改的"三角形"模型,二期课改采用的是一个"主轴"模型,一切都要围绕"学生发展"这个主轴展开。这里说的"发展"不是空洞笼统的,它的内涵很丰富:重视每个学生的发展,学生的全面发展,学生的可持续发展;重视以学生为主体,主动、生动、活泼地发展;重视学生发展的一般规律,抓住学生发展的关键期;重视学生发展的差异性,尊重学生的个性,多给学生选择的机会,实施因材施教。同时,二期课改高度关注学生的综合学力或者说"总学力",这种学力包括"基础性学力""发展性学力"和"创造性学力"

---

① 张民生.我亲历的上海中小学课程改革[J].上海课程教学研究,2018(5).

三个层次。其中，基础性学力主要是培养学生爱学习的态度、基本学习能力和结构化的基础知识；发展性学力主要是培养学生的兴趣爱好、自学能力、生存能力、心理调控能力以及拓展性的基础知识；创造性学力主要是培养学生创新精神、创新思维和实践能力等。①二期课改还创造性地提出了八大学习领域，为国家基础教育课程改革的学习领域提供了借鉴。

上海两期课程改革取得了较大的成果，造成了积极的社会影响，为促进我国发达地区课程教材改革提供了宝贵的实践经验。

当时也有不同声音，认为"二期课改在没有及时对一期课改进行全面总结、反思的情况下，就仓促出台，有的教材编写甚至先于课程标准的制订，使得二期课改的教学实践十分被动，也造成了考试等配套评价机制的滞后"②。二期课改在关于三种课程功能的划分，课改方案与各科课程标准的可操作性，课改方案、课程标准文本的表达，教材编写等方面都受到一定的质疑。部分中小学反映二期课改"理念好，操作难"，使学生课业负担加重，宣传力度不够，家长和社会支持程度低。③

四、上海课程教材改革的评价

第一，上海课改成就显著。上海一期和二期课程教材改革，应该说总体上实现了预期目标，完成了预定任务，得到了社会的高度评价和肯定。

1993年下半年，一期课改还只是进行了两年，上海市政协就组织了视察组对课改进行了阶段性视察，视察结果令人满意。视察组热情地肯定了改革的成效，他们在视察报告中写道：

---

① 上海"二期课改"：一笔宝贵的财富——访上海市教委原副主任张民生［J］.基础教育课程，2009（1—2）.
② 华巨锋，庄玉兴.课改可否走稳些［N］.解放日报，2003-9-9.
③ 胡兴宏.上海二期课程教材改革研究［M］//上海市教育委员会.上海市第八届教育科学研究获奖成果论文集：上册.上海：上海教育出版社，2006.

委员们感到，经过两年的课改试点工作，这些学校的领导观念有转变，校内改革和科学管理有加强；教师的教学能力有发展，教学思想和科研意识有增强；学生的负担大大减轻，个性特长有所发展，基础学力有保证，学习能力和动手能力有提高。这些成果为把基础教育从片面追求升学率的"应试教育"的轨道转到提高国民素质的轨道上来奠定了基础。[1]

这是对为课程教材改革试验付出心血的广大课程教材试验人员和学校教师的积极鼓励。

3个板块的课程结构，为中小学带来了勃勃生机。必修课给了学生共同的基础学力，选修课、活动课给了学校、学生以巨大的活动舞台。试验学校学生的课业负担普遍较轻，基础知识学得比较扎实。课程改革方案控制了学生的活动总量特别是必修课的课时，新教材又对传统教材做了精简、删减、调整等处理，使真正有用的基础知识学得更集中，同时又有效地控制了习题量，学生作业时间明显减少。

第一轮试验的高中毕业生经历了1994年高考的考验，从考试成绩看，试验学校理科考生语文、数学、英语三科的平均分分别比其他理科考生高出8.5分、19分和12.7分。

从大学反馈来的初步信息看，试验学校学生进入大学后基本上都适应了大学的学习，没有发现由新教材造成的基础知识方面的缺陷，而学生的社会工作能力、英语听说能力、实验操作能力、选修副修科目的选择能力等方面均有一定的优势。[2]

试点学校的考试改革也颇有特色：语言学科要加试听力，理、化、生学科要加试实验操作，政、史、地学科改为开卷考和闭卷考相结合。这就大大促进了学生实践能力的提高。

---

[1] 中共上海市教育卫生工作委员会. 上海市教育卫生体育系统改革开放实录［M］. 上海：上海人民出版社，1996：215.
[2] 中共上海市教育卫生工作委员会. 上海市教育卫生体育系统改革开放实录［M］. 上海：上海人民出版社，1996：215.

第二，上海课改的成就在 PISA 检测中得到验证。如前所述，2009 年，上海市第一次参加 OECD 组织的 PISA 测试就取得了好成绩。已有研究一致认为，课程改革的开展是上海 PISA 成功最重要的因素之一，尤其是新课改要求实施素质教育，重视培养学生应对和处理实际问题的能力。①

若具体从课程改革的实施策略与实践效果上看，以下几方面的特征最能解释其对 PISA 成绩的影响。

课程改革着眼于所有学生的发展。OECD 在分析上海的教育系统时特别指出，认为所有学生都能够达到高标准的改革信念对上海学生学习与发展效果产生了重要影响。②与此类似，上海的教育者在解读 PISA 成绩时，强调有 4 个理念托起了上海基础教育的底盘：为了每一个学生都成长，为了每一所学校都发展，为了每一堂课都精彩，为了每一种未来都美好。③这种改革理念不仅明确体现在《上海市普通中小学课程方案》《上海市中长期教育改革和发展规划纲要（2010—2020 年）》等文件中，更体现在一系列的改革策略与实践上。从根本上讲，上海的课程改革之所以促进了学生学习效果的改善，并通过 PISA 成绩表现出来，根源在于它关注的是学校教育中最为核心的问题——教学与学生学习。这是已有研究达成的普遍共识。关于教育改革的研究表明，忽视最核心的课堂教学和学生学习的改进，只关注其他方面如学校设施、财政或管理等的变革，是很多改革无法取得预期效果的主要原因。④上海课程改革在一定程度上避开了这一误区，目标直接指向教学和学生学习，其他方面的变革，如教师专业学习的改善，结构、标准、财政方面的变化等都服务于该核心目标。⑤更

---

① OECD. PISA 2009 Results: What Makes a School Successful? Resources, Policies and Practices (Volume IV) [R]. Paris: OECD publishing, 2010; 陆璟. PISA 研究的政策导向分析 [J]. 教育发展研究, 2010 (8): 20—24.
② OECD. PISA 2009 Results: What Makes a School Successful? Resources, Policies and Practices (Volume IV) [R]. Paris: OECD publishing, 2010.
③ 沈祖芸. PISA 成绩引发 "世界追问"：谁托起了上海基础教育的底盘 [J]. 上海教育, 2011 (5): 20—21.
④ ESPOSITO J, DAVIS C, ASWAIN A. Urban educators' perceptions of culturally relevant pedagogy and school reform mandates [J]. Journal of Educational Change, 2012 (13): 235—258.
⑤ JENSEN B, HUNTER A, SONNEMANN J, BURNS T. Catching Up: Learning from the Best School Systems in East Asia [R]. Melbourne: Grattan Institute, 2012.

重要的是，上海课程改革追求的不只是传统课程的改进，而是课程理念的根本变革，它挑战了原有的关于教学和课程的基本假设。具体而言，它"力图从根本上扭转人们对教学的片面看法，重建教、学、教师、学生等概念，倡导探究性、合作性、开放性的教学行为和学习方式"。[①]因此可以说，课程改革是思维方式的根本转换。这说明课程改革并非原有基础上的改进，而是根本的范式转移，这被很多学者视为有效改进学生学习的必要条件。[②]

具体而言，一方面，上海对中小学的课程取向和内容进行了根本性的变革。与传统课程不同，新课程注重培养学生的兴趣和信心，注重其基本观点、基本能力、基本方法和基本行为习惯，追求知识的结构性和完整性；课程思维方式则从小学段注重比较、辨别、概括、想象过渡到中学段重视分类、推理、归纳、价值判断、创新思维和科学探究等。[③]其中最能体现这一特点的是具有上海特色的中小学研究型课程的创建，这既包括宏观层面的研究型课程的整体设计，也包括微观层面的学校多元化课程资源的开发。系列研究型课程的实施，有助于学生探究、合作及问题解决能力的培养。[④]

另一方面，在课堂教学层面，针对传统教学过于强调接受学习、死记硬背、机械训练等问题，上海课程改革采用学生自主探究、实践体验、合作交流与接受性学习相结合的学习方式，强调学生学习的主体性、能动性和合作性。这种鼓励学生探究和发现、注重学生学习经历的做法体现出建构主义的教学理念。一是从"教师讲"到"学生讲"，即教师采用对话式教学，鼓励学生积极参与。新课改要求教师把课堂时间还给学生，即课堂上学生活动时间多一些，教师教的时间少一些。上海市教科院调查报告显示，55%的教师提倡采用自主

[①] 钟启泉，姜美玲. 新课程背景下教学改革的价值取向及路径［J］. 教育研究，2004（8）：32.
[②] CHENG K M.Shanghai：How a big city in a developing country leaped to the head of the class［G］// TUCKER M S."Surpassing Shanghai"：An agenda for American education built on the world's leading systems. Cambridge：Harvard University Press，2011：21—50.
[③] 孙元清. 系统认识上海课程改革［J］. 上海教育，2006（10）：24.
[④] 奚定华. 创建有地方特色的研究型课程——以上海课程改革为例［J］. 课程·教材·教法，2006（5）：9—16.

合作及探究的教学方法。[①] 二是从教师和教材中心走向学生中心。例如，提倡"读读、议议、练练、讲讲、做做"的"后茶馆式教学"，强调学生间的讨论、思考、参与、互动和自主探究，倡导"做中学"，改变了传统的以教师讲授为主的方式，将学生置于课堂中心。[②] 这些教学和学习方式上的变化直接影响了学生的学习效果。如关于学生数学学习的实证研究指出，与使用原课程的学生相比，使用新课程的学生在高层次思维能力方面表现出明显优势，新课程"明显提高了学生的复杂问题解决能力、数学表达与交流及应用意识，并提高了学生学习数学的兴趣，学生也形成了良好的数学素养"[③]。这种变化在很大程度上解释了缘何上海学生能在 PISA 这种考察解难和处理现实问题能力的国际测试中取得好的成绩。

第三，上海课改具有国际意义。上海的课程改革方案，引起了境内外、国内外同行的重视，受到广泛好评。

原香港教育署署长黄星华认为，上海课程教材改革的指导思想和课程方案都反映了世界的新潮流，很有新意。

美国宾夕法尼亚大学代表团来上海访问时了解了上海中小学课程教材改革方案和一系列的配套措施后，团长激动地说：我最近访问了 18 个国家，没看到一个国家有这么高水平的、周密进行的教育改革。你们是世界一流的，应该向世界宣传。该团一位担任联邦教育部顾问的教授说：你们的教育改革一定会引起美国政府的极大兴趣，我回国后立即向联邦政府汇报。[④]

第四，上海课改任重道远。建设有时代特征、中国特色、上海特点的基础教育课程体系符合国家和上海教育、社会、经济发展的需要，是一种正确的决策。上海的课改得到了教育部的支持和社会的肯定，但上海单独进行的课改特

---

① 上海市教科院普教所.上海市中小学课程与教学改革现状调查报告［J］.上海教育，2007（20）：27—30.
② TAN C. Learning from Shanghai：Lessons on Achieving Educational Success［M］. Dordrecht：Springer，2013.
③ 李琼，倪玉菁.从学生数学学习的追踪研究看新课程改革的实施效果［J］.教育研究，2012（5）：107—113.
④ 中共上海市教育卫生工作委员会.上海市教育卫生体育系统改革开放实录［M］.上海：上海人民出版社，1996：215.

别是二期课改也面临诸多困难。主要困难是上海二期课改正值全国基础教育课程改革如火如荼时期,这就使上海的课改游离于全国课改之外,不利于满足全国各地对上海课改经验的需求,上海本身也失去了在与兄弟省市积极互动中发展的许多机会。①

---

① 胡兴宏. 上海二期课程教材改革研究[M] // 上海市教育委员会. 上海市第八届教育科学研究获奖成果论文集:上册. 上海:上海教育出版社,2006.

柒　少数民族教科书一瞥

我国是多民族的社会主义国家。在960多万平方公里的辽阔土地上，居住着56个民族的13亿勤劳勇敢的人民。其中汉族是人口最多的民族，占全中国总人口的92%左右，其他55个民族人口占中国总人口的8%左右。正由于汉族占全国人口的绝大多数，其他民族的人口少，所以，长期以来，人们习惯地在国内把汉民族以外的各个民族称为少数民族。其中部分少数民族有自己的语言文字。据2000年的统计，全国少数民族语言使用人口6800万，占少数民族总人口（按1.15亿人计）的60%左右。21个少数民族有现行的本民族文字，包括27种文字，11种民族语文实现信息化。①

各民族都在统一的社会主义政治、经济制度下生活，因而具有许多共同性。但是，各民族之间在经济文化教育的发展水平、生产生活条件、语言文字、风俗习惯、宗教信仰、心理状态等方面，又存在许多差别，这些都必然反映到教育、反映到教科书中来。语言是构成民族的重要特征，各个民族对于在历史长河中形成的语言以及记录语言的文字，有着深厚的感情。为了适应民族地区经济社会发展的需要，少数民族都注重保持、传承本民族语文，同时，学习汉语，接受双语教育，使用双语教科书，也成为一个普遍趋势。少数民族语言文字教科书对民族语言、文化的传承与发展，对提高民族地区和少数民族群众的社会经济发展水平起了重要作用。

---

① 中国少数民族语文不断发展［N/OL］.人民日报海外版，2000-08-07［2018-07-26］. http://www.people.com.cn/GB/paper39/1170/175538.html.

一、改革开放以来少数民族教科书发展概览

少数民族教科书涉及两大部分,一是以少数民族文字编撰的教科书,一是为少数民族编撰的汉语言文字教科书。

(一)关于少数民族教科书的政策发展演变

十一届三中全会以后,国家重申和恢复了民族教育政策,1982年12月第五届全国人民代表大会第五次会议通过的《中华人民共和国宪法》,1984年5月第六届全国人民代表大会第二次会议通过的《中华人民共和国民族区域自治法》,重申了"各民族都有使用和发展自己的语言文字的自由"这一政策。在《中华人民共和国民族区域自治法》中,第三十六条明确规定:"民族自治地方的自治机关根据国家的教育方针,依照法律规定,决定本地方的教育规划,各级各类学校的设置、学制、办学形式、教学内容、教学用语和招生办法。"

根据党和国家的有关方针政策,以及新时期教育工作和民族工作的特点,国家教育主管部门制定了民族教育发展的新战略。1980年颁布的《关于加强民族教育工作的意见》提出,凡有本民族语言文字的民族,应使用本民族的语文教学,学好本民族语文,同时兼学汉语文。为此,必须加强民族文字教科书的出版工作。民族文字教科书内容"要注意民族特点和地区特点,要适应多种形式办学的实际需要,没有本民族文字而有独特语言的民族,也应以本民族语言辅助教学"。民族文字教材建设还要提高质量,"教材编译工作不能停留于翻译统编教材。从长远看,民族教材要立足于自己编写,这是民族文字教材编译工作的发展方向。当前,民族教材,特别是在语文和历史教材中,应根据各个年级的不同情况,适当选编一些本民族的优秀作品,或本民族发展历史的内容"。[①]

[①] 国家教育委员会民族教育司. 少数民族文字教材工作座谈会纪要[C]//民族教育文件选编. 呼和浩特:内蒙古教育出版社,1991.

这之后，国家政策的重心逐渐往汉语言文字或普通话转移，强调"统一基本教学要求"，同时兼顾少数民族语言文字教学。1986年4月第六届全国人民代表大会第四次会议审议通过的《中华人民共和国义务教育法》的第六条这样规定："学校应当推广使用全国通用的普通话。招收少数民族学生为主的学校，可以用少数民族通用的语言文字教学。"1987年2月国家教委发布的《关于九省区教育体制改革进展情况的通报》又一次强调指出：对少数民族地区中小学的民族文字教材建设，要给予应有的重视，加强省区之间的协作，认真研究解决教材编译、出版、发行工作中的实际困难。在统一基本教学要求的前提下，教学内容要充分体现当地民族的特点，编写出具有民族地区特色的补充教材。教学要求要符合少数民族少年儿童知识水平、生理和心理发展的特点。[①]国家在相关文件中也明确提出民族地区教材建设的基本原则，即思想性、科学性、实践性、民族性和地方性。显然，思想性和科学性是优先的。以此为依据，截至1992年，少数民族地区课程与教材建设已经基本涵盖或涉及了四个层面：自主开发建设的语言（民族语文、汉语文）、音乐、体育、美术、劳动（初中阶段使用）等课程；编译结合建设的其他课程（史地、动植物）；翻译的数学、物理、化学、政治等课程；补充编写的部分思想品德的教材和乡土教材。

虽然兼顾少数民族语言文字教科书的发展，但国家加强了教科书的审定。1995年5月国家教委发布《中小学教材编写、审查和选用的规定》，明确说明"以民族文字编写国家教委制定的课程计划所规定的必修课（劳动课、劳技课、职业指导课除外）各学科教材。省区间协作编译民族文字教材"，须由国家教委审批。[②]各省也相应地成立了民文教材管理机构，有的专门成立教材审查委员会，对知识错误、翻译问题和政治性的内容进行纠正、把关与指导。

进入21世纪，教育部颁布了《基础教育课程改革纲要（试行）》，进一步

---

① 国家民委办公厅，等.中华人民共和国民族政策法规选编[M].北京：中国民航出版社，1997：516.
②《中华人民共和国现行教育政策法规文件全集》编委会.中华人民共和国现行教育政策法规文件全集[M].延吉：延边人民出版社，2001：6312.

确立了三级课程管理体制,更加重视中小学课程对不同地区、民族、学校、学生的适应性,强调课程与民族文化、地区特点和学生实际情况的结合,赋予地方学校课程开发的自主权。

为进一步加强少数民族的中小学教育及其民族文字教科书的建设,完善对中小学民族文字教科书编写审查的管理,提高教科书的编审质量,国务院颁发了《关于深化改革加快发展民族教育的决定》(国发〔2002〕14号),要求大力推进民族中小学"双语"教学。"在民族中小学逐步形成少数民族语和汉语教学的课程体系,有条件的地区应开设一门外语课。要把'双语'教学教材建设列入当地教育发展规划,予以重点保障",要"按照新的《全日制民族中小学汉语教学大纲》,编写少数民族学生适用的汉语教材。要积极创造条件,在使用民族语授课的民族中小学逐步从小学一年级开设汉语课程。国家对'双语'教学的研究、教材开发和出版给予重点扶持",要"尊重和保障少数民族使用本民族语文接受教育的权利,加强民族文字教材建设;编译具有当地特色的民族文字教材,不断提高教材的编译质量",要"资助民族文字教材的编译、审定和出版,确保民族文字教材的足额供应"。

依据国务院文件精神,根据教育部颁布的《中小学教材编写审定管理暂行办法》,结合民族文字教科书建设的实际,2004年6月17日,教育部专门发布了《中小学少数民族文字教材编写审定管理暂行办法》,明确提出:国家鼓励和支持有条件的单位、团体和个人编写符合少数民族中小学教育教学改革需要的高质量、有特色的民族文字教材。民族文字教材编写实行核准与备案制。社会组织和个人在编写国家课程和供跨省、自治区使用的课程教材,应当事先报该教材使用省、自治区教育行政部门核准立项,并报教育部民族文字教材管理部门备案。民族文字教材审查,实行教育部和省、自治区教育行政部门两级管理。教育部成立跨省、自治区使用的全国中小学民族文字教材审查委员会,负责跨省、自治区使用的民族文字教材审查管理。有关省、自治区教育行政部门成立本省、自治区中小学民族文字教材审查委员会,负责本省、自治区使用的课程教材审查管理。为推动民族文字教材建设,保证教材的质量,国家设立民族文字教材审查补助性专项经费，重点用于跨省区使用的民族文字教材的审查。①

《中小学少数民族文字教材编写审定管理暂行办法》的颁布，完善了少数民族文字教科书的制度建设，对于保障少数民族教科书质量具有重要意义。

（二）少数民族教科书发展概况

总的来讲，改革开放以后，我国少数民族语言文字教科书的建设进入一个快速发展期。除了国家层面的领导与政策外，主要来自三方面的力量。

一是有关省市区的少数民族教育的主管部门加强了少数民族文字教科书的编写和出版。以藏民族基础教育课程教材建设为例，藏族的中小学阶段课程与教材建设，主要是针对"以藏为主"的教育模式，即所有科目皆用藏语文授课，另加授一门汉语文。至20世纪90年代末，以省区协作的方式自主开发和建设的课程主要是藏语文、汉语。藏语文中自编课文部分，从小学到高中所占比例分别为43.3%、60.14%、90.5%，平均自编课文部分所占比例为64.7%。自编课文的内容基本上都节选自藏文原著或来自藏文化的内容。② 再比如，1988年，新疆编译出版维、哈、柯、蒙、锡伯等5种文字的教科书609种，发行为1598.2万册，四川编译出版彝文教科书6.669万册，广西编译出版壮文教科书20种19.23万册，贵州编译出版彝、苗、布依、侗等7种文字教科书30种10.55万册。③ 地处西南边疆的云南省民族数量位居全国之首，全省共有25个世居少数民族，使用着多种民族语言和文字。到2007年底，云南省已编译、审定、出版18种少数民族文字的小学新课改教科书，使用了彝、白、佤、傣、壮、苗、藏、瑶等14个少数民族的文字，印刷了112万多册少数民族文字小学新课改教科书，由教育部门统一免费提供给少数民族贫困地区的学生使用。

---

① 教育部办公厅.中小学少数民族文字教材编写审定管理暂行办法[J].中华人民共和国教育部公报，2004（09）：45—47.
② 转引自：孟凡丽.我国少数民族基础教育课程、教材建设：回顾与反思[M].贵州民族研究，2004（4）：127.
③ 田慧生，曾天山.中小学课程教材改革与实验[M].成都：四川教育出版社，1997：181—183.

1990年，全国已有内蒙古、新疆、广西、西藏、青海、甘肃、四川、云南、辽宁、吉林等10个省区成立了民族文字教材编译出版机构。近年来，全国有一万多人从事民族教材的编写、出版和研究工作，每年编写出版十多种民族文字的教材1800多种，总印数在5000万～8400万，基本上解决了我国民族地区中小学教材问题。[①]

二是多省市区协作组织成立，在编写和出版少数民族教科书方面做出了很大的贡献。为提高民族文字教科书的质量，在有关省区建立健全民族文字教材编译出版机构的基础上，有关部门先后成立了内蒙古、新疆等八省区蒙古文教材协作组[②]、吉林等三省朝鲜文教材协作组[③]，以及西藏、青海等五省区藏文教材协作组[④]，三省区哈文协作组等多个跨省区的协作机构。各民族文字教材编译机构，每年编译出版教科书3500多种，总印数达1亿多册。这种形式大大加快了民族教科书的建设步伐。1986年后，国家相继成立了藏文、朝鲜文、蒙古文教材审查委员会，负责民族文字教材的质量把关。

三是中央有关教育部门，特别是人民教育出版社加强了少数民族文字教科书的建设。或由人教社自己出版少数民族教科书，或由少数民族地区翻译人教社的教科书。应该承认，新中国成立以后，人教社在为少数民族学生编写教科

---

① 田慧生，曾天山. 中小学课程教材改革与实验［M］. 成都：四川教育出版社，1997：175—185.
② 1973年7月，国务院科教组委托内蒙古召开的黑龙江、吉林、辽宁、宁夏、甘肃、青海、新疆、内蒙古八省区中小学教材工作座谈会在呼和浩特市举行。会上，决定成立八省区中小学蒙古文教材协作组。其任务是：制订有关学科的教学大纲，协作编译修订一套十年制中小学蒙古文教科书，商请有关部门解决出版、印刷、发行等问题，以保证蒙古文教科书及时供应。到1987年，编辑出版蒙文教科书360多种，发行量达650万册，教科书的质量也有所提高，基本上解决了蒙古族中小学教育教学的需要。
③ 该协作组成立于1975年，由吉林省牵头组织。到1980年，延边教育出版社共编译出版教科书3571种，发行量达739.31万本。1987年，协作组编译出版朝鲜文教科书495种，总发行量为798.1万册，基本满足了朝鲜族中小学教育教学的需要。
④ 1982年3月，国家民委、教育部组织藏、青、川、甘、滇五省区有关方面代表，在青海西宁召开了藏文教材协作会议，正式成立了藏文教材协作机构——五省区藏文教材协作领导小组。从此，五省区藏族教育走上了协商互济、共同发展的道路。先后编译从小学、初中、高中到中师各级各类学校使用的9大类26个学科的藏文教科书1353种，其品种之多、规模之大、速度之快，都是藏族教育史上前所未有的，实现了藏文教科书编译工作的历史性突破。这些教科书不仅覆盖了五省区所有藏族地区，而且保证了"配套建设、同步供书，课前到书、人手一册"（周虹艳. 藏文教材：协作走出辉煌路［N］. 中国教育报，2002-9-30）。

书方面是做出了重要贡献的，基本保障了少数民族地区教育的需要。新世纪以来，人民教育出版社在各编辑室的基础上，又成立了对外汉语暨少数民族汉语课程教材研究开发中心，少数民族教科书建设成为其重要的任务之一。当然，对通用教科书的翻译，反映的仍然是汉族的文化，毕竟与少数民族地区的实际有距离。

改革开放以后，专门面向少数民族而编写的汉语文教科书迅速丰富起来。汉语在国际上代表中华民族的语言，是联合国的六种工作语言之一，在国内是各族人民相互交际的族际共同语。汉语教学是指对非汉语民族进行的第二语言教学，少数民族学习汉语等于多掌握一种使用极广的交际工具，"对少数民族进行汉语教学，主要目的是培养其语言技能，培养他们用汉语进行交际的能力，因此要有计划地进行语言知识（指语音、词汇、句型、语法以及书面语言中的汉字等）、交际文化的教学和言语技能（听、说、读、写的技能）的训练"①。更重要的是汉语学习直接关系到民族认同和文化认同，是增强中华民族和中华文化凝聚力的重要媒介。少数民族汉语教学的重要性决定了汉语文教科书编写的重要性。整体而言，改革开放以后特别是课程改革以来的各类少数民族文字教科书以及汉语文教科书中课文一般都选用与日常生活、学习、社交、民族传统、审美情趣及国情有关的内容，而且是以当代社会的主流话题为主，介绍当代的人文风情。

需要说明的是，在1999年颁布的《中国少数民族中小学汉语课程标准》、2002年颁布的《全日制民族中小学汉语教学大纲》和2006年颁布的《全日制民族中小学汉语课程标准》中，"汉语文"这一称谓已经不复存在，而以"汉语"代之。

中华人民共和国成立以来，特别是改革开放以来，我国少数民族教科书建设取得了重大成绩，积累了丰富经验，为民族地区政治、经济、文化发展做出了较大贡献。少数民族教科书经过了翻译阶段，已经进入翻译和自编相结合的

---

① 付炜.浅谈少数民族汉语教材编写中的几个问题[J].新疆师范大学学报（哲学社会科学版），1994（3）：74.

较高阶段。但由于多种因素的制约，民族教育课程教材建设虽发展较快，但没有完全满足国家对少数民族基础教育课程与教科书建设的要求，课程内容与民族地区的特点和少数民族学生的认知水平还有一定差距，民族性、地方性在教科书中的反映也非常有限。这一点似乎成为制约少数民族基础教育课程与教科书建设的难题。在新的课程发展背景下，如何开发出中华优秀主流传统文化与少数民族文化、经济、政治、学生特点相结合的课程与教科书，将成为当前及今后一定时期少数民族基础教育课程与教科书建设的重点。

二、主要少数民族教科书发展举隅

蒙古族、藏族、维吾尔族、朝鲜族等民族是我国几个相对较大的少数民族，人口数量大，居住相对集中，有自己比较完整的、历史悠久的语言文字系统和文化传统，本民族的语言文字流通性强、影响力大，使用广泛，汉语言文字的使用还不普及、影响也不大，所以这些民族的教育有自己的特点，且有共同性，就是除了学习、传递本民族的语言文字和民族文化外，还要大量学习汉语言文字。所以其教科书建设的一大特点是，除了本民族文字的教科书外，还有相当的汉语文（汉语）教科书。

1. 蒙古文教科书

蒙古语是一种古老的语言，属于阿尔泰语系蒙古语族，具有悠久的历史，使用人口 700 多万人，分布在中国、蒙古和俄罗斯等国家。中国境内的蒙古语使用人口约 400 万人，主要分布在内蒙古、新疆、青海、甘肃、辽宁、吉林、黑龙江等 8 个省、自治区。蒙古语文是很早以前居住在我国北部和中亚地区的蒙古部落使用的语言。蒙古文字先后有六种，现行蒙古文有三种：传统蒙文、托忒蒙文和新蒙文。传统蒙文是从古回鹘文经过回鹘式蒙古文逐渐演变而来的一种拼音文字，主要通行于我国内蒙古自治区；托忒蒙文是在传统蒙文基础上改制而成的拼音文字，主要通行于新疆蒙古族地区；新蒙文亦称斯拉夫蒙文或基里尔字母蒙古文，是在俄文字母的基础上改制而成的，主要通行于蒙古国。①

内蒙古自治区是蒙古族的发祥地，也是我国蒙古族居住最多的民族区域自治地方，位于我国北部边疆，地域辽阔，居住着汉、蒙、回等55个民族，全区总人口2500多万，汉族人口占全区总人口的80%，蒙古族人口占16%。蒙古族群众大范围杂居、小范围聚居，从事农牧业的农村人口居多，城市居民少。自治区12个盟市均有蒙古族居住，其中，在48个旗、县较集中。

蒙古语言文字是内蒙古自治区通用的语言文字之一，是广大蒙古族群众从事日常生产、生活和交流思想感情、了解外部世界的重要交际手段，也是蒙古族人民行使自治权利的重要工具，是宣传贯彻党的各项方针、政策的重要载体。在内蒙古自治区社会用字中，一直坚持蒙、汉两种文字并用制度，并用率达到90%以上。在蒙古语方面，1979年正式确定了蒙古语基础方言和标准音。1980年自治区人民政府批准转发了八省区蒙古语文工作协作小组《关于确立蒙古语基础方言、标准音和试行蒙古语音标的请示报告》，决定以中部方言为我国蒙古语的基础方言，以锡林郭勒盟的正蓝旗为代表的察哈尔土语为标准音。1997年成立了"自治区蒙古语标准音工作委员会"，制订了语音规范原则。2004年11月26日内蒙古自治区第十届人民代表大会常务委员会第十二次会议通过《内蒙古自治区蒙古语言文字工作条例》，规定自治区以正蓝旗为代表的察哈尔土语为蒙古语标准音。在蒙古文方面，1975年在八省区第一次蒙古语文专业会议上规范统一了15个汉语借词的书写形式，并规范了外国国名（地区名）及首都名称的统一用法。1977年八省区第二次蒙古语文专业会议通过了《关于蒙古语文标点符号的规定》。

在蒙古文教科书的发展历程中，内蒙古自治区蒙古语文工作委员会和八省区蒙古文教材协作组做出了很大的努力和贡献。

---

① 清格尔泰.蒙古语语法［M］.呼和浩特：内蒙古人民出版社，1991：4.

内蒙古自治区蒙古语文工作委员会成立于 1953 年。这是贯彻落实党的民族政策和民族语文政策、监督和促进蒙古语文各项工作的重要常设机构，自治区政府副主席和自治区党委副书记都兼任过委员会主任职务。1975 年国务院批准成立八省区蒙古语文工作协作小组，小组办公室与内蒙古自治区蒙古语文工作委员会合署办公。1994 年机构改革保留自治区民族事务委员会与宗教事务局一个机构两块牌子，同时挂蒙古语文工作委员会及八省区蒙古语文协作小组办公室牌子。下设 11 个职能处室，其中民族语文处、蒙古语文科研管理处、八协工作处三个业务处室，具体行使八省区蒙古语文协作工作和内蒙古自治区民族语文工作。2000 年机构改革设置内蒙古自治区民族事务委员会，挂内蒙古自治区蒙古语文工作委员会牌子。其中内设蒙古语言文字科研管理处、民族语言文字与八协工作处两个业务处。全区 12 个盟市都有民族语文工作机构，均设在民委。

改革开放后，随着民族教育教学改革的深入进行，民族语文教科书建设事业也在不断地丰富和发展。1978 年 6 月，八省区蒙古语文工作协作小组在青海西宁召开第三次协作会议，国家民族事务委员会、教育部派人参加。经协商，与会者一致认为中小学蒙古文各科教科书，应根据全国统编教科书精神进行编译出版，即自编中小学语文（蒙古语文、汉语文），编译小学数学，翻译其他各种全国统编教材。后面主要工作是研究蒙古文教材编写方针原则，协调编译计划，检查编译工作完成情况，审查自编大纲，解决发行及协作中必须解决的问题等。① 到 1987 年，八省区蒙古文教材协作组编辑出版蒙文教科书 360 多种，发行量达 650 万册，教科书的质量也有所提高，基本上解决了蒙古族中小学教育教学的需要。其他有蒙古族学生的地方也参与了蒙古文教科书的建设，比如新疆、辽宁、吉林等省（自治区），都编写出版了适用于本地的蒙古文教科书。

在蒙古文教科书的建设中，东北三省"蒙古文教材编委会"承担了东北三

---

① 顾明远. 教育大辞典：第 4 卷 [M]. 上海：上海教育出版社，1992：192.

省大量蒙古文教科书的编写,特别是新世纪的教科书编写。2003年东北三省教育厅联合颁发了《蒙古语文课程标准》,编委会按照该标准编制了相应的蒙古语文教科书。

图 7-1

《蒙古语文》(第五册)(东北三省蒙古文教材编委会编,辽宁民族出版社,2006年7月第1版第1次印刷)

图 7-2

东北三省蒙古族学校义务教育教科书(试用本)《蒙语文》(第十一册)(辽宁省教育学院蒙古文教材编译部编,内蒙古教育出版社,1996年7月第1版第1次印刷)

蒙古文教科书涉及八个省区,为了提高教科书编译质量,加快蒙古文教科书的建设,国家教委于1986年成立了全国中小学教材审定委员会蒙古文教材审查委员会(简称全国蒙古文教材审查委员会)。全国蒙古文教材审查委员会成立后,由全国中小学教材审定委员会在业务上进行指导,由内蒙古教育厅和国家教委民族教育司领导。① 至1999年,全区民族中小学、幼儿园各科蒙古语文教科书门类齐全,编辑出版质量有了较大的提高。② 不仅实现了内蒙古自治区从小学到大学蒙古文教科书的自给,而且满足了其他地区广大蒙古族中小学

① 内蒙古教育委员会民族地区教育司.少数民族教育工作文件选编(1949—1988)[M].呼和浩特:内蒙古教育出版社,1991:463—465.
② 徐黎丽.中国西北少数民族通史:当代卷[M].北京:民族出版社,2009:398.

教学的需要。

《中国民族年鉴（2005）》数据显示，2004年，内蒙古自治区教育厅组织审查了147种中小学蒙古文教科书和教辅用书，完成蒙古语教育教学资源库开发建设的前期论证工作。2004年全区蒙古语授课学生高考升学率达73.59%。2010年，教育部办公厅又授权内蒙古自治区教育厅发布蒙古族中小学《语文课程标准》和《蒙古语文课程标准》（教民厅〔2010〕1号），以此为据开始编制相应的教科书。

2. 藏文教科书

西藏自治区是藏族聚居地区，藏族人口占95%以上，藏语言文字是全区通用的语言文字。藏语属汉藏语系藏缅语族。除了中国境内的藏族外，在尼泊尔、不丹、印度境内也有一部分人使用藏语。藏语主要分卫藏、康巴、安多三大方言区。尽管方言各异，读音不同，但藏文仍然是统一的，书面语通用于整个藏族地区。据藏文史籍记载，藏文在历史上曾进行过3次较大规模的厘定规范，分别是8世纪中叶—9世纪初叶，9世纪中叶，11世纪初叶。中华人民共和国成立后，西藏各级政府依法落实保护和发展藏民族语言文字的规定，在保障藏族人民学习和使用本民族语言文字权利的同时，使藏语言文字随着政治、经济、文化事业的发展而得到不断的发展。

改革开放后，为了从根本上改变以往藏文教科书编译力量分散、质量参差不齐、名词术语使用混乱、出版发行滞后、难以及时配套的不利局面，1982年3月，国家民委、教育部组织藏、青、川、甘、滇五省区有关方面代表，在青海西宁召开了藏文教材协作会议，正式成立了藏文教材协作机构——五省区藏文教材协作领导小组（以下简称"五协"）。从此，五省区藏族教育走上了协商互济、共同发展的道路。

协作机构的成立与进一步完善，为藏文教科书建设步入规范化轨道提供了重要保证。经过十余年的不懈努力，分步完成了历史、法律、教育学、心理学、地理、体育、音乐、美术、数学、物理、化学、生物等学科名词术语19

万余条的审定工作,先后审查教学大纲、教科书及教学参考书295种。

1999年,"五协"邀请人教社少数民族汉语课程教材研究中心的专家出面,青海、西藏、四川参与,根据教育部颁发的《中国少数民族中小学汉语课程标准》,并参照《全日制民族中小学汉语文教学大纲》编写了供藏族学生学习用的一套完整的汉语教科书,包括小学、初中和高中三段,小学六个年级共12册,初中三个年级共6册,高中三个年级共6册。这套教科书于2001年问世[①],专供藏族地区使用,以藏语授课为主、单科加授汉语的藏族小学生和初中生适用。

为了进一步提高协作教材的质量,1985年,"五协"在甘肃兰州召开了第五次协作会议,首次提出成立藏文教材审查委员会的设想。次年,经教育部批准,全国中小学教材审定委员会藏文教材审查委员会成立。2004年,教育部批准了修订的《全国中小学教材审定委员会藏文教材审查委员会章程》,章程规定:"全国中小学教材审定委员会藏文教材审查委员会(以下简称全国藏文教材审查委员会)是教育部领导下的藏文教材审查机构。其主要任务是审查中小学(包括民族师范学校)各学科藏文课程标准(教学大纲)、各学科教材以及其他教学辅助资料。""全国藏文教材审查委员会接受全国中小学教材审定委员会的业务指导。"

《全国中小学教材审定委员会藏文教材审查委员会章程》的制订执行,为藏文教科书建设打下了制度基础。

随着教育的发展和经济水平的提高,藏文教科书的质量也在不断提高,越来越能够反映藏文化传统。有关研究分析,在从小学到高中的303篇自编课文中,含民族文化内容的比例高达43%。藏族的五明学知识、藏族格言、寓言故事、诗歌、散文以及藏文化的发展史在课程中都有所反映。设计者为了激发学生的学习兴趣,使课文内容表现的主题与学生生活有关,不断加大格言、故事、寓言、民间传说在新教材编译中的内容量。甚至连课文的插图,从表现的

---

① 周虹艳.藏文教材:协作走出辉煌路[N].中国教育报,2002-9-30.

图 7-3

九年义务教育六年制小学教科书（藏族地区使用）《汉语》（第六册）（课程教材研究所、少数民族汉语课程教材研究开发中心编著，人民教育出版社，2003 年 10 月第 1 版，2009 年 11 月第 4 次印刷）

图 7-4

九年义务教育三年制初级中学教科书（藏族地区使用）《汉语》（第五册）（课程教材研究所、少数民族汉语课程教材研究开发中心编著，人民教育出版社，2003 年 6 月第 1 版，2011 年 6 月第 9 次印刷）

主题与呈现的画面上，都注重表现藏族儿童的生活，体现浓郁的民族与地域特色。这些做法得到教师和学生的好评。

3. 维吾尔文教科书

维吾尔族是一个历史悠久的民族。现主要分布于新疆维吾尔自治区，2006 年维吾尔族总人口为 889 万人，占少数民族人口总数的 8.04%。维吾尔语是维吾尔族使用的语言和文字，使用人口有 800 余万。维吾尔语属阿尔泰语系突厥语族。

1982 年新疆维吾尔自治区第五届人民代表大会常务委员会第十七次会议通过了《关于全面使用维吾尔、哈萨克老文字的决议》，维吾尔族全面使用以阿拉伯字母为基础的维吾尔老文字。1987 年，新疆维吾尔自治区党委出台《关于加强民族中小学汉语教学的意见》，再次强调"民汉兼通"的办学目标和要求。1993 年 9 月，新疆维吾尔自治区第八届人大常委会第四次会议通过了《新疆维吾尔自治区语言文字工作条例》，规定："提倡和鼓励各民族互相学习语言文字，使语言文字更好地为自治区改革开放和政治、经济、文化事业的全面发展服务，促进各民族团结、进步和共同繁荣。"①2004年，新疆在总结20年双语教学经验的基础上，出台了《关于大力推进"双语"教学工作的决定》。今天在新疆，既教授汉语也教授少数民族语言的双语教学取得了良好的效果，双语教学已经形成了从幼儿园到小学、初中、高中的一个比较完善的教学体系。截止到2008年，新疆在校的少数民族学生有236万多人，其中接受双语教学的有60多万人，占少数民族学生总数的25.4%。②教育的发展必然促进教科书的发展。1956年成立以编译出版民族文字教材为主要任务的新疆教育出版社。1975—1989年间，共出版维吾尔中小学课本2239种11913.68万册。对民族文字教科书出版，国家给予大量财政补贴。20世纪70年代起国家对边境地区和贫困地区的民族中小学生免费供应课本，③较其他地区要早十余年。

新世纪课程改革以来，维吾尔文课程教材更是出现了较快发展。新疆民族中小学的课程改革于2003年9月正式启动。"在教材方面，新疆民族中小学的课程改革执行国家的政策和统一标准，除了语文、汉语、音乐和美术等科目（这些科目的教材由新疆教育出版社出版）以外，其他所有的科目都使用从人民教育出版社出版的教材翻译过来的教材。"④

---

① 木哈白提·哈斯木.新疆少数民族中学汉语授课实验研究［M］.乌鲁木齐：新疆大学出版社，2002：190.
② 马戎.双语教育：加快民族发展的重要手段［N］.中国民族报，2009-7-17.
③ 顾明远.教育大辞典：第4卷［M］.上海：上海教育出版社，1992：8—9.
④ 孙钰华，姜玉勤.新疆民族中小学课程改革存在的问题及对策［J］.中国民族教育，2009（9）.

图7-5　义务教育课程标准实验教科书《识字课本》(维吾尔文)(一年级)(供双语班使用)(新疆维吾尔自治区中小学教材审定委员会2009年审查通过)

图7-6　普通高中课程标准实验教科书《地理》(维吾尔文)(必修第二册)(人民教育出版社课程教材研究所、地理课程教材研究开发中心编著,2008年6月第1版)

4. 朝鲜文教科书

朝鲜族是中国的少数民族之一,主要分布在黑龙江、吉林、辽宁三省,其余则散居在内蒙古自治区和北京、上海、杭州、广州、成都、济南、西安、武汉等大中城市。吉林省延边朝鲜族自治州和长白朝鲜族自治县的朝鲜族居民主要使用朝鲜语和朝鲜文,杂居地区的朝鲜族通用汉语。在语言学上,朝鲜语属于阿尔泰语系。[①]

改革开放以来,朝鲜族教育有了很大的发展,且名列全国民族教育的前列。在课程方面,按照首先学好朝鲜语文,同时学好汉语文(1982年起把汉语教材改叫"汉语文"),还要学习一门外国语的要求,安排"三语"课。

朝鲜族中小学的教科书建设,大体可分为两类:一是编译工作,二是自编工作。编译工作主要把人民教育出版社编辑出版的国家通用教科书,用朝鲜文翻译改编。自编的教学大纲和教科书以朝鲜语文、汉语、音乐、美术等为主,

---

① 唐作藩.中国语言文字学大辞典.北京:中国大百科全书出版社,2007:1064.

其中任务最重的是朝鲜语文教科书。

为加强朝鲜文教科书的建设，东北三省于1976年2月成立了朝鲜文教材协作小组。1981年10月，在第三次协作会上通过的《简则》规定："东北三省朝鲜文教材协作小组，是东北三省朝鲜文教材编译、出版、发行工作的协作机构。其任务是根据党的教育方针和民族政策，从提高朝鲜族教育质量的需要出发，商定朝鲜族中小学教学计划，审定教学大纲和教材建设规划，协商有关朝鲜文教材编译、出版、发行等事宜。"该机构对朝鲜文的教科书建设起到了重要作用。[①]

为提高朝鲜文教科书的质量，经国家教育委员会批准，1985年7月成立全国朝鲜文教材审查委员会，这是全国中小学教材审定委员会下设的机构。它的主要任务，是对全国朝鲜族中小学（包括中等师范、幼儿园）采用的教学大纲和教科书进行审查、审定，设有朝鲜语文、汉语文、外国语、社会科学、自然科学、音乐、美术等学科教材审查组。全国朝鲜文教材审查委员会的成立为朝鲜文教科书建设提供了制度保障。

 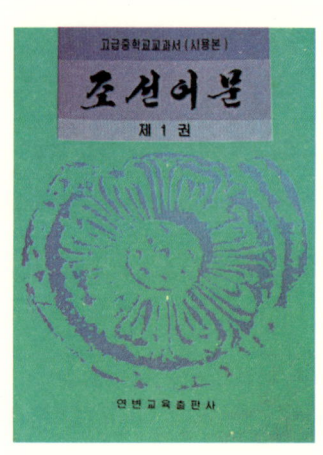

图7-7
全日制小学课本《朝鲜语文》（试用本）（第一册）（延边教育出版社编，延边教育出版社，1985年7月第1版，1986年6月第2次印刷）

图7-8
高级中学教科书《朝鲜语文》（第一册）（延边教育出版社朝鲜语文编辑室编著，延边教育出版社，1997年7月第1版，2006年5月第10次印刷）

① 朴奎灿.延边朝鲜族教育史稿[M].长春：吉林教育出版社，1989：234.

三、其他少数民族教科书的发展

蒙古族、藏族、朝鲜族和维吾尔族是我国比较大的几个少数民族,且居住集中,有自己比较流通的语言文字,所以他们的教育和教科书建设成就比较突出。但在我国还有很多少数民族,他们的人口不是很多,或居住不那么集中,或语言文字流通性不那么突出(有些有语言无文字,有些文字是比较近期才创造的,所以影响力不是特别大),或使用汉语比较多,这些民族的教育和教科书又有他们的特点,主要是以保护本民族的语言文字和文化为目标,因此主要是本民族的文字教科书,很少有专门的汉语言文字的教科书。

1. 傣文教科书

傣族是中国少数民族之一,与属壮侗语族的壮族、侗族、水族、布依族、黎族、毛南族、仡佬族等有着密切的渊源关系,都是"百越""骆越"民族的后裔。傣族说德宏傣语(傣那语)、西双版纳傣语(傣仂语)、红金傣语、金平傣语(傣端语)等多种傣语,都属于壮侗语系的台语支。傣族主要聚居于两个自治州——西双版纳傣族自治州和德宏傣族景颇族自治州,其他散居于云南的大部分地方,四川也有少量的傣族居民。傣族有自己的文字,是从印度的婆罗米字母演变而来的,与老挝文、泰文、缅甸文、高棉文属于同一体系。

"文化大革命"结束以后,傣汉双语教学得到恢复和发展。20世纪70年代云南恢复"傣文教材编译室",自1979年至1989年编写出版的新傣文教科书有小学高年级用《傣文课本》一、二册各15000本,《小学语文课本》一至六册162000本,《小学算术课本》一至五册各20000本,《小学一至六册词语注释》(供教师教学参考)500本,《学汉语》(傣汉文对译,小学用)一、二册各20000本;《傣文识字课本》(扫盲用)40000本等。①

20世纪80年代初期,由于佛教活动的加强,与周边国家往来、交流日益

---

① 张锡盛. 市场经济与民族法制——来自中国云南的研究报告[M]. 昆明:云南大学出版社,2004:140.

密切，恢复老文字的呼声越来越强烈。根据傣族群众的要求，西双版纳州委、州政府做出了进一步贯彻落实《中华人民共和国民族区域自治法》中有关使用和发展自治民族语言文字自由的规定的指示，西双版纳州民族事务委员会于1985年10月7日至11月5日组建了三个工作组进行调查，广泛征求群众意见，最后建议恢复使用老傣文，并将调查结论上报州政府。经州政府、州委审批，于1986年3月13日向第六届州人民代表大会提交了《关于继续使用老傣文的议案》。同年5月25日州六届人大五次会议通过这一议案，同时审议通过了《西双版纳傣族老傣文的使用方案（草案）》。1986年9月25日，州政府向省政府上报备案。从此，西双版纳恢复使用老傣文。

"由于多年来一直使用新傣文，恢复使用老傣文后，教材编印、师资力量等问题一时出现困难，故较长时间里州内双语文教学仍使用新傣文编写的教材，直至1989年起老傣文才逐步进入学校的双语文教学。"①1990年学校傣汉双语双文教学正式改用老傣文，1991年开始用老傣文扫盲。

从1989年起，陆续编译出版老傣文教材，先后有《傣汉对译手册》六册、《傣语文》一二册合订本、《傣语文识字课本》、《傣汉文识字课本》，还有供学前班使用的《傣汉对译数学课本》等。从1989年至1993年，用老傣文编译的各种教材共出版发行88000册。②1998年以来，西双版纳州又先后编译出版了《傣文识字课本》与《傣汉文识字课本》等多种教材。

随着社会的发展，各民族之间的交往和融合日益加强。"傣族地区基本上统一使用'全国中小学九年义务制教材'，即使有些地区使用以少数民族语言编写的教材，也是全国统编教材的翻译版，很少具有地方特色的乡土教材。"③汉语言教科书成为主要用书。

---

① 王军健.西双版纳傣语文教学的发展及有关问题的思考［M］//中国人民政治协商会议西双版纳傣族自治州委员会文史民族宗教联络委员会.西双版纳文史资料：第13辑.昆明：云南民族出版社，2000.
② 参阅《西双版纳傣族自治州财政志》第235—237页.
③ 靳玉乐.多元文化课程的理论与实践［M］.重庆：重庆出版社，2006：204.

图 7-9

德宏傣文小学课本《语文》(第二册)(云南省教育局教材编审室、德宏傣族景颇族自治州教育局编,云南民族出版社,1980 年 5 月第 1 版第 1 次印刷)

图 7-10

《傣汉文识字课本》(试用)(西双版纳傣族自治州教育委员会、民族事务委员会编,1990 年)

2. 彝文教科书

我国彝族主要分布于云南省、四川省、贵州省和广西壮族自治区,主要聚居区包括四川凉山彝族自治州,云南楚雄彝族自治州、红河哈尼族彝族自治州,贵州毕节地区和六盘水地区。彝族是云南省和四川省的第二大民族。

彝族有本民族文字,但各地使用的彝文在音、形、意方面都存在较大差异。彝语属汉藏语系藏缅语族彝族支。

1975 年 8 月《彝文规范方案》在四川实施。该方案深受广大彝族群众的喜爱。凉山州总结了 1976 年至 1979 年试行的成功经验,于 1980 年报四川省人民政府要求结束《彝文规范方案》的试行阶段,准予正式推行。四川省人民政府同意凉山彝族自治州的意见,向国务院转报了凉山彝族自治州关于《彝文规范方案》的报告,国务院批准推行,并于 1980 年 12 月 17 日在《四川日报》

---

① 石棉县地方志编纂委员会. 石棉县志 [M]. 成都:四川辞书出版社,1999:115.

全文公布了《彝文规范方案》，这是中华人民共和国成立以来对少数民族文字进行改革的一个成功经验。云南省政府也于1987年批准了第一批表意彝文和一套借词拼音方案在全省试行。以此为依据，一批教科书相继问世，但属于补充性质的，主体上仍使用汉语言文字教科书。

图7-11
《彝文识字课本》（贵州省民族事务委员会语文办编，贵州民族出版社，1984年）

图7-12
贵州省彝文试用课本（贵州省民族事务委员会、贵州省民族研究所编，1983年）

3. 拉祜文教科书

拉祜族主要聚居于云南省澜沧、孟连、双江、镇沅等地，散居于云南西南边境各县，人口41.1万人（1990年）。拉祜族自称"拉祜"、"拉祜纳"（黑拉祜）、"拉祜西"（黄拉祜）、"拉祜普"（白拉祜）等。现在，拉祜族分拉祜纳和拉祜西两大支系。拉祜族有自己的语言，拉祜语属汉藏语系藏缅语族彝语支，在国内分为拉祜纳与拉祜西两大方言。方言之间的差异不大。拉祜族曾使用西方传教士创制的拉丁字母形式的文字。拉祜文教科书基本上属于补充性质的、识字类的，学校用书以汉语言文字为主。教科书多由云南民族出版社编辑出版。

图7-13
拉祜文《识字课本》（澜沧拉祜族自治县文教局编，云南民族出版社，1984年8月第2版，1984年8月第2次印刷）

4.壮文教科书

壮族主要分布在广西、云南、广东、湖南、贵州、四川等省区，以广西最多。根据2000年第五次全国人口普查，壮族人口数为1600多万。现在是中国少数民族中人口最多的一个民族。壮语是中国使用人口最多的少数民族语言，使用人口2000万以上（包括布依语、岱-侬语）。壮语在壮族聚居的乡村地区和部分城镇仍普遍使用，但壮文由于种种原因至今没有普及；现在散居于城市的部分壮族人改以汉语为日常语文，越来越多的壮族年轻人学会了熟练使用汉语文，成为壮汉双语人口。

1981年，广西壮族自治区少数民族语言文字工作委员会对壮文文字系统做了修改，把非拉丁字母符号全部改成拉丁字母。1981年后，壮文进入学校，小学、中学、中师和高等学校教材译为壮文。壮文教科书一般来自两个途径，一个是用壮文翻译的人教社编写的教科书，一个是广西民族出版社等机构自己编写的壮文教科书。

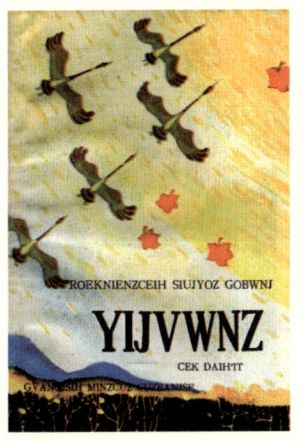

图7-14

六年制小学课本（试用本）《语文》（第一册）（壮文）（人民教育出版社小学语文室编，韦爱英译，广西民族出版社，1985年12月第1版第1次印刷）

图7-15

广西壮族自治区教育厅小学试用课本《思想品德》（第一册）（广西壮族自治区教育厅普教处编，广西民族出版社，1987年5月第1版第1次印刷）

5. 锡伯文教科书

锡伯族，主要分布在辽宁、吉林、黑龙江、新疆等地。新疆察布查尔锡伯自治县是锡伯族最大的聚居区，也是中国唯一的锡伯族自治县。此外，在辽宁省沈阳市附近有兴隆台、黄家两个锡伯民族乡，在新疆霍城有伊车嘎善锡伯族乡。东北三省的锡伯族，大都分布在辽河平原和松嫩平原，而在新疆居住的锡伯族，也集中在伊犁河谷地区。锡伯族现有人口近19万人。

东北地区的锡伯族已经失去了自己民族的语言、文字，淡化了自己的风俗习惯，而新疆察布查尔地区的锡伯族，至今还完整地保留着自己的语言文字及浓厚的风俗习惯和宗教信仰，并经过与兄弟民族的长期交往，取长补短，丰富了自己，发展了自己。锡伯语属阿尔泰语系满－通古斯语族满语支，跟满语很接近。锡伯语使用者主要分布在新疆伊犁哈萨克自治州察布查尔锡伯自治县、霍城、巩留、塔城等县以及乌鲁木齐市和伊宁市。锡伯文是1947年在满文基础上改造而成的，一直沿用至今。① 锡伯文教科书主要由新疆教育出版社编辑出版。

图 7-16

六年制小学课本《语文》(第五册)(锡伯文)(新疆教育出版社，1987年)

图 7-17

六年制小学课本《语文》(第六册)(锡伯文)(新疆教育出版社，1987年)

---

① 王文俭. 中国北方少数民族美术 [M]. 哈尔滨：黑龙江人民出版社，2008：207；于光远. 中国小百科全书：人类社会 [M]. 北京：团结出版社，1994：830；张欢. 新疆民族音乐研究——走进田野 [M]. 乌鲁木齐：新疆人民出版社，2009.

6.景颇文教科书

中国的景颇族与缅甸境内的克钦族是跨国界而居的同一民族,其中克钦族有 60 余万人,主要居住在缅甸的克钦邦及其邻近地区;中国的景颇族约有 12 万人(2008 年数据),主要分布在云南省西部的德宏傣族景颇族自治州境内,少数则散居于怒江州的片马、古浪、岗房地区以及保山地区的腾冲、临沧地区的耿马和普洱地区的澜沧等县。景颇语属汉藏语系藏缅语族景颇语支,分为景颇方言和载瓦方言两种。[①]19 世纪末,在缅甸克钦族地区活动的传教士,曾为当地的景颇支系创制了一种拼音文字,20 世纪以后随基督教传播而在云南境内的景颇族地区流传开来。新中国成立之后景颇族逐渐完善了自己的语言文字。[②]

改革开放后,为发展和繁荣少数民族文化,提高景颇族学生的学习质量,云南省德宏州教育局于 1984 年制订了民族小学六年制学校的景颇文教学大纲,1988 年对此教学大纲做了进一步的修订并正式颁发执行。该大纲的目的在于从景颇族教育的特殊环境出发,建立和完善以汉语文为目标的双语双文教学体系,正确处理好双语双文教学的关系,促进全州景颇族小学教育教学质量的稳步提高。大纲明确规定,凡有本民族语言文字的民族小学(即民族学生占学生总数 60% 以上的学校)都必须开设双语文课,实行双语文的双轨教学体制,民汉两种语文同时教。学生在学好民族语文的同时要学好汉语文,做到民汉两种语文都懂,并着重提高民族学生的汉语文水平。要求学校对学生进行双语文听、说、读、写、译的全面训练,逐步培养民族学生使用民汉语文阅读、写作和自学的能力,为将来升学和从事生产、工作打好基础。大纲规定,按照"一纲多本"的精神,确定在德宏州农村小学以五年制课本和注音识字提前读写课本为基本汉语文教材,同时也进行采用其他教材的实验与探索。大纲的制订,

---

① 《景颇族简史》编写组.景颇族简史[M].昆明:云南人民出版社,1983:5.
② 张桥贵.云南跨境民族宗教社会问题研究:之一[M].北京:中国社会科学出版社,2008:159—161.

对德宏州的双语双文教学工作走上正轨有着重要的意义。①

从 1984 年制订了民族语文教学大纲起，为配合教学大纲的具体贯彻落实，德宏州民族语文编译室就陆续编译了一系列与汉语文教材相配套的景颇文教材、教学参考书和民汉对译手册等。如小学景颇语文和载瓦语文一至六册教材，景颇文和载瓦文数学教材，汉景会话和汉载会话教材，小学五年制汉景载词语对译手册，景颇语文和载瓦语文的农民扫盲识字课本等。②

截至 2007 年，云南省已编译、审定、出版了 18 种少数民族文字的小学新课改教科书，其中也包括景颇文教科书。③景颇文教科书在 2001 年已经出版，经过云南省中小学教材审定委员会审定，这些教科书由政府财政补贴出版，定向供书。

图 7-18

德宏景颇文小学课本《语文》（第一册）（云南省教育局教材编审室编，云南民族出版社，1979 年 8 月第 1 版）

图 7-19

德宏景颇文小学课本《语文》（第二册）（云南省教育局教材编审室编，云南民族出版社，1980 年 8 月第 1 版）

改革开放以来，我国少数民族教科书建设积累了丰富经验，为少数民族的

---

① 冯春林. 中国少数民族教育史：第四卷［M］. 昆明：云南教育出版社，2002：454—455.
② 冯春林. 中国少数民族教育史：第四卷［M］. 昆明：云南教育出版社，2002：455.
③ 云南出版少数民族文字教科书［N/OL］. 新华网，2007-12-21. http://news.xinhuanet.com/newscenter/2007-12/17/content_7264384.html.

教育和民族地区政治、经济、文化发展做出了较大贡献。少数民族教科书建设是翻译和自编互相补充互相促进的过程。翻译的主要是人教社的通用教科书，自编教科书既有纯粹省级教育主管部门组织进行的，也有很多是由跨省协助机构组织编写的，还有部分是由地市级有关部门其至学校组织编写的。人教社也有意识地为一些大的少数民族编写供他们使用的教科书。但由于种种因素的制约，民族教育课程教材建设虽发展较快，然而在很长一段时期里主要科目基本上以翻译汉文教材为主，并没有完全满足国家对少数民族基础教育课程与教材建设的要求，也没有满足少数民族地区社会发展和人才培养对教科书的要求。在新的世纪，新的课程发展背景下，如何充分利用国家赋予的地方课程空间和对少数民族教科书发展的特殊政策，如何使学生更好地形成民族文化认同并保持地方文化的独特性质，如何使少数民族基础教育课程发展尽快进入全国基础教育课程改革与发展的轨道，为少数民族地区的社会、政治、经济、文化发展做出应有的贡献，必将成为当前及今后一段时期少数民族基础教育课程与教材建设的重中之重。

捌　不能不提的进步——教科书研究日益被重视

尽管长时间里教科书研究没有得到应有的重视，尽管真正学术意义上的大规模教科书研究发展缓慢——主体上在20世纪90年代以后了——但这是不能不提的进步与发展，教科书研究被重视的事实不能忽视，犹如我们不能忽视教科书一样。[①]

我们将系统回顾和总结改革开放40年教科书研究的发展历程，以实证研究为主要方法，以各项数据来呈现和说明各阶段教科书研究的特点和发展程度，了解推动教科书研究的主要机构、组织和团队的一些信息。

我们的研究主要采用以下几类数据来说明改革开放40年各时段的教科书研究状况：（一）对各分期相关研究期刊的梳理和分析；（二）对各分期相关硕博论文的梳理和分析；（三）对各时期相关图书的梳理和分析；（四）对相关重要研究课题立项的梳理和分析等。

一、改革开放40年教科书研究发展速览

从我们收集整理的教科书研究的文献数量来看（见图8-1、表8-1），改革开放40年，教科书研究大体经历了艰难的起步、局部快速稳定发展和全面快速稳定发展阶段。

[①] 石鸥.最不该忽视的研究——关于教科书研究的几点思考［J］.湖南师范大学教育科学学报，2007（05）：5—9.

图 8-1　发表文章数量年度走势（1979—2018）

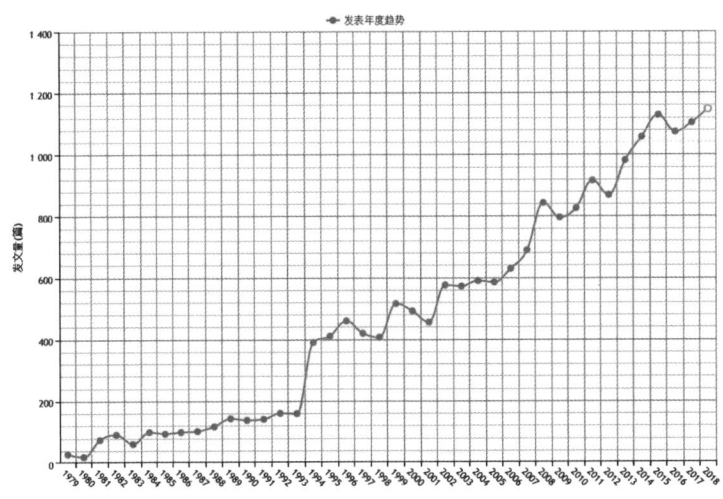

表 8-1　发表文章数量年度分布（1979—2018）

年度	1979	1980	1981	1982	1983	1984	1985	1986	1987	1988
发表数量	27	18	73	88	60	98	93	97	101	116
年度	1989	1990	1991	1992	1993	1994	1995	1996	1997	1998
发表数量	142	137	140	159	158	390	410	459	419	406
年度	1999	2000	2001	2002	2003	2004	2005	2006	2007	2008
发表数量	515	491	455	575	571	589	584	628	688	843
年度	2009	2010	2011	2012	2013	2014	2015	2016	2017	2018
发表数量	796	826	915	868	981	1057	1128	1073	1103	523

我们以中国知网学术期刊数据库为检索资源，检索条件包括：（1）篇名中含有"教科书""教材"或"课本"的文章；（2）研究领域主要限制在教育理论与教育管理、学前教育、初等教育、中等教育四个方面；（3）时间范围为1979—2018年（1978年数据缺失，2018年只是前5个月的数据）。根据以上检索条件，将这些相关文献按照年度发表数量，制成如上的时间序列分布图8-1和分布表8-1。

国家图书馆的文津搜索系统有效整合了国图的自建数据和部分购买服务的各类数据资源，汇集了近 2 亿条文献信息。通过国图文津搜索出版于 1978—1993 年的中国大陆图书文献，题名含有"教材教法"的，共获得 157 种图书；搜索题名含有"教材研究"的图书文献，共获得 64 种图书；搜索题名含有"教科书研究"的图书文献，获得 0 种图书；搜索题名含有"课本研究"的图书文献，共获得 4 种图书（如表 8-2）。

表 8-2　图书文献的阶段分布（1978—2018）

检索关键词	1978—1993（总/年均）	1994—2001（总/年均）	2002—2018（总/年均）
"教材教法"	157/9.8	62/7.6	73/4.3
"教材研究"	64/4	26/3.25	160/9.4
"教科书研究"	0/0	1/0.125	50/2.9
"课本研究"	4/0.25	0/0	3/0.18

从表 8-2 可以看出，1978—1993 年间，根本没有"教科书研究"这方面的专门图书文献。相关图书文献基本上都属于学科教学论的范畴。1994—2001 年仅有一本以"教科书研究"为主题的研究著作，大量研究还是把教科书与教材等同，教科书研究未能进入严格的学术范畴中。但应该承认，专门的教材研究快速增加。而进入新世纪教科书全面迅速稳定发展阶段，以教科书为主题的学术著作迅速攀升到 50 本，年均近 3 本，这是非常罕见的进步。

据以上数据，我们发现：

1. 1979—1993 年是教科书研究艰难起步阶段。很显然，在 1980 年前，我国的教科书研究几乎是空白，且不用说质量，仅仅数量上都可以忽略不计：中小学平均每个学科全年不到 1 篇研究文章（我国高中 15 个学科以上，初中 12 个学科左右，小学 8~10 个学科，不同时间段有所区别）。1981 年以后开始微量增长。总体上，1979—1990 年间教科书研究的相关学术文章发表数量还处在一个非常低的水平，一个有 2 亿多中小学师生的国家，改革开放初期近 10 年里每年关于教科书研究的论文不足 100 篇，这说明理论研究的缺失非常严重。从文章数量的走势上来看,1986年实施义务教育,教科书逐步多样化,教科书研究的文章开始多起来,1987年突破100篇,并稳定增长。教科书研究真正起步了,尽管很艰难(因为这以后整整7年时间里,教科书研究文章一直在100多篇,没有突破200篇)。本阶段发文数量排在前10位的研究者全部来自人民教育出版社,文章发表最多的刊物也是人教社的杂志(见图8-2、图8-3)。

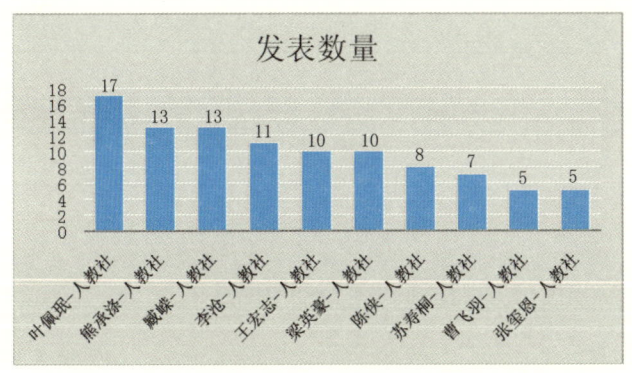

图8-2 发文最多的前10位作者(1979—1993)

图8-2是按照个人发表文章数量由多到少排列的柱状图。知网有效数据显示,人民教育出版社的叶佩珉在1979—1990年间发表17篇关于教科书研究的文章,在所有作者中排名第一,紧排其后的9位也是他人教社的同仁。可见,人民教育出版社在该时期的教科书研究中扮演了绝对主力的角色。这些作者多是人教社资深的学科教材编辑,他们专注于某一具体的学科领域,长期编撰相关教科书,对如何编写教科书以及如何使用教科书有思考、有探索,发表系列文章自在情理之中。叶佩珉、李沧均为生物教科书编写作者,叶佩珉还曾任人民教育出版社生物自然编辑室主任,曾主持并参加教育部中学生物学教学大纲的起草工作及多种生物学教科书的编写工作;臧嵘是历史教科书的主要编辑,国家级有突出贡献社会科学专家,享受国务院特殊津贴;王宏志也是历史教科书的主要编辑,曾任人民教育出版社副总编辑、课程教材研究所副所长,教育部中小学教材审查委员会委员;梁英豪是化学教科书的主要编者,《化学

通报》《化学教育》副主编,曾主持并参加中学、中师化学教学大纲,多种中学、中师化学教科书的编写和审订工作;陈侠是著名教育学家,《课程·教材·教法》杂志副主编;苏寿桐是历史教科书的主要编辑,国务院政府特殊津贴获得者,全国中小学教材审定委员会委员、历史学科审查委员,主持编辑审定多套中小学历史教科书;曹飞羽是数学教科书编辑,参加过多次小学算术和小学数学教学大纲的起草和修订工作,是人民教育出版社多套小学算术、小学数学教科书主要编者;张玺恩也是数学编辑,历任人民教育出版社副总编辑、副社长、党委书记,全国中小学教材审定委员会中小学数学科审查委员,曾参与制订中小学数学教学大纲和中学日语教学纲要,主持编审多种中小学数学教科书。

可见,排在前十名的人教社编辑,既是教科书的专职编者,也是我国该领域的著名学者,在教科书研究方面有很深的造诣。

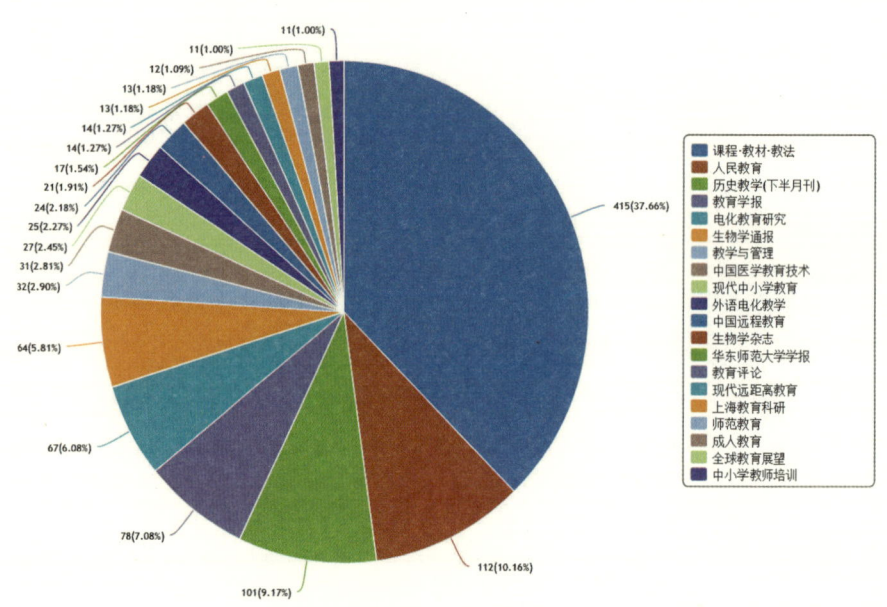

图 8-3　发表期刊所占比例(前 20,1979—1993)

教科书研究文章在各期刊中的比例分布如图 8-3。首先,创刊于 1981 年的《课程·教材·教法》杂志迅速成为教科书研究成果发布最重要的平台和"主力",该刊发表了37.66%关于教科书研究的文章。其次是《人民教育》(10.16%)、《历史教学》(9.17%)、《教育学报》(7.08%)、《电化教育研究》(6.08%)、《生物学通报》(5.81%)等期刊。这6家刊物发表了全国1979—1993年近80%的教科书研究文章。《课程·教材·教法》一家独大源于它是人民教育出版社主办的刊物,发布人教社内部人员的研究文章理所当然。这同时也表明人教社不仅是教科书编撰的主力,也是当时教科书研究的主要团队。《课程·教材·教法》这一优势和办刊特色一直保持下来,逐渐成为我国基础教育领域最重要的课程教材刊物之一。《人民教育》主要刊载一些教科书政策、教科书介绍之类的文章。

2. 1994—2001年属教科书研究局部快速稳定发展阶段。1994年教科书研究的文章从1993年的158篇突然升至390篇,之后稳定在400多篇,发文数量排在前10位的研究者有5位来自大学和其他科研机构,打破了人教社一家独大的局面。

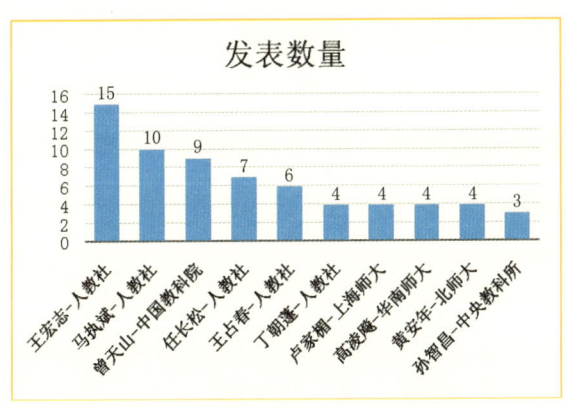

图8-4 作者文章数量排名(前10,1994—2001)

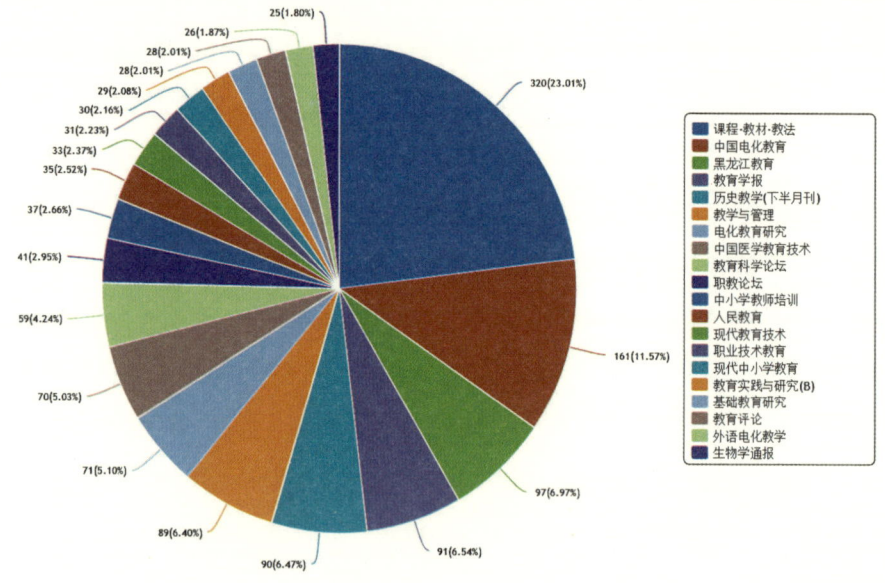

图 8-5 发表期刊所占比例（前 20，1994—2001）

从发表论文的数量分布来看，《课程·教材·教法》的刊载量占总体的比例由原先的 37.66% 下降为 23.01%，但仍稳居第一。《人民教育》的发文数量大幅下降，已不再是前 10 名。《中国电化教育》刊载量仅次于《课程·教材·教法》，排第二。《中国电化教育》《电化教育研究》《现代教育技术》《外语电化教学》前 20 名榜上有名，反映了这一时期我国教材研究在多媒体化、网络化方面的积极探索。

这一时期教材研究中值得关注的现象是出现学位论文。2001 年首次出现 1 篇以高校教材为主要内容的博士论文，直接指向中小学教材研究的硕士论文 2000 年一下子出现 6 篇，2001 年达到 13 篇。这是可喜的变化，意味着传统优势学术领域注意力的转移。

3. 2002—2018 年是教科书研究全面快速稳定发展阶段。教科书研究文章从 2001 年的 455 篇升至 2002 年的 575 篇，2008 年达 843 篇，2014 年达 1057 篇，然后一直稳定在 1000 多篇的数量级上，发文数量排在前 10 位的研究者仅有 1 位来自人教社，人教社研究团队的优势已经消去，首都师范大学石鸥教授研究团队的优势体现明显。

图 8-6 是 2002—2018 年作者发文的数量与排名。从前 10 名来看，首都师范大学的石鸥教授发表 64 篇，高居榜首。石鸥教授近年来致力于教科书的收藏与研究，以及教科书团队的培养，宁波大学的吴小鸥、湖南农业大学的方成智、湖南一师的李新副教授都是石鸥教授指导的博士，足见该教科书研究团队的影响。

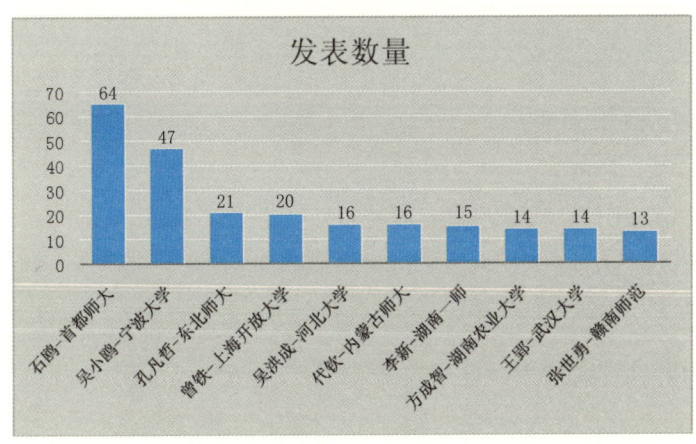

图 8-6　作者文章数量排名（前 10，2002—2018）

从发表期刊的分布来看（见图 8-7），《教学与管理》异军突起，成为发表教科书研究文章最多的期刊（16.26%），《课程·教材·教法》退居次席，发表占比 12.63%。接下来分别是《学周刊》（7.34%），《语文建设》（6.12%），《教育教学论坛》（5.4%），《中国校外教育》（5.14%）。我们看到，一些新的期刊也加入进来，关注和分享教科书研究成果。其中，《湖南师范大学教育科学学报》为教科书研究开辟的专栏一段时间里引领过教科书研究的高潮，《课程教学研究》为教科书研究专家石鸥教授设置专栏"让我们翻开老课本"，其系列文章产生了较大反响。总的来看，更多的教育期刊开始关注教科书研究，这是很可喜的现象。

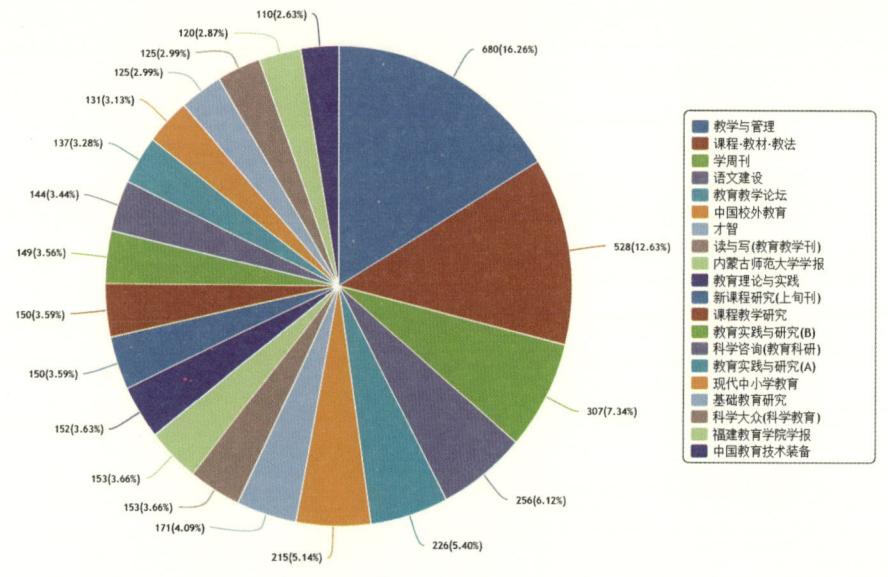

图 8-7　发表期刊所占比例（前 20，2002—2018）

硕博论文的发表数量反映了该领域的研究热度，也预示着该领域研究后备力量的发展趋势。从硕博论文发表量可以看出，第一阶段为零，第二阶段有缓慢增长，进入第三阶段后，越来越多的年轻学者把教科书研究作为一个具有研究价值、可供深入挖掘的方向，原本沉寂的教科书研究变得热闹起来，以教科书为主题的硕博论文迅速增加。从博士论文数量来看，总体呈增长趋势，2002—2018 共有近 100 篇博士论文以教科书为主要研究选题。

硕士论文表现出较快增长的趋势，到 2017 年，年度发表量竟高达 921 篇。有很多非教育学科，比如政治学、语言学、历史学等学科的研究者也青睐教科书这一方向，这丰富了教科书研究的内容。对主要版本教材——如人教版、苏教版——的某一学科或版本之间的教材内容分析是硕士选题关注的焦点。

在课题立项方面，也可以看出第三阶段教科书研究受到的重视。1979—1993 年，全国只有一项国家社科基金重点项目，由国家教委副主任柳斌主持，题目是"普通中小学课程教材改革的研究"（1992）。此时的"课程教材"中的"教材"是一般意义的说法，没有特别的教科书指向。而 1994—2001 年以中小学"教科书"和"教材"为主题的教育学门类的国家社科课题也只有一项,主持人是当时中央教科所所长,题目是"面向21世纪中国基础教育课程教材改革研究"(1997,阎立钦)。上述课题均表现出明显的服务国家教育政策和实践的性质。而且,教材(当时"教科书"一词的使用尚不普遍)仅属于项目研究中的一个主题,研究还称不上是专门的教材或教科书研究。进入21世纪,教科书研究的重视程度明显提升。通过统计国家社科基金课题(教育专项)和教育部人文社科研究一般项目立项情况,发现:

2002—2018年,教科书研究获得国家(教育规划专项)立项23项,这还不包括教育学以外的教科书研究立项。教育部人文一般项目起自2005年,14年中,教科书研究前7年获得22个立项,后7年获得40个立项,由此可见教育部人文一般项目对教科书研究的关注。[①] 以上这些数字足可以证明第三阶段教科书研究进入了全面快速发展时期。

二、改革开放40年教科书研究的基本特征

1985年《中共中央关于教育体制改革的决定》指出"义务教育的要求和内容应该因地制宜,有所不同"[②],为教科书建设指明了方向。同年教育部颁布的《全国中小学教材审定委员会工作条例(试行)》规定,今后教科书"编审分开",并扩大编写主体,"人民教育出版社负责编,省、自治区、直辖市教育部门可以编,有关学校、教师和专家也可以编"[③]。教科书审定制改革正式启动。1986年,全国中小学教材审定委员会及其各学科教材审查委员会宣告成立,《全国中小学教材审定委员会工作章程》《中小学教材审定标准》《中小学

---

① 数据来源于国家社科基金项目数据库、全国教育科学规划领导小组办公室、中国高校人文社会科学信息网。
② 中共中央关于教育体制改革的决定［EB/OL］(1985-05-27)［2018-08-02］. http://www.moe.gol.cn/jyb_sjzl/moe_177/tnull_2482.html.
③ 全国课程专业委员会秘书处. 21世纪中国课程研究与改革［M］. 北京:人民教育出版社,2001:86.

教材送审办法》等教材审定管理办法陆续推出，我国中小学教科书审定制度基本成形。教科书多版本、教科书编写多主体的出现，推动了教科书全面快速稳定的发展。

（一）教科书研究艰难起步阶段的基本特点

总的来看，改革开放前15年，我国在高度重视教材建设的同时，也重启了教材研究，关于教材研究的学术期刊、图书文献的发表和出版开始回到正常的发展轨道上来，虽然初期成果不多，但数量基本上在稳步提升。除了研究数量少外，该时期教材研究还有如下特点：

1.教科书研究带有明显的经验性、实用性特征

改革开放前15年里，在教科书研究中，关于教科书编写的经验总结、如何使用教科书的文章占了相当大的比例。在当时主体上还处在"一纲一本"的背景下，研究人员往往自然地也无可奈何地把人教版统编通用教科书作为研究对象，研究主要指向学科内容和备课、教学应注意的问题。这些研究人员基本上来自人教社，他们既是教科书编者，也是教科书的研究者、评论者，集运动员和教练员于一身。严格地说，有些文章不是教科书研究成果的反映，仅仅是对教科书的解读而已。[①] 另外，这些研究多用宽泛的"教材"一词，狭义的"教科书"一词的使用还不普遍。同时，绝大多数人教社作者的文章发表在《课程·教材·教法》杂志上，比如熊承涤在1979—1993年发表的11篇教科书研究文章，全部发表在《课程·教材·教法》杂志上。该刊物是人教社自己的杂志，多少也影响了研究的广泛性。所以，当时的教科书研究总体上还是比较偏狭的。

教科书研究追求教学实用性。"文化大革命"是教学研究、教材研究荒废的十年。改革开放以后，我国迫切需要在教育领域获得规模上和效益上的大幅提升，以便为经济建设提供强有力的人才支撑，因此，教学日益受到重视。这

---

① 石鸥.最不该忽视的研究——关于教科书研究的几点思考［J］.湖南师范大学教育科学学报，2007（05）：5—9.

就导致这一时期的绝大多数教材研究围绕如何编好教材、用好教材展开，最终的价值指向是教学实践。在全国共用一套教材的环境下，指导教师研读教材、吃透教材以更好地服务教学实践的实用取向十分明显，效果也很明显，但这也造成了千篇一律的各课模式、教学模式，老师们教同样的课文，按同样的理解和要求来教，培养的是共性发展较好但个性发展严重不足的一代学生。

2. 教科书研究范式和成果形式单一

改革开放前期，我国的教材研究是从教学论起步的，也是以教学论为基础的。教学论，特别是学科教学论对该时期的教材研究起主要指导作用并成为基本范式。这一方面与我国在教学论方面有着比较深厚的学术渊源有关，另一方面也是教育教学迫切的现实需要。这一时期是教学论研究快速发展的时期，它努力适应改革开放后经济社会发展对教育和人才培养提出的要求。但在教学论研究一家独大的同时，关于教材的历史文献、社会学、心理学、政治学等视角的研究都极为少见，仅有零星的几篇文章，且昙花一现，没有继续下去。

关于各学科教材教法的图书占了相当大的部分。这些著作虽然算不上是专门的教科书研究，但一定程度上反映了当时学术界对学科教科书的认知。可以说，当时的教科书研究基本上是为各科教学服务的，关于教科书的分析和研究基本上从属于教学论的范畴。研究的主体多是泛指的教材，不是特指的教科书研究（时至今日，"教材教法"仍然是连在一起使用的高频率词组）。某一科的教材教法著作，基本上会专门辟出一两章的内容来介绍该科教材，这些内容与前后内容连贯一致，在教学论视域下结合为一个整体。此时所谓的"教材研究"也并非对教材全面系统的研究，而多是专家对课本内容的研读和指导，以此来指明教授该部分内容时应该把握的教学方向，以达到理想的教学效果为目的。

在此期间没有产生以教科书研究为主题的硕博论文。在课题立项方面，仅有一项国家社科基金重点项目与此相关，没有专门的教科书研究课题。

3. 教科书研究队伍薄弱，来源单一

人教社在该时期的教材研究中发挥了绝对优势，成为基本甚至唯一的研究群体，在成果上遥遥领先于其他高校和科研机构。人教社的优势主要在于它所拥有的独一无二的教科书编、审权和相应的发声权，以及它长期积累起来的编写经验和实力雄厚的专家群体，包括特别的成果发布平台。人教社一社独强的局面，必然造成研究视野的局限和研究主题的单一，强烈的实践取向和技术取向的教材研究就完全可以理解了。

（二）教科书研究局部快速稳定发展阶段的基本特点

20世纪90年代，我国教材的审定制进入了实质运作阶段，编审分开、一纲多本教材发展局面初步形成。各类教材"百花齐放"，如雨后春笋般从全国各地涌现。据统计，1987年这类教材仅有十几种，百余册，编写单位只有若干个；到1997年这类教材已增至70多种，2000余册，编写单位也增至数十个。① 在这种背景下，90年代也成为教科书研究局部快速发展时期。此阶段编审分离、一纲多本使得教科书多样化初见成效，客观上需要教材研究更加深入、全面地展开。可以说，无论从数量看还是从质量看，这一时期的教科书研究都有了较大的进展。

1. 教科书研究的意识进一步强化

当教材研究仅仅局限在教学论视域下，仅仅以服务当下教学为目的时，教材就难以从教学论的话语中独立出来，作为一个独立的研究客体而存在。随着编审分开、一纲多本成为现实，教科书的基本问题逐渐浮现：什么是好的教科书？什么是不好的教科书？教师应该如何对待教科书？……教科书作为一个自由的研究客体的地位得到加强。这一时期，教科书评价研究开始出现并稳步增多，反映了人们教材评价意识的提高，而评价意识的提高与一纲多本制度下教材的多样化发展是分不开的。

2. 研究视角和方法更加多样

改革开放初期的教材研究很多是简单的教材内容分析和教学指导建议，篇

---

① 吕建生. 我国基础教育教材多样化建设的思考［J］. 基础教育课程，2009（3）：49.

幅短，而且不具备完整的问题意识和研究框架。通过梳理这一时期的教科书研究文献发现，教科书的本质属性、好的教科书应该具备的条件、教科书的社会属性等问题被研究者提了出来，在这些问题和假设的指引下，思辨研究、实证研究、比较研究、编写的长期跟踪研究等研究范式和方法被采纳，极大地提升了教科书研究的科学性。单篇论文已经远远超过前期的平均篇幅，有的成果已经可以构成系统的专著。

以前的教科书研究多脱离不了教学论的藩篱，这使得教科书研究主题单一，认识不够全面和深入，教科书研究本身也无法获得相对独立的地位。随着人们对教材认识的深入，特别是在对好教材的强烈需求的驱使下，一些跨学科、综合性的研究开始出现。这些研究借鉴心理学、社会学、文化学等学科的理论，利用这些学科的视角和方法来分析和研究教科书，使得教科书研究走向一个更加多样化的发展轨道。研究者还利用比较研究的方法，通过比较中外教科书、国内不同版本教科书，来获得对各版本教科书的优势和不足的认识。

尽管专门的教科书研究的专著不多，但专门的教材研究快速增加，比如语文类有刘宗文的《洪宗礼初中语文教材研究荟萃》（江苏教育出版社，1997）、徐根荣的《小学语文教学的新探索：S版教材的研究与实践》（上海教育出版社，1997）、王相文的《语文教材研究》（高等教育出版社，1999）、王柏勋的《中学语文教材分类研究》（海南出版社，2000）；数学类的有李明振的《高中数学教材研究》（中国人口出版社，2000）；历史类的有王宏志的《历史教材的改革与实践》（人民教育出版社，2000）等。这一时期的教科书研究，主题明显拓宽了，出现了历史视野的教材研究、实证层面的教材研究，以及纯理论层面的教材研究。人教社课程教材研究所相继出版《课程教材研究十年》（1993）和《课程教材研究15年》（1998），从历史维度整理和总结较近一段时期教材发展和研究的经验，具有一定的学术价值。熊承涤于1996年出版了《中国古代学校教材研究》（人民教育出版社），该书是研究中国古代教材的重要文献。王建军的《中国近代教科书发展研究》（广东教育出版社，1996），是研究近代教科书及其对国民和文化形塑作用的一本力作。曾天山编写的《教材论》（江西教育出版社，1997）是一本重要的教科书研究的理论著作。该书从本体论、教材发展史、编制、教学论、管理、比较和发展角度，对教材进行了系统论述，且具有思辨性，是最能反映这一时期我国教材研究水平的代表性成果之一。

另外，这一时期教科书研究的队伍也在扩大，除了人教社的专家仍在教科书研究中担任着主要角色外，一些高等师范院校和科研机构，如中央教科所、华南师范大学、上海师范大学等的专家日趋增多地参与教科书研究。

（三）教科书研究全面迅速稳定发展阶段的基本特点

在步入新千年之际，国家开启了新的一次教育变革，与以往不同的是，这次的变革全面从课程着手。教科书是课程的主要载体，这次变革也意味着教科书领域迎来了新的发展局面。新课程改革给教科书研究领域带来了新的强劲的推动力。三级课程管理、审定制、出版、发行和选用等教科书管理制度日趋完善，教科书选择更加多样化。一方面，学术界努力为理念、制度和市场的变革指明方向；另一方面，这些变革也极大地改变了教科书研究的旨趣，为教科书研究带来了新的发展局面。总的来看，这段时期教科书研究有以下几个特点：

第一，教科书研究在广度和深度上都有大的进展，成果水平显著提高。这一时期，教科书的历史文献研究取得了突出成果。一些专题研究，如革命根据地教科书、乡土教材、少数民族教科书的历史梳理和现实研究等也形成系统的成果。教科书的制度和管理研究也逐步成熟。具有价值批判色彩的、社会学意义上的研究成果不断涌现，如对教科书价值取向的研究，教科书内容人物性别、阶层、身份的研究，以及教科书的意识形态研究等。

梳理发现，教科书研究已经开始超越学科教学论范畴，迈向更全面的主题研究。比如，王正瀚的《民国时期中学历史教科书研究》（上海教育出版社，2013），刘超的《历史书写与认同建构——清末民国时期中国历史教科书研究》（社会科学文献出版社，2016），孙广平的《晚清英语教科书发展研究》（中国社会科学出版社，2016）；闫苹、段建宏的《中国现代中学语文教材研究》（文心出版社，2007），洪宗礼、柳士镇、倪文锦的"母语教材研究"丛书（十卷本、江苏教育出版社，2007），叶立群等编写的《国际中小学课程教材比较研究丛书·本国语文卷》（人民教育出版社，2001），袁振国主编的"中小学理科教材难度国际比较研究"丛书10卷（教育科学出版社，2016）等；傅建明的《教科书价值取向研究》（中国社会出版社，2004）、康海燕的《初中语文教科书的人生观研究》（社会科学文献出版社，2011），李长吉、张文娟的《教科书的农村适切性研究》（科学出版社，2012）等；王群的《两岸英语教科书比较研究》（浙江大学出版社，2015），徐乃楠的《中俄高中数学教科书中的数学史研究》（东北师范大学出版社，2014），李莉的《内地与香港初中中国历史教科书比较研究》（华中科技大学出版社，2014）等；黄显华、霍秉坤的《寻找课程论和教科书设计的理论基础》（人民教育出版社，2002），毕华林的《走向生本的教科书设计》（山东教育出版社，2006），孔凡哲、张怡等的《教科书研究方法与质量保障研究》（东北师范大学出版社，2007），陈月茹的《中小学教科书改革研究》（教育科学出版社，2009）。

特别值得一提的是，石鸥领衔的教科书研究团队在近十几年的教科书研究中取得了丰硕的研究成果。他们的研究特点是比较严格地使用"教科书"这一明确限定的术语。本阶段之所以出现了50本以"教科书"为主题的研究著作，与石鸥团队成果密切相关。如：

石鸥等《百年中国教科书图说》（上、下册）（湖南教育出版社，2009），石鸥主编《新中国中小学教科书图文史》（6卷本）（广东教育出版社，2015），石鸥等《中国近现代教科书史》（上、下册）（湖南教育出版社，2012）。除此之外，还有专注于中国教科书发展专题史的系列成果"中国教科书发展史丛书"（石鸥主编，知识产权出版社，2015），包括《百年中国教科书忆》（石鸥），《简明中国教科书史》（石鸥、吴小鸥），《中国革命根据地教科书研究》（石玉），《清末民初女子教科书的文化特性》（刘景超），《百年中国乡土教材研究》（李新），《新中国"红色"课本研究》（段发明）。还有从各个专题领域出发展开研究的"教科书研究丛书"（石鸥主编，湖南师范大学出版社，2013），包括《百年中国教科书论》（石鸥），《艰难的规整：新中国十七年（1949—1966）中小学教科书建设》（方成智）、《小学思想品德教科书研究》（李祖祥）、《清末民国中小学英语教科书研究》（吴驰）、《教科书内容的选择与形成——知识准入课程中的国家介入》（刘丽群）、《清末民国中小学体育教科书研究》（刘斌）等。

这些研究成果的水平不断提升，产生了像《新中国中小学教科书图文史》（全国教育科学成果一等奖、全国优秀读物奖）、《中国近现代教科书史》（北京哲社成果一等奖、教育部人文社科成果二等奖）这样的标志性成果。

第二，独立于教科书编写与出版的研究团队开始形成，研究队伍日趋壮大。本阶段教科书研究队伍与机构方面非常值得关注的现象，是2017年成立了国家教材委员会及其下辖的教材专家工作委员会。2018年6月，教育部正式成立了课程教材研究所，负责组织开展课程教材建设重大理论和实践问题研究，为国家课程教材建设决策提供咨询服务等研究和政策咨询工作。首都师范大学于2018年6月20日成立了中国基础教育教材研究院，研究院将着力打造教材专业研究平台、教材政策支持平台、教材质量监测平台、教材数据分析平台、教材研究专业人才发展平台等五个平台，为国家教材建设提供专业支持和智力贡献。2015年教育部课程教材发展中心与首都师范大学联合成立中国基础教育教科书研究与评价中心，将开展中小学教科书研究与评价、学术交流和创新平台搭建等工作，并做好教育部、教育部基础教育课程与教材发展中心布置和委托的教科书研究与开发工作。

在前期的研究中，人民教育出版社的教材专家发挥了关键引领作用，为改革开放之初我国教材的编写与研究做出了重要贡献。随着编审分离、一纲多本的教科书制度的确立，独立于教材编写与出版的研究队伍开始形成并日趋壮大。

目前从发文数量、图书专著和课题立项等方面看，国内影响最大、最成功的团队莫过于首都师范大学的石鸥教科书研究团队。石鸥教授本人在这一阶段排在发表教科书研究文章的第一位。他作为领军人物对教科书研究的远见决定了该团队的生命力，他对第一手文献资料的高度重视、对教科书与文化传承和民族启蒙的重要影响的深刻洞见为教科书研究在主题上的拓展与深化起了引领作用。他们在本科、硕士、博士、博士后以及访问学者、青年教师的培养与合作研究上，走出了一条有特色的人才培养之路，形成了有辨识度的研究团队。为了集中反映学界的教科书研究成果，石鸥教授于 2013 年创办了大陆目前唯一的教科书研究辑刊《教科书评论》（石鸥主编，首都师范大学出版社），目前已出至 2017 年本。为推进教科书研究，加强教科书研究同仁之间的交流，在石鸥教授的倡导下，首都师范大学教育学院、中国基础教育教科书研究与评价中心特别设立了"海峡两岸及港澳地区教科书高峰论坛"年度会议，至今已经举办 5 届（2013 年起），逐渐成为教科书研究的重要学术平台。在 2002—2018 年教科书研究获得国家立项的 23 个项目以及 62 个教育部人文社科课题立项中，石鸥教授的团队都成绩非凡，获得国家社科立项 11 项，教育部人文社科立项 16 项。以石鸥教授为首的教科书研究团队为国内教科书研究热的形成和教科书研究成果的丰富与水平的提升做出了重要贡献。

玖　什么英雄？教科书的岳飞风波

改革开放40年的教科书发展，可圈可点之处颇多，但有的教科书也引发了社会风波。教科书无小事，稍不留意，教科书就会引发现象级风波。21世纪初教科书中的岳飞形象风波就是一个典型事例。

一、起因

2002年12月6日，没有什么特别，只是中新社网站一篇《历史教学大纲修订　岳飞文天祥不再是"民族英雄"》这一醒目的标题，似乎暗示着某种不平常的事件的发生。① 果然，反响挡不住地产生了。12月9日，《北京青年报》《岳飞不再被称民族英雄》的标题更加醒目，把事件推向了风口浪尖：

> 新出版的《全日制普通高级中学历史教学大纲》（试验修订版）指出：用历史唯物主义观点科学地分析对待我国历史上的民族战争。这种民族战争不同于中华民族反对外来侵略的民族战争，是国内民族之间的战争，是"兄弟阋墙，家里打架"……基于这一观点，我们只把那些代表整个中华民族利益，反对外来侵略的杰出人物如戚继光、郑成功等称为民族英雄，对于岳飞、文天祥这样的杰出人物，我们虽然也肯定他们在反对民族掠夺和民族压迫当中的作用与地位，但并不称之为"民族英雄"。②

一石激起千层浪。谁都未想到，就是这些文章、这一说法、这一提示，掀

---

① 历史教学大纲修订　岳飞文天祥不再是"民族英雄"[N/OL].(2002-12-6)[2018-8-16]. http://mil.news.sina.com.cn/2002-12-06/96809.html.
② 耿振淞.岳飞不再被称民族英雄[N].北京青年报，2002-12-9.

起了世纪之初的一个教科书风波。大纲中这一段不称岳飞是民族英雄的说法演变成"岳飞不是民族英雄",迅速引起了重大反响。这段话据说先被香港、新加坡媒体登载,引起了广泛的关注,接着报纸、网上论坛都以大量的篇幅讨论此事。以下(表9-1)是当时一些主要媒体的部分报道:

表9-1 一些主要媒体的部分报道

序号	日期	来源	文章题目
1	2002年12月5日	新加坡联合晚报	岳飞文天祥非民族英雄,中国新教学大纲掀轩然大波
2	2002年12月5日	香港星岛日报	高中历史书新版 岳飞文天祥不是民族英雄
3	2002年12月6日	中国新闻网(转载上文并评论)	历史教学大纲修订 岳飞文天祥不再是"民族英雄"
4	2002年12月7日	兰州晨报	新历史教学大纲重新定义"民族英雄"
5	2002年12月9日	北京青年报	岳飞不再被称民族英雄
6	2002年12月9日	新华网(正式辟谣)	教育部:新版高中历史大纲未涉及"岳飞"问题
7	2002年12月9日	江南时报	评论:从岳飞文天祥不再是"民族英雄"说起
8	2002年12月9日	中山日报	岳飞是民族英雄吗?
9	2002年12月10日	北京青年报	岳飞到底是什么人
10	2002年12月10日	人民日报海外版	中小学历史教学大纲一以贯之
11	2002年12月10日	中国青年报	岳飞文天祥历来是民族英雄 高中历史教学从未重新定位
12	2002年12月10日	中国教育报	岳飞文天祥是否是民族英雄
13	2002年12月10日	鲁中晨报	岳飞不再被称为民族英雄?
14	2002年12月10日	贵州商报	"岳飞不再被称为民族英雄"问题 新版高中历史大纲未涉及
15	2002年12月10日	西部晨风	教育部权威发布:岳飞文天祥一直是民族英雄

续表

序号	日期	来源	文章题目
16	2002年12月10日	大河报	教育部有关负责人说岳飞文天祥一直是民族英雄
17	2002年12月10日	华商报	教育部有关人士表示岳飞文天祥历来是民族英雄
18	2002年12月11日	东营日报	教育部有关负责人说新版高中历史大纲没有涉及"岳飞不再被称为民族英雄"问题
19	2002年12月24日	文汇报	史学界：岳飞是民族英雄

日本《朝日新闻》等国外媒体也纷纷对此事发表报道和评论。据说，香港有报道说，文天祥在香港的后代对此表示遗憾。①

为什么大家对千年前的岳飞表示出那么大的关注？为什么文天祥的后代对此表示遗憾？

二、交锋

围绕岳飞是不是民族英雄，学术界和社会各界迅速站队形成了两大阵营。一方认为，应该抛弃狭隘的民族主义观点。《北京青年报》采访了一些市民，北大一位历史学教授认为，作为老一代历史学家，他们一直以传统观点看待这个问题，这种新的观点是随着时代的进步提出的，可以百家争鸣。北师大一位教授认为，新教学大纲是用新的提法阐述民族英雄的定义，这有利于维护中华民族的团结。一位中学历史老师认为，在历史教学中，除了大是大非的问题应该立场坚定外，很多问题都不要急于定性，可以让学生通过对历史材料的理解

---

① 历史教学大纲修订 岳飞文天祥不再是"民族英雄"[N/OL].(2002-12-6)[2018-8-16]. http://mil.news.sina.com.cn/2002-12-06/96809.html.

来建立个人观点。①

有观点认为，中国是一个由56个民族组成的民族大家庭，历史上各民族之间发生过大大小小无数次民族战争，同时也涌现了许多对于本民族来说堪称"民族英雄"的杰出人物。以当时的历史实际而言，他们不愧是本民族的"民族英雄"，但如果以现在民族大团结的眼光来看，历史上真正抵御外来民族的战争如鸦片战争、抗日战争等毕竟只是极少数，绝大多数的所谓民族战争无非是兄弟阋墙的国内战争，因而不能给这些战争贴上"爱国主义"标签，自然从这些战争中涌现出来的英雄人物也不能称为"民族英雄"。由于受"左"的思想的影响，1949年以来各个时期的历史教科书都犯了常识性的错误，将岳飞、文天祥统称为"民族英雄"。这一错误观点影响深远，也造成了一定的负面影响。因为是教科书，学生要学要考，往往是无条件地接受书中的观点，因而从懂事起就牢固地确立了这样的认识：少数民族是侵略者，汉民族是被侵略者，少数民族代表着非正义，正义从来就是在汉民族一方，因而金兀术是大坏蛋，岳飞是"民族英雄"。这类狭隘民族主义的观点不利于各民族的大团结，这是显而易见的事实。近年来有关教科书改革的社会呼声日益强烈，尤其是文科类的教科书改革事关一个民族的人文精神建设，编写者应该秉持历史唯物主义观点，抛弃成见，实事求是，着眼于公民素质的培养，大胆改革，不断创新。当前我国的教科书改革已经驶入了快车道，此次新版历史大纲就岳飞等人是不是"民族英雄"的成说做出新的界定，可说是一次合乎时代潮流的观念更新。②

交锋的另一方则认为，应该历史地对待古人的爱国思想。如果我们没有历史上的国家观念，那么，古代的吴、越、秦、楚在今天都是一家人，无论是侵略被侵略，都可一笔勾销，反侵略的光辉历史和民族精神也不值一提了！但事实上，每当中华民族遭逢深重国难的时候，屈原投江而死、勾践卧薪尝胆的故事总是在鼓舞着人们满怀信心去克服困难，战胜敌人。历史上的爱国思想与民

---

① 耿振淞. 岳飞不再被称民族英雄 [N]. 北京青年报，2002-12-9.
② 岳飞文天祥不再是"民族英雄"？[N]. 工人日报，2002-12-10.

族感情有它产生的特定背景，决不容许我们用现在的思想与感情去取代它。岳飞、文天祥的孤忠耿耿、誓死不降、公而忘私、临危不惧等优秀品质是爱国主义的思想结晶。反之，那些在民族战争中贪生怕死，或逃或降，甚至认贼作父、甘当儿皇帝的人都是中华民族的败类。尽管时过境迁，历史的洪流早已将当年的"国家"观念冲刷净尽了，当年活动在今天中国大地上的各个民族，早已融合为伟大的中华民族，兄弟民族之间的友好情谊早已取代了历史上的互相争战，但是，历史上的民族叛徒却永远被钉在历史的耻辱柱上，遗臭万年。① 人们称岳飞、文天祥为民族英雄，看重的是他们面对敌对势力时表现出来的"精忠报国""威武不能屈"的民族气节，这种气节不仅为本民族人民敬仰，也为世界各民族人民敬仰，是人类宝贵的精神财富。②

房宁的《为什么说岳飞是民族英雄》，认为岳飞是民族英雄自古就已有成论，岳飞受到了包括少数民族在内的中国人民的景仰。③ 降大任的《民族英雄问题再思考——从岳飞、文天祥的评价说起》认为，确认历史上民族英雄的标准，主要是看贡献（即看其是否有利于社会生产力的发展）而不是看其所属的族别。拿这一科学标准来评量岳飞、文天祥，可以说他们理所当然地称得上民族英雄。④ 梁衡的《岳飞文天祥是不是民族英雄》甚至认为岳飞、文天祥是民族英雄是当然之意，难道还有疑问还要说吗？岳飞、文天祥已成了民族精神的代名词，成了正义的化身。⑤

还有一种属于第三方的声音。有主张对此再思考的呼声，认为应该站在整个中华民族的立场上，不要陷入大汉族主义的泥坑，也不要陷入地方民族主义的泥坑。还有学者认为，"公众对教育部修订教学大纲的反应是过度的，这是'汉族主义神经衰弱症'的一种表现"。⑥ 还有一些人感到困惑。他们认为，新

---

① 岳飞文天祥不再是"民族英雄"？[N]. 工人日报，2002-12-10.
② 耿振淞. 岳飞文不再被称民族英雄[N]. 北京青年报，2002-12-9.
③ 房宁. 为什么说岳飞是民族英雄[J]. 中学语文（大语文论坛），2003（15）.
④ 降大任. 民族英雄问题再思考——从岳飞、文天祥的评价说起[J]. 晋阳学刊，2003（4）.
⑤ 梁衡. 岳飞文天祥是不是民族英雄[J]. 新闻实践，2009（1）.
⑥ 金颖. 岳飞第三次惹舌战 中国教科书也起风波[J]. 中国新闻周刊，2002（41）.

大纲上这么定义民族英雄有一定的道理，但是按照这种观点吴三桂开关迎清军可以说是顺应了历史潮流，在一定程度上缓和了民族矛盾，对吴三桂怎么称呼？事实上，许多人物都要重新看待了，包括秦桧。①

看了上述概况，大家真的可能以为是教育部颁布的历史教学大纲引起了这场大讨论。然而仔细研究发现，有意思的是，大多数义愤填膺地参与论战的文章或网络评论其实并没有真正读过原文。多数人认为根源是2000年的《全日制普通高级中学历史教学大纲》（试验修订版）（金颖、中新网、《北京青年报》等），有的人认为是教育部基础教育司编写的一本中学历史课用教学指导书（房宁），有的人则认为是教育部基础教育司编写的中学历史教科书（降大任），有的人更是直指2002年新版的《全日制普通高级中学教学大纲》（梁衡）。而教育部基础教育课程教材发展中心发言人答记者问时则说：

媒体所传的内容与事实不符，现在全国使用的是2002年新版的《全日制普通高级中学历史教学大纲》，在这个新版教学大纲里没有涉及"岳飞不再被称民族英雄"的问题。

普通高中历史教学大纲在世纪之交是这样演变的：

1995年国家教委颁发了《关于大力办好普通高级中学的若干意见》，同时组织起草编写与义务教育相衔接的高中各科教学大纲。1996年，颁布与九年制义务教育教学计划相衔接的《全日制普通高级中学课程计划（试验）》，明确提出"普通高中课程结构由学科类课程和活动课课程组成"，"普通高中课程学科类课程分为必修、限定选修和任意选修三种方式"。1996年，国家教委在普通高中试验课程计划颁布的同时印发了全日制普通高级中学12个学科供试验用的教学大纲，包括《全日制普通高级中学历史教学大纲》（供试验用），并于1997年9月开始在江西、山西、天津进行试验，课程发展史上称为"两省一市高中课程改革"，配套的高中教科书称为"试验本"。2000年在对1996年试验本修订的基础上，颁布《全日制普通高级中学历史教学大纲》（试验修订版），

---

① 耿振淞. 岳飞不再被称民族英雄［N］. 北京青年报，2002-12-9.

并扩大到更多的省市使用。2002年教育部又颁布了修订的《全日制普通高级中学历史教学大纲》，1996年的《全日制普通高级中学历史教学大纲》（供试验用）、2000年的《全日制普通高级中学历史教学大纲》（试验修订版）都停止使用。而到2004年，开始使用《普通高中历史课程标准（实验稿）》（2003），历史教学大纲逐渐退出中国普通高中舞台。

谁也未曾想到，就是这个于2000年颁布的《全日制普通高级中学历史教学大纲》（试验修订版），或2002年的《全日制普通高级中学历史教学大纲》引出了这场岳飞大纷争。

但事实上，经我们核查原件，不论是教育部1996年颁布的《全日制普通高级中学历史教学大纲》（供试验用），还是2000年的《全日制普通高级中学历史教学大纲》（试验修订版），或是2002年的《全日制普通高级中学历史教学大纲》，均没有具体涉及岳飞、文天祥等不再被称为民族英雄的内容。问题出在哪里呢？

也许出在教育部基础教育司组织编写的《全日制普通高级中学历史教学大纲（供试验用）学习指导》（人民教育出版社，1996年版）一书。1996年教学大纲颁布后，为帮助教师了解历史学界的一些观点和看法，有关方面组织部分专家、学者编写了《学习指导》作为参考。《学习指导》收集的是部分专家、学者个人对涉及历史教学一些问题的看法，并不是国家教学大纲文件本身的内容。但该书里面有这么一段对文件的解读的话：

用历史唯物主义观点科学地分析对待我国历史上的民族战争。……是国内民族之间的战争，是"兄弟阋墙，家里打架"……基于这一观点，我们只把……反对外来侵略的杰出人物如戚继光、郑成功等称为民族英雄，对于岳飞、文天祥这样的杰出人物，我们虽然也肯定他们在反对民族掠夺和民族压迫当中的地位与作用，但是并不称之为"民族英雄"。

这位解读者署名余桂元，他当时也是这个版本大纲的编写成员。这是一个比较敏感的身份。

由此，人们就认为这是官方的言论了。但我们认为，这毕竟不是教育部正式的官方文件。

问题是,为什么时隔几年后才提起此事呢?据查,这场风波国内最早的报道出现在 2002 年 12 月 6 日,未见更早的报道了。但 2002 年 12 月 5 日新加坡《联合晚报》的《岳飞文天祥非民族英雄,中国新教学大纲掀轩然大波》和当天的香港《星岛日报》有报道,因此极有可能最早引发纷争的就是这两家海外媒体。据了解,事情起因于新加坡的一场学术讨论。有人认为,岳飞等当然是民族英雄,而另外有人认为,不能算民族英雄。当争执不下时,持反对意见者突然搬出了中国的这个资料,以此来佐证自己的正确:中国自己都不认同岳飞是民族英雄了。于是,持肯定意见者一下子受不了,转而把论争的矛头指向教育部的教学大纲,这就出现了本文开头的一幕。

至今,官方的说法是含糊的,不像有些媒体所说的,"教育部一直认为岳飞文天祥是民族英雄"。官方既不承认也不否认,在一些经教育部审定的教科书中,把岳飞当作抗金英雄,而不提民族英雄。如人教社的《中国古代史》(2003:108)的描述为:"岳飞是南宋杰出的抗金将领。"

图 9-1

高级中学课本《中国古代史》(全一册)(人民教育出版社历史室编,人民教育出版社,2003 年出版)

早在半个多世纪以前,历史学家出身的政治家吴晗(中华人民共和国初期他是北京市副市长)对此就有过建议。他在与北京师范学院(今首都师范大学)历史系教师座谈历史教科书编撰时指出:关于中国历史上的民族关系问题,对于少数民族历史的处理,要避免大汉族主义。另外,对于辽金的问题亦复如此。满洲兴起切不要写成外族，必须写成民族的历史。吴晗还指出：民族关系问题——应从今天出发而不应该从古代出发，毛主席说要从六万万人出发，应指出各民族共同缔造，而汉族较早；民族关系基本上是和睦相处，团结互助，但也有矛盾纠纷、冲突、战争；因此必须体现各民族人民的历史；各民族之间的冲突处理，要作为各族人民内部矛盾来处理；讲民族团结，并不意味着不讲统治的一方面，这是少数民族和汉族统治阶级的斗争。①

按照美国学者阿普尔等人的观点，"教材编者们承受着巨大而持久的压力"，② 这压力本质上是教科书这一特殊文本决定的。教科书承载了社会的、阶级的意识，特别是支配集团的意识。这就导致它本身意味着应该如何看待不同的人、事和现象，应当获得或不获得哪些知识和价值，应当用什么样的标准去评价思想、社会和人。甚至可以说，教科书的功能就在于划定某一可能的宣讲范围，准入、选择并张扬某些观点和思想，使它们经典化，同时虚化某些观点与思想，使它们消失于学生的视野之外。但这是一个非常难而复杂的问题。这个问题处理不好，教科书是很难太平的。21 世纪初教科书岳飞事件就是明证。其实，早在 20 世纪 30 年代，教科书中对岳飞的描述就曾经引起过很大的风波和尖锐的交锋（见回放 1）。可以预言，以后还会有类似的交锋。

针对教科书这样一种具有持久和强大影响力且影响对象是年轻人的文本，官方审查本身并不是问题所在，这甚至是全世界范围内教科书编者需要面对的客观现实之一。远比官方审查意义更重大更让人惊心的是，民间普遍存在的、潜意识的、无处不在的"相互审查"甚至"自我审查"。这种审查甚至就来自教科书读者、读者的家长或教科书的受益者。这类审查的存在，表明教科书这一文本在人们心目中的重要性，这种重要性不是官方强加的。

---

① 1960 年吴晗以北京市副市长和历史学家的身份和北京师范学院（今首都师范大学）历史系教师座谈历史教科书的编撰时的讲话（北京市档案馆，档号：147 全宗 1 目录 405 卷）。参见张伟. 吴晗谈历史教科书编撰的两件档案史料 [M] // 历史学家茶座：2010 第二辑. 济南：山东人民出版社.

② 阿普尔，克丽斯蒂安 - 史密斯. 教科书政治学 [M]. 上海：华东师范大学出版社，2005：12.

回放1：吕思勉让自己惹上大官司的历史教科书

图9-2

《白话本国史》（吕思勉，商务印书馆，1923年）

吕思勉（1884—1957），字诚之，江苏常州人，我国著名史学大家，先后在苏州东吴大学，上海光华大学国文系、历史系任教，1951年起任华东师范大学历史系一级教授。

1923年9月上海商务印书馆出版了吕思勉的《白话本国史》，这是中国史学界第一部有系统的新式的通史，[①]是中国历史上第一部用白话文写成的中国通史，也是我国历史上最早以白话文写成的历史教科书之一。无论是在学术界，还是教育界，都颇受好评。顾颉刚认为：该书"为通史写作开了一个新的纪元"，[②] "书中虽略有可议的地方，但在今日尚不失为一部极好的著作"。[③] 著名史学家杨宽曾经回忆说："我对中国古代史的钻研是由这部书引起的。"[④] 史学大家金毓黻甚至认为该书"堪称为中国史之第一名作"。正因为是一本难得的好书，因而初版后不断得以再版，到1926年就重印了第四版。[⑤]

[①] 李永圻，张耕华. 吕思勉先生年谱长编：上 [M]. 上海：上海古籍出版社，2012：286.
[②] 李永圻，张耕华. 吕思勉先生年谱长编：上 [M]. 上海：上海古籍出版社，2012：288.
[③] 顾颉刚. 当代中国史学 [M]. 上海：上海古籍出版社，2002：85.
[④] 杨宽. 历史激流中的动荡和曲折——杨宽自传 [M]. 时报文化出版企业有限公司，1993：47.
[⑤] 吕思勉的这本教材一直是影响深远的一本史学大作。2005年上海古籍出版社收入《吕思勉文集》新版重印，2008年新世界出版社改名为《中国通史》出插图珍藏版，2008年中国社会科学出版社改名《中国史》收入"大国历史"丛书重印，同年改名为《吕思勉讲史》被长征出版社出版，2010年中国言实出版社再版重印，2010年改名为《中国史》由中国华侨出版社重印。

然而恰好就是这本广受好评的教科书,惹出了大麻烦。

问题出在《白话本国史》"南宋和金朝的和战"一章。在这一章,作者认为:宋金的和议在当时本是件必不能免的事,然而主持和议的秦桧却因此而大负恶名,真是冤枉极了。而和议之所以不能避免,那是因为当时并无一支可靠的军队:连岳飞的军队也不可靠,赢不了战争。

……"南北宋之际,大将如宗泽及韩、岳、张、刘等,都是招群盗而用之;既未训练,又无纪律,全靠不住;而中央政府既无权力,诸将就自然骄横起来;其结果,反弄成将骄卒惰的样子。""秦桧一定要跑回来,正是他爱国之处;始终坚持和议,是他有识力,肯负责任之处。""岳飞只郾城打了一个胜战……郾城以外的战绩,就全是莫须有的。最可笑的,宗弼渡江的时候,岳飞始终躲在江苏,眼看着高宗受金人追逐。"

作者引用了《文献通考》的史料说:

"建炎中兴之后,兵弱敌强。""张、韩、刘、岳之徒,……究其勋庸,亦多是削平内难,抚定东南耳;一遇女真,非败即遁;纵有小胜,不能补过。"

这一看法随着该书的传阅而在社会上流传。"九一八"后,开始有人反对《白话本国史》对宋金和战的论述,尤其不认同褒秦桧贬岳飞。

1935年3月5日,南京特别市市长签发训令第2315号,严禁吕思勉的《白话本国史》没有修改上述观点前在南京销售。[①]并签发第2316号函致国民党中央宣传委员会,请查禁该书。

很快,上海和其他各地都开始禁售该书。禁令一出,反响迅速,交锋激烈。其时报纸杂志评论其事者甚多,有攻击的,也有辩解的,有些报刊甚至借以勒索贿赂,如不应允,便要发表污蔑性文字。学者和民众也参与论争,既有支持查禁该书的,也有力挺吕思勉的。

支持查禁该书的,认为历史教科书应以"陶铸民族精神,训练公民道德"为任务,而吕氏教科书对民族英雄岳飞的事迹"或略而不述,或述而不详,或

[①]《南京市政府公告》第151期,1935年3月,第50—51页.

详而不加宣扬,反加曲解",这是不利于完成教育使命的。①

力挺吕思勉的代表者有南京《朝报》主笔赵超构。②

赵超构连发多文,为吕思勉辩解。文章写道:"现在的国势,自然不能与南宋时相提并论,但岳飞与秦桧如果生在现代,其功罪恐怕也是不容易判断的罢!岳飞之主战论当然易于哗众媚俗,秦桧之有勇气主张宋金提携,打开宋金间之僵局,其忍辱负重的精神,即在目前看来,也未可厚非。"③

胡适也有近似的看法。他在1925年《现代评论》第一卷第四期上发表《南宋初年的军费》一文,写道:"宋高宗与秦桧主张和议,确有不得已的苦衷……秦桧有大功而世人唾骂他至于今日,真是冤枉。"曹聚仁先生后来回忆,他就比较认同当年《白话本国史》一书对岳飞的看法,"当年吕思勉先生的《白话本国史》(商务)刚出版,对于岳飞生平,说得更近事实",认为岳飞是很难成功的,"最重要的,是他们的部队不行,军风纪很坏(朱熹、王船山都是这么说的)"。④

当年5月,事态持续升级。南京《救国日报》资深报人龚德柏把吕思勉等诉上法庭。他以吕著《白话本国史》中宋金和战一节的议论极为不妥为由,向法院控告吕思勉等。1935年5月20日,江苏上海地方法院宣布判决:不予起诉。判决书称:

> 吕思勉所著《自修适用白话本国史》不依据确定正史推崇岳飞等,乃称根据《宋史》本纪、《金史》、《文献通考》、赵翼《廿二史札记》以褒秦桧而贬岳飞等,其持论固属不当,……要皆在我国东北之地未失以前,与现在情形不同,自非别有作用,既系个人研究历史之评论与见解。以法律言,即非破坏我国三民主义,损害国家利益,妨害善良风俗,不构成出版法第十九条、第三十五条

---

① 熊梦飞. 评吕著高中本国史 [J]. 教与学, 1935 (1): 239—240.
② 赵超构 (1910—1992), 笔名林放, 1949年后曾任上海《新民晚报》社长和总编、全国人大代表、上海市政协副主席和中华全国新闻工作者协会副主席等职。
③ 沽. 从秦桧说起 [N]. 朝报, 1935-3-12.
④ 曹聚仁. 湖上杂忆 [M]. 济南: 山东画报出版社, 2002: 26—28.

之罪。

对这种判决，龚德柏自然不满，向江苏高等法院申请再议。结果呢，6月4日，江苏高等法院签署《再议处分书》，称"声请再议于法不合，应予驳回"。①江苏高等法院终裁认为《白话本国史》的议论虽未适当，但出版在东北失地之前，即1931年九一八事变前，所以吕氏并非别有用心，没有触犯法律，决定"不予处分"。

后来吕思勉对相关的论述做了修正。他于1940年出版了《吕著中国通史》。虽然是大学讲义，似乎不会太受历史教科书的约束，但在如何评价宋金和议上，也做了适当的改动，认为宋金和议是一个"屈辱"。

书虽然做了修改，但吕思勉的内心世界应该是冲突的。他在1934年为上海商务印书馆编写的《复兴高级中学教科书本国史》的"例言"中指出，"此书的编纂，距离编新学制高中教科书时，将近十年了。鄙人的意见，自亦不能全无改变。……自信今是而昨非，但亦不知今之果是乎？非乎？惟有仰望大雅弘达的教正而已"。②

1952年，吕思勉在《三反及思想改造学习总结》中，再次提出了自己的心声，他写道：

此书系将予在中学时之讲义及所参考之材料，加以增补而成，印行于一九二一年或一九二二年，今已不省记矣。此书在当时，有一部分有参考之价值，今则予说亦多改变矣。此书曾为龚德柏君所讼，谓予诋毁岳飞，乃系危害民国。其实书中仅引《文献通考·兵考》耳……然至今，尚有以此事诋余者，其实欲言民族主义，欲言反抗侵略，不当重在崇拜战将，即欲表扬战将，亦当详考史实，求其真相，不当禁遏考证也。③

---

① 张耕华.吕思勉：史学大师[M].上海：上海教育出版社，2000：50—53.
② 吕思勉.本国史：上册[M].上海：商务印书馆，1934年8月，"例言".
③ 吕思勉.吕思勉遗文集[M].上海：华东师范大学出版社，1997：435—452.

拾　谁的历史？上海版高中历史教科书的教训

历史是全景的，是全方位的，但不可能事无巨细都进入有限的历史书本之中，更不可能都进入非常有限的历史教科书。历史教科书该写什么历史？上海普通高中《历史》教科书，2003年初版，经过几年的试验后，被上海市教委正式确定为2006年使用的教科书。这是上海二期课改的产物。没有想到，刚正式使用便夭折了。夭折的理由是，历史教科书写了它不该写的历史，而该写的历史没有写或写得太少。不该写的写了，该写的没有写。那到底什么历史该写，什么历史不该写呢？这是一个长期以来没有完全解决好的问题。

一、"毛去哪里了？"

2006年9月1日，美国《纽约时报》发表了题为《毛去哪里了？中国修改历史教科书》(*Where's Mao? Chinese Revise History Books*)的文章。仅仅看文章的标题，有心人就会预感到山雨欲来风满楼。毛泽东消失了，消失在中国的历史教科书中。这文章简直就是爆炸性的新闻。

被美国《纽约时报》盯住的历史教科书是上海版高中《历史》，此书由上海师范大学教授苏智良主编，上海教育出版社出版。新的历史教材共9个主题，分9册，其中必修3本：中外政治、经济、文化发展史，选修6本：改革、民主、现代战争、人物、奥秘和文化遗产。2003年开始，这套教科书在上海近百所中学陆续推出试用，不断修改，至2005年8月，试验本全部编写完成。随后，按照1998年开始的第二期课程改革方案，根据各学科课本的编写和试用情况，于2006年9月新学期开始，上海全市高中起始年级全面推广该套高中《历史》。

图10-1

高级中学课本《历史》(高中一年级第一学期)(试用本)(苏智良主编,上海教育出版社,2003年8月第1版,2006年6月第4次印刷)

  这套教科书改变了以领导者、阶级斗争及战争为主轴的旧史观,没有写带有特定时代印记的历史阶段论,"文明"成为历史发展的主角,如高一上册包含三个主题:人类早期文明、人类生活和人类文化。这样的历史一时间引发了极大的争议。

  2006年9月1日,美国记者Joe Kahn在《纽约时报》发表题为《毛去哪里了?中国修改历史教科书》的文章,称"这套新版标准历史课本不再探讨战争、王朝和共产主义革命,而是把更多的笔墨放在经济、技术、社会风俗和全球化等多种主题上","摩根大通、比尔·盖茨、纽约股票交易所、美国航天飞机以及日本的子弹头火车,都在新版教科书中得到了突出。课本中还有专门讲述领带如何流行起来的章节。曾被视为世界历史重要转折点的法国大革命和俄国十月革命,如今受到的关注也大为降低。毛泽东、长征、殖民侵略以及南京大屠杀,而今只在初中讲授,并且内容也大幅缩减"。[1] 经过他的文章描述,上海历史教科书就成了"盖茨代表毛泽东"的代名词。

---

[1] 袁野. 历史教科书:酝酿八年的进步[J]. 中国新闻周刊, 2006(41):40—41.

二、沉甸甸的课本——历史教科书该写什么历史？

很快，美国记者的文章被国内外的一些媒体编译、转载、摘编并大肆炒作，新华网等几个大型门户网站也都开辟专题，从教材的内容呈现、编写的指导思想、实际运用可能出现的问题、与通常教科书的比较等多个角度对上海新版历史教科书进行了讨论。当时争议主要集中在"内容删减体现创新精神、文明史取代编年史、全球史观完胜民族史观、时代元素代替经典历史内容"四个方面。

反对上海版历史教科书的一方的观点集中在：诸如"淡化'毛泽东、长征、殖民侵略、革命、战争'，盖茨取代毛泽东；大幅削减古代史内容，用所谓当代文明史取代中国史；营造所谓'和谐史'，革命、战争、苦难内容被大幅删减，南京大屠杀内容只在初中部分简单提及；高中部分完全抛弃传统中国、世界编年记史的方式，改用一部笼统的'人类文明史'代替……"[1]某网站发起了一个调查，不到5天，参与人数就达24000人之多。调查显示，不支持上海新版历史教科书淡化"毛泽东、长征、殖民侵略、革命、战争"的人比例占到八成多。

支持上海版历史教科书的一方则主要认为：强调殖民史无益于培养造就人才，注重历史不等于只注重领袖、只注重战争，教科书内容应该与时俱进，等等。同时也表示，国内媒体过于跟风了，跟着外国媒体走，没有自己独立的判断，而外国媒体对上海历史教科书的报道是片面的。[2]

被批评方自然不会服气。一开始，上海官方和教科书主编们基本上都对该事件不予表态，所有的争议之声都是民间的。但到后来，主编们也许坐不住了。为澄清真相，表明立场，上海新版历史教科书主编苏智良接受了《南方周末》的独家专访，访谈内容发表在2006年9月28日《南方周末》文化版，题

---

[1] 邓艳玲.上海新版历史教科书引争议[J].基础教育，2006（10）：44.
[2] 邓艳玲.上海新版历史教科书引争议[J].基础教育，2006（10）：44.

《盖茨来了,毛泽东也还在》《是改变,不是"政变"》,认为《纽约时报》的报道"带有歪曲和片面","我们希望新版教材能够反映人类求生存、求发展,能够体现人类文明发展过程,把人类从古到今的文明史讲清楚"。

2006年10月12日,《南方都市报》采访了上海大学历史系教授朱学勤。朱学勤充分肯定了这套教科书,认为教科书"首先是在体系上,用文明史来代替阶级斗争史,用社会生活的变化来代替王朝体系的演变,用文明来代替暴力,用千百万普通人生活的演变代替少数帝王将相的历史,这是非常大的进步。第二就是教科书的编写方法,打破了过去那种自上而下的灌输、教条式的、死记硬背的教学法,它穿插了很多在课堂上即兴参与的小教案。"①教科书体现的是文明、开放、面向世界的思路,"放弃了五个社会发展阶段,这是一,第二,它也削弱了、淡化了过去的阶级斗争和暴力革命这样的一种历史观,它突出的是文明、文化、科技、生活,甚至它告诉学生,什么叫法律?最早的法律是产生在哪里?为什么会有审判制度?陪审官起源于哪里?最后它向学生提问,让学生自己讨论,是这样一个问题,多有意思啊,它问您知道您有哪些权利和义务吗。读这套历史书长大的小孩,我认为那真是喝人奶长大的了"②。

中国社会科学院研究员雷颐认为:现在历史教科书的改革只是几十年来历史学界研究的体现。从上世纪70年代末80年代初开始,学界就在批评"把历史等同于政治史"。他说,"教科书有变化不足为怪,没有变化才是不正常的","这个变化,我觉得来之太晚"③。

最初的学术之争开始升级,既然主编们发话了,且坚持自己的立场,那么,批评方酝酿着高层的动作也就可以理解了。2006年10月,教育部高校社会科学研究中心召集7名历史学者开会,就上海历史教科书问题进行商议。

会议之后,教育部高等学校社会科学发展研究中心在2006年10月16日

---

① 朱学勤. 从沪版历史教科书的改革说起[J]. 教师新概念,2007(9):70.
② 朱学勤. 从沪版历史教科书的改革说起[J]. 教师新概念,2007(9):70.
③ 袁野. 历史教科书:酝酿八年的进步[J]. 中国新闻周刊,2006(41).

的内刊《社会科学情况反映》上以《著名历史学家评上海新版高中历史教科书》为题，印发了6期简报，刊登了7名北京的历史学者对上海的高中历史教科书的批评意见，认为"上海版历史教科书离开马克思主义唯物史观，只讲现象不讲本质"，"该教科书指导思想混乱，明显受到西方史学理论的影响"，"该教科书是对历史教学的取消主义，是历史虚无主义的表现"，"该教科书'碎化'历史，割裂历史发展的内在联系"，"该教科书背离了我们党关于历史教育根本任务的要求，会造成思想混乱，进而危及政治安定"，"建议上海地区立即停止使用这个新版教材，用国家统编教材替代"[①]。

之后，《几位历史学家评上海新版高中历史教科书（二）》一文指出，要"警惕以学术为名攻击现实政治的倾向"，文中说：

一段时间以来，史学研究领域出现了一种借探讨学术问题来攻击现实政治的倾向。有人以谈学术问题为名，含沙射影地把矛头指向现实政治，反对党的领导和社会主义制度。

比如，袁伟时年初在《中国青年报》冰点周刊发表文章《现代化与历史教科书》称，我国当前的中学历史教科书是害青少年的"狼奶"，"是把革命粗鄙化的流毒"，"我们的青少年还在继续吃狼奶！"朱学勤日前在关于上海新版历史教科书的访谈中明确提出，"此前孩子们接受的历史教育，是喝狼奶的教育，不是喝人奶的教育，训练出来的是狼，不是人。"他认为，上海新版历史教科书"用文明史来代替阶级斗争史"，"放弃了五个社会发展阶段"，"削弱了、淡化了过去的阶级斗争和暴力革命这样的一种历史观"，是"很大的进步"，"读这套历史书长大的小孩，那真是喝人奶，不是喝狼奶长大了。"这些论述表面上看是关于历史观问题的不同学术观点，实质上是攻击我们党和国家确立的用唯物史观培养社会主义事业建设者和接班人的教育制度。[②]

[①] "几位历史学家评上海历史教科书" [J/OL]. http//www. globalview. cn/ ReadNews. asp? NewsID=12824. 原题为"著名历史学家评上海新版高中历史教科书"，2007年9月《环球视野》电子期刊总第180期.
[②] 2007年10月总第181期《环球视野》电子期刊以"几位历史学家评上海新版高中历史教科书（二）"为题发表，见 http://www. globalview. cn/ReadNews. asp？NewsID=12921.

2006 年 12 月 26 日，时任教育部高校社会科学中心负责人的 T 先生在"新年学术暨庆贺马克思主义研究院成立一周年座谈会"上说："前段时间上海新版高中历史教科书，也存在着一定的问题。教育部很重视，部领导已经有了很明确的态度。"①当然，我们并不知道部领导表的是什么态，但从后面事态的发展不难推论这是个什么态度。

　　2007 年 2 月，原中央军委办公厅主任、军事科学院原副院长、中将某某在《瞭望》发表文章，指出"有的新版历史教科书，弱化革命和战争，对毛泽东、红军长征、帝国主义侵略、南京大屠杀、狼牙山五壮士等历史都大幅缩减或删除，增加和突出了摩根大通、纽约股票交易所、日本子弹头火车、领带的流行等内容。有的学者说，以前的历史课本重视意识形态和国家认同，新的历史课本较少意识形态的内容，与当前的政治目标一致。这种荒唐的逻辑，匪夷所思。历史课本就是要重视意识形态和国家认同"②。

　　"就是要重视意识形态和国家认同"——历史教科书究竟"写什么样的历史"，"怎样写历史"，尽管在学术上仍然是一个问题，但政治的眼则从来不把它看成是问题（历史学家吴晗当年就指出，历史教科书应该"写多数人的历史，写劳动人民的历史"③）。

　　"2007 年 4 月，教育部组织中学历史教材审查委员会专家与上海历史教科书课标组和编写组部分人员就上海高中教科书修改方案进行了沟通，虽然大家都具有对上海高中历史课本进行修改完善的共识，但在是否要完全推翻上海高中历史教科书的框架、在 2007 年 9 月即推出修改课本等重大问题和工作程序上，各方持有不同意见。到 5 月份，上海成立新的历史课程标准专家组，重新编写高中课程标准，要求在 9 月即推出新教材……苏智良辞去高中历史教科书

---

① 翟胜明."新年学术暨庆贺马克思主义研究院成立一周年座谈会"综述［J］.马克思主义研究，2007（3）：123.
② 李际均.振兴国魂军魂［J］.瞭望，2007（7）：1.
③ 1960 年吴晗以北京市副市长和历史学家的身份和北京师范学院（今首都师范大学）历史系教师座谈历史教科书的编撰时的讲话（北京市档案馆，档号：147 全宗 1 目录 405 卷）。参见张伟.吴晗谈历史教科书编撰的两件档案史料［M］//历史学家茶座：2010 第二辑，济南：山东人民出版社.

主编的职务。6月，上海市教委责成华东师范大学历史系主持编写新的高中历史教科书，在9月开学时推出。"① 刚使用不久的新版历史教科书被上海市教委决定停止使用，取而代之的是华东师大版历史教科书。

确实，上海版历史教科书尽管是一个很好的改革尝试，但在处理历史教育的重心和历史教科书的根本性质等问题上显然还是有值得进一步探讨的方面。一则，我们需要不断讨论，历史教科书要培养学生的核心素养究竟是什么？这在一定程度上决定着教科书内容的选择。二则，历史方方面面林林总总，选择什么进入课堂进入课本，是一个大学问，更是一个大政治。当学问遭遇政治时，我们究竟应该如何处置？特别是不同的社会背景或时代背景，对二者的倚重可能有微妙变化。钱穆在抗战时期的一段批评性论述，和上海版历史课本似乎有非常相似之处，也许对认识这一事件有新的启迪。

1937年，钱穆写了一篇《历史与教育》的文章，提道：

去年（1936年——笔者注）暑假，北大新生入学考试，历史试题问及蔡京，据我所阅各卷，答蔡京为北宋有名书家的可十之七，知道蔡京在北宋政治上关系的不到十之三。我想此事很可看出中国现代历史教育之趋势。前人读史，于人物贤奸，国家兴亡，无不注意。或许近人治史，好言文化及经济等项，对于人物贤奸、政治隆污，不暇深论。至于国家兴亡，或许认为帝王家事而忽略了。我又想中学的历史课本里，定有一课特讲北宋的艺术等而涉及蔡京能书，故一般中学毕业生里，不知道蔡京是北宋政治上的罪人，而说他为书法家。

此文写于1937年全面抗战的时候，"九一八""满洲国"都在刺激着国人，蔡京只是一个引子，问题更在后面。所以，作者紧接着又引到另一个人物身上，并追问历史教育与历史课本：

此等好像小事，然而试问若将来中国的青年，只知今日的郑孝胥是一个书法家，或诗人，而不知其在满洲国做些什么勾当，或是我们将来的中国教育家，只教青年知道郑苏戡是一位民国的诗人或书法家，而不向他们讲他在东四

---

① 周育民. 关于上海历史教科书问题——对北京几位历史学家批评的回应［J］. 开放时代，2009（1）：145.

省的一些丑历史，试问大家对此有何感想？此等历史知识要得要不得，此等历史教育，该当不该当？①

钱穆的观点放在今天，仍然有现实意义。历史教科书的功能同样在于选择、编写某些特定内容，张扬某些特定内容，使某些特定内容经典化，同时闸住其他历史内容，让它们消失于特定读者群的视野之外，以此达到有效地形塑读者，不知不觉张扬某些思想、行为，贬低或干脆屏蔽某些思想和行为的目的。②对于历史教科书而言，历史内容太多，究竟应该教谁的历史？什么历史？或者退一步说，在不同的时代，历史课本是不是可以或应该突出不同的历史？这仍然是一个没有完全解决的问题。

历史教科书，与其说是写历史的教科书，不如说是写政治的教科书，与其说面对的问题是写什么样的历史的教科书，不如说是写谁的历史的教科书。历史是一个客观的进程，历史记忆却是人为建构的。在奥威尔看来，过去是可以改变的，因为过去只存在于人们的意识中，而意识是可以控制的。所以，"谁控制过去就控制未来，谁控制现在就控制过去"。也即，控制现在的人根据其需要建构历史，形塑一个民族的历史记忆，而这种记忆又支配了民族的现在和未来。

历史记忆构成一个民族精神生命的一部分，享有共同的历史记忆是民族认同和文化认同的根基，但如果历史被曲解、阉割、遗忘，则意味着一个民族集体记忆的扭曲和空无。历史学家舒衡哲把历史记忆理解为"有系统并经过反省的民族记忆"。一个民族只有保存对历史的客观完整的记忆——不仅保持对历史的敬意与珍重，也保持对历史的反省与批判，才能从真实的历史中得出真实的教训。问题是，什么是反省的历史记忆？教科书如何可能保存对历史客观完整的记忆？关键是，何谓客观完整？

上海历史教科书无法圆满回答的问题，也是所有历史教科书需要回答的问

---

① 钱穆. 历史与教育[J]. 历史教育，1937（2）.
② 石鸥，石玉. 论教科书的基本特征[J]. 教育研究，2012，33（04）：92—97.

题。吕思勉的历史教科书（见回放1）、顾颉刚的历史教科书（见回放2），甚至俄罗斯的历史教科书（见回放3）等等，都无一幸免。

回放2：面临巨额罚款的顾颉刚的历史教科书

1920年，后来成为中国著名史学家的顾颉刚从北京大学哲学门毕业，应胡适之邀，参与商务印书馆"现代教科书"的编撰，并负责编写现代初中教科书《本国史》。

年轻的顾颉刚在编写《本国史》教科书的过程中，萌发了对中国古史的一些"既定"结论的怀疑。他发现很多古代历史是把传说传来传去，传成事实了。他认为："古史是层累地造成的，发生的次序和排列的系统恰是一个反背。"（顾颉刚：《古史辨》，第一册，自序，上海古籍出版社1982年版）

顾颉刚提出的"层累地造成的"中国古史说概括起来主要有三点：第一，"时代愈后，传说中的古史期愈长"；第二，"时代愈后，传说中的中心人物愈放大"；第三，"我们在这上，即不能知道某一件事的真确的状况，至少可以知道某一件事在传说中的最早的状况"。这一疑古、辨古的"层累"的学术观点的提出，为顾颉刚赢得了巨大的名声。

顾颉刚编撰的现代初中教科书《本国史》，顺利地在蔡元培主持大学院工作期间通过了政府的审定，在中学使用。

关于他的一些最引起争议的学术观点，顾颉刚在《本国史》中是这么表达的：

太古时代的景象，只凭相传的口碑，附会的记载。所谓洪荒之世，一切太古的传说，只好看作神话，决不能取为可靠的史乘。（页18）

什么仓颉、隶首、大挠，都只是集合了无数无名创作者积成的成绩，才显出较有统系的效用的，决不是突然而来的创始，更无所谓首出群众的圣人！大概古代传说的帝王，都只可说是文化史上几个重要变迁的象征……这些理想人物，也许并无其人，只是当时社会背景里的一种精神。（页24）

那黄帝的传说便是代表这造成国家雏形的时期……不能完全相信这班半神体的圣人！（页25）

尧、舜的传说，为后世所崇信。我们看惯了，遂以为古代真有一个圣明的尧、舜时代了。其实，尧、舜的故事，一部分属于神话，一部分出于周末学者"托古改制"的捏造。（页30）

……

这样的观点既是大胆的，也是新奇的，所以教科书一出来，就大受欢迎，一再翻印，发行量猛增，四五年间发行了160万册。

但风云巨变。"济南惨案"爆发不久的1929年，山东参议员王鸿一提交了专案弹劾此书，认为它"非圣无法"，要求查禁。山东教育界名人、王鸿一的朋友、被鲁西南民众称为"丛圣人"的丛涟珠也对顾颉刚的教科书提出强烈否定意见，同时建议处以巨额罚款。

更为强势的责难来自国民党理论家戴季陶，他是最重要、最有影响力的重量级反对派。戴季陶之所以坚决反对顾颉刚的观点，除了与他的理论家身份、要为国民党思想舆论统一做工作有关系外，也许还与他是一个了不起的日本通有关。当时日本对中国已经是咄咄逼人，侵略野心昭然若揭了，此时急需全国人民精诚团结，一致对日。理论家戴季陶提出了一个重要问题：我国民族自信力在近代正一步步消退，恢复民族自信力已经成为一个重要问题。容不得顾颉刚对民族、国家观念的贬损，容不得对正在消退的民族自信力给予更让人担忧的有理论依据的促退。

据说，戴季陶直接给教育部写信，认为顾颉刚的历史教科书竟然怀疑禹有无其人，实在是太过荒唐，容易误导学生，不应作为中学课本，应予以坚决取缔。当时的国务会议上还有人提议应对这样的书予以重罚。该书发行了大约160万册，以一本一元罚款计，要罚160万（汪修荣：《国学大师顾颉刚其人其事》，《人物杂志》2005年第5期）。

在20世纪20年代，这可是天价罚款，如果真的被执行，对顾颉刚、对商务印书馆也许都是灭顶之灾。总经理张元济听到这个消息后，"大怖"，连忙直奔南京，找国民党元老吴稚晖斡旋，最后终于化险为夷。钱没有罚，但书还是被禁了，而且吵得沸沸扬扬。

胡适对此很有反感,他认为,这是国民党压制思想自由的证据。他说:"一个学者编了一部历史教科书,里面对于三皇五帝表示了一点怀疑,便引起了国民政府诸公的义愤,便有戴季陶先生主张要罚商务印书馆一百万元!一百万元虽然从宽豁免了,但这一部很好的历史教科书,曹锟吴佩孚所不曾禁止的,终于不准发行了!"(胡明主编:《新文化运动与国民党》,《胡适精品集·10》,光明日报出版社,1998年)。站在胡适一边,支持顾颉刚的论点,认为学术上的开明观点应该得到尊重的学者还是大有人在的。史学家张荫麟也曾替顾氏"喊冤"。他希望政府应该尊重专家的"开明意见"。他说:"好几年前有一位很适宜于编历史课本的人,编了一部至少在当时比较算是高明的历史课本,但因为其中有些意见和一位未曾读过多少历史,也不肯运用神经系统的达官不合,那部书便在出版界突然绝迹了,而且替他出版的书店也几乎受累。这样的情形是很足以使有志于编纂历史课本的人灰心的。"(素痴:《关于"历史学家的当前责任"》,《大公报》1934年9月28日)。这些人认为,教科书和其他任何文本一样,也应该坚持并表现真理,教科书讲的内容必须是真实的。

站在反对者一边,对顾颉刚历史教科书中怀疑甚至否定"三皇五帝"的做法提出批评的人也不少。在戴季陶一面,认为"中国所以能团结为一体,全由于人民共信自己为出于一个祖先",所以"民族问题是一个大问题,学者们随意讨论是许可的,至于书店出版教科书,大量发行,那就是犯罪"。这里提出了一个冲突问题:学术争鸣与教育观念需不需要有所区分?

在批评者眼里,顾颉刚的历史教科书"不承尧舜禹为实事",就是"解散"了"全国人民团结为一体的要求"。"现在的中学历史教材,显然有歧误的观念,足以遗毒青年的,不在少数:少数疑古派因着'年湮代远于古无征',遂举历史通质上先民史料加以否认传疑,这是史学上怀疑精神的产物,不可谓不是现代新颖的学说,但是加入中学教材范围,则仅受中学教育为止的青年,将得一太古荒邈黄农禹稷均无其人其事的概念。不是自斩历史的差误么?……选取学术内容为教科材料,原属文化继承和传播的必要的手段,但学术上的一切发见新说,不尽能,也不必要尽入国民教育的范畴。"(张圣瑜:《中学历史教学的职能和转化》,《江苏教育》第 4 卷第 3 期,1935 年)。该学者的观点很明白,学术归学术,学术不应该和教科书内容相混淆,学术上可以坚持的观点不一定适合在教科书中讲述。

这里提出了学术思想和教科书文本的关系这一至今仍然没有很好解决的问题。

从教科书政治学的角度看,教科书承载着传播社会主流意识形态的重要职能。在这种情况下,"不载三皇五帝"的疑古史学教科书与南京国民政府提倡的民族主义历史教育旨趣难免发生严重冲突。在南京国民政府看来,"三皇五帝"背后隐藏着中华民族的一种珍贵信仰和崇拜,是维系国家和民族凝聚力的象征,而这也正是南京国民政府所注重和强调的。南京国民政府担心在国运衰微的特殊时期,历史教科书如此论述会不利于增强民族凝聚力。

触及意识形态的"底线",顾颉刚《本国史》教科书的历史命运,也就可想而知了。作为学者的顾颉刚和胡适,一方面坚持自己的学术观点,另一方面还要介入中学历史教育,这本身就很难达成一种"和谐"。即便到了 21 世纪的今天,学术性与政治性之间的冲突,在历史教育中还明显地存在着,甚至有过之而无不及。

所以,这场冲突已经不完全是历史的"正确"与"错误"的冲突,而是历史教科书要写什么历史、写谁的历史的冲突。

顾颉刚意识中的史学是有独立性的,应实事求是地反映历史的客观面貌。但是在南京国民政府看来,历史是为政治服务的,必须以作为意识形态的民族主义为指导。

回放 3:被取消资格的俄罗斯历史教科书

2003 年 11 月 27 日,周四,俄罗斯一家电台——莫斯科回声报道说:《20 世纪祖国历史教科书》的资格受到质疑,俄教育部的联邦级专家委员会将重新予以审核,有可能取消其教科书资格。这一报道很快引起了俄罗斯各大媒体的普遍关注,一时沸沸扬扬。随后,俄教育部第一副部长维克多·博洛托夫在接受采访时，证实了这一消息。12月2日，教育部部长弗拉基米尔·菲利波夫"根据俄教育部联邦级专家委员会的意见"，正式签署了取消《20世纪祖国历史教科书》作为学校课本的资格的命令。这意味着该书不能作为教科书进入学校使用。这一事件被俄罗斯媒体称为"20世纪祖国历史教科书风波"。

苏联解体后，俄罗斯废除了实行统一教科书的做法，由教育部审核认定多套教科书，各校从中自行选定和使用。《20世纪祖国历史教科书》就是其中的一种。该书的作者伊·多卢茨基是一名普通中学历史教师，毕业于莫斯科大学历史系，从事中学历史教学20多年，撰写并出版了一系列历史教科书。

《20世纪祖国历史教科书》于1993年出版，分上、下两卷。出版后颇受欢迎，当年就发行10万册，1994年发行量更是达到20万册。此书修订再版续写了7次，一直通过了教育部的审定，得到教育部的教科书资格的认可，被作为教科书使用。

2003年被封杀的这版《20世纪祖国历史教科书》，其资格是在2001年6月获得俄教育部认定的。该版内容包括了20世纪俄罗斯的全部历史，一直到2000年普京执政之后。书中涉及了车臣战争以及普京整顿媒体、打击寡头等治国之策。教科书内容不拘泥于传统的观点，也不拘泥于传统的历史介绍，而是把经济、社会、文化和其他领域的相关历史原貌如实地予以展示。教科书在形式上也有特点，编排比较灵活，易教易学。书中多用启发式提问，所提问题多由老师和学生们自己去思考、去寻找答案，甚至还运用了幽默讽刺笑话。正因为如此，该教科书受到了教师和学生的欢迎（王桂香：《普京与〈20世纪祖国历史教科书〉风波》，中国社科院东欧中亚研究所《二〇〇三年岁末文集》）。

对于颇受师生欢迎的《20世纪祖国历史教科书》的被取消资格，总得有个说法。对此，菲利波夫表示，该教科书给人的印象是俄罗斯历史上没有什么光明时刻，没有什么好的地方。博洛托夫也批评这套教科书太过于政治化。他指出，"只要仔细翻阅一下该套教科书，就不难发现它对俄罗斯历史、对当代是抱有成见的，所引用的资料也是有偏见的"。

教科书作者则认为，该书被封杀的真实原因，是书中列举了俄罗斯著名的政论家、新闻媒体批评家的观点和其他一个党派领袖的观点，他们指责了普京总统搞独裁统治，认为"俄罗斯发生了国家体制上的转变"，"建立了普京的个人权力体制，普京正实行独裁专制"，2001年俄罗斯国家体制"已经是警察体制了"。

如此大胆地批评现任领袖，教科书的命运是可想而知的。至少说明作者太过天真。果不其然，该教科书是在这一特定背景下被封杀的：

2003年11月25日，普京走访了俄罗斯国家图书馆，与史学工作者们进行了面对面的交谈。交谈中普京明确表示反对把教科书政治化，他指出，"学校和高校的教科书不应成为新的政治和意识形态斗争的平台"，"历史教科书应该叙述历史事实，培养年轻一代对自己祖国和祖国历史的自豪感"。（朱可辛编著：《普京之治》，中共中央党校出版社，2007年，第85页）普京还说："告别意识形态垄断是我们的巨大成就。但是，我们也不能滑向另一个极端。几年前史学界工作者们偏重于强调俄罗斯历史的消极一面，这是由当时摧毁旧的体制的任务所决定的，而现今一切都发生了变化。当前的主要任务是建设国家，所以必须剔除这些年积淀下来的糟粕和泡沫。"普京总统的这番话被媒体普遍理解为整顿文化教育领域的风向标。

事实证明了人们的担心。几天后《20世纪祖国历史教科书》即被封杀。

社会对该教科书被封杀的评价不一。大部分教师对这套教科书持赞成意见。尽管许多人都认为该套教科书并不是不可争辩的，其观点也值得商榷，但它有自己的特色，因此还是主张保留其教科书资格，没有必要封杀。俄罗斯"人民议员"集团主席r·拉伊科夫对政府的做法提出自己的反对意见："历史应当由史学家书写，政治家不应当干预这种事情。"他认为，"政治家们是按照另一种方式思考的，他们对历史的看法可以写在他们的回忆录和书本里，而历史应当由史学家撰写。历史不应当歪曲事实，这毕竟是对孩子的教育"。一些教师强调："孩子们不仅应当了解'总路线'，还应当了解反对派和旁观者的观点。否则我们便教不会他们思考！"一些教育界人士担心，政府号召编写爱国主义教育的教科书可能是恢复"一门课程只有一本教科书"的苏联教育体制的第一步，是回到苏联的体现。可以理解，当局如此大动干戈封杀一套教科书的做法自然引起社会的广泛关注，人们担心俄罗斯今后是否会回到过去《联共（布）党史简明教程》一统天下的局面，是否会回到过去书报检查制度上去。毕竟，那种社会和制度带给了俄罗斯人太多的苦痛。

同时，也有不少人严厉批评了该教科书，认为写黑暗面太多。他们主张在孩子们的教科书中应多谈积极因素，既要承认过去的错误，但也不要让孩子们感到过去生活得不好，"必须让孩子们为自己国家感到自豪"。俄罗斯科学院官方表态支持总统，站在批评教科书的立场上："历史教科书应当促进社会团结，培养学生的爱国主义情感和公民觉悟。"（转引自陆南泉、黄宗良主编：《苏联真相——对101个重要问题的思考》（下），新华出版社，2010年，第1497—1503页）。

当年12月底，在回答对普京关于教科书的讲话有何看法时，该教科书作者多卢茨基引用了19世纪俄国宗教哲学家恰达耶夫关于爱国主义的说法："我无法缄默地闭上双眼去爱祖国，我有义务说出痛苦的真相，因为我看到了这样的痛苦的真相。"他还引用了托洛茨基的话："不要把对祖国的爱与对现任领导人的爱混为一谈。"不过，虽然讲出如此强硬的话，多卢茨基最后还是明确表示同意做出让步，删掉有关车臣战争、叶利钦总统离去和普京出任总统的章节。（王桂香：《普京："封杀"历史教科书？》，《世界知识》2004年03期）

这场风波之所以引起人们的普遍关注，既因为它涉及了俄罗斯敏感的政治问题，作者在书中引用了指责普京"搞独裁专制"的说法，引起了克里姆林宫的不满，也因为教科书对俄罗斯历史的选择性呈现导致的不同看法。

《20世纪祖国历史教科书》被封杀，原因是它应该突出而没有突出俄罗斯民族的伟大。"封杀"是象征，昭示了教科书不应该或不可以教什么，应该或可以教什么。然而那"应教"与"不应教"之间的界线既不甚分明又与时俱动、因人而动，不易掌握，这就必然会遇到教科书内容选择上的困难。

教科书"必须让孩子们为自己国家感到自豪"，必须"促进社会团结，培养学生的爱国主义情感和公民觉悟"，否则就不具备教科书资格。——俄罗斯封杀历史教科书的理由是如此强有力，几乎没有人能够批驳。

教科书内容的确定总是离不开意识形态之眼对知识的筛选，但这种筛选从根本上说还是有待研究的。比如，何以就不可以选择更多的经济史、文化史、科技史？

拾壹　课本无小事——几次教科书风波

课本无小事——教科书是烫手的。自现代意义的教科书产生以来，它就没有消停过，没有哪一种文本会如教科书那样引起这么多的关注与争议，甚至官司。人民教育出版社没有想到，教科书没有把岳飞称为"民族英雄"的后果有多严重；吕思勉和顾颉刚都没有想到，他们的赫赫声誉，来自学术大著，但他们编写的小小课本却给自己带来了那么多的麻烦；苏智良有苦难言，认真地想在教科书上有所改革有所作为，出一点"彩"，但结果是倾注了大量心血的高中历史使用不到一年就打入冷宫。

教科书是烫手的。因为使用了"林阴道"而不是"林荫道"，用了"博爱医院"的照片，把"外婆"改成了"姥姥"，而把教科书的编撰者和出版者折腾得寝食不安。确实，教科书无小事。

一、到底是"林荫道"还是"林阴道"

2011 年 5 月 21 日，小学语文课本上的"林阴道"一词一下子就掀起了不小的风浪，吸引了大量的眼球，引起了广泛的关注（部分报道见附录）。在江苏教育出版社出版的小学一年级上学期语文教科书 104 页"识字"中，出现"林阴道"一词。该小学一年级语文老师告诉记者，他从事小学语文教育已经有 17 年了，看到"林阴道"时，第一反应是这个字印错了，因为在之前近 20 年的学习中一直都是"林荫道"。在他和学校同事讨论后，大家也一致认为这个词是印错了，便向出版方提出了异议，但却被告知并没有错误，"林荫道"已经统一改为了"林阴道"。"虽然我们一直对'林阴道'有想法，但教科书就是权威，授课必须以它为准。"

"在中国社科院语言研究所 2005 年修订的第五版《现代汉语词典》中,将'林荫道'作为推荐词条,而'林阴道'为非推荐词条。"苏州大学文学院 C 教授在接受记者采访时解释说,"林荫道"意思是树木遮盖太阳而形成的路,"林阴道"意思是背着太阳的路。两个词都可以用,只是意义有些差别,一个强调树木遮阳,一个强调背着阳光,现在已经被混淆了。

C 教授说,两个词很难说对错,但严格来讲,应该用"林荫道",首先"林荫道"被《现代汉语词典》列为推荐词条,而"林阴道"是非推荐词条,这说明"林荫道"的社会使用频率高于"林阴道",中国社科院语言研究所在选择推荐词条时,词汇的使用频率是第一参考标准。

再就据文化传承而言,"林荫道"自秦汉就出现了,而"林阴道"在唐宋时才出现。从构词理句来看,"林荫道"有遮盖的意思,而"林阴道"却过多地倾向背阳,显然前者更加能形象地表达意思。

C 教授还表示,编书的人肯定不是高校老师,"荫"使人想到树木,显然表意功能更好,建议小学课本里全部换成"林荫道"。

图 11-1

义务教育课程标准实验教科书《语文》(一年级上册)(江苏教育出版社,2003 年 6 月第 3 版)

但在教科书编写者看来:"荫"有两种读音,为防混淆变成"林阴"。"关于林阴大道的'阴'究竟是用'荫'还是'阴',确实有很多人搞不清楚。不过小学教材中使用林阴大道是根据语文出版社 1998 年出版的《现代汉语规范字典》修改的。"

苏教版小学语文教科书编委、特级教师、某小学的Y校长详细告诉记者"林阴大道"的修改缘由：

之前的"林阴大道"都是写作"林荫大道"，但这个词中的"荫"有第一声和第四声两个读音，是个异读词。这样的异读词有400多个，经常发生矛盾。为了进行语言的规范和统一，1985年12月国家语委推出《普通话异读词审音表》。这样一来，"林荫大道"的"荫"原来可读第四声，最后就都"统读"第一声。"林荫大道"的"荫"和"阴"就成了一个读音。而"荫"在表达隐蔽、封赏等意思的时候读第四声，比如"荫庇""封妻荫子"。那么，为什么要将"树荫""林荫大道"中读第一声的"荫"最后都改成"阴"呢，其实说到底就是为了不混淆。

1997年国家语委推出《语言文字规范手册》，随后1998年1月语文出版社根据这个文件出版了《现代汉语规范字典》，其中就将"林荫大道""树荫"全部改为"林阴大道"和"树阴"。既然"荫"和"阴"同音字，拿掉草字头后直接使用"阴"的话就没有了第一声的"荫"，这样就不易再错。

"很多家长都对现在的教材用字有疑问，主要是有了先入为主的概念，所以觉得是教材错了。但对于孩子来说，如果直接学习的就是'林阴大道'，就不易再出现混淆。"Y校长说，"根据汉字教学、汉字信息处理、出版印刷、辞书编纂等需要，文字需要规范。生活在变化，汉字使用在变化，这种变化应该可以理解。语文教材是根据国家语委出台的语言标准规范来编写的，符合国家标准。"

南京师范大学古典文献学与汉语言文字学专业特聘教授H教授认为，汉代之前只有"阴"没有"荫"。直到民国年间，"林荫道"这个用法才逐渐流行，并影响至今。而且，"林荫道""林阴道"都是现代词汇，古人几乎没有什么用例。那种认为"林荫道"比"林阴道"早上千年的说法是没有根据的。① 专家表示，对于现代汉语来说，国家主管部门的规范就是唯一标准，1985年国家

---

① "林阴道"写法不为错 汉代前只有"林阴"［N］.新华报业网—扬子晚报，2011-05-27.

颁布了《普通话异读词审音表》明确了"荫"统读第四声,"林荫道""林荫"统一写成"林阴道""林阴"。1997年国家语委推出的《语言文字规范手册》,1998年语文出版社根据这个文件出版的《现代汉语规范字典》,已将"林荫大道""树荫"全部改为"林阴大道"和"树阴"。"有鉴于此,苏教版语文教材中选用了'林阴道'是遵从了国家的规范和标准,并不是'弄错了'。"①

"从我个人角度来说,也觉得'林荫道'挺好,但编写教材绝不能掺入个人情感,一切以国家标准为准绳。"苏教版小学语文教材主编接受记者采访时表示。

也有人认为,"林荫道"变"林阴道",不是错而是乱。这些人指出,二三十年的时间里,语文课本里的字词读音就改来改去,显然是混乱不堪。弥漫到社会层面,也就形成了语言文字认知和解读的文化错乱。这种文化错乱,将造成更大范围的语言乱解和文字滥用,譬如"精彩""精采"不分,"装潢"误写为"装璜","好像"和"好象"乱了套,"唏嘘"和"欷歔"让人扼腕,"腊梅"和"蜡梅"错位,"叠加"和"迭加"重叠……,如果加上信息时代的娱乐热词,网络中的时髦新词,汉语读音、修辞,俨然成为娱乐化恶搞的大酱缸。②文化是可以多元的,语言文字当然也可以与时俱进,不管是"林荫道"还是"林阴道",只要统一了,写进教材里,还是要以教材为准。否则,就是误人子弟。③

争论已经过去,但折射出的思考却是沉重而久远的。教科书在知识传播过程中具有不寻常的主导作用——这是一种选择传播知识和文化的过程与功能。有目的有意图地挑选知识,呈现给学生,影响学生的知识结构,又统领学生的知识领域。所以,教科书中任何风吹草动都会引来几乎是现象级的论争或关注。这不,该叫"姥姥"还是"外婆"?让教育主管部门和出版者都头疼的事

---

① "林阴道"写法不为错 汉代前只有"林阴"[N].新华报业网—扬子晚报,2011-05-27.
② "林荫道"变"林阴道":不是错而是乱[N].燕赵都市网,2011-05-23.
③ "林荫道"变"林阴道":不是错而是乱[N].燕赵都市网,2011-05-23.

情又发生了。

附录：语文教科书"林荫道"与"林阴道"的部分报道

序号	日期	来源	文章题目
1	2011-5-23	大众网—生活日报	苏教版语文书"林荫道"变"林阴道"引起网友质疑
2	2011-5-22	新华网	语文书"林荫道"写成"林阴道"已经传授15年
3	2011-5-22	新华报业网—扬子晚报	苏教版语文书"林荫道"变"林阴道"传授15年
4	2011-5-22	北方网	江苏语文书"林荫道"写成"林阴道"出版社称没错（图）
5	2011-5-22	扬子晚报	语文书"林荫道"写成"林阴道"已经传授15年
6	2011-5-22	扬子晚报	语文书"林荫道"写成"林阴道"修改有原由
7	2011-5-23	信息时报	"林荫道"与"林阴道"
8	2011-5-23	燕赵都市网	"林荫道"变"林阴道"：不是错而是乱
9	2011-5-27	新华报业网—扬子晚报	"林荫道"写法不为错　汉代前只有"林阴"
10	2011-5-23	四川新闻网	专家对"林荫道"的坚守意义不大

二、该叫"姥姥"还是叫"外婆"

2018年6月20日，周三，端午节才过两天，粽子的味道还没有完全消失，突然网络不平静了。

有微博网友爆料称，上海小学二年级语文第24课《打碗碗花》(李天芳著)，原文中的"外婆"全部改成了"姥姥"。

据说，去年就有网友向上海教委反映过这事儿。有网友找出当时上海市教委的答复：根据《现代汉语词典》(第六版)，"姥姥"是普通话语词汇，指"外祖母"，姥姥、姥爷一般在口语中使用较多，而"外婆""外公"属于方言。

消息一出来，网络沸腾，网友炸开了锅。据不完全统计，到6月25日，有近50个网络平台报道了此事（见附录）。而且几乎是一边倒地持反对意见。

环球网调侃说：

外婆原来是方言，狼外婆得改成狼姥姥了。今天，有个问题突然上升到了"人生哲学"的高度……

你管妈妈的妈妈叫啥？

对于"妈妈的妈妈"应该怎么称呼，相信很多北方同学会说，叫"姥姥"。

同时，南方同学会站起来：明明是叫"外婆"！

很多网友对此表示了强烈不赞同。有网友留言，"我反而一直以为外婆、外公都是普通话，姥姥才是方言"，"以后只能唱姥姥的澎湖湾了"，"我从小到大就没有叫过姥姥，都是外婆"，"狼外婆得改成狼姥姥了"。

图 11-2

九年义务教育课本《语文》（二年级第二学期）（试用本）（上海教育出版社，2008 年 12 月第 4 版）

有人认为，如果生硬套用词典规定的这一标准，不知道会有多少名家名作被修改得面目全非。① 不少网友也指出：如果在教科书上改变"原著"，必须厘清两个问题：（1）教科书上本来就有不少方言，方言与普通话是共生的语言发展关系，是否所有方言都要改为普通话？（2）改变原著时，是否征求过作者的意见？②

有人说："汉语的丰富性之一就是方言的丰富多样。各地的方言携带着各

---

① 上海课本让"外婆"变"姥姥"，网友：来一首姥姥的澎湖湾 [N]. 新华社，2018-6-22.
② 谢苗枫. "外婆"还是"姥姥"？最近有教科书要这样改，广东网友表示不服…… [N]. 南方日报，2018-6-23.

地的风土人情，用一个词语代替各地的方言，学生就无从感受汉语之美了。语言是构成传统文化的重要内容，学习语言，并不是仅仅记住并会使用它就够了，还要能够了解语言所携带的地理、历史等信息，通过学习语言，可以让学生具体感受传统文化的丰富多样。"① "方言的文化魅力，在使用方言演出的地方戏剧中表现得淋漓尽致。越剧、粤剧、沪剧、秦腔、黄梅戏等地方剧种，其独特的艺术魅力，很大程度上来源于其所使用的方言。如果脱离本地方言，改由普通话来演出，即使可以传达出同样的语义，原有的艺术魅力也会大打折扣。"②

有专家认为，《打碗碗花》是一篇散文，文学的本质就是承载、表达、构建人类的情感世界，情感离不开个人经验，离不开个人所使用与附着的独特语言。语文教科书收录名家名作，除了让学生学习书面语言的规范表达之外，一个重要目的就是培养学生的文学素养。如果简单粗暴地篡改作家的遣词造句，破坏原著独特的语言风格，这既是对作家的不尊重，也与培育学生文学素养这一目的背道而驰。如果硬用"词典规定"这一标准去衡量，不知道有多少名家名作会被改得面目全非。③

上海大学文学院中文系教授、上海大学语言研究中心主任钱乃荣表示，教材上的书面语规范是没有问题的，但也不能把方言词和通用词界线划死了。方言词和通用词没有严格的界限，普通话也要不断从人民群众方言口语中吸取活水，方言词用得多了也可以成为通用词。"外婆"在国内不少的地区都在使用，就连已经出版的书也有"狼外婆"这样的书面语出现，所以没有必要对这样的字眼刻意改动。

钱乃荣说，很多作家写作都有用方言的习惯，鲁迅、茅盾、老舍、叶圣陶这些作家文章中都用了很多方言，不少文章也被选入教材了，而且没有改动。

---

① 戎国强. 语文课本用"姥姥"，"外婆"为啥不高兴[N]. 钱江晚报, 2018-6-22.
② 上海课本让"外婆"变"姥姥"，网友：来一首姥姥的澎湖湾[N]. 新华社, 2018-6-22.
③ 上海课本让"外婆"变"姥姥"，网友：来一首姥姥的澎湖湾[N]. 新华社, 2018-6-22.

《打碗碗花》的作者是陕西作家,原文用的就是"外婆"。

华东师范大学中文系教授、现代汉语教研室主任郑伟也表示,这样的改动其实并不妥当,可能以北方方言为词汇基础的普通话没有"外公外婆"的叫法,但"外公外婆"在学术层面上算不上方言。郑伟也告诉东方网记者,江浙一带的方言有"好公好婆""舅公舅婆"之类,而"外公外婆"则是南方、北方地区都能理解、接受的正式称呼。"北方方言区的人会觉得外公外婆更书面化,因为他们的口语里不用,但严格说来,姥姥姥爷也是北方的一种方言。"[①]

更有人认为,"姥姥"才是方言,而且按《辞海》解释,是北方方言,"外婆"才是标准的书面语。在我国历代习惯里,父系和母系一直分得非常清楚,古书里,凡是出现母系亲属,一般要在前面加一个"外"字,意思是远,也就是说,对于一个孩子来说,母亲相对于父亲这边,是外嫁而来的。于是才有了外公、外婆,或者外祖父、外祖母这种称呼。在中国历史文化典籍如《史记》《汉书》中,对于母系一脉的表述均为"外家",西汉末年最大的问题就是外戚把持朝政。倒是"姥姥"这种表述,在众多古书中几乎从未出现过,只有民间才会有这种称呼。

不同于语言学领域的方言用法之争,作家们更关注的是,改动原作者已定稿的文字是否合适、是否侵权。上海作家协会专业作家孙未出版过二十余本著作,她告诉记者:"出版过程中被删改是可以理解的,我自己的文章就被改过很多次。"但是她始终认为,如果不是严格的公文写作,在文学写作中,使用少许方言词汇是一种艺术表达方法,甚至有一部分文学作品为了达到艺术效果,会使用许多方言,这不仅没有引发阅读困难,还造就了特殊的艺术效果。她表示,"作家有来自不同地方的,大家的写作可以让孩子们了解不同的称谓和文字风格之美,岂不是更符合文学的教育?"[②] 有人认为:《打碗碗花》是一

[①] 上海课本"外婆"改成"姥姥"听听语言学专家怎么说[N/OL].(2018-6-21)[2018-8-16]. http://www.dzwww.com/xinwen/shehuixinwen/201806/t20180621_17514359.htm?from=groupmessage&isappinstalled=0.
[②] 上海课本"外婆"改成"姥姥"听听语言学专家怎么说[N/OL].(2018-6-21)[2018-8-16]. http://www.dzwww.com/xinwen/shehuixinwen/201806/t20180621_17514359.htm?from=groupmessage&isappinstalled=0.

篇散文，是文学作品。作者写自己的童年生活，其中有对自己外婆的描写——习惯的称呼是情感的载体，换一个从来没有使用过的陌生称呼，情感联系就被割断了。随意改动称呼，是对作者情感的不尊重，也是不懂文学为何物的结果。[1]"语言文字的学习应该首先坚持尊重文本的原则。文本是由语言文字组成的文学实体，相对于作者、世界构成一个独立、自足的系统。在这个系统中，可能富含历史的、社会的、情感的等多方面的信息……因此，不尊重文本，对文本的任意删改，都是对原有信息系统的破坏，这不仅仅是文字问题，更是态度问题。尊重文本是学习语文的基础，也是选编教材的基本态度。这是语文学习的内在要求，也是学好语文的前提条件。"[2]有人认为，"外婆"改成"姥姥"，依然构成侵权。但更多的人认为，这是特殊现象，不构成侵权。《著作权法》第二十三条规定，为实施九年制义务教育和国家教育规划而编写出版教科书，除作者事先声明不许使用的外，可以不经著作权人许可，在教科书中汇编已经发表的作品片段，或者短小的文字作品。"根据著作权法，作品在教材上的使用，更多地被认为是一种合理使用，和商业行为有一定区别。"[3]

面对汹涌而来的指责、批评与调侃，该教科书的出版单位上海教育出版社于6月21日深夜在官网发表声明。全文如下：

6月20日，某网络自媒体发表文章，称沪教版小学二年级第二学期语文课文《打碗碗花》把"外婆"改成了"姥姥"，引发了网络讨论。我社接到市教委教研室要求，第一时间进行了全面核查，基本情况如下。

在沪教版小学阶段的语文教材中，既有"外婆"的称谓，也有"姥姥"的称谓，"外婆"的称谓出现了8处，"姥姥"出现了4处。沪教版小学二年级第二学期语文教材把"外婆"改成"姥姥"是为了落实该学段识字教学任务的需要。"外""婆""姥"三个字都是小学二年级识字教学的基本任务，"外"字

---

[1] 戎国强. 语文课本用"姥姥", "外婆"为啥不高兴[N]. 钱江晚报, 2018-6-22.
[2] 赵清源. "外婆"要改成"姥姥"？媒体：编改教材不必这么刻意[N]. 新京报, 2018-06-22.
[3] 祝浩杰. 未经作者同意"外婆"改"姥姥"侵权吗？[N]. 成都商报, 2018-06-25.

安排在二年级第一学期第 4 课中,"婆"字安排在二年级第二学期第 18 课中,"姥"字安排在二年级第二学期第 24 课中,即在认读"姥"字前,学生已经认读了"外""婆"两字。

关于称谓,尽管"外婆""姥姥"没有绝对的地域区分,但通过此事,我们认识到,语文教材编写除了要考虑学生识字规律和增强学生对文化多样性了解外,还要充分考虑地域文化和语言习惯。我社在今后的教材编写和修订过程中将予以高度关注,并防止再次出现类似情况。后续我社将协助教研部门共同做好小学二年级语文教学过程的指导,以准确把握并充分考虑上海地域文化和用语习惯。

此外,有关网络媒体引用的对"姥姥"一词使用的答复,与沪教版小学二年级语文教材无关,是 2017 年对读者来信反映本社《寒假生活》中一道英文翻译题翻译方式的回复。①

对此,有人认为,如果为了识字教学的有序安排而用某些普通话的词代替方言背景的词,首先需要研判作品的内容风格地域色彩是否相宜,而不应该"因辞害义",以窜改、牺牲文章内容来迁就识字教学。②

最终,上海市教委 23 日公布关于小学语文教科书"外婆"改"姥姥"一事的处理意见,责成上海市教委教研室会同上海教育出版社迅速整改,向作者和社会各界致歉,并与作者沟通,将文中"姥姥"一词恢复为原文的"外婆"一词,同时依法保障作者权益。上海市教委介绍,按工作计划,2018 年 9 月起,上海市小学二年级将使用国家统编语文教材,上海教育出版社出版的小学二年级语文教科书停止使用。③

同日,上海市教委教研室、上海教育出版社也就上海小学语文教材将"外

---

① 上海教育出版社. 关于沪教版二年级第二学期语文教材将"外婆"改为"姥姥"的说明[EB/OL].(2018-6-21)[2018-8-16]. http://app.myzaker.com/news/article.php?pk=5b2c58cb9490cb933d000006.
② 沪小学课本"外婆"改成"姥姥"引热议 出版社:为让孩子多识字[N]. 南方都市报,2018-06-22.
③ 上海市教委新闻办. 上海市教育委员会关于上海小学语文教科书"外婆"改"姥姥"一事的处理意见[N]. 上海教育,2018-6-23.

婆"改"姥姥"一事进行致歉：

近日，网络舆论关注上海教育出版社出版的小学二年级第二学期语文教科书第24课《打碗碗花》原文的"外婆"被改成了"姥姥"一事。上海市教委对此高度重视，要求我们查清事实，迅速整改。

我们认识到，在收录该课文时未与作者沟通；在修改课文时只考虑了识字教学的因素，未征求作者意见，没有充分意识到地方用语习惯，确实存在不当之处。为此，我们向社会各界及作者本人表达诚挚歉意。

我们尽快改正，并在今后的教材编写、出版工作中吸取教训，充分尊重作者原文原意，依法切实维护作者正当权益；进一步加强教材编制的管理与引导，提高教材审读能力，提升教材质量。①

就一个是"姥姥"还是"外婆"，竟然如此舆论澎湃，仅仅因为是出现在教科书中，如果它们出现在任何其他文本中，都不可能引起如此大的关注，甚至可能没有人关注，由此可见教科书的意义与价值。

附录：关于"姥姥"和"外婆"事件的部分报道

序号	日期	来源	文章题目
1	2018-6-21	环球网	外婆原来是方言 网友：狼外婆得改成狼姥姥了
2	2018-6-21	中财网	上海小学语文教材引争议：外婆是方言，改成姥姥？
3	2018-6-21	东方网	上海课本"外婆"改成"姥姥"听听语言学专家怎么说
4	2018-6-21	长城网	外婆还是姥姥？多一些包容，少一些狭隘
5	2018-6-21	羊城网	上海语文书"外婆"变"姥姥"，地方语言为什么就要被踢出教材？
6	2018-6-22	环球时报	"外婆"原来是方言？南方网友已经炸了……

---

① 上海市教委新闻办. 上海市教育委员会关于上海小学语文教科书"外婆"改"姥姥"一事的处理意见[N]. 上海教育，2018-6-23.

续表

序号	日期	来源	文章题目
7	2018-6-22	钱江晚报	语文课本用"姥姥","外婆"为啥不高兴
8	2018-6-22	新华社	上海课本让"外婆"变"姥姥",网友:来一首姥姥的澎湖湾
9	2018-6-22	新京报	"外婆"要改成"姥姥"?媒体:编改教材不必这么刻意
10	2018-6-22	三湘都市报	课文中"外婆"改"姥姥"? 教材出版方深夜回应
11	2018-6-22	中国新闻网	课文中"外婆"改"姥姥"? 教材出版方深夜回应
12	2018-6-22	华西都市报	上海语文教材引发"外婆""姥姥"之争 出版社回应
13	2018-6-23	南方日报	"外婆"还是"姥姥"?最近有教科书要这样改,广东网友表示不服……
14	2018-6-23	上海教育	上海市教委教研室、上海教育出版社关于上海小学语文教材将"外婆"改"姥姥"一事的致歉
15	2018-6-23	中国新闻网	上海教委就教科书"外婆"改"姥姥"致歉:将恢复
16	2018-6-23	人民网	上海市教委回应"外婆"改"姥姥":原文恢复
17	2018-6-23	澎湃新闻网	上海市教委:将"姥姥"改回"外婆"
18	2018-6-23	上海教育	上海市教委:责成出版社整改致歉 将"姥姥"改为"外婆"
19	2018-6-23	上海教育	还叫"外婆"
20	2018-6-23	新华网	上海市教委:充分尊重作者原文原意 有关教材课文恢复"外婆"一词
21	2018-6-24	上海教育	处理意见来了!"姥姥"改回"外婆"
22	2018-6-24	新华网	上海市教委:将教科书中"姥姥"恢复为"外婆"
23	2018-6-23	光明日报	到底叫"外婆"还是叫"姥姥"?上海市教委这么定了
24	2018-6-22	南方都市报	沪小学课本"外婆"改成"姥姥"引热议 出版社:为让孩子多识字

续表

序号	日期	来源	文章题目
25	2018-6-22	新京报	上海出版社回应"将外婆改为姥姥":为落实识字教学任务需要
26	2018-6-25	成都商报	未经作者同意:"外婆"改"姥姥"侵权吗?
27	2018-6-24	央视网	"姥姥"改"外婆"尊重作者原意 这件事你怎么看
28	2018-6-24	广州日报	课文"姥姥"改回"外婆"
29	2018-6-24	央广网	上海小学语文教科书"外婆"改"姥姥"一事的处理意见公布
30	2018-6-24	华商报	上海小学教材改词引争议 "外婆""姥姥"谁才是方言
31	2018-6-22	北京晚报	"外婆"变"姥姥" 上海课改改出争议
32	2018-6-23	上观新闻	关于上海小学语文教科书"外婆"改"姥姥"一事的处理意见公布
33	2018-6-24	人民网	上海市教委:有关教材课文恢复"外婆"一词
34	2018-6-23	深圳晚报	"外婆"变"姥姥"这篇课文写得轻率
35	2018-6-22	嘉兴日报	"外婆"改"姥姥""外祖母"不服气
36	2018-6-23	新华网	"外婆"还是"姥姥"?语言文字学家:两者都不是方言
37	2018-6-22	央广网	上海教育出版社官方回应教材课文更改
38	2018-6-23	上海教育	关于上海小学语文教科书"外婆"改"姥姥"一事的处理意见公布
39	2018-6-23	新京报	上海小学教材外婆改成姥姥 原作者称不知情
40	2018-6-25	东方网	市教委关于语文教材"外婆"改"姥姥"处理意见
41	2018-6-25	中国教育报	"外婆",还可以继续叫 上海就教材中将"外婆"改为"姥姥"致歉
42	2018-6-25	红网	"上海姥姥"的看点在方言之外
43	2018-6-25	大河网	"上海姥姥"之后,教科书会更尊重著作权吗?
44	2018-6-25	红星新闻	"外婆"改"姥姥" 律师:为教学需要也不能随意修改 或涉侵权

三、《爱迪生救妈妈》是真的吗？

2017年3月21日，突然，媒体热闹起来：人教社小学二年级下册《语文》教材的课文《爱迪生救妈妈》引发了突发性关注。该篇课文主要说的是，爱迪生7岁那年，妈妈得了阑尾炎，由于来不及上医院，家里只有几盏油灯，灯光又昏暗，无法进行手术。爱迪生就想出了用镜子聚光的办法，让医生在明亮的反光下，为妈妈成功进行了手术。这篇课文引发了不少小学教师的质疑，理由是"1847年出生的爱迪生7岁那年是1854年，而世界上第一例阑尾炎手术是1886年，也就是说，爱迪生小时候，根本还没有阑尾炎手术"，更别说油灯反射属于"有影灯"，这样的条件根本无法进行阑尾炎手术。①

据澎湃新闻查证，这个说法是可信的，"现有的医学论文大多认为世界上第一例阑尾炎手术发生在1886年"。由此看来，说《爱迪生救妈妈》这个故事确实不靠谱，是确凿无疑的了。

其实，早在2009年，就有人质疑过这个说法了。当时杭州语文教师郭初阳除了指出阑尾手术时间的问题外，还表示这个故事"在爱迪生的任何传记里都难以找到事实的根据"。尔后，越来越多的网友质疑《爱迪生救妈妈》一文。

当媒体大面积关注后，负责教材出版的人民教育出版社迅速通过官方微博回应称，经核查，该故事20世纪80年代在国内正式出版物中已出现，于2002年选入人教版语文教材。关于这篇文章，社会上有人曾对其中某些细节提出过质疑，人教社专门听取了有关专家意见，大家对此有不同的看法。针对近日的争议，正在征求更多专家的意见。同时人教社也称，在新版教材中，将删去《爱迪生救妈妈》等有争议的文章。②

中央对中小学教材建设高度重视，教育部从2012年开始组织全国一流专

---

① 《爱迪生救妈妈》等被撤出教材 为倒掉假"鸡汤"叫个好［N］.北京日报，2017-3-24.
② 新版教材不再选用《爱迪生救妈妈》等争议文章［EB/OL］.（2017-3-22）［2018-8-16］. http://edu.people.com.cn/n1/ 2017/0322/c367001-29161804. html.

家编写了义务教育语文教材,新版一年级教材于2016年9月替换了原人教版语文教材,2018年9月替换二年级教材,2019年后人教版所有旧版教材将全部更换为新版教材,旧版教材不再使用。在新版教材中,没有选用《爱迪生救妈妈》等有争议的文章。

针对近年来语文教材选文出现的一些争议,在编写新教材过程中,编写组对选文严格把握标准,广泛听取意见,分专题审查,涉及科技内容的选文,一律送有关领域科学家进行审查把关。①

图11-3

义务教育课程标准实验教科书《语文》(二年级下册)(课程教材研究所、小学语文课程教材研究开发中心编著,人民教育出版社,2002年12月第1版)

为什么会出现这类现象呢?有人认为,究其根源,这篇课文的原型就是一个故事,就是虚构的"鸡汤"。

教材选用这个故事,可以看到编选教材者的初心,以伟大人物的童年故事鼓励今天的孩子们要勇于思考。但好的愿望还应该用更严谨、科学的手段来实现,语文教材选编不应该只是从文学、品德的角度去考量,它的科学性和真实性也应该得到准确论证,这样才能够保持教材的权威性。爱迪生救妈妈的故事但凡找个稍通医理的人来看看,大概就能看出破绽。

我们的小学课本格外喜欢选用大人物小时候的故事,大概是因为用同年龄

---

① 新版教材不再选用《爱迪生救妈妈》等争议文章[EB/OL].(2017-3-22)[2018-8-16]. http://edu.people.com.cn/n1/2017/0322/c367001-29161804.html.

段的孩子来启发、引导小学生，更能够实现文学作品中的"共情"，觉得能更好地达到教化的目的。除了爱迪生外，还有牛顿与苹果、爱因斯坦与小板凳的故事，都被证实是附会的虚构故事，用时下流行的话来说，我们很多人都读了"假的语文课本"。①

为什么我们的语文课本里会有这么多虚构的"鸡汤文"？可能是因为教材的编选者太需要这种类似的故事来激励孩子们，而这些大人物又"表现得不够好"，没有在童年时期为今天的孩子们准备足够多的"鸡汤"故事，才让这些虚构、附会的故事有了市场。如果我们的语文教育更注重文学修养的培养，也就不会需要这么多的假"鸡汤"来浇灌祖国的"花朵"了。

理想的语文教学除了识文断字，是否还应该是一趟领略文学之美的旅程？在老师的带领下通识古今中外文学作品，吟哦诗词，在领略文学之美的过程中通过对优秀文学作品的学习，道德修养的培养也自然而然地完成了，并不一定非得用伟大小孩儿来教育小孩儿。什么都不耽误，何乐而不为？②

观点集中在两个方面，一是认为如果读这种课文，就是读了"假的语文课本"；一是认为，通过优秀文学作品的学习，道德水平就自然而然提高了，道德培养的任务也就完成了。实际上，问题绝不是如此简单。第一，何谓优秀文学作品？学习了它们，道德培养的任务真的就能够完成？更不要说要学习多少这样的作品？是不是全部语文就学习它们？甚至全部教育就是学习它们？第二，何谓真语文？何谓假语文？在这些人眼中，是不是只有确凿的真实才算真语文？那么，语文还能够成其为语文吗？曹植《七步诗》的故事是真语文吗？李白铁杵磨成针的故事是真语文吗？曹冲称象的故事呢？当然，在他们看来，司马光砸缸肯定是假语文，应该从我们孩童教育读物中彻底抹去。语文教科书的编撰者不仅要去编语文教材，还不得不承担考证的任务，去考证曹植《七步诗》的故事是不是真实的，李白铁杵磨成针是不是真实的，曹冲称象是不是真

---

① 《爱迪生救妈妈》等被撤出教材 为倒掉假"鸡汤"叫个好［N］. 北京日报，2017-3-24.
② 《爱迪生救妈妈》等被撤出教材 为倒掉假"鸡汤"叫个好［N］. 北京日报，2017-3-24.

实的,高尔基的"童年"是不是真实的?……语文教科书不是历史教科书!语文教科书绝不能造假。语文教科书编者在选文时可以去考证它的真伪,但这不是他们的义务。语文教科书编者是在选文,他们是从已经成为经典或准经典的作品中选择部分内容进教材。他们可以不对司马光砸缸的真实性负责,因为该故事已经是经典,他们可以不对孔融让梨的真实性负责,可以不对曹植《七步诗》是不是真的七步完成的真实性负责……

其实,1983年版的人教版初中英文课本第5册第9课中,已经选了一篇题为"Edison's Boyhood"的课文,其中写到了爱迪生救妈妈。而原型呢?早在1940年美国的电影 *Young Tom Edison*,里面就有一段爱迪生救妈妈的情节。该不该纠正?谁来纠正?谁来承担这个责任?

附录:爱迪生救妈妈的部分报道

序号	时间	来源	文章题目
1	2017-3-22	人民网—教育频道	新版教材不再选用《爱迪生救妈妈》等争议文章
2	2017-3-22	人民日报	人教社:新版教材不再收入《爱迪生救妈妈》等争议文章
3	2017-3-22	中国新闻网	新版教材不再收入《爱迪生救妈妈》等争议文章
4	2017-3-23	现代快报	《爱迪生救妈妈》等课文被指杜撰 人教社:新教材不再选用有争议文章
5	2017-3-23	新华社	部分课文被指杜撰 人教社称新版语文教材不再选用有争议文章
6	2017-3-23	中国青年报	教材不使用争议文章:因《爱迪生救妈妈》引发的争议
7	2017-3-24	北京晚报	爱迪生再也不用救妈妈了 人教社新教材未选争议文章
8	2017-3-25	华龙网	小学语文教材替换《爱迪生救妈妈》
9	2017-3-24	北京日报	《爱迪生救妈妈》等被撤出教材 为倒掉假"鸡汤"叫个好

后 记

1978年11月，十一届三中全会胜利闭幕。

改革开放的开始，和"文革"的结束来得一样快。

一夜之间，换了人间。

一眼望去，换了课本。

在我的教科书博物馆，摆放着1978—2018年的大量中小学教科书。当我们沿着这40年的轨迹，让一本一本的教科书，从我们眼前扫过时，我们看到的是40年间一幅色调绚烂、变换丰富的知识图景。不同时期的知识图景如行驶中的车窗一般，景色不断变换，同样的主题或隐或现，变幻起伏。随着教科书的发展线路一路前行，你会发现，这些只是实际知识图景之冰山一角。课本的深处，很多图像是模糊的，不少声音是弱化的，而有些声音却得到了格外的强化，有些图景格外耀眼。这些现象令人好奇。以教科书这一独特文本来透视一段"知识发展史"，准确地说是官方知识发展史、合法知识发展史，虽然仅仅是"一窗之见"，但却是极有价值的。

教科书这一独特文本的意义不仅仅是为我们再现其所处时代的知识现实，还是再现那个时代观看世界的方式与意识形态。它们用各自的方式言说着它们所处的是怎样的时代。

本书是40年教科书发展的缩影，是一种点面结合的记忆，一种选择性回忆。全书分上下两篇。上篇系统而简要地梳理了"文革"结束后一直到今天的教科书发展轨迹，有点宏大叙事，线性记忆，面上回顾。下篇则比较细致地清理了改革开放40年里一些影响相对较大、值得关注的或让人饶有思索兴味的教科书事件，有点类似于点状记忆。

在我看来，40年，教科书铿锵有力地走到今天，如果说有可圈可点的地方值得回忆和发扬的话，首先，也是最重要的，就是教科书多样化的努力和基本格局的形成。尽管在今天，多样化的潮流遇到了迂回，但长久看，多样化的势头很难逆转。多样化能够较好地适应我国地方差异大、学生个性化发展的需求，能够促进教科书的良性竞争，从而能够更加有效地实现文化的传承与创新。其次，是教科书免费供应的全面实现，在13亿人口的大国，这确实是值得肯定的成就。最后，但绝不是最不重要的一点，那就是教科书研究热的出现，这是40年里最突出的变化。教科书这一小小的文本，竟然引起了这么大的注意，不仅出现了研究热，还出现了收藏热。谁能想到，教科书这一再普通不过的文本，也成了炙手可热的收藏品。更多的人关注教科书了，更多的学者介入并研究教科书了，更多的社会资源愿意参与教科书事业了。当然，高层也更重视教科书了。可以预见，此领域注定在若干时期内，会成为各种力量隐形博弈的重要场域。

在我看来，40年，教科书铿锵有力地走到今天，如果说有教训有败笔的话，首先，也是很重要的，是乡土教材由20世纪80—90年代的盛极一时到今天的趋于消亡。乡土教材的失败历程，也是乡土文化失败的历程。对乡土教材的轻视，本质上是对乡土的蔑视，意味着对学堂、先生和知识的蔑视，因为乡土、学堂、先生和知识，曾经是乡民们最为崇敬的对象——当然，"乡民"这个概念本身也在被蔑视甚至被消灭的过程中。现在有学者不断呼唤恢复和重视乡村学校，多善良的愿望啊，但我们担心的是，最后恢复和重视的是坐落在乡村的城市学校！

其次，是实验教科书由20世纪80—90年代的百花齐放到今天的悄然退出。真的遗憾，教育主管部门没有切实意识到实验教科书的不可或缺性。同时，越来越多的学者把求真的教育、有规律的教育、严肃的教育，当作自我主观情怀发泄的靶子，当作短期里圈粉丝的工具，当作由自己任意打扮的玩偶。

再次，是部编教科书的产生机制。这里不是对部编教科书本身的评说，部编教科书力图集中全国的优秀专家力量，编写出质量比较高的教科书，但这一产生机制可能并没有想象的那么好。

……

本书的立项和完成，要感谢湖南教育出版社李军先生对选题的敏感与对我写作的鼓励；感谢徐为副社长的关注与支持；也要感谢博士生张学鹏、周美云、张美静在核实资料、查找原书、翻拍照片等工作上的辛劳付出，张学鹏在初步梳理40年的教科书研究上，周美云在初步整理实验教科书的发展上，都做出了很多工作；感谢张美静、张铖怡对某些资料的系统梳理；最要感谢的是我的爱人，她的全方位的支持，是我能相对顺利完成本书稿的重要动力。

本书是全国教育规划国家社科基金一般课题"改革开放40年中小学教科书话语变迁与基础教育改革的互动研究"（BHA180130）的阶段性成果。

石鸥

京城童书阁

2018年8月

著作权所有，请勿擅用本书制作各类出版物，违者必究。

图书在版编目（CIP）数据

教科书的记忆：1978—2018 / 石鸥著. —长沙：湖南教育出版社，2019.4
ISBN 978-7-5539-6557-4

Ⅰ.①教… Ⅱ.①石… Ⅲ.①教材－编写－史料－中国－1978-2018 Ⅳ.①G423.3-092

中国版本图书馆 CIP 数据核字（2018）第 290578 号

JIAOKESHU DE JIYI 1978—2018

书　　名	教科书的记忆：1978—2018
策划编辑	李　军
责任编辑	冯宏涛
责任校对	王怀玉　任　娟　鲍艳玲
装帧设计	肖睿子
出版发行	湖南教育出版社（长沙市韶山北路 443 号）
网　　址	www.bakclass.com
电子邮箱	hnjycbs@sina.com
微 信 号	贝壳网教育平台
客服电话	0731-85486979
经　　销	湖南省新华书店
印　　刷	湖南天闻新华印务有限公司
开　　本	710 mm×1000 mm　1/16
印　　张	26.5
字　　数	400 000
版　　次	2019 年 4 月第 1 版
印　　次	2019 年 4 月第 1 次印刷
书　　号	ISBN 978-7-5539-6557-4
定　　价	128.00 元

如有质量问题，影响阅读，请与湖南教育出版社联系调换。